100e année — N° … 022

SOMMAIRE

JOYCE / *ULYSSE* / 1922

CAHIER DE CRÉATION

DIRES & DÉBATS

CHRONIQUES

NOTES DE LECTURE

Notre couverture : James Joyce, début des années vingt. (D.R.)

ULYSSE 2022

Jacques Aubert in memoriam

Ulysse de Joyce a cent ans. Il y a du vertige dans la simple énonciation de cette formule : *Ulysse* a cent ans. Ce roman hors normes a paru en volume le 2 février 1922, grâce aux bons soins d'une éditrice vaillante sinon téméraire, Sylvia Beach, à l'enseigne de Shakespeare and Company, au 12, rue de l'Odéon, à Paris. Les premiers exemplaires de *Ulysses*, ouvrage de langue anglaise (et quel anglais !) à la couverture bleue, au titre en grandes lettres blanches — bleu et blanc pour évoquer les couleurs de la Grèce —, composés, imprimés et façonnés à Dijon par Maurice Darantiere, arrivèrent à Paris en gare de Lyon, par le train-express de 7 heures. Cela fait désormais partie de l'histoire littéraire.

Il faut avoir bien à l'esprit l'impact de ce roman après lequel les choses ne seront plus jamais les mêmes en termes d'écriture sinon de pensée. L'influence de Joyce est constante ; on ne compte plus les écrivains, de Malcolm Lowry à Georges Perec, se réclamant de lui. Comme le disait Richard Ellmann, l'excellent biographe de Joyce, nous n'avons pas fini d'apprendre à être les contemporains de Joyce. Même cent ans après *Ulysse*, nous éprouvons une réelle sympathie pour Leopold et Molly Bloom, et les théories échafaudées par Stephen Dedalus continuent tour à tour d'égarer ou d'envoûter.

Faut-il rappeler la superstition de Joyce quant aux nombres ? L'auteur avait exigé que son roman paraisse le jour de ses quarante ans. *Ulysses*, le titre original du roman, comprend sept lettres. « L'esprit mystique aime le sept », comme il est dit à la bibliothèque, à l'occasion du neuvième épisode de cette épopée grecque, sémite et irlandaise qui se déroule en un jour à Dublin, laquelle comprend en tout et pour tout dix-huit épisodes. Dix-huit étant selon la Kabbale le chiffre de la vie. « Si mon livre n'est pas fait pour être lu, la vie n'est pas faite pour être vécue. » Ainsi Joyce justifiait-il son génie, peut-être incompréhensible, reliant indissociablement le livre et le vivre. Expérience de lecture-vie sans solution possible de continuité — voici *Ulysse*.

02 02 2022 — une succession magique de chiffres, un palindrome déformé. *Ulysse* 2022 : c'est un peu comme ces numéros de téléphone d'antan. Dont il est question, d'ailleurs, au troisième épisode : « Allô ! Kinch à l'appareil. Passez-moi Édenville. Aleph, alpha : zéro, zéro, un. » Avec Joyce, de toute manière, tout est toujours un peu téléphoné. À la lettre, une voix qui nous vient de loin. Cent ans qu'elle nous arrive de la sorte, et qu'elle continue de nous parler.

Écoutons Joyce de tous nos yeux. Inéluctable modalité du visible, indissociable de l'audible. Écoutons voir Joyce. On se posera ici la question du regard d'*Ulysse*. D'où ça vient, par où ça passe. Le présent dossier d'*Europe* veut témoigner d'une traversée, celle de la langue et du désir, en multipliant les regards justement. Lecture tous horizons. On va voir où, d'Eisenstein à Kerouac, en passant par Marx, Guglielmo Ferrero, Borges ou Lezama Lima, cette circumnavigation ulysséenne nous mènera. On ne sait jamais bien, au reste, lisant, relisant *Ulysse*, s'il s'agit d'un retour ou d'une dérive. Édenville, Dublin, Fleurville, nouvelle Bloomusalem ou Ithaque — peut-on parler d'un *nostos* pour Joyce l'exilé ? En réponse à cela, c'est dans un écart que Joyce connaissait bien, celui, fécond, d'entre les langues (espace littéraire s'il en est), que s'immisce et se déploie aussi bien ce dossier : la traduction, le passage impossible de *Ulysses* à *Ulysse*, avec pertes et fracas souvent, parfois avec astuce et génie, est placée au cœur des préoccupations.

Que dire d'*Ulysse*, ce texte réputé illisible dont on a dit, déjà, beaucoup de choses, et qu'en dire encore ? La question essentielle n'est-elle pas plutôt : *que faire* de ce livre, cent ans après ? Il semble que l'ouverture qu'il propose soit loin d'être épuisée. Emparons-nous, encore, de ce texte qui comprend en lui la « galaxie complète des événements », quelque chose comme l'infini des possibilités, laissons-nous travailler par ce livre.

Joyce serait une affaire de spécialistes. C'est sans doute vrai dans une large mesure. *Ulysse* est un livre exigeant, difficile. Mais tous les efforts de lecture et de déchiffrement finissent par payer avec Joyce, qui est à cet égard un des romanciers les plus généreux qui soient. C'est là toute son audace, d'en demander autant à des lecteurs et à des lectrices qui, cent ans après, continuent de lui consacrer beaucoup de leur temps. Les articles fort variés qui suivent le confirment. Partant, la double ambition — la gageure ? — qui consiste à jeter une lumière aussi neuve que possible tout en suscitant, ni plus ni moins, le désir de lecture à l'endroit de l'*Ulysse* de Joyce.

Mathieu JUNG

NOTES SUR *ULYSSE*

Mario Praz (1896-1982) est un historien de l'art et un critique littéraire italien de tout premier ordre, un illustre angliciste aussi, que l'on a hélas quelque peu oublié en France. Un véritable mythe s'est construit autour de lui, si bien que Luchino Visconti s'en est inspiré pour créer le personnage du professeur dans Violence et Passion *(*Gruppo di famiglia in un interno, *1974). Parmi ses livres les plus connus, on compte* La Chair, la Mort et le Diable. *Initialement paru en 1930 et remanié par la suite, cet ouvrage regroupe des études consacrées au romantisme noir et à la littérature décadente de la fin du XIX*e *siècle. Il faut également mentionner* La Maison de la vie, *souvent considéré comme son chef-d'œuvre, et l'important* Mnémosyne, *sous-titré* Parallèle entre littérature et arts plastiques. *Praz est aussi un collectionneur d'art ainsi qu'un fin connaisseur du néo-classicisme et de l'histoire de l'ameublement intérieur. Il s'illustre enfin en tant que traducteur : on lui doit notamment une version italienne de* The Waste Land *de T. S. Eliot, ou encore des traductions de Ben Jonson, Jane Austen, Charles Lamb et Edgar Allan Poe. Les pages qui suivent sont adaptées d'une série de causeries diffusées par la RAI, dont on trouve une transcription dans* Due maestri dei moderni — James Joyce, Thomas Stearns Eliot *(Edizioni RAI, Rome, 1967). Les passages que nous avons ici choisi de publier traitent essentiellement d'*Ulysse, *au sujet duquel Praz avait lu l'essentiel des études critiques parues à son époque. Si ces pages procurent une bonne première approche du roman Joyce, il convient de noter que, dans ses causeries radiophoniques, Praz étend sa curiosité des tout débuts du parcours de l'écrivain jusqu'à son œuvre ultime,* Finnegans Wake.

❖

De prime abord, il peut sembler impossible de réunir sous un dénominateur commun les vertigineux carrousels où tournent toutes les possibilités et toutes les impossibilités qui constituent l'Art moderne. Ainsi en vient-on à esquisser un rapprochement assez effrayant. On dit qu'un homme sur le point de se noyer voit défiler toute sa vie devant lui dans une fulgurante succession d'images. Il en va de même de notre époque. Tous les styles et toutes les formules que le monde historique et préhistorique a connus revivent un instant et sont souvent revécus dans la carrière d'un même artiste, aujourd'hui métaphysique, demain réaliste, tour à tour adepte des tendances les plus disparates, avec une accélération croissante, selon la loi du *motus in fine velocior* [1], ce qui pousse à se demander si l'humanité ne souffrirait pas de cette tourbillonnante remémoration simultanée qui précède la noyade.

Il y eut néanmoins une tendance unitaire dans tout cela, pareille à un vortex où s'engouffrent des courants tumultueux et divers. L'inclination des personnalités les plus représentatives de l'art et de la littérature de la première moitié du XXᵉ siècle semble s'être orientée vers cette région ultrasonique où l'art cesse d'être une expression humaine. Ainsi pourrait-il ne rester qu'une page blanche, une toile vide ou un mur immaculé. Détournant son regard d'une réalité qui le répugne, refusant de créer quoi que ce soit qui devienne une reproduction de cette réalité, l'artiste de cette période s'est lancé dans une série d'expérimentations qui pourraient toutes porter l'étiquette de l'art abstrait et du surréalisme. Il s'est efforcé de défigurer l'estampille humaine par un processus semblable à celui pratiqué par les Celtes, qui avaient pour habitude d'imiter les monnaies grecques et, ce faisant, arrivaient à d'étonnants résultats qui s'éloignaient assez manifestement des effigies représentées sur celles-ci. Alors que Joyce avait entamé son œuvre d'une manière tout à fait typique de la fin du XIXᵉ siècle, il nous offre dans *Ulysse* une juxtaposition de tous les styles possibles, de la prose anglo-saxonne à Carlyle, et va jusqu'à intégrer l'esthétique ordinaire des romans populaires. De là, il passe à la création d'une langue ultrasonique dans *Finnegans Wake* (qui laissera sourdes les oreilles du commun des mortels). La carrière de Picasso pourrait être placée en regard de celle de Joyce, à l'instar des *Vies parallèles* des Grecs et des Romains de Plutarque ; car le peintre a lui aussi débuté par des

---

1. « Le mouvement s'accélère vers la fin » (N.d.T. pour cette note et les suivantes).

imitations magistrales des styles traditionnels. Il savait être civilisé comme Ingres, primitif comme un sculpteur africain, grave comme un Grec archaïque et subtil comme Goya dans ses effets de couleurs. Chez Picasso comme chez Joyce, on retrouve cette contraction générale de la perspective historique et cette sorte d'intoxication par la contemporanéité de tous les styles historiques d'où découle mon analogie avec l'homme qui se noie. *Les Demoiselles d'Avignon* de Picasso (1907), bien avant Joyce, cherchaient à établir un nouveau langage par la fusion de manières en apparence incompatibles. Le personnage à la gauche du tableau parle le langage de Gauguin ; la section centrale est conçue sur la base des formes aplaties de la statuaire ibérique ; la partie de droite traduit l'influence des masques africains, tandis que les ornements qui remplissent l'espace entre les silhouettes rappellent Cézanne. Non loin de Picasso et de Joyce, on trouve Stravinsky. Lui aussi était déterminé à passer les modes traditionnels au crible de l'ironie afin d'approfondir le processus de « déshumanisation de l'art » sur lequel Ortega y Gasset avait attiré l'attention. Au bout du compte, il est un autre trait commun à ces trois représentants de la première moitié du XXe siècle. S'il est vrai qu'ils ont tous trois largement emprunté à leurs prédécesseurs, il n'en reste pas moins qu'ils ont à leur tour influencé quasiment tous leurs successeurs.

La carrière de Joyce devient évidente lorsque l'on comprend son ressort principal, appelé *apostasie*. Rebelle à son milieu de naissance et aux contraintes imposées par sa famille et l'Église, il s'exilera volontairement d'Irlande en 1904. Pour Harry Levin, « il est parti trop tôt pour la Révolution ; il est arrivé trop tard pour la Renaissance [2] ». La renaissance littéraire irlandaise s'est épanouie dans la dernière décennie du XIXe siècle, lorsque Joyce, né en 1882, n'était encore qu'un enfant. La Révolution irlandaise a culminé en 1916, alors qu'il avait déjà abandonné son pays depuis quelque temps. Son idole de jeunesse, sujet de son premier article publié, n'était pas Yeats (qu'il admirait avec une certaine réserve), mais Ibsen ; et la pièce de Joyce, *Les Exilés*, écrite en 1914, se rattachait au courant ibsénien et continental, bien éloigné du théâtre esthétisant imprégné de folklore irlandais contre lequel il avait polémiqué. Il se sentait étranger à l'Église, non tant pour ses dogmes que pour une question d'éthique ; le prêche constant des vertus de compassion, de patience et de pardon des offenses représentait à ses yeux un joug moral, une entrave intolérable à la liberté qu'il revendiquait pour son imagination et son art. Il avait fait

2. Harry Levin, *The Essential James Joyce* (1948), Londres, Penguin Books, 1967, p. 10.

sien le principe de Flaubert, exprimé dans une lettre à Madame Leroyer de Chantepie, selon lequel « l'artiste doit être dans son œuvre comme Dieu dans la création, invisible et tout-puissant ; qu'on le sente partout, mais qu'on ne le voie pas ».

Cette attitude objective excluait la compassion et bannissait le sentimentalisme. Joyce s'est élevé contre la sensiblerie non moins que contre l'esthétisme. Tout en mettant sens dessus dessous l'esthétique du beau, il s'engagea, en tant qu'apostat du sentimentalisme, sur un chemin qui le mena à la suprême aridité de ses dernières œuvres. Dans son admirable hommage à Joyce à l'occasion du décès de l'écrivain, Elizabeth Bowen, aujourd'hui figure de proue du roman irlandais, écrivit : « S'il semble y avoir moins de pitié dans ses dernières œuvres, cela vient, je crois, chez Joyce, d'un refus naturel de l'homme de trop souffrir, de souffrir jusqu'à la limite de ses capacités. [...] Pitié pour les rêves frustrés des vivants, pitié pour les rêves inachevés des morts — peu à peu, Joyce s'est éloigné de la pitié, comme il s'est éloigné de l'Irlande. »

Le projet qui l'anime s'inspire d'Ibsen : « Est-il impossible, écrit-il à son frère le 1er septembre 1905, à quelques personnalités cultivées de faire de Dublin la capitale qu'est devenue Christiana ? [1] » Son dessein est double : marquer la ville au fer rouge et, dans le même temps, offrir un guide pour la réformer. Semblable proposition avait été formulée par un autre grand auteur, lui aussi exilé, au sujet de sa ville natale — il s'agit bien sûr de Dante. Du microcosme de Florence, Dante s'était élevé jusqu'au macrocosme de la condition humaine. Et si Joyce vise dans ses derniers travaux, les plus ambitieux, à annihiler le temps, à abolir l'Histoire en étirant au-delà de toute limite imaginable l'espace d'une journée (*Ulysse*) et celui d'une nuit (*Finnegans Wake*), il ne perd jamais de vue un lieu, *le* lieu par excellence, Dublin. Dublin qui, comme on l'a dit, même si toute trace de la ville devait être effacée, pourrait toujours être reconstruite à partir des allusions à la fois innombrables et précises contenues dans les œuvres de Joyce. La ville deviendra pour lui l'*omphalos*, le nombril du monde, le « siège d'une comédie humaine aux cent actes divers [2] », comme l'écrit Jean Paris dans *James Joyce par lui-même* (1957), et il ajoute : « De cycle en cycle, la ville ne laisse pas d'évoluer, de conquérir tous les aspects, toutes les dimensions, de sorte que, métropole de *Dubliners*, elle deviendra labyrinthe dans *Portrait de l'artiste en jeune homme*, Méditerranée dans

3. James Joyce, *Œuvres* I, Paris, Gallimard, « Bibliothèque de la Pléiade », 1982, p. 1168 (traduction de Jacques Aubert).
4. Jean Paris, *James Joyce* (1957), Paris, Seuil, coll. « Écrivains de toujours », 1994, p. 77.

Ulysse, pour, éclatant enfin, former l'immense nébuleuse de *Finnegans Wake*[5] ».

Dans le journal de Stephen, à la fin du *Portrait*, on peut lire : « Je désire presser dans mes bras la beauté qui n'a pas encore paru au monde[6] », ce qui rappelle saint Augustin : « *Sero te amavi, pulchritudo tam antiqua et tam nova, sero te amavi*[7]... ». La nouvelle beauté que recherchait Joyce devait venir au monde assez rapidement et le transformer : c'était l'œuvre dont le germe remontait à l'automne 1906, lorsqu'il songeait déjà à développer une nouvelle, conçue à l'époque de *Dubliners*, qui narrait les errances d'un certain Mr. Hunter à travers Dublin. Son idée était d'en faire un petit ouvrage présentant un personnage qui aurait été comme le Peer Gynt de Dublin. Il réunit d'ailleurs de nombreux éléments pour son livre durant son séjour à Dublin en 1909. Le thème le passionnait : « Le thème le plus beau, celui qui embrasse tout est celui de l'*Odyssée*. Il est plus grand, plus humain que celui de *Hamlet*, supérieur à *Don Quichotte*, à Dante, à *Faust*. [...] À Rome, quand j'eus à moitié terminé le *Portrait*, je compris que l'*Odyssée* devait en être la suite et je me mis à écrire *Ulysse*.[8] » (Joyce se trouvait à Rome entre la fin du mois de juillet 1906 et le mois de février de l'année suivante.) Dans le même entretien de 1917, rapporté par Georges Borach et auquel ces mots ont été empruntés, Joyce célébrait en Ulysse le pacifiste, le père, le vagabond, le musicien, l'artiste — autant de qualités qui étaient aussi les siennes. Le héros homérique en vint par la suite à se confondre avec la figure du Juif errant, et de cette réunion naquit le plus grand personnage de Joyce, Leopold Bloom. Une trame parallèle à celle de l'*Odyssée* commençait à s'ébaucher dans l'esprit de Joyce et, partant, les deux pôles de celui-ci, le mythopoétique et le réaliste, agirent comme des catalyseurs empreints d'une infatigable ferveur, confinant souvent à la pédanterie. Le parallèle n'est pas seulement sous-tendu par l'idée de *récurrences* — les fameux *ricorsi* de Giambattista Vico. On ne sait jusqu'à quel point Joyce était convaincu par les théories de Vico. Quand Kristensen lui demanda s'il croyait dans la *Science Nouvelle*, il répondit : « Je ne crois à aucune science, mais mon imagination s'anime lorsque je lis Vico, ce

5. *Ibid.*, p. 77-78.
6. James Joyce, *Œuvres* I, *op. cit.* p. 779 (traduction de Lumila Savitzky revue par Jacques Aubert).
7. « Tard je vous ai aimée, Beauté si ancienne et si nouvelle, tard je vous ai aimée... » (*Confessions*, X, 17).
8. James Joyce à Georges Borach, cité dans Richard Ellmann, *James Joyce*, tome 2, traduction d'André Cœuroy et Marie Tadié, Gallimard, coll. « Tel », 1987, p. 39.

qu'elle ne fait pas avec Freud ou Jung.[9] » En tout état de cause, sa conception de la réalité s'apparente à une sorte de roulette dont certaines combinaisons ne cessent jamais de se répéter et où aucun individu n'est assez extraordinaire ni aucune situation assez singulière pour ne pas se répéter chez d'autres individus et dans d'autres situations. Les catégories chronologiques viconiennes d'une Histoire idéale éternelle ne l'intéressaient pas[10]. Les récurrences étaient à ses yeux des faits qui relevaient du domaine psychologique, des éléments qui ne cessaient de se combiner et de se recombiner de telle manière que tout semblait revêtir l'aspect du déjà-vu.

Le parallèle avec l'*Odyssée* s'effectue sur deux niveaux : l'un sérieux, et l'autre semi-sérieux ou burlesque. Les aventures pédestres d'une journée dorénavant immortelle, le 16 juin 1904 à Dublin (que les admirateurs de Joyce célèbrent comme le Bloomsday, en hommage à Mr. Bloom, l'Ulysse moderne), sont un éternel retour des aventures mythiques d'Ulysse. On reconnaît les Lestrygons dans les clients d'un restaurant, l'île des vents dans les locaux d'un journal, les sirènes dans les serveuses d'une taverne, Circé dans une maquerelle de bordel, Pénélope dans une épouse pas tout à fait fidèle. Jusque-là, rien de bien nouveau, si l'on considère ce que nombre de poètes burlesques d'Italie, de France ou d'Angleterre avaient déjà fait depuis des siècles. Mais l'ironie n'empêche pas Joyce de prendre au sérieux, de mettre sur un plan magique ou mystique son réseau complexe de récurrences. D'où l'infatigable soin apporté aux détails, le souci d'étudier point par point la topographie d'un pays des songes, y accordant autant de précision que Swift, un autre modèle de Joyce, en avait montré en traitant comme de véritables entités géographiques les royaumes utopiques qu'il imaginait.

Une fois mis au point le plan de concordance avec l'*Odyssée*, Joyce comprit qu'il pourrait débuter par une *Télémachie* au sein de laquelle le personnage central pourrait finalement être Stephen Dedalus. Le thème d'*Ulysse* est la réconciliation avec le père. Sous de nombreux aspects, le père que Joyce incarne dans la figure de Bloom est presque l'opposé de son propre père. Il apparaît en revanche très proche de Joyce lui-même. La propre personnalité de Joyce se trouve de fait dédoublée dans deux personnages : Stephen Dedalus, le gréco-chrétien-irlandais, et Bloom, le gréco-judéo-irlandais. Ensemble, ils illustrent la perspicacité intellectuelle et le bon sens, face à la force brute incarnée par Mulligan et Boylan. Et pour

9. Cité dans Richard Ellmann, *James Joyce*, op. cit., p. 351.
10. L'Histoire selon Vico joue cependant un rôle important dans *Finnegans Wake*.

comprendre à quel point Joyce se sentait alors en affinité avec la figure légendaire du Juif errant, il faut se pencher sur l'histoire de ce nomade à l'esprit divisé et tourmenté, maintenu difficilement à flot par des ressources précaires, ballotté çà et là à travers une Europe troublée, tantôt à Trieste, tantôt à Paris ou Zurich. C'est un homme que l'on ne saisit que de manière oblique ; il est bohème, fugitif, étranger, ambigu et parfois grotesque, comme son Bloom. Au reste, le Juif errant qui vit en lui est dépeint dans une description faite pour un exercice d'anglais par son élève Ettore Schmitz, c'est-à-dire Italo Svevo, qui fut pour Joyce une importante source d'information sur les Juifs : « Lorsque je le vois marcher dans les rues, je pense toujours qu'il goûte un loisir complet. Personne ne l'attend et il ne s'attend pas à atteindre un but précis ni à rencontrer quelqu'un. Non ! Il marche afin d'être livré à lui-même. Il ne marche pas non plus pour la santé. Il marche parce que rien ne l'arrête. J'imagine que s'il trouvait son chemin barré par un haut et grand mur, il ne serait absolument pas choqué. Il changerait de direction, et si la nouvelle direction s'avérait, elle aussi, n'être pas libre, il en changerait à nouveau et marcherait sur ses mains agitées uniquement par le mouvement naturel du corps tout entier, ses jambes travaillant sans le moindre effort pour allonger le pas ou pour aller plus vite. Non ! Son allure est vraiment la sienne et celle dc personne d'autre, il ne peut allonger le pas ni l'accélérer. [11] »

Svevo voyait Joyce avant tout comme un marcheur, un homme dont le destin était d'être toujours en mouvement, *in progress*, sans jamais s'arrêter. À ses yeux, Joyce était le gréco-chrétien-judéo-irlandais de la littérature, Stephen Dedalus et Leopold Bloom réunis, Don Quichotte et Sancho, la fantaisie et le bon sens errant à travers les déserts de la Manche comme dans le désert du monde. Être toujours en mouvement, dans la vie comme dans le travail ; toujours expérimenter, explorer de nouveaux horizons, de nouvelles méthodes ; étirer la langue anglaise jusqu'aux dernières limites du dicible, vers les abysses du son pur qui est chaos. Marcher, marcher toujours. Peut-être à la manière de l'âne aux yeux bandés qui tourne autour de la meule ; il a beau marcher, il revient toujours au même point. Joyce marcha beaucoup, comptant autant de pas que le Juif errant, et ce ne fut que pour se retrouver, pensant avoir sondé le fond de l'univers, toujours au même endroit, Dublin. Si universel et cependant si provincial après tout. Et Dante lui-même, après avoir parcouru les cercles,

11. Italo Svevo, « M. James Joyce décrit par son fidèle élève Ettore Schmitz », texte écrit en anglais par Svevo, vers 1907. Nous citons la traduction de Thierry Gillybœuf, dans James Joyce, Italo Svevo, *Correspondance*, Toulon, La Nerthe, 2014, p. 77-78.

les gradins rocheux et les sphères de l'autre monde, n'était-il pas toujours ancré à Florence ? La grandeur de ces écrivains réside-t-elle dans la saveur universelle ou dans la saveur provinciale, dans ce sel de la terre qui empêche tout rêve de s'éteindre, de se dissoudre dans le néant ? Mais Dante a pris moins de risques que Joyce : il n'a pas tourné le dos aux conventions, ni aux hommes ordinaires.

Le *Portrait de l'artiste en jeune homme* s'inscrit encore dans le cadre de la narration traditionnelle. La réalité se déroule encore selon le mouvement des aiguilles d'une montre ; c'est là le contenu dramatique du temps, bien que l'on perçoive déjà des signes d'un temps intérieur bien plus complexe, dans lequel le moment de la sensation et le moment de la représentation se mêlent sans prévenir. L'un afflue dans l'autre dans une simultanéité qui sera instaurée à cette même époque dans le domaine des arts par les futuristes et les cubistes. Mais à partir d'*Ulysse*, toute tension dramatique s'efface. Un éternel quotidien s'offre à nos yeux, dans lequel passé et présent, mythe et banalité de tous les jours se confondent dans une grisaille immobile ; l'infini et le fini n'ont plus de sens, l'univers s'enroule sur lui-même et s'aplatit en une formule mathématique, comme dans la théorie d'Einstein.

Que se passe-t-il dans ce livre, épais comme un annuaire téléphonique, pour pousser l'un de ses premiers admirateurs, le critique Herbert Read, à le couvrir d'une reliure en vieux parchemin, lui reconnaissant presque, par ce geste, un statut de classique ? Que se passe-t-il donc à Dublin ce fameux jour du 16 juin 1904 pour mériter un volume de plus de sept cents pages, bien plus qu'il n'en fallut à Dante pour figurer tout l'univers ? Pour tout dire, il ne se passe rien de particulier : une femme trompe son mari, un mari songe à trahir sa femme, un ivrogne est emmené au cimetière, un enfant naît, un cortège officiel traverse la ville, chacun s'attèle à ses propres petites affaires, à ses petits plaisirs, ses petites intrigues ; c'est en résumé la gestion des affaires ordinaires d'une journée ordinaire. Et ce monde n'est moderne que par hasard ; il en est allé ainsi depuis la nuit des temps. Il n'est que la énième reproduction de la même matrice archétypale. Entre 1914 et 1918, alors que la vieille Europe se déchirait sans retour dans un tumulte qui devait bouleverser l'histoire du monde, à Zurich, James Joyce, plus neutre encore que la ville même dans laquelle il vivait, relatait l'immobile monotonie de l'activité humaine. À l'instar du Créateur évoqué par Flaubert, il l'observait de loin, en se limant les ongles [12]. Il n'y a plus de succession dans ces activités, mais une simultanéité, une juxtaposition. Comme dans les peintures de

12. Praz fait allusion ici à une formule célèbre du *Portrait de l'artiste en jeune homme.*

l'avant-garde, une même forme se reflète çà et là, se confondant avec les autres ; une même lettre, un même profil réapparaît ici et là, semblable à une perpétuelle rotation équipollente à l'immobilité. Le son des cloches de Saint George est perçu par tout le monde, diversement absorbé dans le dispositif de réception particulier à chacun. Une affiche, *appartement à louer*, tombe d'une fenêtre ; le lecteur n'y pense plus et, soudain, quelques pages plus loin, une main la remet à sa place. Le cortège du Lord Lieutenant apparaît à un endroit, disparaît, puis reparaît plus tard, parodie de la cérémonie officielle, en ce cliquetant cabriolet dans lequel Boylan vole vers les faveurs de la peu chaste Molly-Pénélope. On rencontre par moments la file des hommes-sandwichs, on entend la canne de l'accordeur de piano aveugle, le bruit sourd de la jambe de bois du marin qui entonne des chants patriotiques. Tout cela donne à la trame du livre l'apparence d'une interpénétration spatiale et temporelle à laquelle aspiraient les futuristes et les cubistes. Le *hic et nunc*, la saveur du présent, est une salade composée de toutes les saveurs de tous les temps ; son moindre petit élément parle du passé mais aussi du futur. Le temps historique se résout en temps musical et l'instrument, le creuset où se forge ce temps musical, est le monologue intérieur.

L'une des machines les plus fascinantes conçues à l'époque moderne a été ce qu'on a appelé en divers pays le « monologue intérieur » — terme utilisé pour la première fois, sans aucune prétention à l'innovation technique, par Dumas dans *Vingt ans après* (1845) — et qui, dans les pays anglo-saxons, s'appelle *stream of consciousness*, selon l'heureuse formule de William James apparue dans un article de 1884, et appliquée en 1918 à la littérature dans une critique de May Sinclair sur les romans de Dorothy Richardson. L'article de James, *On Some Omissions of Introspective Psychology*, a constitué la substance du célèbre neuvième chapitre des *Principles of Psychology*. De l'avis de Robert Humphrey, auteur de *Stream of Consciousness in the Modern Novel* (University of California Press, 1954), un manuel qui fait pratiquement figure de guide pour écrire ce genre de roman, les termes « monologue intérieur » et « courant de conscience » ne sont pas équivalents : le monologue intérieur est un procédé technique, tandis que le roman du courant de conscience est un genre, en entendant par conscience toute la zone de l'attention mentale qui va de l'état de lucidité complète aux gradations menant à l'inconscient.

Tout comme le roman épistolaire, le poème épique, chevaleresque, héroï-comique ou l'églogue pastorale, le *stream of consciousness novel* est donc un genre. L'âge d'or de son développement se situe dans l'entre-deux-guerres. Un universitaire américain, Melvin J. Friedman, en a rédigé l'histoire dans *Stream of Consciousness: A Study in Literary Method* (Yale University Press, 1955). Comme toutes les découvertes et les modes, lui aussi a eu ses précurseurs. Les deux branches de son arbre généalogique sont d'une part anglaise, selon la lignée Sterne-Meredith-James-Conrad, et, d'autre part, française, qui passe par Diderot, Rousseau, Stendhal, Flaubert. Il y eut aussi quelques signes avant-coureurs dans le roman russe, comme par exemple le monologue d'Ivan Illitch dans *Une sale histoire* de Dostoïevski (1862) et son observation liminaire : « On sait que des réflexions entières traversent parfois notre esprit l'espace d'un instant sous la forme de sensations, sans qu'elles soient traduites en un langage humain ou à plus forte raison littéraire. Nous tenterons cependant de transmettre toutes ces sensations éprouvées par notre héros et de présenter au lecteur ne serait-ce que leur essence, ce qu'elles contenaient de plus indispensable et de plus vraisemblable, en quelque sorte. Car beaucoup de nos sensations, une fois traduites en langage ordinaire, semblent, en effet, parfaitement invraisemblables. Voilà pourquoi elles n'émergent jamais au grand jour, alors qu'elles sont présentes en chacun de nous. [13] » Stendhal l'avait déjà observé dans sa *Philosophie nouvelle* : « On pense beaucoup plus vite qu'on ne parle. Supposons qu'un homme pût parler aussi vite qu'il pense et sent, que cet homme une journée entière prononçât de manière à n'être entendu que d'un seul homme tout ce qu'il pense et sent, qu'il y eût, cette même journée, toujours à côté de lui un sténographe invisible qui pût écrire aussi vite que le premier penserait et parlerait. Supposons que le sténographe, après avoir noté toutes les pensées et les sentiments de notre homme, nous les traduisît le lendemain en écriture vulgaire, nous aurions un caractère peint pendant un jour aussi ressemblant que possible. [14] »

C'est à proprement parler ce que fit Joyce un siècle plus tard. Stendhal n'avait pas pris soin de traduire sa découverte en actes, et de quelle frilosité nous apparaît empreinte la tentative de Dostoïevski aujourd'hui ! En outre, le monologue intérieur d'Anna Karénine au bord du suicide (1877), qui mélange les réflexions personnelles et les sensations extérieures, les noms des commerces et un raisonnement plus ou moins déconnecté, anticipe plus la *Grande complainte de la ville de Paris* de Laforgue et *La passeggiata* d'Aldo Palazzeschi que Joyce et Virginia Woolf. Les pensées qui traversent l'esprit de Stephen au cours du dialogue avec le directeur de l'école où il

13. Fiodor Dostoïevski, *Une sale histoire*, traduit du russe par Bernard Kreise, Lausanne, L'Âge d'homme, 1993, p. 26-27.
14. Stendhal, *Œuvres complètes*, t. 28, vol. II, Paris, Le Divan, 1927-1947, p. 24.

est employé, au début d'*Ulysse*, peuvent être une illustration de cette première étape du courant de conscience.

Aussi bien, la peinture impressionniste constitue-t-elle également un antécédent au monologue intérieur, ainsi que la musique wagnérienne et ses *leitmotive*. À partir de la musique de Wagner se manifeste l'une des tentatives les plus précoces de reconstitution d'un courant de conscience, avec *Les lauriers sont coupés* (1887) d'Édouard Dujardin, fondateur de la *Revue wagnérienne*. En 1879 avait paru *L'Égoïste* de George Meredith, qui abolissait, au dire de Virginia Woolf, la forme conventionnelle du roman anglais restée presque inchangée depuis le XVIIIe siècle, exception faite de la parenthèse de Sterne. Mais ni Meredith, ni Conrad, ni même peut-être, toujours attaché à la syntaxe traditionnelle, Henry James dans *La Coupe d'or*, n'ont anticipé aussi clairement la nouvelle technique que ne le fit le frère de ce dernier, William James, dans le fameux neuvième chapitre des *Principes de psychologie*. Ce chapitre propose une description du courant de conscience où les pensées sont représentées comme étant dans une large mesure une série d'images qui ne peuvent être transcrites dans un schéma discursif conventionnel. Bergson, dans son *Essai sur les données immédiates de la conscience* (1889), propose l'application de la théorie de James à l'esthétique. En dépit du cas de Dujardin, resté dans l'ombre jusqu'à ce que Joyce le ressuscite en 1920 (de même qu'il découvrit Svevo et rendit possible une deuxième édition de *Sénilité* en 1927 [15]), on peut affirmer que l'impulsion donnée au roman du courant de conscience a été due aux psychologues et que ces prémisses scientifiques ont été consolidées avec l'avènement de Freud, qui a poursuivi le travail de William James et de Bergson avec son *Interprétation des rêves* (1900) où il tend à comparer les processus de l'inconscient à ceux de l'imaginaire poétique. Bien que Freud fût le premier à élaborer une méthode d'analyse du rêve, Jung, dans sa *Psychologie de l'inconscient* (1916 pour l'édition anglaise), attribuait lui aussi une importance de premier ordre à la symbolique du rêve dans le mythe et la poésie. Dans un article pénétrant sur Kafka paru dans la *Partisan Review* à l'hiver 1956, Selma Fraiberg observait : « La méthode onirique de représentation plastique, ellipse, condensation et formation de symboles, a fourni les modèles d'une écriture nouvelle. Le problème, posé à l'écrivain, de reproduire des processus psychiques inconscients, trouva également des solutions dans le modèle du rêve. Le rêve se passe des rapports logiques. Ses contenus ne sont réunis que par leurs liens d'association, sans souci d'ordre ni de cohérence. Sa signification ne peut

15. La première édition de *Senilità* date de 1898.

être établie que par une traduction. La transposition, dans l'écriture, des processus de pensée inconscients a produit divers types d'écritures dites du "flot de la conscience", qui, de même que le rêve, ne pouvaient être compris que grâce à l'interprétation.[16] »

La « méthode onirique » de Kafka trouve son fondement dans la conception du rêve en tant qu'œuvre d'art. En prenant le rêve comme modèle dans ses compositions, Kafka créait les conditions formelles parfaites pour représenter l'expérience inconsciente. En unissant les aspects structurels du rêve à la technique narrative, il obtenait dans ses écrits les effets les plus extraordinaires du rêve lui-même. Selma Fraiberg dit encore : « En renonçant aux formes du langage quotidien, l'écrivain peut introduire une phrase et des rythmes qui rappellent la fluidité et les formes fondues des processus psychiques inconscients. Un détachement aussi radical à l'égard du langage parlé peut affecter les mots eux-mêmes. Le rêve peut servir de modèle à l'invention audacieuse et à la liberté de langage. En effet, bien qu'il ne "parle aucune langue", il représente le monde au moyen de formes et de symboles visuels qui à la fois masquent et démasquent le langage de la vie éveillée et révèlent la structure infiniment ramifiée du sens. L'écrivain qui prend à son compte cette liberté du rêve peut atteindre des dimensions de sens et une richesse d'allusion inégalées dans le langage quotidien. Inutile d'ajouter que ces expériences sur le langage exigent, de la part de l'écrivain, une telle puissance d'imagination qu'elles n'ont donné que rarement des résultats importants.[17] »

On ne saurait insister suffisamment sur les prémisses scientifiques de la technique du courant de conscience ; et l'on se trouve alors confronté à un paradoxe : dans leurs tentatives de traduire la conscience d'un état en devenir, le saisissant comme par surprise (l'« instant pris à la gorge[18] » de Mallarmé), les romanciers introspectifs ont recours aux méthodes les plus fouillées, mesurées et réfléchies dont ils disposent. Afin de reproduire un état mental aussi libéré que possible de tout contrôle, ils adoptent une technique largement contrôlée s'approchant d'une méthode scientifique. Il suffit de voir la manière dont travaillait Joyce, comme en témoigne Valery Larbaud ; c'était une sorte de mosaïque : « J'ai lu ses brouillons. Ils sont entièrement composés de phrases en abrégé barrées de traits de crayon

16. Selma Fraiberg, « Kafka et le rêve », traduction dans la revue *Obliques*, n° 3, 1973, p. 77.
17. *Ibid.*, p. 78, traduction modifiée.
18. Formule de Mallarmé au sujet du roman d'Édouard Dujardin, citée dans l'essai de ce dernier, *Le Monologue intérieur. Son apparition, ses origines, sa place dans l'œuvre de James Joyce et dans le roman contemporain*, Paris, Messein, 1931, p. 15.

de différentes couleurs. Ce sont des annotations destinées à lui rappeler des phrases entières, et les traits de crayon indiquent, selon leur couleur, que la phrase rayée a été placée dans tel ou tel épisode. Cela fait penser aux boîtes de petits cubes colorés des mosaïstes. [19] » (Un Italien pensera immédiatement aux méthodes semblables utilisées par D'Annunzio dans l'exploitation de ses sources.) Serait-il trop sévère de qualifier cette méthode de mécanique ? Il conviendrait alors de noter que la machine n'exclut pas non plus toute liberté ; mais il n'en reste pas moins qu'ici, l'artiste se fonde sur ses mouvements.

Ulysse a été qualifié par Wyndham Lewis de « nature morte énorme [20] » et par Dahlberg d'« urinoir gargantuesque, sans le rire de Rabelais ni sa culture [21] ». Il y a une part de vérité dans ces deux observations car l'agencement microscopique du contenu effectif de l'expérience vécue peut faire penser à la minutie des peintres de natures mortes, tandis que la surface changeante, la diversité des styles et des allusions rappellent, outre Sterne, celui-là même qui était le modèle de Sterne, c'est-à-dire Rabelais. Mais la grande originalité, la véritable originalité révolutionnaire d'*Ulysse* se trouve non pas dans ses exercices de style (les Cyclopes à la manière héroïque, le chapitre sur les Bœufs du Soleil comme une revue historique des styles, Nausicaa qui s'exprime comme une apprentie couturière), mais dans ses monologues intérieurs : la méditation de Stephen au premier chapitre et, surtout, le soliloque final de Molly Bloom, avec ses vingt mille mots sans aucune ponctuation [22]. Sans oublier les scènes de l'épisode de Circé (la visite de Stephen et Bloom au bordel) et le chapitre des Sirènes (la Taverne), avec toute leur agilité et la légèreté de leurs effets qui, comme l'observe Jean-Jacques Mayoux dans son magnifique essai sur « L'hérésie de James Joyce » [23], ne se retrouveront pas dans l'ouvrage suivant de l'écrivain, *Finnegans Wake*.

---

19. Valery Larbaud, « James Joyce », *La Nouvelle Revue française*, n° CIII, 1er avril 1922, repris dans *Ce vice impuni, la lecture, Domaine anglais*, Paris, Gallimard, 1998, p. 344.
20. « An immense *nature-morte* is the result ». W. Lewis, « An Analysis of the Mind of James Joyce », dans *Time and the Western Man* (1927), repris dans *James Joyce, The Critical Heritage (1902-1927)*, Robert H. Demming éd., Londres, Routledge & Kegan Paul, 1970, p. 359.
21. Nous traduisons, et donnons l'original : « Far from being what Wyndham Lewis calls a massive still-life, *Ulysses* is a Gargantuan urinal, without the laughter of Rabelais, or that author's plenteous reading of Pliny, Theophrastus, Cicero, Aristotle, Plato and Diodorus of Sicily. » (Edward Dahlberg, Herbert Read, « A Literary Correspondence », *The Sewanee Review*, vol. 67, n° 2, 1959, p. 179).
22. Eric Bulson nous apprend qu'il y en a en vérité 14 000 environ. Voir l'entretien réalisé avec lui dans ce dossier.
23. Essai recueilli dans *Vivants piliers* (1960), Paris, Maurice Nadeau, 1985.

Concernant le monologue de Molly Bloom dans l'ultime épisode d'*Ulysse*, l'impression première d'un discours décousu disparaît à l'examen attentif du texte, qui est étroitement surveillé par son auteur. Joyce lui-même déclarait à Louis Gillet : « Dans *Ulysse*, pour peindre le balbutiement d'une femme qui s'endort, j'avais cherché à finir par le mot le moins fort qu'il m'était possible de découvrir. J'avais trouvé le mot *Yes* qui se prononce à peine, qui signifie l'acquiescement, l'abandon, la détente, la fin de toute résistance. Dans le *Work In Progress* (c'est-à-dire *Finnegans Wake*), j'ai cherché mieux, si je pouvais. Cette fois, j'ai trouvé le mot le plus glissant, le moins accentué, le plus faible de la langue anglaise, un mot qui n'est même pas un mot, qui sonne à peine entre les dents, un souffle, un rien, l'article "*the*". [24] »

Suivant l'exemple de Joyce, de nombreux auteurs de talent ont eu recours à la technique du courant de conscience, tant en Angleterre qu'à l'étranger. La méthode s'est enracinée d'autant plus aisément qu'elle était congruente à la perte de centre ou d'axe qui est un phénomène caractéristique des temps modernes.

Mario PRAZ

Traduit de l'italien par Jean-Christophe Bardeaux

24. Louis Gillet, *Stèle pour James Joyce* (1941), Paris, Pocket, coll. « Agora », 2010, p. 143.

IMPLACABLE ET RETENTISSANT

*Ce court texte d'Evgueni Zamiatine marque le tout début de la réception d'*Ulysse *en Russie. Il a été publié en 1923 dans le n° 2 de* Sovremennyj Zapad, *une revue destinée à suivre la vie littéraire, scientifique et artistique du monde occidental. De 1922 à 1924, Zamiatine fut l'un des principaux animateurs de ce périodique rattaché aux éditions « Vsemirnaja literatura » (« Littérature mondiale ») fondées par Maxime Gorki en 1918. Ingénieur naval, Zamiatine avait résidé en Angleterre en 1916 pour superviser la construction de puissants navires brise-glace destinés à la Russie. « En Angleterre, j'ai construit des bateaux, regardé des châteaux en ruine, écouté le bruit sourd des bombes larguées par les Zeppelins allemands et écrit* Les Insulaires *», se souviendra plus tard Zamiatine. Le doute demeure quant à savoir s'il avait d'*Ulysse *une connaissance de première main au moment où il écrivit cette note*[1]*. Peut-être en avait-il lu des extraits, mais il semble surtout s'appuyer sur des échos critiques parus dans la presse étrangère.*

L'un des livres les plus remarquables de l'année dernière dans le domaine de la fiction anglaise est *Ulysse* de James Joyce.

James Joyce est irlandais. Juste avant le début de la guerre mondiale, il a publié un recueil de nouvelles, *Gens de Dublin*, un peu plus tard un roman, *Portrait de l'artiste en jeune homme*, et une pièce de théâtre, *Les Exilés*. Pendant les cinq dernières années, on n'a plus entendu parler de lui, il n'a été publié nulle part. Et ce n'est que cette année qu'est sorti *Ulysse* — imprimé en France, vendu par souscription (trois livres sterling l'exemplaire) —, environ 700 pages grand format en petits caractères.

Il ne s'agit pas d'un roman ou d'un récit au sens habituel du terme, mais d'une sorte de chronique vivante, incisive et pleine d'art de la vie irlandaise

1. Publié au début de 1923, l'article de Zamiatine fut très probablement rédigé fin 1922.

réelle : tous les personnages sont d'authentiques figures dublinoises de la politique et de la littérature, des artistes et des habitués des tavernes de la ville ; c'est à peine si l'auteur a essayé de les camoufler sous des noms fictifs. Le livre est implacable et retentissant ; c'est une gifle à la fois à la Grande-Bretagne et à l'Irlande. On a beaucoup écrit sur *Ulysse*, l'auteur a reçu des éloges et des blâmes comme personne depuis longtemps. Soit dit en passant, dans la littérature anglaise ordinairement si prude, aucun autre auteur n'a abordé de façon aussi abrupte et réaliste la sexualité, ce qui a conduit de nombreux détracteurs à considérer le livre comme de la « pornographie ». Par ailleurs, il a été noté que l'auteur avait une connaissance stupéfiante et une compréhension exceptionnellement fine de Shakespeare, auquel il consacre une réflexion d'envergure dans son livre aux multiples facettes. L'ouvrage a été publié en France parce qu'aucun éditeur en Angleterre, et encore moins en Irlande, n'aurait voulu l'imprimer, de peur de s'exposer à des poursuites. Quant à l'impression produite par le livre de Joyce sur le public, on peut en juger par le fait que peu de temps après sa sortie, on a vu paraître çà et là dans les journaux des annonces d'acquéreurs potentiels proposant huit, dix ou douze livres sterling pour se procurer *Ulysse*.

Le roman, qui a fait une forte impression sur le continent, est assez froidement accueilli par la critique anglaise. Cette dernière le considère comme « anti-européen » pour son individualisme extrême virant à l'anarchisme, et pour son rejet total de toute morale sociale. On a pu relever un certain esprit commun avec *Les Frères Karamazov*. L'entrelacement singulier d'éléments tragiques et comiques dans le roman est considéré comme un trait typique de « l'esprit irlandais ».

Evgueni ZAMIATINE

Traduit du russe par Jean-Baptiste Para

Édition de référence : E. I. Zamjatin, *Sobranie sočinenij*, t. 4, Moscou, Izdatel'stvo Respublika / Izdatel'stvo Dmitrij Sečin, 2010, p. 537-538.

TOUR D'IVOIRE POUR LES MASSES

« Un écrivain qui ne ressemble à nul autre, incomparable en chacune de ses phrases, un inventeur inépuisable dans le jeu du langage et des idées ». C'est en ces termes qu'Italo Calvino avait présenté Giorgio Manganelli (1922-1990) lors de la parution de la traduction française de Centurie. *Outre ses livres sans pareils, Manganelli est l'auteur de nombreux articles de presse dans lesquels, sans jamais se départir d'un humour très spécial, il apparaît sous le profil d'un subtil observateur des faits de société. Il fut aussi un critique littéraire hors pair. Il disait avoir cédé dès son jeune âge au « péché de luxure » à l'égard des livres. « J'ai aimé les livres d'un amour passionnel, polygame, vicieux, maniaque », écrivait-il dans* Le Bruit subtil de la prose. *Le bref texte que l'on découvrira ici fut publié le 13 janvier 1979 dans « Tuttolibri », supplément littéraire et culturel du quotidien* La Stampa. *La traduction de* Ulysses *par Giulio De Angelis, publiée pour la première fois en 1960, venait de paraître dans les « Oscar », la célèbre collection de poche des éditions Mondadori. La traduction avait été révisée pour cette nouvelle édition en deux volumes, le premier contenant le texte du roman, le second un riche apparat critique. La collection « Oscar » avait été créée au printemps 1965 à l'initiative de l'éditeur Arnoldo Mondadori et du poète Vittorio Sereni. L'objectif était de publier chaque semaine des livres de qualité à bon marché, avec de forts tirages et une distribution empruntant à la fois les circuits de la librairie et ceux de la presse. Des classiques de la littérature contemporaine furent diffusés à plusieurs dizaines, voire plusieurs centaines de milliers d'exemplaires, ce qui était sans précédent à l'époque. Vittorio Sereni qualifia ces publications de poche de « livres à transistor », les comparant aux petites radios qui connaissaient alors un grand succès et que l'on pouvait emporter partout avec soi.*

❖

Ainsi donc James Joyce, l'écrivain illisible et sacrilège, vient-il de prendre place dans cette sorte de pension de famille pour immortels, cette maison de tout repos pour les artistes comme l'est une collection populaire, en l'occurrence les « Oscar ». Les « Oscar » ne sont pas ou pas seulement des livres de librairie, on les trouve dans les édicules des marchands de journaux, les débits de tabac des villages, les kiosques des gares. Les « Oscar » ne sont pas ségrégatifs en matière de compagnie ; ils peuvent côtoyer un album de bande dessinée, un livre licencieux d'Olympia Press, un Delly réimprimé, un journal de photos téméraires. Je dois confesser que j'apprécie, chez les « Oscar », cette absence de protocole, ce vêtement dépourvu de la griffe d'un grand couturier, la fréquentation intrépide des pizzerias et de ces antres où une jeunesse tapageuse et de vieilles personnes pensives mangent des croquettes de riz et boivent du vin des collines romaines.

Joyce fait irruption dans les « Oscar » non pas avec ses nouvelles dublinoises, mais tout de go avec *Ulysse*, le livre-scandale du siècle, qui n'a pas encore fini de trouver des adeptes et des imitateurs dans tous les pays où l'anglais est lu sans qu'on le parle. En à peine plus de cinquante ans, monsieur James, professeur, homme au foyer, linguiste, agent subversif et taciturne du monde des lettres, est passé des thébaïdes ombreuses des doctes, des expérimentaux, des purs et simples poètes, à la jouissance des masses.

Cet auteur qui semble fait tout exprès pour être sondé par des chercheurs minutieux, des érudits épris du plan de Dublin, ville réelle et mentale, fera maintenant l'objet de l'emplette d'un jeune homme pressé, à la recherche d'un omnibus qui le conduira vers le havre de paix honnête et pauvre de la province ; le monologue de Molly Bloom se désenchevêtrera comme un ectoplasme au milieu des aiguillages glacés des gares d'Alessandria, de Foggia, de Macerata. Qu'est-ce que cela signifie ?

Je l'ignore. Peut-être est-ce simplement un signe cryptique descendu des étoiles, pour indiquer que l'âge d'or va bientôt commencer. Du point de vue de l'esprit littéraire, *Ulysse* dans les « Oscar » équivaut à la terre dorée où le jeune Tibulle voyait ruisseler le lait et suinter le miel — un régime alimentaire peu varié, mais distingué et riche en calories. Joyce pour tout le monde pourrait être l'étendard d'une infinie distribution collective de tous les biens d'une culture qui avait été jugée altière et aristocratique. Ce pourrait être la preuve que la littérature naît de façon solitaire et douloureuse, puis se transforme mystérieusement dans le langage de tous, dans la joie la plus profonde qu'il soit possible d'éprouver. Dante n'est pas moins difficile que Joyce, mais sans Dante nous serions différents.

Je voudrais insister sur ce point : la publication de *ce* livre en particulier, dans une collection largement diffusée, vaut surtout comme une déclaration de principe, un sorte de droit humain à accéder à ce que la littérature a inventé de plus intense, de plus ardu et de plus audacieux. Les « masses » ne doivent pas être nourries avec des livres optimistes et faciles, mais on doit dresser pour elles la table du banquet total, garnie des nourritures les plus opulentes et de vins vieillis pendant dix lustres. J'aime cette sorte d'« aristocratie populaire » que nous avions espéré faire éclore, il y a une dizaine d'années, entre les murs gris de nos universités.

Lorsque fut publiée en Italie la première traduction d'*Ulysse*, c'étaient les temps de l'expérimentalisme, d'abord rampant, puis explosif. L'année 1963 était imminente, où l'on vit paraître l'avant-garde, tandis que l'arrière-garde manœuvrait avec des extincteurs à mousse. De temps à autre, quelqu'un parle encore de tour d'ivoire et profère des sottises du même tonneau sur la littérature, laquelle inclut dans son amplitude toutes les possibilités, toutes les audaces, tous les efforts endurants. À présent la tour d'ivoire se révèle pour ce qu'elle est : une gare ferroviaire hors du commun, ou plutôt un embarcadère au fond d'une calanque, un petit port d'où l'on part tous les jours à bord de bateaux modestes et bondés, pour aller pique-niquer et découvrir ce qui peut bien se trouver au-delà des colonnes d'Hercule.

Giorgio MANGANELLI

Traduit de l'italien par Jean-Baptiste Para

QUAND JAMES JOYCE RENCONTRA GIORDANO BRUNO À ROME

Rome, 17 février 1907. Joyce quitte son appartement du 51 via Monte Brianzo, au bord du Tibre. Il se rend au Campo de' Fiori, la place où Giordano Bruno fut mis au bûcher, sur ordre de l'Église, le 17 février 1600. Ce jour-là, des commémorations avaient été organisées à travers toute l'Italie, et les festivités romaines furent particulièrement tonitruantes et anticléricales. Lorsque Bruno avait embarqué pour cet ultime voyage qui allait le mener vers la mort, il avait dû suivre le chemin que Joyce allait prendre quelques siècles plus tard, sa dernière geôle se trouvant dans le quartier de Tor di Nona, à quelques mètres de l'appartement qu'occuperait l'écrivain avec Nora et le petit Giorgio. Lorsqu'il loua cet appartement, Joyce était-il conscient de se trouver si près de la dernière demeure du mentor qu'il affectionnait tant ? Le 30 octobre 1903, il avait publié dans le *Daily Express* le compte rendu d'un livre consacré à Bruno. Dans cet exposé très accessible de la vie et de la pensée de Bruno, quelque part vers la fin de la section biographique, on peut lire qu'il « fut emprisonné à Tor di Nona ».

Joyce avait une excellente mémoire, tout comme Bruno, qui fut un des inventeurs de la mnémotechnie ou art de la mémoire. Dans « Ithaque », le dix-septième épisode d'*Ulysse*, Bloom s'interrompt au milieu d'un hymne hébraïque « en raison d'une mnémotechnie déficiente ». Dans « Circé », le quinzième épisode, son père Virag (« fleur » en hongrois) lui conseille : « Fais travailler ta mnémotechnie ». En réalité, les idées de Bruno quant à l'art de la mémoire furent notamment rassemblées dans son *Cantus Circaeus* (*Le Chant de Circé*), et c'est précisément dans « Circé » que le bûcher est réservé à Bloom. À un autre moment, un certain Frère Martin (Brother Buzz) livre Bloom « au pouvoir civil » en disant : « Pardonnez-lui ses offenses. » Puisque les membres de l'Église ne peuvent avoir de sang sur les mains, Bruno fut lui aussi livré au pouvoir civil, le 8 février 1600, afin qu'on le brûle vif au Campo de' Fiori, le célèbre champ de fleurs. Bloom, une autre fleur quant à lui, est en réalité condamné à la manière de Bruno. Dans « Circé », Alexander J. Dowie décrète non sans véhémence que « les fagots du bûcher et le chaudron d'huile bouillante lui sont destinés », et la populace de s'écrier : « Lynchons-le ! Rôtissons-le ! Il ne vaut pas mieux que Parnell ! » Bloom se tient ensuite « debout bien droit au milieu de flammes de phénix » et « montre ses traces de brûlures à des reporters dublinois ».

De quoi Bloom était-il coupable ? Il avait annoncé : « De nouveaux mondes contre des vieux. L'union de tous, juifs, musulmans et gentils. [...] Argent libre, loyer libre, amour libre et une église laïque libre dans un État libre et laïque ». À la fin du XVIe siècle, dans ses dialogues londoniens, Bruno déclara l'existence de « mondes infinis » dans un univers infini ; et dans son *Expulsion de la bête triomphante*, ouvrage que Joyce avait déjà mentionné dans *Stephen le héros*, il s'était fait l'avocat du dépassement des clivages religieux. Il est bien connu que Joyce tenait en haute estime un des principes de la « nouvelle philosophie » de Bruno : la coïncidence des opposés, idée selon laquelle tout dans la nature jaillit d'une friction des contraires. Dans « Circé » cette conception est illustrée par le nom de baptême qui était celui de Bruno — à savoir, Filippo. En fait, dans cet épisode d'*Ulysse* qui fait la part belle aux visions de toutes sortes, on rencontre « deux jumeaux siamois », Philippe Ivre et Philippe Sobre. Dans *Finnegans Wake* on a bien sûr d'autres paires de « soamheis » (siamois, dans l'idiome joycien), mais il en est une qui présente un intérêt tout particulier dans la perspective de Bruno. Ce sont Tristopher et Hilary. Ils sont issus de la pièce italienne de Bruno, *Il Candelaio* (*Le Chandelier*), où l'on trouve en épigraphe la devise suivante : « Joyeux dans la tristesse, triste dans la joie. »

Après sa visite au Campo de' Fiori, où il alla célébrer le souvenir de cet apôtre de la libre pensée, Joyce écrivit à son frère Stanislaus : « Le jour du défilé commémoratif en l'honneur de Bruno, je me tenais dans la foule dans l'attente du cortège. C'était un jour des plus gris et, puisqu'on était dimanche, je ne m'étais pas lavé. Je portais un feutre blanc, fané par les pluies diluviennes... Mes bottines, puisqu'on était dimanche, étaient recouvertes d'une semaine de crasse et il me fallait me raser. En réalité, je donnais un terrible exemple de libre pensée. » Il remarqua non loin de lui « deux jolies jeunes femmes, de vraies femmes du peuple », et « l'une d'elles avait une petite breloque au bout d'une chaînette qu'elle portait constamment à ses lèvres pour l'y garder un instant ». Au début, Joyce a dû éprouver un choc, en pensant qu'elle pouvait porter un rosaire ou un crucifix lors d'une manifestation anticléricale, mais il s'aperçut ensuite que « la babiole était en fait un revolver miniature ! ».

Joyce abhorrait la violence, et lors de son séjour à Rome, il commença à avoir des « rêves horribles et terrifiants : la mort, des cadavres, des assassinats dans lesquels j'avais un rôle désagréable et important à jouer ». Pour quelque raison obscure, ces cauchemars ont pu avoir un rapport souterrain avec la mort de Bruno le 17 février 1600. Voici ce que Joyce écrivit dans *Ulysse* au sujet du séjour de Stephen à Paris (une autre ville chère à Bruno) : « La nuit du dix-sept février 1904, le prisonnier a été vu par deux témoins. C'est un autre qui a fait le coup : un autre moi. » Joyce pense à d'autres choses ici, comme les commentateurs nous l'expliquent à juste titre. Et pourtant, le spectre de Bruno viendra hanter tous ses ouvrages jusqu'à *Finnegans Wake*, livre où tout un chacun renaît dans les flammes du phénix.

C'est à Rome que Joyce avait eu l'idée d'écrire une nouvelle intitulée « Ulysse », et Rome, bien qu'il détestât cette ville, allait rester dans son souvenir, au point que, comme il le confessa à Larbaud en 1921, il envisagea de retrouver la cité éternelle une fois *Ulysse* achevé. Malheureusement, d'autres puissances obscures eurent alors la même idée, et il décida finalement de rester loin de la capitale de la Chrétienté, et du fascisme. Mais la maison où il séjourna à Rome pour quelques mois, qui était si proche de la dernière prison de Bruno, resta longtemps présente à son esprit. On peut en tout cas le penser, à partir de ce que dit Berthe dans la pièce *Exils* : « Juste Ciel, ce que j'ai souffert alors… quand nous vivions à Rome ! […] Je m'asseyais constamment là, à attendre, avec ce pauvre enfant et ses jouets, à attendre qu'il ait sommeil. Je voyais tous les toits de la ville et le fleuve, comment dit-on ? *le Tibre.* » Cela expliquerait même en partie pourquoi, à son arrivée à Rome le 31 juillet 1906, Joyce écrivit à son frère : « le Tibre m'effraie ».

Enrico TERRINONI

Traduit de l'anglais par Mathieu Jung

IRLANDITÉ OU COSMOPOLITISME
Ernest Boyd contre Valery Larbaud

On ne croise guère Ernest Boyd (1887-1946) que dans les notes de bas de page des études joyciennes, où il apparaît comme ce commentateur irlandais de peu d'importance, fâcheux personnage ayant osé contredire l'éminent critique français, Valery Larbaud. La réalité est très différente. Boyd joua un rôle clé dans la réputation de Joyce aux États-Unis et il fut longtemps *le* critique influent dont le travail portait sur la Renaissance irlandaise, mais aussi un écrivain dont les intérêts étaient loin de se cantonner à la seule Irlande. En effet, Boyd était un polyglotte très à l'aise en français, en allemand, en italien, en grec moderne et en espagnol. Critique de littérature comparée bien avant que cette pratique ne devienne courante, il exerçait les fonctions de journaliste, de commentateur politique, de traducteur et d'éditeur.

Né à Dublin, il reçut son éducation dans des pensionnats, aussi bien en Allemagne qu'en Suisse. Il travailla pour l'*Irish Times* de 1910 à 1913 et contribua, entre autres, à *The Irish Review*, à l'*Irish Monthly* ainsi qu'à la *Revue de Paris*. Il publia également des « articles sur la politique et sur le théâtre irlandais dans des journaux de Londres [1] ». En proie à des difficultés financières, il rejoignit le Service consulaire britannique en 1913. Sa première affectation en tant que vice-consul à Baltimore, dans le Maryland, lui donna le goût de la vie aux États-Unis. Il exerça également ses fonctions à Barcelone et à Copenhague. Son intérêt pour les États-Unis fut vif et constant, bien qu'il restât profondément baigné dans les questions irlandaises et qu'il ne fût pas rare de l'apercevoir à Dublin. Il se

1. « Ernest Boyd, 59, A Literary Critic », *The New York Times*, 31 décembre 1946, p. 17 (auteur anonyme).

fit un nom en tant que critique avec la parution de *Ireland's Literary Renaissance* (1916). Dans le compte rendu d'une réédition de cet ouvrage, Austin Clarke décrivit Boyd comme ayant été, dans les années qui précédèrent l'insurrection de Pâques 1916, le « critique le plus connu à Dublin. Bel homme à la barbe foncée, il était toujours vêtu de brun et son air altier agaçait beaucoup de monde ». Plus de cinquante ans après sa première publication, Clarke remarquait que *Ireland's Literary Renaissance* était toujours « utile, en cela qu'il constitue le seul ouvrage consacré à l'histoire de cette époque [2] ».

Boyd publia également *The Contemporary Drama in Ireland* (1917), une histoire des débuts de l'Abbey Theatre [3] et, l'année suivante, un pamphlet politique sous le pseudonyme de Gnathaí Gan Iarraidh [4], intitulé *The Sacred Egoism of Sinn Féin*, dont on peut s'attendre à ce qu'il ne lui ait gagné aucun soutien au sein du British Foreign Office : l'ouvrage approuvait l'agenda politique du Sinn Féin d'Arthur Griffith, louant l'« égoïsme sacré » de l'Irlande qui, « aussi fort et exacerbé qu'il soit, n'a pas encore atteint les sommets sublimes de l'égocentrisme et de l'autosatisfaction britanniques ». Boyd reprochait à l'Angleterre (au service consulaire de laquelle il travaillait toujours) de refuser « d'être absolument convaincue, par les faits douloureux et répétés de notre histoire, que l'Irlande n'est pas simplement une province turbulente ». Il faisait l'éloge du Sinn Féin, tout comme Joyce l'avait fait avant lui, pour la manière dont ce mouvement « encourage[ait] le développement d'industries locales et favoris[ait] les produits locaux », bien que ce fût « souvent avec un mépris embarrassant pour les conséquences » qui en découlaient. Boyd concluait de manière enflammée : « Tant que l'Angleterre n'aura pas accepté la nationalité irlandaise et n'y aura pas donné suite, la tâche du Sinn Féin sera de proclamer l'égoïsme sacré d'une nation qui ne veut pas mourir. [5] »

Si convaincants et patriotiques que ces mots puissent avoir été, ils ne furent d'aucune aide pour Boyd qui peinait à joindre les deux bouts dans une Irlande qui resterait incapable — et ce, pour les décennies à venir — d'assurer la subsistance d'un écrivain à temps plein, *a fortiori* d'un critique professionnel. Comme le rappelait Austin Clarke, Boyd « fut

2. Austin Clarke, « Mangan to Joyce », *The Irish Times*, 11 janvier 1969, p. 8.
3. Ouvert en décembre 1904 avec notamment *Cathleen ní Houlihan* de W. B. Yeats et une pièce de Lady Gregory, l'Abbey Theater devint rapidement un des centres névralgiques de la Renaissance irlandaise. (N.d.T.)
4. Expression gaélique signifiant « les basses œuvres ».
5. Gnathaí Gan Iarraidh, *The Sacred Egoism of Sinn Féin*, Dublin, Maunsel, 1918, p. 53-54.

contraint d'émigrer aux États-Unis pour gagner sa vie [6] ». Il y rencontra, devenant proche de lui, H. L. Mencken qu'il initia à la littérature irlandaise et qu'il convainquit de devenir le premier éditeur américain de Joyce. Mencken publia « La Pension de famille » et « Un petit nuage » — deux nouvelles de *Gens de Dublin* — dans le numéro de mai 1915 de *The Smart Set*. Boyd continuait d'être activement engagé à Dublin, occupant le poste de conseiller littéraire pour The Talbot Press de 1917 à 1920 et jouant un rôle important dans la création de la collection « Every Irishman's Library », laquelle comprenait les « chefs-d'œuvre de la littérature anglo-irlandaise » (s'inspirant de la collection à succès Everyman's Library que Dent avait créée en Grande-Bretagne). Boyd édita également les *Selected Essays and Passages* de Standish O'Grady [7] pour cette maison et fut un soutien important de Talbot Press aux États-Unis. Il fut reconnu comme un collaborateur « crucial pour les ventes américaines du fait de ses connaissances dans le monde du journalisme » de l'autre côté de l'Atlantique [8].

En 1920, ayant abandonné sa charge au service consulaire, Boyd s'installa à New York et trouva un emploi en tant qu'éditorialiste dans *The New York Evening Post* (1920-1922). Il était déjà reconnu à ce moment en tant que membre de « l'école de George Jean Nathan, Henry Mencken, Eugene O'Neill, James Branch Cabell, Theodore Dreiser et Sherwood Anderson [9] » et travaillait comme conseiller en littérature étrangère pour les éditeurs Alfred A. et Blanche Knopf mais aussi pour la Theater Guild. En 1925 il fut nommé directeur littéraire de *The Independent*, poste qu'il occupa pendant trois ans. Il entra ensuite à la rédaction du *New Freeman* (1931-1932), puis du *American Spectator* (1932-1937). Il était connu pour le « regard aiguisé qu'il portait sur les faiblesses humaines et pour l'esprit caustique avec lequel il les décrivait [10] ». En effet, « ses comptes

6. Austin Clarke, « Mangan to Joyce », *op. cit.*, p. 8.
7. Voir : John J. Dunne, « The Educational Company of Ireland and the Talbot Press, 1910-1990 », *The Long Room*, 42, 1997, p. 34-41. En 1920, Boyd fut nommé correspondant à Dublin pour *The Athenaeum*. Il publia également deux satires dramatiques qui n'eurent pas de succès : *The Glittering Fake: A Fantasia Not by Lord Dunsany* et *The Worked-out Ward* (toutes les deux en 1918).
8. Nicholas Allen et Terence Brown, « Publishing after Partition, 1922-1939 », dans *The Oxford History of the Irish Book, Volume V: The Irish Book in English, 1891-2000*, Clare Hutton (éd.), Oxford, Oxford University Press, 2011, p. 75.
9. « Ernest Boyd, 59, A Literary Critic », *op. cit.*, p. 17.
10. Cité dans Alan Denson (éd.), *Letters from A.E.*, Londres, Abelard-Schuman, 1961, p. 167, note 1.

rendus étaient lus par un large public, et on les craignait quelquefois [11] ». Parmi ses nombreux ouvrages publiés à cette époque, on compte notamment *Portraits, Real and Imaginary* (1924), *Studies in Ten Literatures* (1925) et *Literary Blasphemies* (1928) qui rencontrèrent tous un vif succès. Il traduisit et édita également les romans et les nouvelles de Maupassant (dix-huit volumes, parus entre 1922 et 1926).

Bien qu'il fût de cinq ans son cadet, Boyd avait connu Joyce à Dublin sous les traits d'un « jeune homme passionné et arrogant » que l'on trouvait souvent en compagnie de Colum, de Gogarty et d'Eglington à la National Library [12]. Cependant, comme il était lui-même un « peu plus jeune et inconnu de ce groupe », il admet avoir été « spectateur plutôt que participant ». Il explique : « J'avais lu l'article de Joyce sur Ibsen dans la *Fortnightly Review*, et j'ai eu connaissance d'un brûlot imprimé sur papier rose intitulé "The Day of the Rabblement" ("Le jour de la canaille") un an environ après sa publication [13] ». Mais Boyd était familier de Joyce pour une autre raison : « Je savais qui était ce James A. Joyce, parce que j'avais trouvé dans une vieille librairie *Madame Bovary* et *L'Éducation sentimentale* dans une pile d'ouvrages poussiéreux, chacun portant l'inscription du nom de Joyce. Les commentateurs peuvent toujours parler d'Édouard Dujardin et du monologue intérieur, mais le Joyce de cette époque-là et le Joyce à venir avaient tous deux été formés à l'école de Flaubert. [14] »

En 1917, Boyd publia une brève recension de *Portrait de l'artiste en jeune homme*, intitulée « The Confessions of a Young Irishman », dans laquelle il reliait le premier roman de Joyce au lyrisme de son recueil de poèmes *Musique de chambre* ainsi qu'au réalisme intransigeant de *Gens de Dublin*. Comme beaucoup des contemporains dublinois de Joyce, Boyd avait un faible pour le livre de poèmes des débuts et regrettait que Joyce eût « épuisé ce singulier filon de beauté » qu'il avait précédemment « chéri ». Il lui semblait que, du jour au lendemain, à l'occasion de son passage à la prose, Joyce était devenu un « réaliste pessimiste » et « un otage de la haine qui devait placer le puissant talent de l'auteur au service d'un réalisme implacable [15] ». Ainsi, Joyce mettait l'accent sur « toute

11. « Ernest Boyd, 59, A Literary Critic », *op. cit.*, p. 17.
12. Oliver Gogarty est le modèle de Buck Mulligan dans *Ulysse*, John Eglington apparaît dans l'épisode de la bibliothèque (« Charybde et Scylla ») et l'on doit à Mary et Padraic Colum un important *Our Friend James Joyce* (Londres, Victor Gollancz, 1959).
13. Ernest Boyd, « James Joyce : Memories », *Decision*, 1er février 1941, p. 58.
14. *Ibid.*
15. Ernest Boyd, « The Confessions of a Young Irishman », *New Ireland*, 3 mars 1917, p. 277.

cette furtive mesquinerie de notre société » et exprimait son mépris « pour une organisation sociale qui permet que tant de vilénie s'exalte de manière aussi répugnante, sous le couvert formel d'une conduite rigide ». Et Boyd d'ajouter : « Les pages de ce livre empestent l'odeur de notre respectabilité miteuse, avec son insupportable tolérance de la plus honteuse barbarie sociale. M. Joyce donne à voir comment nous élevons et favorisons le développement des Stephen Dedalus qui sont en nous, en leur fournissant tout ce qu'ils désirent le plus ardemment, à l'exception des moyens de s'extirper de la glu qui les enveloppe. [16] »

Boyd soulignait également l'importance de Dublin en tant que cadre du roman de Joyce et avançait que l'auteur avait mené un « incroyable travail de dissection qui portait à la fois sur l'individu et sur la société ». Lorsque Joyce se donna la peine d'écrire à Boyd pour le remercier de cet « exposé indulgent et amical [17] », Boyd répondit qu'il promettait de mentionner *Portrait* dans la deuxième édition de son *Ireland's Literary Renaissance*, l'ayant ignoré (ou peut-être n'en ayant pas eu connaissance à l'époque, puisqu'il vivait aux États-Unis) au moment où il rédigeait ce volume.

Ezra Pound, dans une lettre à Joyce, décrivit le compte rendu de Boyd comme une « page inestimable » et salua ce « morceau de "vraie et belle bravoure irlandaise" sur les jeunes gens qui ne se rendent pas compte des avantages culturels de la ville de Dublin par rapport à d'autres métropoles moins favorisées [18] ». Joyce eut à cœur de s'assurer les bonnes grâces de Boyd pendant quelques années. En 1920, il lui écrivit pour lui dire que l'éditeur de *La Vie des peuples* cherchait trois articles consacrés au roman irlandais, au théâtre irlandais et à la « question économique irlandaise » et lui suggéra que ce pourrait être une bonne idée d'« envoyer en même temps vos articles à Monsieur Ezra Pound » en tant qu'éditeur du *Dial* en vue d'une publication simultanée à New York [19]. Ce qu'il y a de surprenant dans cette proposition, c'est que Boyd était déjà bien établi dans *The Dial*, ayant fourni bon nombre d'articles au cours des trois années précédentes (notamment des comptes rendus d'œuvres de Lady

---

16. *Ibid.*
17. James Joyce, *Lettres*, t. III, trad. Marie Tadié, Paris, Gallimard, coll. « Du monde entier », 1973, p. 67.
18. Pound / Joyce, *Lettres d'Ezra Pound à James Joyce*, présentées et commentées par Forrest Read, trad. Philippe Lavergne, Paris, Mercure de France, 1970, p. 107. Forrest Read note par ailleurs que « Pound publia des extraits de la critique d'Ernest Boyd dans "James Joyce et ses critiques" » (*The Egoist*, IV, 5, juin 1917, p. 74).
19. James Joyce, *Lettres*, t. III, *op. cit.*, p. 221.

Gregory, AE [20] et Daniel Corkery). Probablement encouragé par John Quinn, Boyd écrivit à Joyce le 8 février 1921, le pressant de publier *Ulysses* et de le vendre par le biais de souscriptions de sorte à éviter d'incessants procès ainsi que l'interdiction pure et simple : « Nous sommes avec Quinn de l'opinion qu'une édition limitée à des souscripteurs est le meilleur moyen d'éviter ces imbéciles de puritains. À l'évidence, George Moore trouve ce mode de publication fort satisfaisant. J'imagine que vous aussi. [21] » Selon Boyd, l'épisode de « Nausicaa » qui offensait tant les experts de la morale était de très belle facture : « À l'exception de l'épisode I, c'est celui que j'ai préféré [22] ». Une semaine plus tard, Boyd fut désigné pour témoigner devant le tribunal de New York en faveur de *The Little Review* (tout comme le Révérend Percy Stickney Grant, et Scofield Thayer du *Dial*) bien qu'il n'y fût finalement pas formellement convoqué : on décida que John Cowper Powys et Phillip Moeller avaient déjà assez plaidé en faveur de *The Little Review*.

Boyd défendit Joyce par voie imprimée lors du procès de *Ulysses* aux États-Unis en déversant son mépris sur les puritains (qu'il traita de « charognards ») à l'origine des attaques contre le *Jurgen* de James Branch Cabell ainsi que de celles dirigées contre *The Little Review* qui avait publié des épisodes de *Ulysses* au fil de plusieurs livraisons. Selon Boyd, Cabell pas davantage que Joyce n'étaient des écrivains « dont les œuvres peuvent être considérées comme constituant le type de scandale public qui tombe habituellement sous le coup de la loi. Dans les deux cas, l'outrage a dû être reniflé par les charognards, dont l'odorat est tellement plus fin que celui du commun des mortels qui ne s'intéresse pas au prétendu problème [23] ». Boyd établit également un parallèle avec le procès de *Madame Bovary*, qui se solda par l'acquittement de Flaubert et qui « revêt une dignité particulière à la lumière de la décision récemment rendue contre *The Little Review* ». Et Boyd poursuit :

> *Tant que l'initiative en la matière appartiendra à des puritains professionnels, la censure sera l'expression d'un esprit infantile et peu développé. Là où l'écrivain français montre toute sa force, c'est dans la conscience qu'il a de ne pas être à la merci des lyncheurs littéraires, et que sa mise en accusation doit être le fait de magistrats légitimes, contre lesquels il peut compter sur le soutien de ses confrères, aussi bien sur leur*

20. Nom de plume de l'écrivain irlandais George William Russell (1867-1935).
21. Ernest Boyd à Joyce, 8 février 1921. Lettre inédite, James Joyce Collection, Poetry / Rare Books Collection, Université de Buffalo
22. *Ibid.*
23. Ernest Boyd, « Adult or Infantile Censorship? », *The Dial*, avril 1921, p. 382.

opinion éclairée que sur l'action de leur bonne volonté. Si la littérature américaine reste désorganisée face à ses ennemis, les écrivains américains ne pourront jamais imposer à leurs censeurs d'agir en adultes. L'abolition du lynchage dans les arts est la condition préalable à la liberté effective au sein du droit.[24]

Boyd consacra plus de dix pages à Joyce en 1923 dans l'édition remaniée de *Ireland's Literary Renaissance*, ce qui constitue bel et bien un signe qu'avec *Ulysse* Joyce était passé tout d'un coup de la figure marginale de la scène littéraire irlandaise à une position plus centrale et canonique. Or, parmi les critiques, Boyd était sans doute le principal arbitre en ce qui concernait la fixation d'un canon littéraire irlandais. George Russell, ami de Boyd, figure paternelle et mentor de tant d'écrivains de la Renaissance irlandaise, n'hésita pas à faire figurer Joyce (avec Yeats, O'Grady, Stephens, Shaw, Lady Gregory, Synge et George Moore) parmi les membres d'une lignée qui « brillaient comme des silhouettes dans les derniers rayons du soleil », contrairement à la « génération grise » qui suivit[25]. Russell, comme Boyd le rappela à plusieurs reprises, fut le premier à publier les premières nouvelles de Joyce.

Les interventions de Boyd qui visaient à intégrer Joyce au sein de la littérature irlandaise furent très efficaces, non seulement du fait de la légitimité dont il jouissait aux États-Unis, mais aussi parce qu'il était, parmi les critiques irlandais, le mieux équipé pour s'opposer aux tentatives de Larbaud, Pound, John Quinn et T. S. Eliot d'atténuer l'importance du caractère irlandais de l'œuvre et de construire un Joyce européen ou cosmopolite. Pour ce qui était d'*Ulysse*, Quinn en particulier pensait que le roman devait être promu « comme un événement d'envergure européenne, non pas comme un événement irlandais » et il « niait son origine purement provinciale »[26]. Défendre ce point de vue pouvait être un

---

24. *Ibid.*, p. 385. L'article de Boyd fit ouvertement enrager John S. Sumner qui rédigea une réponse virulente intitulée « The Truth about "Literary Lynching" » dans le numéro suivant du *Dial* (juillet 1921, LXXI, p. 61-68). Cette livraison comprenait également une réponse laconique de Boyd qui disait que Sumner confondait « art » et « cartes postales cochonnes ». Boyd soulignait la supériorité du tribunal français qui considéra le roman de Flaubert comme une forme accomplie d'œuvre littéraire, avec une intention et un contexte, et « non pas comme s'il s'agissait d'une carte postale cochonne », ce qui contrastait avec « l'incroyable bouffonnerie et le philistinisme de caniveau de procès similaires en Amérique ».

25. George Russel à Harold MacMillan, 30 juin 1934 (cité dans Frances Flanagan, *Remembering the Revolution. Dissent, Culture, and Nationalism in the Irish Free Sate*, Oxford, Oxford University Press, 2015, p. 158).

26. B. L. Reid, *The Man from New York. John Quinn and his Friends*, New York, Oxford University Press, 1968, p. 530.

moyen de « priver les patriotes irlandais d'une chance d'attaquer le livre, comme ils avaient attaqué *Le Baladin du monde occidental* de Synge, dans lequel ils avaient perçu un "pamphlet" contre l'Irlande [27] ». S'agissait-il alors, comme Pound semblait vouloir le croire, d'une stratégie pour protéger Joyce d'une attaque provenant d'Irlande, pour neutraliser en somme l'importance centrale de l'Irlande dans son écriture [28] ? Ou bien était-ce de la pure provocation ? Même si beaucoup de critiques et de lecteurs irlandais n'appréciaient pas Joyce ou le désapprouvaient, nier son irlandité ne pouvait que les piquer au vif. Boyd avait parlé pour un grand nombre de personnes, lorsqu'il écrivit, en guise de réponse indirecte, que le *Portrait* exposait « à la fois les raisons qui rendaient possible l'existence des habitants de Dublin, tels que M. Joyce les voyait, et la *raison d'être* littéraire de l'auteur lui-même [29] ».

Dans un article intitulé « Cosmopolitan Provincials » paru dans le *New York Tribune*, Boyd s'en prit également à T. S. Eliot pour son article intitulé « Les trois provincialités » qu'il venait de faire paraître dans *The Tyro*, la revue de Wyndham Lewis. Eliot défendait la qualité internationale de la grande littérature et affirmait qu'il existait « trois littératures de langue anglaise : celle écrite par les Irlandais, celle écrite par les Américains et celle composée par les Anglais eux-mêmes ». Boyd repoussa cet argument en y voyant un exemple de « cosmopolitisme provincial [30] ». Contestant l'affirmation d'Eliot selon laquelle « les meilleurs écrivains produiront des œuvres qui ne seront ni américaines, ni irlandaises ni anglaises » mais trouveront une place prédestinée dans la « littérature anglaise », Boyd souligne que la littérature exprime en premier lieu d'où elle vient : « aucune littérature de l'imagination ne s'est développée sans enracinement dans un sol national ». Boyd traite ensuite spécifiquement de l'opinion d'Eliot sur Joyce :

> *Le phénomène plein d'espoir que salue T. S. Eliot est James Joyce, car lui seul, semble-t-il, pourra « endiguer le courant irlandais distinct » dans la mesure où son œuvre est « la première œuvre irlandaise depuis celle de Swift à posséder une signification européenne absolue ». À l'avenir, les écrivains irlandais devront se mesurer à cette norme ou « avouer qu'ils écrivent uniquement pour un public irlandais et non européen ».*

---

27. *Ibid.*
28. Ezra Pound, « *Dubliners* and Mr. James Joyce », *The Egoist*, Vol. 1, n° 14, 15 juillet 1914, p. 267.
29. Ernest Boyd, « The Confessions of a Young Irishman », *op. cit.*, p. 277.
30. Ernest Boyd, « Cosmopolitans Provincials », *The New York Tribune*, 21 mai 1922, p. 16.

Boyd conteste l'exclusion par Eliot de tout un pan de la littérature irlandaise :

> *En d'autres termes, M. Eliot varie les plaisirs à partir de la formule irréfléchie de Larbaud : « Avec l'œuvre de James Joyce, et en particulier avec cet* Ulysse [...] *l'Irlande fait une entrée sensationnelle dans la haute littérature européenne ». Dans son extase M. Eliot s'écrie : « Fini les paysans comiques, les héros épiques, les banshees, les petites créatures féeriques, les Deirdre*[31]*. M. Joyce les a démasqués. »*

Il rejette l'affirmation d'Eliot selon laquelle « puisque James Joyce a décrit Stephen Dedalus, toute la vaste littérature épique irlandaise a été abolie, et les dramaturges irlandais, dont les amateurs sont tous anglais et américains, doivent mettre la clé sous la porte ». Il accuse Eliot de passer à côté de l'essentiel en faisant porter l'accent sur les « paysans comiques ». Eliot se rend coupable d'exercer une « forme d'impérialisme linguistique » en rejetant la « langue irlandaise [...] comme "barbare" ». Elle est loin d'être aussi barbare, s'insurge Boyd, que « les propres poèmes français d'Eliot, qui sont écrits dans un sabir qui n'a guère plus qu'une ressemblance superficielle avec le français dans lequel la grande littérature de France (et d'Europe aussi) est écrite ». Boyd, dont le français était excellent, continue :

> *C'est en réalité la langue d'une civilisation ayant atteint sa maturité, forte déjà d'une littérature alors que la langue anglaise n'était pas encore née. Il est certain qu'un critique, dont les vues sur le provincialisme sont si dures, devrait se méfier du point de vue de la pompe paroissiale à l'égard de ce qui ne lui est pas familier. Les qualifications* [d'Eliot] *pour décider de ce qui est irlandais ou non sont entièrement imaginaires. Tout comme son idée, selon laquelle le nationalisme littéraire soutient des œuvres de second rang, ne s'appuie sur rien d'autre que sa propre fantaisie. Les plus grands maîtres de la langue anglaise rayonnèrent durant la période où l'Angleterre vivait sa vie nationale la plus intense, lorsque la petite île d'Angleterre était tout et que les balivernes des politiciens sur le monde anglophone étaient inconnues. Dante, Cervantes et Racine sont des figures européennes, et de renommée mondiale, mais ils ne sont pas plus cosmopolites que William Jennings Bryan. Ils forment intensément la quintessence de leur propre époque et de leur pays. Les écrivains oubliés, les auteurs de seconde zone, sont précisément ceux qui visaient à devenir internationaux.*

31. Jeune fille à la beauté tragique de la mythologie celtique irlandaise. (N.d.T.)

Selon Boyd, Eliot souffre d'une forme de provincialisme, qu'il partage au reste avec Ezra Pound qui, dans les termes de Boyd, « avait le même mépris pour la chose irlandaise (sans même connaître cette langue ou ce pays) ». Ces vues nuancent utilement la riposte plus célèbre de Boyd à Larbaud, qui parut à peine une semaine plus tard sous le titre « The Expressionism of James Joyce »[32]. Boyd n'était pas chauvin mais il aimait le combat théorique et n'hésitait pas à s'en prendre aux critiques français. Il avait déjà lancé une attaque en règle contre ce qu'il considérait comme une mécompréhension française de Georges Bernard Shaw dans *The Forum* en 1913, fustigeant les appréciations de Henry Bordeaux, Émile Faguet ou Augustin Hamon, et concluant que la critique de Shaw en France oscillait « entre l'hostilité pure et simple de l'ignorant et l'idolâtrie tout aussi aveugle de M. Hamon ». Boyd était convaincu que les admirateurs français de Shaw lui avaient fait plus de mal que de bien, son traducteur en premier lieu. Bien que Shaw eût dit un jour qu'il était le principal obstacle à son propre succès, « en France il se trouve secondé dans ce travail d'empêchement par son traducteur, à qui il est attaché, comme M. Robert d'Humières le dit si bien, "comme un criminel à la corde qui l'a pendu"[33] ». Tout cela pour dire que Boyd avait un profil très sérieux et n'était pas un obscur critique provincial ignorant tout de la pensée critique continentale. Bien au contraire.

Larbaud exprima un enthousiasme effréné pour *Ulysse* à une époque où d'autres critiques français ne manifestaient pas d'intérêt pour ce livre. Initialement, dans une lettre à Sylvia Beach, ce n'est pas aux écrivains français qu'il compara Joyce, mais à un ensemble assez éclectique d'auteurs comme Whitman, Rabelais et Goethe. Il affirma que Bloom était « immortel, comme Falstaff[34] ». Larbaud évoqua *Ulysse* pour la première fois publiquement lors de la fameuse rencontre qui eut lieu à la Maison des Amis des Livres en 1921 (avec Joyce qui écoutait dans les coulisses). Joyce avait pris le soin d'instruire Larbaud à l'avance : ils eurent une correspondance régulière lors des mois qui précédèrent la causerie, à l'occasion de laquelle Joyce envoya à Larbaud des épreuves des épisodes ainsi qu'un schéma du roman. Joyce était encore dans les parages lorsque Larbaud remania sa conférence pour la publier dans *La Nouvelle Revue française*.

32. Paru dans *The New York Tribune*, 28 mai 1922, p. 29. Ce texte constitua ensuite l'essentiel du chapitre consacré à Joyce dans l'édition remaniée de *Ireland's Literary Renaissance*.
33. *Ibid.*
34. Valery Larbaud à Sylvia Beach, 22 février 1921 (repris dans James Joyce, *Œuvres* II, Jacques Aubert éd., Paris, Gallimard, « Bibliothèque de la Pléiade », 1995, p. 925).

Plaidant pour un « Joyce français », Larbaud avançait qu'*Ulysse* devait quelque chose aux mouvements naturaliste et symboliste, à Flaubert et à Maupassant, à Lautréamont et à Rimbaud. Pour ce qui est de l'Irlande à laquelle *Ulysse* et Joyce appartenaient, elle était, pour Larbaud, essentiellement européenne : « Il est ce qu'on appelle un pur "Milésien" : Irlandais et catholique de vieille souche ; de cette Irlande qui se sent quelques affinités avec l'Espagne, la France et l'Italie, mais pour qui l'Angleterre est un pays étranger dont rien, pas même la communauté de langue, ne la rapproche. [35] »

Sam Slote a remarqué combien cet article « a permis de faire en sorte que Joyce vienne grossir les rangs de l'avant-garde parisienne », mais il a également constaté que « son rôle dans la promotion de Joyce en France n'était pas aussi important qu'il aurait pu l'être [36] ». Il est clair que Boyd ne partageait pas cet avis et craignait l'influence de Larbaud. Une version raccourcie de cet article qu'il considérait comme dédaigneux et malintentionné à l'égard de l'Irlande fut traduite et publiée par T. S. Eliot dans le premier numéro du *Criterion* [37] et Boyd ressentit le besoin d'y réagir. Ironiquement, ce faisant, il ne fit qu'augmenter l'intérêt du public anglais des deux côtés de l'Atlantique pour l'article de Larbaud. Sa première réponse, « The Expressionism of James Joyce », fut publiée dans le *New York Tribune* du 28 mai 1922 et marqua le début d'une querelle entre les deux partis qui durerait jusqu'en 1925 — sans doute au plus grand amusement de Joyce. Ce qui sembla le plus ennuyer Boyd dans l'article de la *NRF* fut l'affirmation à ses yeux « irréfléchie » de Larbaud selon laquelle « l'Irlande [faisait] une entrée sensationnelle dans la littérature européenne ». Et Boyd de réagir : « Indépendamment de la croyance naïve et touchante en le mythe d'une littérature "européenne", cette affirmation de M. Valery Larbaud présente le défaut manifeste de reposer sur deux présupposés erronés. […] En d'autres termes, pour l'esprit irlandais, prendre un peu en considération l'évolution littéraire et intellectuelle de l'Irlande n'est pas commettre une erreur d'appréciation quant à Joyce, et l'effort que l'on fait actuellement pour le couper du courant dont il est tributaire est singulièrement futile. » Selon Boyd, l'approche adoptée par Larbaud

35. Valery Larbaud, « James Joyce », *Nouvelle Revue française*, n° 103, avril 1922, p. 387.
36. Sam Slote, « "Après mot, le déluge" 1 : Critical Response to Joyce in France », Geert Lernout & Wim Van Mierlo (dir.), *The Reception of James Joyce in Europe*, Bristol, Thoemmes Continuum, 2004, p. 363.
37. Valery Larbaud, « The *Ulysses* of James Joyce », *The Criterion*, vol. 1, octobre 1922, p. 94-103.

et sa « coterie » a laissé « ce génie profondément irlandais en possession d'une réputation cosmopolite prématurée » :

> *Le fait est qu'aucun écrivain irlandais n'est plus irlandais que Joyce ; aucun n'est plus indubitablement empreint de sa race et de ses traditions.* […] *Le syllogisme semble être le suivant : J. M. Synge, James Stephens et W. B. Yeats sont irlandais, donc James Joyce ne l'est pas. Tandis que la simple vérité est qu'* Un portrait de l'artiste en jeune homme *est au roman irlandais ce que furent* Les Errances d'Oisin *pour la poésie irlandaise et* Le Baladin du monde occidental *pour le théâtre irlandais, la seule œuvre significative qui élève son genre esthétique au-dessus du lieu commun pour le hisser au rang de littérature nationale.*

Le mécontentement de Boyd ne réside pas dans le fait que Larbaud ait exalté Joyce, mais qu'il ait ignoré ou rejeté tant d'autres écrits irlandais. Affirmer qu'*Ulysse* avait « une signification européenne » alors que les œuvres de Synge ou de Yeats n'en avaient pas, c'était « avouer une complète ignorance de la genèse du roman de Joyce en attribuant à son contenu une mystérieuse origine extérieure, que les références réelles semblent démentir [38] ». Boyd insiste sur la centralité de la vie dublinoise pour l'écriture de Joyce : « L'intérêt européen pour l'œuvre doit nécessairement être en grande partie technique, car la matière est aussi locale que la forme est universelle [39] ».

Ayant contrecarré Larbaud dans le *New York Tribune* ainsi que dans son livre, alors que bien des critiques en seraient peut-être restés là, ce ne fut pas le cas de Boyd, que Van Wyck Brooks comparait aux « gladiateurs littéraires de Grub Street au temps de Pope et de Swift [40] ». Une recension plus tardive de la biographie de Joyce par Herbert Gorman fut pour lui l'occasion de renouveler son attaque. Gorman est un modèle pour Boyd qui loue sa « sobriété dénuée de prétention » et la considère comme un « antidote aux tours de passe-passe » des « illuminés obscurantistes », ces « hiérophantes mystiques qui tissent la légende de Joyce avec tant de soin » : « Ils essayèrent, tout d'abord, d'isoler Joyce, de le présenter comme un "Européen" complètement détaché de son propre passé, de son propre pays et de sa littérature. C'est à cette fin que l'on annonça triomphalement à Paris qu'avec Joyce "l'Irlande fait une entrée sensationnelle dans la littérature européenne", une affirmation qui fut commentée de manière appropriée un an plus tard, lorsqu'on attribua le prix Nobel de littérature

38. Ernest Boyd, *Ireland's Literary Renaissance*, Londres, Grant Richards, 1923, p. 412.
39. *Ibid.*, p. 411.
40. Cité dans le livre de Fred Hobson : *Mencken : A Life*, New York, Random House, 1994, p. 170.

à William Butler Yeats. » Ensuite, « la coterie » se chargea inutilement « d'enjoliver le déjà obscur et insaisissable *Ulysse* » jusqu'à lui conférer « l'allure d'une écriture cabalistique ». Pire encore : des personnalités locales de Dublin, « connues de ceux qui vivaient dans cette ville à l'époque, se virent attribuer une signification symbolique, devenant ainsi des créatures étranges et fantastiques issues du cerveau de l'auteur ». La force de Gorman réside en ce qu'il est en mesure de voir Joyce non seulement comme l'auteur d'*Ulysse*, mais comme « un Irlandais exprimant une phase historique de l'Irlande, à l'instar de Synge ou de Yeats, dont l'œuvre doit être considérée comme un tout, sans solution de continuité ». Boyd félicite Gorman d'avoir mis l'accent sur le réalisme de Joyce, contrairement à ceux qui s'obstinent de manière perverse à le dissocier des réalistes français. Plus précisément, « le nom fatal de Flaubert est frappé de tabou, bien que Joyce l'ait lu et admiré », alors que « Laforgue et Lautréamont, qu'il n'a pas lus, sont rameutés à sa cause, car ils contribuent à préserver l'atmosphère ésotérique dans laquelle se complaisent les dévots du culte ». Gorman est également loué parce qu'il ne « crée pas une Irlande imaginaire, pas plus qu'il ne prétend à une connaissance de réalités locales qu'un étranger peu familier de Dublin ne saurait avoir ». C'est là un trait dont il estime que Larbaud se montre à l'évidence coupable lorsqu'il « déclare ingénument que la critique hostile de James Joyce résulte du fait que son œuvre est soumise au jugement de l'Angleterre protestante ». Et de citer la remarque de Larbaud pour la tourner en ridicule : « "Il est certain qu'en pays catholique, le ton de la presse aurait été bien différent." Il est dommage qu'il ne connaisse pas ce que la presse d'un certain pays catholique nommé Irlande, qui n'est pas sans importance à cet égard, a dit de *Gens de Dublin* ou de *Portrait de l'artiste en jeune homme* ! Et pour ce qui est d'*Ulysse*, l'Irlande a été félicitée d'être trop pure et trop pauvre pour être contaminée par ce vilain ouvrage ! M. Gorman ne se rend coupable d'aucune de ces naïvetés. [41] »

Suite à un autre article de la même teneur intitulé « Concerning James Joyce [42] » et publié par Boyd en janvier 1925, Larbaud, avec l'accord de Joyce, fit paraître dans *La Nouvelle Revue française* une longue réponse : « À propos de James Joyce et de *Ulysses* ». Il se justifia en ces termes : « M. Ernest Boyd, auteur d'un ouvrage important sur la "Renaissance littéraire de l'Irlande" (*Ireland's Literary Renaissance*) et qui se déclare

41. Ernest Boyd, « Order Established in the Literary Choas [*sic*] of James Joyce », *The New York Times Book Review*, 2 mars 1924, p. 7.
42. Ernest Boyd, « Concerning James Joyce », *The World*, New York, 25 janvier 1925, repris dans Robert H. Deming, *James Joyce: The Critical Heritage*, vol. 1, Londres, Routledge & Kegan Paul, 1970, p. 320-322.

admirateur de *Ulysses*, ne cesse pas, depuis deux ans, et chaque fois qu'il parle de James Joyce à ses lecteurs, de m'attaquer avec acharnement. Il a de l'esprit et du mordant, et semble bien résolu à mettre les rieurs de son côté [43] ». Larbaud écrivait également : « Ce n'est pas que j'espère l'amener à une entente (ou à une réconciliation) sur la question qui nous occupe l'un et l'autre, et il ne s'agit ici que de répondre à ses attaques [44] ». Sans céder un pouce de terrain, Larbaud réprimanda Boyd pour avoir dit dans *Ireland's Literary Renaissance* : « L'effort que l'on fait actuellement pour séparer Joyce du courant dont il est un affluent est singulièrement futile [45]. » Aux yeux de Larbaud, Joyce ne représentait pas le sommet de l'ancien mais l'arrivée fracassante du nouveau :

> *Ce courant, c'est la littérature de la renaissance irlandaise à l'histoire de laquelle M. Ernest Boyd a consacré son livre et qu'il fait à partir de l'année 1889. Eh bien, je pense que, pour les futurs historiens de la littérature irlandaise de langue anglaise, le « courant » sera l'œuvre de Joyce, et l'« affluent », tout ce qui l'a précédée en fait de littérature anglo-irlandaise à partir de 1889.* [46]

Larbaud laissait entendre que les attaques de Boyd étaient typiques d'une génération plus ancienne avec une aversion pour la littérature d'avant-garde. Attribuant à Boyd « la figure de *laudator temporis acti* », il supposait que ce dernier devait être de cinquante ans son aîné : « tout cela me donne à penser qu'il y a à peu près la même différence d'âge entre lui et moi qu'entre M. Paul Bourget, par exemple, et M. André Breton » (le premier étant né en 1852 et le second en 1896) [47]. En réalité, Boyd était de six ans le cadet de Larbaud. Si Larbaud admirait Yeats et le considérait comme un digne lauréat du prix Nobel, il ne chercha pas à s'excuser d'avoir fait ce qu'il considérait être un choix générationnel en faveur de Joyce : « Que si je préfère l'œuvre de Joyce à celle de W. B. Yeats, c'est affaire de goût et d'affinités, et, je l'admets, de partialité en faveur de l'art de ma propre génération. [48] » Il repousse l'accusation de Boyd selon laquelle il aurait fait montre d'une « ignorance colossale au sujet de la littérature anglo-irlandaise » en avançant que Boyd avait travesti sa pensée en tronquant l'une de ses phrases pour n'en retenir que cette formule : « l'Irlande fait

---

43. Valery Larbaud, « À propos de James Joyce et d'*Ulysse* », *La Nouvelle Revue française*, n° 136, janvier 1925, p. 6. Repris dans V. Larbaud, *Ce vice impuni, la lecture. Domaine anglais*, Paris, Gallimard, 1951, p. 402 (nous nous référons à cette édition).
44. *Ibid.*
45. *Ibid.*, p. 403.
46. *Ibid.*
47. *Ibid.*, p. 404.
48. *Ibid.*, p. 407.

une entrée sensationnelle dans la littérature européenne ». Larbaud prend aussitôt soin de préciser : « Mais j'ai écrit : *L'Irlande, ou plutôt la Jeune Irlande*… C'est-à-dire celle d'après 1914, celle dont les journaux du monde entier annonçaient alors (1921) le triomphe définitif, celle qui venait de reprendre sa place parmi les nations indépendantes de l'Europe. [49] »

Mais cela ne clarifie guère les choses et semble quelque peu bancal au plan historique. Dans « Concerning James Joyce », Boyd se sentit obligé de corriger ce qu'il considérait comme une approximation de la part de Larbaud :

> *Un nouvel élément de la controverse, qui a eu ses échos ici parmi les cosmopolites provinciaux qui s'inspirent de M. Larbaud, est fourni par l'accent mis sur la « Jeune Irlande », c'est-à-dire l'Irlande du Sinn Féin, à laquelle on attribue une relation avec Joyce totalement différente de celle des écrivains de sa propre génération, Padraic Colum, James Stephens ou Seumas O'Sullivan, ou de ceux de la génération plus ancienne de Yeats, « Æ », Synge et Moore. Il se trouve que j'étais à Dublin pendant les années mêmes où cette « Jeune Irlande », aujourd'hui triomphante, luttait contre le gouvernement britannique, et je peux assurer à M. Larbaud que jamais Joyce n'avait eu un public plus hostile que celui-là. L'indifférence de la plupart des gens, et l'hostilité de quelques-uns, étaient telles que, lorsque parut* Un portrait de l'artiste en jeune homme, *ce fut avec beaucoup de réticence que le rédacteur en chef du principal organe intellectuel du régime Sinn Féin me permit d'en faire l'éloge, et les protestations des lecteurs indignés le hantèrent longtemps après, comme il l'avait prévu. Pour aider le livre, j'ai dû revêtir divers déguisements dans différents journaux qui, autrement, l'auraient boycotté ou mis au pilori. Les personnes qui appréciaient vraiment Joyce appartenaient précisément à cette Irlande d'avant 1914 que M. Larbaud considère comme secondaire.* [50]

Réagissant pour sa part à l'accusation de Boyd selon laquelle il est « "suprêmement naïf" et même "touchant" de croire en l'existence d'une littérature européenne [51] », Larbaud cite les noms de Tolstoï, Ibsen et Nietzsche comme membres à part entière d'un « petit nombre d'écrivains lus, étudiés et imités au-delà des frontières de leur domaine linguistique que j'appelle "la littérature européenne" [52] ».

> *Est écrivain européen l'écrivain qui est lu par l'élite de son pays et par les élites des autres pays. Thomas Hardy, Marcel Proust, Pirandello, Ramón Gómez de la Serna sont des écrivains européens. Les écrivains de grande vente dans leur pays d'origine mais non lus par l'élite de leur pays*

49. *Ibid.*
50. Ernest Boyd, « Concerning James Joyce », *op. cit.*, p. 320-321.
51. Valery Larbaud, *Ce vice impuni, la lecture*, op. cit., p. 407.
52. *Ibid.*

et ignorés par les élites des autres pays sont des écrivains… disons nationaux, — catégorie intermédiaire entre les écrivains européens et les écrivains locaux ou dialectaux.[53]

Larbaud finit par dire que les attaques de Boyd à son encontre lui semblent « indirectement dirigées contre l'œuvre de James Joyce, qu'il prétend admirer pourtant[54] ». Il rappelle que dans sa conférence de décembre 1921, son intention était de présenter l'œuvre de Joyce à un public français cultivé. En reprochant à Boyd de privilégier une génération antérieure à celle de Joyce, il semble inutilement dédaigner Yeats et Moore : « [L]es figures de premier plan [de la Renaissance littéraire irlandaise] étaient Yeats, Synge et George Moore et, dans une catégorie moins élevée, James Stephens. En 1914 tout cela appartenait déjà à l'histoire littéraire. Avec la guerre anglo-irlandaise, menée parallèlement à la guerre continentale, une première phase de la renaissance littéraire d'Irlande s'achevait. Une autre commençait. À Trieste.[55] »

Joyce écrivit à Larbaud le 2 février 1925 en le remerciant « pour la N.R.F. L'article enlève très proprement toutes les miettes, à mon avis[56] ». Un mois plus tard, il dit à Harriet Shaw Weaver que « M. Boyd a publié une réponse à M. Larbaud dans la N.R.F.[57] ». Il s'agissait de « À propos de Joyce et de *Ulysses* », dont la publication dans la *Nouvelle Revue française* en mars 1925 fut rendue plus aisée par Larbaud qui, après avoir reçu le texte de Boyd, le transmit à Jacques Rivière, lui demandant de le publier (ce qu'il fit, bien qu'il refuserait plus tard de publier des traductions de Joyce). Dans cet article, Boyd fait part de sa profonde admiration pour l'œuvre de James Joyce tout en contestant le « culte d'*Ulysse* » qu'il estime avoir été créé en grande partie par Larbaud. Il souligne que Larbaud et lui appartiennent à la même génération et partagent le même intérêt pour « la littérature contemporaine de plusieurs pays européens ». Boyd compare son attachement à promouvoir des auteurs français, italiens, espagnols et allemands auprès du public américain à l'effort que fournit Larbaud pour introduire la littérature de langue anglaise en France. Il prétend, de manière assez grandiose, avoir été « le seul en Irlande à apprécier les mérites[58] » de *Portrait de l'artiste en jeune homme* lors de sa parution et il insiste sur le

---

53. *Ibid.*
54. *Ibid.*, p. 412.
55. *Ibid.*, p. 416.
56. James Joyce, *Lettres*, III, *op. cit.*, p. 328.
57. *Ibid.*, p. 331.
58. Ernest Boyd, « À propos de J. Joyce et de *Ulysses*. Réponse à l'article de M. Valery Larbaud », *La Nouvelle Revue française*, n° 138, mars 1925, p. 310.

fait que Larbaud se trompe au sujet de la « Jeune Irlande » de 1914, qui avait accueilli avec une extrême réticence le livre de Joyce :

> *La revue principale du régime Sinn Féin, où j'ai pu glisser un article en faveur de l'auteur que M. Larbaud veut faire passer pour le génie représentatif de la nouvelle génération, l'a imprimé à contrecœur, et les protestations indignées des lecteurs firent regretter au rédacteur son courage involontaire. Cette génération s'intéresse moins à Joyce et elle est moins capable de l'apprécier que sa génération à lui, qui est celle d'avant la guerre.* [59]

Boyd répète que Joyce « n'est pas une source mais un affluent » et déplore la preuve qu'il en a trouvée dans les écrits de la jeune école (« ce que j'appelle les "esthètes modern style" »), représentée en France par Aragon, Soupault, Breton et, de manière collatérale, par « les jeunes provinciaux cosmopolites des États-Unis [60] » : « Les jeunes esthètes américains sont tombés sur *Ulysses* avec des hurlements de joie. Voilà une œuvre de génie qui semble donner raison à tous les petits écrivassiers qui s'imaginent que l'incohérence, semée de mots qu'on n'imprime plus en anglais, les met au niveau de Joyce. [61] » Ce bref passage est bien dans la veine de la fameuse satire de Boyd, cruelle et polémique : « Aesthete : Model 1924 », publiée dans le numéro de janvier 1924 de *The American Mercury*. À l'exception de Joyce, en qui il voit un génie inégalable, Boyd éviscère la génération des années vingt, laquelle célèbre toute forme de nouveauté — surtout si elle vient de France — et « dénigre les maîtres d'une langue qu'ils écorchent ou comprennent à peine [62] ». On commence à voir ici que les réelles motivations de Boyd ne se limitent pas à désapprouver Larbaud : il vise également à tancer « ces messieurs et ces dames de *Broom*, *The Little Review* et toutes ces autres revues qui ne sont que des échos d'échos français [63] ». Ainsi cherche-t-il à vérifier quelle est l'influence des opinions de Larbaud sur Joyce en Amérique — opinions fondées à ses yeux sur une ignorance presque complète de l'Irlande et de la Renaissance irlandaise. Dans son livre sur la *Renaissance littéraire irlandaise*, Boyd étaye son point de vue selon lequel Joyce n'est pas une source en soulignant qu'il n'a quasiment pas eu d'influence dans son pays natal et fort peu d'imitateurs.

> *Maintenant que les préoccupations politiques sont au cœur de tout, la littérature en Irlande a été reléguée au second plan. Les forces vives d'une*

---

59. *Ibid.*
60. *Ibid.*, p. 311.
61. *Ibid.*
62. *Ibid.*
63. *Ibid.*

> *nouvelle génération sont une fois de plus absorbées par la lutte matérielle pour une existence nationale. Il n'y a aucun signe de l'influence de James Joyce dans son propre pays, bien que sa technique audacieuse ait manifestement attiré l'attention de certains de ses contemporains anglais.* [64]

En conclusion de son article publié dans la *N.R.F.*, Boyd affirme avoir souhaité offrir une alternative à l'interprétation de Larbaud, en considérant notamment que Joyce avait été « salué trop tôt comme un génie européen ». « J'ai expliqué Joyce comme réaliste, j'ai insisté sur l'unité de son œuvre, à un moment où tout le monde voulait isoler *Ulysses* et le considérer comme un phénomène n'ayant ni racines en Irlande, ni rapport avec les autres livres de l'auteur. [65] » Joyce, insiste-t-il, « est un génie profondément irlandais et national [66] ». Ce n'était pas là un coup de clairon patriotique. En effet, Boyd tentait régulièrement de s'opposer à une lecture politisée des œuvres irlandaises. En 1923, dans sa préface à la réédition de *Ireland's Literary Renaissance*, il se plaignait : « La critique irlandaise est trop largement le monopole des patriotes, dont on considère que leurs sentiments irréprochables au sujet de l'Irlande les autorisent à juger des questions d'esthétique. [67] »

Boyd revint à Joyce en 1934 dans un essai intitulé « Joyce and the New Irish Writers » [68]. Ses sentiments plutôt ambivalents au sujet d'*Ulysse* — peut-être nourris par l'exaspération de voir *Work in Progress* distribué au compte-gouttes à un public de plus en plus perplexe — s'exprimèrent alors de manière plus ouverte. Il évoque nommément Larbaud et se plaint de ce qu'*Ulysse* « a suscité un enthousiasme quelque peu extravagant et des éloges démesurés quant à sa réelle importance ». Il reconnaît l'« expérience technique » de Joyce tout en insistant sur le fait que « l'intérêt "européen" de cette œuvre doit nécessairement se limiter à sa forme, car son contenu est si local et intrinsèquement insignifiant que parmi les lecteurs qui ne sont pas familiers de la ville de Dublin d'il y a trente ans, fort peu pourront en saisir les allusions et en savourer l'esprit. »

Après la mort de Joyce en janvier 1941, Boyd écrivit un petit article intitulé « James Joyce : Memories », dans lequel il ne put se retenir de fournir un nouveau résumé de la lecture mal inspirée que Larbaud fit d'*Ulysse*. Il décrit encore une fois Joyce comme un « réaliste [...] qui a étudié son

---

64. Ernest Boyd, *Ireland's Literary Renaissance*, op. cit., p. 96.
65. Ernest Boyd, « À propos de J. Joyce et de *Ulysses* », *op. cit.*, p. 312.
66. *Ibid.*, p. 313.
67. Ernest Boyd, *Ireland's Literary Renaissance*, op. cit., p. 6.
68. Ernest Boyd, « Joyce and the New Writers », *Current History*, 39, VI, mars 1934, p. 699-704.

Flaubert » et se souvient alors n'avoir pas écrit un seul, mais « plusieurs comptes rendus anonymes pour la presse irlandaise [69] ». Et de s'identifier affectueusement au Joyce de Dublin : « Les taudis réels et intellectuels de Dublin jouent un rôle majeur dans l'œuvre de James Joyce, mais il y avait un autre Dublin et c'est ce Dublin qui l'a produit. Il n'y eut jamais de produit plus authentique de cette ville, et la particularité de son œuvre est qu'il n'a jamais trouvé d'autre thème. [70] »

Une des dernières interventions de Boyd consacrées à Joyce fut « The Glory that was Dublin », un compte rendu du « roman » de Gogarty, *Tumbling in the Hay* (1939) [71]. Dans cet article nostalgique, Boyd constate que Dublin a trouvé tardivement sa place dans la littérature, grâce à Joyce : « Il y a quelques années encore, on pouvait dire que Dublin, bien qu'elle fût le véritable centre de l'activité littéraire irlandaise, ne pesait pas très lourd dans la littérature anglo-irlandaise contemporaine. Avec James Joyce, tout cela a changé, et Dublin, dont George Moore avait salué les propriétés acoustiques, a donné lieu à beaucoup d'enregistrements sonores de qualité. [72] » Boyd voit en Sean O'Casey, Nora Hoult ainsi qu'en Gogarty trois auteurs qui sont arrivés à transcrire avec succès les accents et les intonations de la ville : « Chacun de ces écrivains est doté d'une très fine oreille pour saisir les nombreuses variétés du parler de Dublin, qui se combinent en une manière unique pour rendre la quintessence du lieu. » Un ton presque mélancolique imprègne ses commentaires, qui soulignent sa conviction que Joyce fut à la fois le point culminant d'un mouvement littéraire en Irlande et un écrivain dont l'écriture avait incarné une ère — celle de Boyd — qui prit brutalement fin en 1916 : « Le Dublin de Moore, de Joyce et de Norah Hoult est aujourd'hui dans une phase d'extinction aussi avancée que Tyr et Sidon. La ville a survécu du XVIIIe siècle jusqu'à la Première Guerre mondiale. L'insurrection de Pâques et la guerre civile qui s'ensuivit en ont détruit une grande partie physiquement et l'ont complètement anéantie psychologiquement et intellectuellement. Pour la plupart d'entre nous aujourd'hui, il s'agit d'une ville peuplée de fantômes, d'échos d'une merveilleuse gaîté au milieu de la pauvreté et des haillons. [...] Sa splendeur déguenillée a disparu. [73] »

John McCOURT

Traduit de l'anglais par Mathieu Jung

69. *Ibid.*
70. *Ibid.*
71. « The Glory that was Dublin », *The Saturday Review*, 17 juin 1939, p. 13-14.
72. *Ibid.* p. 13.
73. *Ibid.*, p. 14.

Sylvia Beach et James Joyce à la librairie Shakespeare and Company, 1922.
Courtesy of Princeton University Library.

ULYSSE(S), HISTOIRES DE TRADUCTION

« Évidemment, traduire Joyce est une drôle d'histoire. » — Voilà les mots choisis par Marie Darrieussecq en ouverture de sa préface aux *Brouillons d'un baiser*, sa traduction des fragments qui constituent le chaînon manquant entre *Ulysses* et *Finnegans Wake* [1]. Depuis sa parution en 1922, dont nous célébrons cette année le centenaire, *Ulysses* a été traduit seulement deux fois en français [2], et il s'agit là aussi d'une drôle d'histoire. En outre, les deux versions françaises de cet ouvrage novateur, expérimental et polyphonique furent le produit d'un travail collectif : des collaborations fructueuses et d'autres moins satisfaisantes, parfois heureuses et parfois conflictuelles, où les rapports de pouvoir entre les différents partis se font jour, pour donner à lire en français l'un des monuments de la littérature moderniste de langue anglaise. La collaboration en traduction peut revêtir différentes formes, comme l'ont rappelé Anthony Cordingley et Céline Frigau Manning : du travail conjoint entre traducteur et auteur, à celui avec l'éditeur, ou encore celui de multiples traducteurs sur un même texte, parfois dans différentes temporalités [3]. L'histoire des traductions françaises de *Ulysses* illustre un grand nombre de ces modalités puisque les traductions elles-mêmes impliquent différents acteurs, différentes voix, mais résultent aussi du dialogue qu'elles entretiennent les unes avec les autres. En ce sens, si le texte de Joyce peut être pensé comme laboratoire de la modernité, comme l'a montré Régis Salado, ses versions françaises peuvent l'être en

1. James Joyce, *Brouillons d'un baiser : premiers pas vers « Finnegans Wake »*, dir. Daniel Ferrer, trad. Marie Darrieussecq, Paris, Gallimard, coll. « Du monde entier », 2014.
2. Alors qu'il a déjà été traduit cinq fois en italien, par exemple, par Giulio De Angelis en 1960, Bona Flecchia en 1995, Enrico Terrinoni en 2012, Gianni Celati en 2013 et Mario Biondi en 2020.
3. Anthony Cordingley et Céline Frigau Manning, « What is Collaborative Translation? », dans *Collaborative Translation: from the Renaissance to the Digital Age*, dir. Anthony Cordingley et Céline Frigau Manning, Londres, Bloomsbury, 2017, p. 1-30.

tant que laboratoire collaboratif, voire ouvroir de traduction [4]. Nous nous proposons ici de retracer le parcours de *Ulysses* à *Ulysse*, privé du *-s* final dans la langue de Molière, puis devenu *Ulysse(s)* au hasard des multiples versions, variations, variantes proposées par les traducteurs, des premiers essais en 1921 à nos jours.

1920-1921, PREMIERS ESSAIS

L'histoire des traductions françaises de *Ulysses* a ceci de particulier qu'elle commence avant même la publication de l'œuvre originale. Adrienne Monnier, qui financera le projet avec sa librairie La Maison des Amis des Livres, 7 rue de l'Odéon à Paris, se souvient que l'idée s'est imposée à elle très tôt, dès 1920-1921, « dès que Sylvia Beach [lui] eut parlé de l'œuvre ; à Valery Larbaud sitôt qu'il en eut achevé la lecture ; à Fargue qui, fort intéressé par ce qu'il entendait dire, avait grande envie de voir ça en français ; à tous ceux de nos amis qui ne savaient pas l'anglais [5] ». Le destin de l'œuvre s'ancre rue de l'Odéon, puisque Sylvia Beach, au numéro 12, accepte de publier *Ulysses* ; puis la rencontre entre Valery Larbaud et James Joyce par son entremise à Shakespeare and Co le 24 décembre 1920 s'avère décisive. Le traducteur de renom devient vite « fou d'*Ulysse* », comme le mentionne Joyce dans sa correspondance [6], et les premiers essais de traduction ont lieu dans le cadre d'une séance promotionnelle organisée le 7 décembre 1921 à La Maison des Amis des Livres.

Valery Larbaud s'attèle à la rédaction d'une conférence destinée à faire connaître *Ulysses* au public français, et souhaite adjoindre à son propos la lecture de passages en langue originale pour donner au public une idée de la musicalité de la prose joycienne, ainsi que des passages traduits pour en illustrer la grande originalité. Pressé par le temps, Larbaud renonce à traduire ces fragments, et il est décidé qu'ils seront confiés au jeune Jacques Benoist-Méchin, aidé du poète Léon-Paul Fargue pour traduire les « cochonneries [7] ». Benoist-Méchin traduit, Fargue révise, et les

4. Régis Salado, « *Ulysse* de Joyce, laboratoire de la modernité : étude de réception comparée dans les domaines français et anglo-saxon (1914-1931) », Université Paris Nanterre, 1994.

5. Adrienne Monnier, « La traduction d'*Ulysse* », dans *Rue de l'Odéon*, Paris, Albin Michel, 1989, p. 153.

6. Lettre à Harriet Shaw Weaver, 1er mars 1921, trad. Marie Tadié, dans James Joyce, *Œuvres II*, sous la dir. de Jacques Aubert, Paris, Gallimard, coll. « Bibliothèque de la Pléiade », 1995, p. 927.

7. Adrienne Monnier, *op. cit.*, p. 155.

traductions sont soumises au regard de Joyce, d'Adrienne Monnier, puis de Larbaud, qui les reçoit le 5 décembre et les corrige jusqu'à la dernière minute. Larbaud, qui regrette de n'avoir pas assumé cette tâche lui-même et considère la traduction mal dégrossie [8], juge le résultat peu satisfaisant ; Joyce note dans une lettre que la traduction des « Sirènes » doit être améliorée sans quoi elle ne serait pas à la hauteur pour être lue publiquement [9] et Adrienne Monnier avoue qu'elle a été « faite à la hâte [10] ». Néanmoins, le soir du 7 décembre, quelque deux cent cinquante personnes se pressent à La Maison des Amis des Livres [11]. Les passages traduits issus de la « Télémachie », des « Sirènes », d'« Ithaque » et de « Pénélope » font figure d'avant-goût pour le public français [12]. La séance est un franc succès, relance les souscriptions, et achève de convaincre Joyce et son entourage d'entreprendre une traduction intégrale en français [13]. Jacques Rivière, l'éditeur de la *Nouvelle Revue française*, exprime le souhait de publier le texte de Larbaud ainsi que les extraits traduits. Ce dernier retravaille et corrige les traductions, puis les envoie à la *NRF*. La conférence paraîtra dans le numéro d'avril 1922, deux mois après la publication de *Ulysses*, mais les passages traduits seront égarés à la direction de la revue et ne seront jamais publiés dans la version de 1921 [14].

L'expérience de traduction et de collaboration avec l'auteur rejaillit dans le texte original, à travers les célèbres mots du monologue de Molly Bloom qui concluent le texte, « *yes I said I will Yes* ». La traduction des fragments par Benoist-Méchin intervient alors que Joyce s'affaire à réviser l'épisode final. Le texte se terminait alors par « *I will* », ultimes mots jugés maladroits par Benoist-Méchin une fois traduits en français par « je veux bien ». Le jeune homme proposa donc d'ajouter un « oui » supplémentaire, ce que Joyce accepta, arguant qu'il y avait lui-même songé : « Vous avez raison. Le livre doit se terminer sur *Oui*. Il doit se terminer sur le mot le plus positif

---

8. Valery Larbaud, *Lettres à Adrienne Monnier et à Sylvia Beach, 1919-1933*, dir. Maurice Saillet, Paris, IMEC, 1991, p. 72-73.
9. Blair Robert McMurren, « James Joyce and the Rhetoric of Translation », Oxford University Research Archive, 2002, p. 188.
10. Adrienne Monnier, *op. cit.*, p. 155-156.
11. Richard Ellmann raconte les préparatifs et la soirée en détail dans : *James Joyce*, Oxford, Oxford University Press, 1982, p. 521-523.
12. Régis Salado, *op. cit.*, p. 442 note 12.
13. John L. Brown, « *Ulysses* into French », dans *Joyce at Texas: Essays on the James Joyce materials at the Humanities Research Center*, dir. Dave Oliphant et Thomas Zigal, Austin, University of Texas Press, 1983, p. 36.
14. Valery Larbaud, « James Joyce », *La Nouvelle Revue française*, n° 103, avril 1922, p. 385-409 ; Laure Murat, *Passage de l'Odéon*, Paris, Gallimard, 2005, p. 247.

du langage humain. [15] » La concomitance des premiers essais de traduction et de la fin du processus de rédaction de l'original représente ici précisément ce que Tiphaine Samoyault théorise comme le propre de tout processus traductif, qui est de rendre l'œuvre, habituellement achevée, à l'état de brouillon alors que le traducteur, pour la passer d'une langue à l'autre, remet sans cesse l'ouvrage sur le métier [16].

Cette première expérience esquisse déjà plusieurs tendances qui structureront la future traduction intégrale : les ambitions de Valery Larbaud, qu'il délègue à d'autres, sans pour autant renoncer à une posture correctrice, d'autorité, sur le geste traductif ; la répartition du travail par degré de compétence selon des campagnes de révision successives ; et le regard scrupuleux d'un Joyce investi dans la traduction de son œuvre, dont il mesure l'importance.

1922-1929, ORGANISATION HIÉRARCHIQUE ET SUPERPOSITION DES VOIX

Valery Larbaud, bien sûr, est d'abord pressenti pour traduire, c'est d'ailleurs le souhait de Joyce, mais l'auteur de *Barnabooth* renonce à la traduction dès mars 1922, désireux de se consacrer à son propre travail : « Il me fait beaucoup d'honneur ; mais je ne veux plus rien traduire. [...] Puisque je renonce à la traduction si complètement que je renonce même à faire celle d'*Ulysse*. Qui va le traduire ? Morel ? » écrit-il à Adrienne Monnier [17]. Auguste Morel est un jeune homme d'une trentaine d'années, connu rue de l'Odéon depuis le début de 1920, ayant soumis à Larbaud des traductions de poèmes. Certaines ont par la suite été publiées dans *Les Cahiers des Amis des Livres*, notamment *Une antienne de la terre* de Francis Thompson en 1920. Morel travaille alors à une anthologie de poèmes de Robert Herrick et Thomas Wyatt [18], *La Muse Angloise*, et s'est déjà distingué grâce à ses traductions de John Donne et William Blake [19] : « À part Claudel, comme traducteur de poésie anglaise, je n'ai jamais rien vu d'aussi bien », écrit Larbaud à André Gide en janvier 1921 [20]. « Un peu effarouché », selon l'expression qu'emploie Laure Murat dans *Passage de l'Odéon*, Auguste Morel ne consent à entreprendre la traduction de

15. Richard Ellmann, *op. cit.*, p. 521-522 ; Laure Murat, *ibid.*, p. 210.
16. Tiphaine Samoyault, « Vulnérabilité de l'œuvre en traduction », *Genesis*, n° 38, 2014, p. 57-68.
17. Valery Larbaud, *Lettres à Adrienne Monnier et à Sylvia Beach*, op. cit., p. 97-98.
18. Blair Robert McMurren, *op. cit.*, p. 197.
19. Laure Murat, *op. cit.*, p. 247.
20. Adrienne Monnier, *op. cit.*, p. 157.

Ulysses qu'après s'être assuré qu'il pourrait recevoir l'aide de Joyce, mais aussi de Larbaud, qui se chargerait des révisions et d'une préface.

Morel se met réellement à l'ouvrage au printemps 1924. Le premier objectif était de traduire des fragments de *Ulysses* pour le numéro inaugural de la revue *Commerce*, que lançaient Adrienne Monnier et la princesse de Bassiano [21]. Comme en 1921, Larbaud, qui avait accepté de se charger d'extraits des « Sirènes » et de « Nausicaa », se rend vite compte qu'il sera dans l'impossibilité de consacrer « deux mois de travail éreintant [à] chacun de ces épisodes — et sans faire autre chose [22] ». Il suggère d'exploiter la traduction de « Télémaque » d'Auguste Morel, à laquelle seraient adjointes ses propres traductions d'extraits d' « Ithaque » et de « Pénélope ». Morel travaille depuis Belle-Île, et la correspondance illustre notamment les difficultés causées par l'éloignement géographique des collaborateurs : il s'excuse auprès d'Adrienne Monnier pour le retard de ses envois, l'informant qu'il se trouve à dix kilomètres de la Poste, avec un seul courrier par jour [23]. Il souligne aussi le peu de ressources dont il dispose, remerciant Monnier pour l'envoi d'un lexique d'argot — ironie du sort puisque le recours à l'argot s'avérera être son principal point de dissension avec Larbaud [24].

Commerce paraît en août 1924 [25]. La traduction est co-signée par Larbaud et Morel, dissimulant la complexité qui se cache derrière l'organisation collaborative. Si Larbaud a révisé et négocié avec Morel un certain nombre d'éléments concernant sa traduction intégrale de « Télémaque », la genèse des fragments d'« Ithaque » est moins transparente, et nombreuses sont les mains qui se sont affairées pour traduire les dernières pages de « Pénélope ». On relève par exemple une lettre de Larbaud s'amusant du souvenir d'une séance de traduction avec les deux libraires le 15 juin 1924, dans laquelle le traducteur met en valeur non seulement les contributions de chacun, mais surtout les différences d'approche avec l'essai de 1921 : « Molly Bloom n'est pas aussi plébéienne que l'avait faite Fargue. Je crois que le ton trouvé par Sylvia est beaucoup plus juste. [26] » Cette

21. Pour une analyse détaillée de l'aventure éditoriale de *Commerce*, voir : Régis Salado, *op. cit.*, p. 831-848.
22. Valery Larbaud, *Lettres à Adrienne Monnier et à Sylvia Beach*, op. cit., p. 159-160.
23. Lettre d'Auguste Morel à Adrienne Monnier, 14 juin 1924, James Joyce Collection of Papers, Berg Collection, New York Public Library.
24. Lettre d'Auguste Morel à Adrienne Monnier, 6 juin 1924, James Joyce Collection of Papers, Berg Collection, New York Public Library.
25. James Joyce, « *Ulysse* : fragments », *Commerce*, trad. Auguste Morel et Valery Larbaud, vol. 1, n° 1, 1924, p. 123-158.
26. Valery Larbaud, *Lettres à Adrienne Monnier et à Sylvia Beach*, op. cit., p. 162-163.

question du ton, du registre, sera l'un des principes directeurs de Larbaud tout au long de l'expérience de traduction, et l'un des motifs principaux de désaccord avec Morel, très fréquemment mentionné dans la correspondance. On le trouve notamment dans une lettre adressée à Adrienne Monnier le 1er octobre 1927, où Larbaud décrit les « atrocités et fantaisies » auxquelles il se livre sur le texte de Morel, dont il trouve « la touche générale [...] rude et grosse [27] » :

> *Je* francise *jusqu'à l'Extrême-Gauche ;*
>
> *j'*ose *autant que possible : néologismes ; mots agglutinés (odeurdemusc) ;*
>
> *je tâche de rendre le* ton. *Stuart Gilbert le demande, l'a fait observer plusieurs fois. Il ne s'agit pas de semer un peu partout des mots argotiques ou vulgaires, des grossièretés et des cochonneries. Non : chaque personnage a son ton, ses tics, ses exclamations propres (ou sales, mais pas toujours), — et c'est cela qu'il faut traduire ;* [...] [28]

En outre, la publication dans *Commerce* est l'occasion de mesurer le degré d'innovation, le rôle de l'auteur et l'autorité de chacun des participants à ce stade de la traduction. Le débat sur la présence des accents dans la version française de « Pénélope » est à cet égard emblématique. S'apercevant que l'imprimeur, qui avait respecté l'absence de signes de ponctuation, avait rétabli les accents en traduction, Joyce est formel : il fallait désormais ôter les apostrophes et les accents, « toutes les épines, les graves et les aiguës » écrit-il à Adrienne Monnier [29]. L'éditrice n'est pas d'accord : ces signes diacritiques n'existent pas en anglais, cela lui semble incongru, « ce n'était ni du français ni du Joyce [30] ». C'est finalement Larbaud qui tranche, et donne raison à Joyce dans un télégramme qui parvient à Adrienne Monnier le 6 juillet 1924 [31], au grand bonheur de Joyce : « Ce joyau brille maintenant avec éclat sur ma couronne [32] ». Les accents seront toutefois rétablis dans la version finale, preuve de l'instabilité du projet de traduction et de ses principes généraux, qui vont se construire pendant presque cinq ans encore.

---

27. *Ibid.*, p. 316-319.
28. *Ibid.*, p. 312.
29. Laure Murat, *op. cit.*, p. 248.
30. Adrienne Monnier, *op. cit.*, p. 161.
31. Valery Larbaud, *Lettres à Adrienne Monnier et à Sylvia Beach*, op. cit., p. 173.
32. James Joyce, *Letters of James Joyce*, vol. 3, dir. Richard Ellmann, Londres, Faber and Faber, 1966, p. 99.

À l'automne 1926 paraît la traduction intégrale de « Calypso » par Auguste Morel dans les pages du premier numéro de la revue *900* [33]. C'est à la faveur de cette publication qu'un nouveau protagoniste rejoint l'équipe de traduction. Arrivé à Paris en 1927, Stuart Gilbert, magistrat britannique à la retraite, aperçoit la traduction de « Calypso » dans la vitrine de Sylvia Beach et lui fait part de quelques erreurs de traduction qu'il a identifiées. Au grand déplaisir de Morel, qui avait assez d'un correcteur, Gilbert écrit à Joyce le 9 mai 1927, lui soumettant sa liste d'erreurs et proposant ses services pour « revoir la version française et faire quelques suggestions, à titre d'essai » ; il avoue « [apprécier] pleinement le travail colossal de la traduction et son talent », et promet d'aider « sans excès de zèle » et « avec tact », sans chercher « ni rémunération ni gratitude » [34]. Gilbert, dont l'arrivée est qualifiée de « providentielle » par Monnier [35], rejoint l'équipe trop tardivement pour apporter son aide à la publication des extraits de « Charybde & Scylla » et du « Cyclope » publiés dans *Les Feuilles libres* en juin 1927. Il jouera toutefois un rôle important dans la révision de « Protée » pour le numéro de la *NRF* à paraître en août 1928, dont il co-signera la traduction. Le nom de Larbaud apparaît toujours, mais il est désormais associé au processus de révision, signe d'un déplacement [36].

L'organisation de la collaboration se complexifie à mesure que de nouveaux acteurs entrent en scène. Larbaud tente à de nombreuses reprises d'abandonner le projet pour des raisons souvent liées aux conflits du milieu Monnier, « véritable microcosme sans cesse au bord du psychodrame » selon André Topia [37]. La démarche collaborative se justifie par les renoncements successifs de Larbaud, qui cherche à amoindrir sa charge de travail sans pour autant renoncer à sa posture d'autorité, et les rôles occupés par chacun selon des critères d'expertise dotent le collectif d'une organisation hiérarchique. Le dactylogramme corrigé que Larbaud remet à l'imprimeur à la fin de l'été 1928 porte les traces de cette organisation, comme un palimpseste donnant à lire les différentes variantes du

33. James Joyce, « *Ulysse* (fragment) », trad. Auguste Morel, *900 : Cahiers d'Italie et d'Europe*, dir. Corrado Alvaro et Nino Frank, vol.1, n° 1, 1926, p. 107-131.
34. Lettre de Stuart Gilbert à James Joyce, 9 mai 1927, trad. Marie Tadié, dans Joyce, *Œuvres II*, op. cit., p. 995-996.
35. Adrienne Monnier, *op. cit.*, p. 162.
36. James Joyce, « *Ulysse* (Fragments) », *Les Feuilles libres : lettres et arts*, trad. Auguste Morel et Valery Larbaud, vol. 8, n° 45-46, 1927, p. 173-176 ; James Joyce. « Protée », *La Nouvelle Revue française*, trad. Auguste Morel, Stuart Gilbert et Valery Larbaud, n° 179, août 1928, p. 204-226.
37. André Topia, « Retraduire *Ulysses* : le troisième texte », *Palimpsestes*, n°15, 2004, p. 136.

texte : en noir, tapé à la machine, le texte intégral de Morel, corrigé de sa main à l'encre bleue, puis à l'encre noire les corrections méticuleuses, mais moins nombreuses, de la main de Larbaud. Une grande partie des corrections manuscrites de Morel lui sont soufflées par Stuart Gilbert, chargé de repérer les mots ou expressions dont les contours ont été érodés en traduction, et de s'enquérir d'éclaircissements auprès de Joyce quand il l'estime nécessaire.

C'est l'auteur lui-même qui instaure cette hiérarchie lors d'une rencontre au restaurant « Les Deux Trianons » au printemps 1928, car la collaboration se passe mal. La négociation entre le sens et la forme qui a lieu en traduction se double d'une négociation de principes entre les traducteurs, à laquelle Joyce prend part. Diplomate au cœur du conflit, il semble également déléguer une part de son auctorialité par ce « traité du Trianon [38] » : Larbaud aura le dernier mot. Il devient le garant du texte, le dépositaire du projet de traduction, ce qui explique sans doute l'étonnant effacement du nom d'Auguste Morel de l'inconscient collectif quant à la mémoire du premier *Ulysse* français. Quand arrive l'été 1928, ce dernier confie à Gilbert se sentir pour le moins dépossédé de son travail, perdant tout contrôle sur cinquante-et-un mois de labeur, espérant que les choix de Larbaud ne modifieront pas le texte à outrance [39].

La « traduction de l'anglais par M. Auguste Morel, assisté par M. Stuart Gilbert », « entièrement revue par M. Valery Larbaud avec la collaboration de l'auteur », selon la formule dûment réfléchie qui orne son seuil, paraît en février 1929 et connaît une réception très positive. Quelques mois plus tard, le 27 juin 1929, Adrienne Monnier organise un « Déjeuner Ulysse » à l'hôtel Léopold des Vaux-de-Cernay pour en célébrer la publication. Une cinquantaine d'invités y assistent, dont James Joyce et sa famille, Paul Valéry, Léon-Paul Fargue, Philippe Soupault, Édouard Dujardin, Marc Chadourne, Jules Romains, Samuel Beckett, André Chamson, Jacques Benoist-Méchin ou encore André Gide [40]. Les trois traducteurs brillent par leur absence, et c'est le texte de Joyce qui est célébré. Leur œuvre, ayant reçu son aura de la main de l'auteur, devient rapidement « une référence pour l'exégèse et la critique au-delà de nos frontières », comme l'a souligné Jacques Aubert [41].

---

38. James Joyce, *Letters III*, op. cit., p. 173.
39. Blair Robert McMurren, *op. cit.*, p. 232.
40. Pour en savoir plus sur le « Déjeuner Ulysse », voir : Brown, *op. cit.*, p. 46 ; Joyce, *Œuvres II*, op. cit., p. 1032 ; Murat, *op. cit.*, p. 255; Ellmann, *op. cit.*, p. 615-616.
41. Dans un article intitulé « Joyce's Hand in the First French Translation of *Ulysses* », Lilian Rodriguez retrace à partir des archives et délimite le rôle joué par Joyce dans la

Au printemps 1937, Adrienne Monnier est contrainte de vendre les droits d'*Ulysse* à Gallimard. Il faudra attendre une cinquantaine d'années pour que les œuvres complètes de James Joyce paraissent dans la prestigieuse Bibliothèque de la Pléiade, dont le second volume consacré à *Ulysse* voit le jour en 1995. C'est en 1982, à l'occasion du travail qu'il mène pour cette édition, que Jacques Aubert déclare lors d'une entrevue radiophonique que la traduction française existante mérite quelques corrections, voire des révisions. Cette déclaration provoque un tollé : face à l'idée d'une nouvelle traduction, les réactions sont passionnées et certains vont jusqu'à qualifier le projet de « blasphématoire » et de « sacrilège culturel » [42]. Robert Gallimard, qui dirige alors la collection, choisit de conserver la traduction de Morel, Larbaud et Gilbert pour cette édition, et ce malgré le désir de Stephen Joyce de voir l'œuvre de son grand-père retraduite [43]. L'appareil critique comportera néanmoins un grand nombre de notes commentant les choix de traduction, citant souvent le texte original, l'expliquant et en proposant une traduction plus littérale. Le projet de retraduire est en germe.

2000-2004, ORGANISATION DÉMOCRATIQUE ET POLYPHONIE

Le petit-fils de Joyce insiste, et finit par obtenir gain de cause auprès d'Antoine Gallimard, directeur de la maison d'édition. Il s'agit de publier cette nouvelle traduction pour le centenaire de Bloomsday, le 16 juin 2004, et sa direction est confiée à Jacques Aubert. Le projet initial, se basant sur les contraintes esthétiques liées à la diversité stylistique du texte, est de répartir les dix-huit épisodes entre dix-huit traducteurs, afin de répondre à l'exigence de multiplicité du texte et de « renoncer à toute morale normative de la langue [44] ». La première réunion a lieu chez Gallimard le 30 octobre 2000. À ce stade, l'équipe se compose de quatorze membres, comme le souligne Bernard Hœpffner :

---

première traduction (*Renascent Joyce*, dir. Daniel Ferrer, Sam Slote et André Topia, Gainesville, University of Florida Press, 2013, p. 49). Pour la citation de Jacques Aubert : Joyce, *Œuvres II*, op. cit., p. 1032.

42. Jacques Aubert, « Translating the Unreadable », dans *Through Other Eyes: the Translation of Anglophone Literature in Europe*, dir. Richard Trim et Sophie Alatorre, Newcastle, Cambridge Scholars, 2007, p. 3.

43. Jacques Aubert, « Translating *Ulysses* into French », dans *Joyce's Victorians*, dir. Franca Ruggieri, Rome, Bulzoni Editore, 2006, p. 283.

44. Tiphaine Samoyault, « Retraduire Joyce », dans *La Retraduction*, dir. Robert Kahn et Catriona Seth, Rouen, Publications des Universités de Rouen et du Havre, 2010, p. 233-235.

> *S'y retrouvent des universitaires : Jacques Aubert (qui dirige l'équipe et est le maître d'œuvre de la traduction), Pascal Bataillard, Michel Cusin, Daniel Ferrer, Joanny Moulin, Marc Porée, André Topia et Marie-Danièle Vors ; des écrivains : Sylvie Doizelet et Patrick Drevet, moi-même, seul traducteur professionnel.* [...] *Manquent Jean-Michel Rabaté, Tiphaine Samoyault et Valère Novarina.* [45]

Chaque traducteur choisit un épisode, et l'anecdote veut que, miraculeusement, aucun des traducteurs pressentis n'ait choisi le même — ce qui, selon Aubert, montre bien la « spécificité du rapport de chacun au texte de Joyce, à telle ou telle facette de son écriture [46] ». Les termes du contrat leur sont présentés, et deux principes sont d'ores et déjà posés : ne pas regarder la traduction de Morel, même si chacun reçoit un volume de la Pléiade, et traduire au plus proche de la lettre. Un renversement s'opère : il ne s'agit plus de faire connaître l'œuvre de Joyce au public français, mais d'en proposer une nouvelle version, « plus proche à la fois du texte de James Joyce et de nous [47] ». Au développement d'une littérature critique qui avait accompagné la traduction de 1929, avec la conférence de Larbaud puis l'ouvrage de Stuart Gilbert *James Joyce's Ulysses: a Study* en 1930 [48], s'opposent près d'un siècle d'abondance de travaux sur l'œuvre venant nourrir une nouvelle approche traductive, qui ne peut pas non plus ignorer la publication de *Finnegans Wake* et l'intérêt grandissant de Joyce pour la matérialité de la langue. La volonté de pluralité se reflète dans les différents champs d'expertise couverts par le collectif, toutefois majoritairement composé d'universitaires joyciens ayant contribué à l'appareil critique de la Pléiade. Ces derniers choisissent en règle générale de traduire un épisode qu'ils ont annoté dans la traduction de Morel. Début 2001, en raison de ce que Tiphaine Samoyault nomme des « circonstances historiques », « dont Stephen Joyce est en grande partie responsable » selon Bernard Hœpffner, l'équipe de traduction se réduit à huit membres : André Topia, Daniel Ferrer, Marc Porée, Jean-Michel Rabaté et Joanny Moulin se retirent du projet. Valère Novarina y renonce

---

45. Bernard Hœpffner, « Lisser *Ulysse* ? », *TransLittérature*, n° 26, 2004, p. 18.

46. *Autour de la nouvelle traduction de Ulysses : table ronde, avec Jacques Aubert, Pascal Bataillard, Bernard Hœpffner et Tiphaine Samoyault*, Tours, 21st International James Joyce Symposium, 2008, http://lettres.univ-tours.fr/actualites/symposium-james-joyce-98040.kjsp?RH=1231322589450

47. Jacques Aubert *et al.*, « Écrire après Joyce », dans *Ulysse*, par James Joyce, Paris, Gallimard, coll. « Du monde entier », 2004, p. 972.

48. Stuart Gilbert, *James Joyce's Ulysses: a Study*, Harmondsworth, Penguin Books, 1963. L'ouvrage de Gilbert est le premier ouvrage critique paru s'intéressant à l'intégralité de l'œuvre.

également, faute de temps [49]. Le travail commence réellement à partir de juin 2001, à huit.

Si en 1929 il s'agissait d'une organisation hiérarchique, au sein de laquelle le travail de chacun avait valeur d'étape dans un processus linéaire, la nouvelle équipe fonctionne à la fois de manière plus individuelle et plus collaborative, sous la direction d'Aubert et sur un mode polyphonique. Les traducteurs se répartissent les épisodes, qu'ils traduisent individuellement, puis échangent et relisent les traductions des autres membres du collectif. « Il n'était pas question que chaque épisode soit relu, recorrigé, retravaillé pour faire du texte un tout », souligne néanmoins Hœpffner, « le traducteur, pour finir, était le seul responsable de son texte » [50]. Les choix opérés par certains divisent, à l'instar de l'emploi des mots de verlan *meuf* et *keum* par Pascal Bataillard dans « Protée » et « Eumée » [51]. Des réunions sont organisées tous les deux ou trois mois à l'Université de Lyon 2, pour débattre des principes directeurs de la traduction et étudier les problèmes qui affleurent lors du travail solitaire, puis dans un second temps, pour harmoniser les différents épisodes du point de vue des motifs et échos qui parcourent l'œuvre et lui confèrent une forme d'unité. Cette phase de négociation s'intensifie à partir de 2003, et se fait jour notamment dans la correspondance entre les traducteurs. Hœpffner en livre quelques morceaux choisis :

> *Je veux bien remplacer « mamelles » par « tétons ». Les « gros tétons doux qui pendaient » ont de quoi réjouir Patrick par leur allitération. Qu'en pense Jacques ?* [...] *Le problème posé par « Throwaway », qui apparaît dix-neuf fois dans* Ulysses, *(parfois c'est le nom d'un cheval de course, parfois il a le sens de prospectus, parfois il est un verbe), et sur lequel nous réfléchissons depuis le début est apparemment insoluble. Pascal propose de traduire le nom par « Jetsam », ce qui permet de jouer*

49. *Autour de la nouvelle traduction de Ulysses* ; Bernard Hœpffner, *op. cit.*, p. 19. L'équipe de traduction finale est donc constituée de Jacques Aubert (« Télémaque », « Les Rochers errants »), Michel Cusin (« Nestor »), Pascal Bataillard (« Protée », « Les Lotophages », « Eumée »), Marie-Danièle Vors (« Calypso »), Patrick Drevet (« Hadès », « Nausicaa »), Bernard Hœpffner (« Éole », « Circé », « Ithaque »), Tiphaine Samoyault (« Les Lestrygons », « Le Cyclope », « Les Sirènes », « Pénélope ») et Sylvie Doizelet (« Charybde & Scylla »).

50. « Retraduire *Ulysses*. Table ronde animée par Bernard Hœpffner, avec Jacques Aubert, Michel Cusin, Pascal Bataillard et Tiphaine Samoyault », dans *La Ville des écrivains. Vingt-et-unièmes assises de la traduction littéraire (Arles 2004)*, Arles, Actes Sud, 2004, p. 49.

51. Pour une analyse plus détaillée de ce phénomène, voir : Flavie Épié, « *Ulysses* "in his French dress": 1929 / 2004 », dans *Retranslating Joyce for the 21st century*, dir. Jolanta Wawrzycka et Erika Mihálycsa, Amsterdam, Brill / Rodopi, 2020, coll. « European Joyce Studies », p. 45-47.

> *sur « jette ça », l'objet devient un « prospectus ». L'écho a été divisé en deux. Proposition acceptée.* [52]

La collaboration est ici basée sur un travail commun, qui repose sur des échanges et une forme d'harmonisation des partis pris, parfois différents, de chaque traducteur. Ces modalités de travail sont vecteur de créativité et la source de nombreuses trouvailles, « lieu par excellence du partageable » selon Tiphaine Samoyault [53].

La nouvelle traduction modernise le texte, par rapport à une version de 1929 vieillissante et marquée par une mauvaise illisibilité, notamment celle de parlures devenues opaques [54]. Elle s'attache également à la lettre et à retranscrire plus audacieusement l'étrangeté du texte joycien en français, par exemple en utilisant des mots composés de manière plus systématique et en respectant plus scrupuleusement la syntaxe joycienne. Néanmoins, une forme d'héritage de la traduction Morel-Gilbert-Larbaud ne lui est pas étrangère, ne serait-ce que parce qu'elle s'inscrit au moins en partie contre cette ancienne version pour en proposer une nouvelle, mais aussi et surtout parce que le travail des premiers traducteurs figure en son sein. De fait, le quatorzième épisode, « Les Bœufs du Soleil », qui consiste en une suite de parodies stylistiques retraçant l'histoire de la littérature et de la langue anglaise, n'a pas été retraduit. La raison, un probable manque de temps, est rarement mentionnée, mais les traducteurs justifient ce choix par la volonté « d'inscrire concrètement l'histoire de la traduction dans [la nouvelle] traduction [55] ». Bernard Hœpffner émet quelques réserves : « [...] nous décidons, alors, en commun, *a posteriori* et avec mauvaise foi, que, étant donné que cet épisode est un historique de la langue anglaise, le fait d'intégrer la traduction de Morel en fait un historique de la traduction, ce qui nous permet de faire taire nos scrupules — il est néanmoins évident que les échos ne fonctionneront pas à cet endroit-là. [56] »

52. Bernard Hœpffner, *op. cit.*, p. 22.
53. Tiphaine Samoyault, « Vulnérabilité de l'œuvre en traduction », art. cit., p. 59. Pour un exemple de collaboration fructueuse, augmentant la créativité et les jeux, voir : Flavie Épié, « Creative Processes in the two French translations of "Sirens" », *James Joyce Quarterly*, vol. 57, n° 1-2, 2020, p. 145.
54. Tiphaine Samoyault et Pascal Bataillard ont souligné qu'un des enjeux de la nouvelle traduction était de retrouver une « illisibilité dynamique, excitante pour le lecteur, jouissive par certains aspects », par opposition à l'ancienne traduction, dont la lecture était rendue ardue par « des choses que l'on ne comprend plus, parce que c'est de l'argot mort ou du patois très local » (*Autour de la nouvelle traduction de Ulysses*, op. cit.).
55. *Ibid.*
56. Bernard Hœpffner, *op. cit.*, p. 22.

Une nouvelle forme de collaboration, en creux, se dessine alors entre traducteurs et retraducteurs, un dialogue s'ouvre dans la lecture de cet épisode de 1929 « historiquement proche de l'original » au beau milieu des versions de 2004 « proche[s] linguistiquement, "joycement" et "ulyssement" » du texte joycien, tout en touchant aux limites d'une retraduction qui entend proposer quelque chose de nouveau mais se retrouve ici dans l'identique, à la lettre près [57]. Cette absence de retraduction est aussi un espace qui appelle à être investi, et à défaut de figurer dans la traduction intégrale publiée par Gallimard pour le centenaire de Bloomsday, une nouvelle version française des « Bœufs du Soleil » par Jean-Paul Auxeméry, à paraître aux éditions du Corridor bleu, vient enrichir notre collection d'*Ulysse(s)* français pour le centenaire de la publication originale [58].

Depuis les prémices du processus de sa publication à Paris il y a un siècle, *Ulysses* n'a cessé d'ouvrir un espace à l'expérimentation traductive, laboratoire de traduction collaborative dans le mouvement de l'histoire de la réception du texte : des années vingt où primait la nécessité de faire découvrir au public français un ouvrage étonnant, à nos jours où la traduction s'exprime comme la commémoration de l'un des plus grands chefs-d'œuvre de la littérature moderniste. De premières tentatives hiérarchiques, tendues tout entières vers un mouvement de lissage sous l'autorité de Valery Larbaud dont la voix se fait entendre au-dessus de celles de ses collaborateurs, à celle d'une traduction véritablement polyphonique, « travail individuel aux résonances collectives [59] » qui tente d'harmoniser les partis-pris des huit traducteurs et traductrices dirigés par Jacques Aubert, les traductions françaises de *Ulysses* sont le reflet d'un dialogue ininterrompu avec l'auteur, puis entre les traducteurs et retraducteurs, entre deux langues aussi, dans un mouvement qui révèle tant les potentialités et l'actualité du texte original que la créativité et les limites imposées par le geste traductif.

Flavie ÉPIÉ

---

57. J'emprunte la comparaison à une remarque de Bernard Hœpffner : « Retraduire *Ulysses*. Table ronde animée par Bernard Hœpffner », *La Ville des écrivains*, op. cit., p. 43.
58. Voir aussi dans ce numéro « *Ulysse* à l'hôpital », l'article que Pierre Vinclair consacre aux enjeux de traduction liés aux « Bœufs du Soleil ».
59. Tiphaine Samoyault, « Vulnérabilité de l'œuvre en traduction », art. cit., p. 59.

JOYCE ET FERRERO, FILS PRODIGUES DE L'EUROPE

> « Toute nation inflige à ceux qui ont osé la quitter une peine exigible à leur retour. Robert Hand est le frère aîné de la fable du Fils prodigue. Le père a pris le parti du fils prodigue. Ce n'est probablement pas ainsi que va le monde — certainement pas en Irlande : mais le royaume de Jésus n'était pas de ce monde, pas plus que ne l'était ou ne l'est Sa sagesse. [1] »

Le 12 septembre 1906, James Joyce, qui tirait le diable par la queue à Rome où il travaillait misérablement dans une banque tout en s'efforçant de terminer son recueil de nouvelles *Dublinois*, écrivait à son frère Stanislaus resté à Trieste : « À propos de visages, je t'enverrai une carte photo de Guglielmo Ferrero et tu admettras que j'ai quelque raison d'espérer. On croirait un pensionnaire d'une Y.M.C.A., terrifié, à la voix inaudible. Il porte des lunettes, il a l'air frêle et ressemble tout à fait au type que tu t'attendrais à trouver dans un coin tranquille du Palais du Café en train de grignoter hâtivement et d'un air d'excuse un petit pain entre midi et demi et une heure. [2] » Dans ce portrait ironique et peu flatteur, on ne peut saisir ce qui donne une « raison d'espérer » à Joyce que si l'on sait, d'une part, que lui et son frère révéraient l'écrivain italien, alors tout juste âgé de trente-cinq ans, ce journaliste prolifique dont ils gardaient précieusement les articles parus dans la presse triestine, et que, d'autre part, il ne semble pas mécontent de constater cette proximité physique : Joyce et l'écrivain italien exhibaient tous deux la même disparité entre un corps frêle, des lunettes, l'air intellectuel, et une immense force, une conviction intense et une réelle audace dans les idées. Comme Ferrero, Joyce avait saisi que sa qualité majeure était le courage moral ; sa volonté de rejeter les convenances victoriennes, de lancer un programme d'édu-

1. James Joyce, *Exils*, traduction de Jean-Michel Déprats, Paris, Gallimard, 2012, p. 262.
2. James Joyce, « Choix de lettres », traduction Marie Tadié, *Œuvres* I, Paris, Gallimard, « La Pléiade », édition de Jacques Aubert, 1982, p. 1199-1200, traduction légèrement modifiée. Ensuite abrégé en *OC* I.

cation intellectuelle, de créer une écriture nouvelle, bref son élan critique, contestataire, voire révolutionnaire, n'étaient certes pas immédiatement visibles. Joyce a tenu à envoyer une photographie de l'auteur comme s'il partageait avec Walter Benjamin une confiance irraisonnée en l'art de la physionomie — si ses intuitions essentielles avaient été anticipées par Ferrero, il fallait qu'ils se ressemblent.

Certes, on n'imaginerait pas Joyce dans un Y.M.C.A., pas plus que Guglielmo Ferrero d'ailleurs. Ce dernier était à l'époque un des intellectuels publics les plus en vue en Italie. Il allait être reçu personnellement par le président américain Theodore Roosevelt à la Maison Blanche deux ans plus tard. Le rayonnement des écrits de Ferrero dominait la péninsule dans la première décennie du siècle dernier. Ferrero terminait alors sa monumentale histoire romaine, *Grandeur et Décadence de Rome* en six volumes, publiée entre 1903 et 1908. Cette œuvre lui assura une réputation internationale, faisant de lui l'ambassadeur privilégié du vieux monde pour les États-Unis. En 1908, Ferrero fut invité à donner les Lowell Lectures à Harvard pour disséquer les grandes figures de l'histoire romaine antique, de César à Néron. Il passa trois jours à converser avec Roosevelt sur la politique internationale. Fêté aux États-Unis où ses livres étaient aussitôt traduits, Ferrero passait pour un des intellectuels les plus clairvoyants d'Europe avant-guerre.

Joyce avait commencé par lire les premiers volumes de l'histoire romaine qui offraient une perspective critique et cynique sur Rome. On vérifie que ses lettres de Rome, lorsqu'il décrit la capitale comme un « homme qui gagne sa vie en montrant aux touristes le cadavre de sa grand-mère [3] », ont été influencées par sa lecture de Ferrero. Pour ce dernier, le problème était avant tout le cadavre du grand-père, car le grand-père encombrant n'était autre que César. Dans ses livres et essais, Ferrero ne cessait de critiquer le césarisme, analysant le mécanisme de la prise du pouvoir par César et la fin de la république romaine. Ce point avait choqué certains lecteurs, entraînant une controverse à propos du césarisme, un peu comme lorsque le président Macron choisit de faire l'éloge de Napoléon, mais dans l'autre sens. Ferrero était devenu célèbre à cause de l'affaire de César.

Les six volumes de *Grandeur et Décadence de Rome* ont un thème principal : la lutte endémique entre la république et l'empire, ou plutôt sa perversion, le césarisme. C'est ce que Ferrero systématisera à la fin de sa

3. *OC* I, p. 1204.

vie comme le conflit éternel entre les deux « Génies de la Cité », le Génie démocratique et le Génie monarchique. Pour lui, la démocratie était menacée d'un côté par la démagogie populaire et de l'autre par la dictature césarienne. César n'était qu'un politicien ambitieux et compromis dans des affaires louches, donc n'ayant d'autre choix que la fuite en avant et la prise du pouvoir par la force. Ces vues ne pouvaient qu'intéresser un président républicain comme Roosevelt. Dans sa radicale démystification, Ferrero mettait en cause d'abord l'école allemande des historiens comme Mommsen qui voyaient en César un homme providentiel, un général talentueux doublé d'un chef politique aux vues impériales, bref une préfiguration de Bismarck. Le César de Ferrero est un démagogue peureux, un manipulateur cynique, un aventurier sans scrupule. La question qu'il ne cesse de poser est celle-ci : comment expliquer sa popularité à travers les siècles ? Sa montée au pouvoir était un signe de décadence plutôt que de grandeur. Ferrero soupçonnait qu'il y avait une affinité irréductible entre les Latins et la séduction du césarisme. Il avait tenté d'élargir sa critique en l'appliquant à d'autres pays et contextes, ainsi dans son livre sur le *Militarisme* (1898), dans lequel il traitait Napoléon de nouveau César. Il se moquait de la pieuse légende napoléonienne entretenue en France au cours du XIXe siècle. Il écrivait sans ménagement : « Autant le dire franchement : le culte de Napoléon est pour les classes supérieures l'équivalent du culte des brigands pour les classes inférieures. [4] » Voici qui allait de pair avec les convictions dreyfusardes de Ferrero. Ferrero était socialiste comme son beau-père, Cesare Lombroso.

Ces jugements n'emportaient pas l'adhésion de tous. Le philosophe en vue, Benedetto Croce, multiplia les attaques contre ce qu'il voyait comme une histoire populaire peu fiable. Croce, un hégélien dissident, croyait encore aux grands hommes incarnant l'esprit de leur temps, comme Napoléon le fut pour Hegel. Croce s'opposa donc à ce que Ferrero obtienne une chaire en histoire. Ce n'est pas le lieu de discuter des mérites de Ferrero comme historien ; lui-même se voyait comme un journaliste, un sociologue ou un écrivain qui n'hésitait pas à recourir à la fiction pour illustrer certaines idées. Or c'était moins l'histoire romaine de Ferrero qui intéressait Joyce que son livre lu avec enthousiasme en 1906, *La Jeune Europe* (1897).

4. Guglielmo Ferrero, *Militarism : A Contribution to the Peace Crusade*, Boston, Page and Company, 1903, p. 166. Voir Susan L. Humphreys, « Ferrero Etc : James Joyce's Debt to Guglielmo Ferrero », *James Joyce Quarterly*, 16, Spring 1979, p. 244, et les pages que Dominic Manganiello consacre à ce sujet dans *Joyce's Politics*, Londres, Routledge and Kegan, 1980, p. 46-57.

Joyce le commente dans une lettre importante lorsqu'il confie à son frère qu'il vient d'avoir eu l'idée d'écrire une nouvelle qui s'intitulerait « Ulysse », ce qui suggère un lien fort entre la lecture de Ferrero et le choix du thème homérique :

> *Ferrero consacre un chapitre de son histoire de Rome aux Odes d'Horace ; aussi peut-être devrait-on laisser vivre les poètes. Dans son livre* Jeune Europe *que je viens de terminer, il dit qu'il y a trois grandes classes d'émigrants : les (j'oublie le mot ; il signifie conquérir, imposer sa propre langue etc.) : les Anglais ; les agglutinants (qui forment un petit groupe ayant ses traditions et ses sympathies nationales) : les Chinois et les Irlandais !!!! ; les diffus (qui entrent dans une société nouvelle et s'y intègrent) : les Allemands. Il écrit un beau chapitre sur l'antisémitisme.* [...] *Il dit que Karl Marx a une imagination apocalyptique et transforme Armageddon en une guerre entre le capital et le travail. La déclaration la plus insolente qu'ait fait Israël jusqu'ici, dit-il, y compris l'évangile de Jésus, est celle de Karl Marx proclamant que le socialisme est l'accomplissement d'une loi naturelle. Et considérant les Juifs, il glisse Jésus entre Lassalle et Lombroso : celui-ci aussi (beau-père de Ferrero) est juif.*[5]

Un lecteur d'*Ulysse* n'aura aucune peine à situer ces idées dans le contexte du roman. Le portrait de Bloom, juif errant qui passe ses journées dans les rues, bains, restaurants et pubs de Dublin, doit quelque chose au schéma de Ferrero. Joyce avait oublié le mot de *plasmativa* qui servait à Ferrero pour décrire les groupes qui forment leur environnement à leur image. Joyce est heureux de constater que les Irlandais sont cités parmi ceux qui participent activement à la société nouvelle où ils s'intègrent, et ce sans perdre leur identité, un trait qu'ils partageraient avec les Juifs.

On peut déduire de cette lettre que le concept d'Histoire mis en œuvre dans *Ulysse* se fonde sur la vision de Ferrero qui décrit avec verve les séries de migrations qui de temps en temps entraînent des rejets intolérants comme l'antisémitisme. De plus, l'horizon apocalyptique de cette Histoire en marche est évoqué par le nom de Marx. Voici qui donna à Joyce l'idée de composer une double épopée où les Irlandais et les Juifs sont mis en parallèle, soit qu'ils sillonnent un monde méditerranéen balisé par les cartes nautiques de Phéniciens sémitiques, soit qu'ils se croisent dans les lieux publics de Dublin. Comme il l'explique en italien à Carlo Linati en septembre 1920, *Ulysse* est « l'épopée de deux races (israélite-irlandaise) en même temps que le cycle du corps humain et la petite histoire d'un

5. *OC* I, p. 1224.

jour (vie).[6] » Ici, on voit Joyce reprendre une idée à laquelle il tenait : les Irlandais et les peuples sémites de la Phénicie auraient eu une origine commune, ce qu'il explique dans une conférence donnée en italien à Trieste en 1907, « L'Irlande, île des saints et des sages » dans laquelle il cite Ferrero lorsque ce dernier critiquait l'école allemande[7]. Joyce affirme ensuite que la langue que parlent les Phéniciens dans une comédie de Plaute est la même que celle que parlent les paysans irlandais de l'époque[8]. Il n'aura plus qu'à faire le détour par le livre de Victor Bérard, *Les Phéniciens et l'Odyssée*, pour suivre sur une carte réelle, qu'elle soit celle des Instructions nautiques en Méditerranée ou la carte de Dublin que Joyce avait sous les yeux en composant *Ulysse*, les pérégrinations de Leopold Bloom devenu Ulysse dans son *periplum* du 16 juin 1904.

On se souviendra que dans un passage célèbre, Bloom se défend contre les patriotes irlandais antisémites avec cette courte tirade : « Mendelssohn était juif et Karl Marx et Mercadante et Spinoza. Et le sauveur était juif et son père était juif. Votre Dieu. […] Le Christ était juif comme moi.[9] » La réaction du citoyen est de lui jeter une boîte de biscuits à la tête en hurlant : « Bon dieu… je lui éclaterai la tête à ce putain de juif pour prononcer le saint nom. Bon dieu je le crucifierai.[10] » Ferrero, qui avait commencé sa carrière universitaire par une annotation du *Capital* de Marx, voyait en Marx un penseur incarnant les qualités et les défauts de sa « race », comme on disait à l'époque, citant pêle-mêle sa « passion de critiquer la société », son imagination excitable, son sens élevé de l'éthique, son refus des préjugés sociaux, son intolérance pour les mensonges, mais aussi un besoin d'« auto-crucifixion». Joyce savait que Ferrero était le gendre de Lombroso, avec qui il avait travaillé, et qu'ils avaient publié l'ouvrage très discuté, *La femme délinquante, la prostituée et la femme normale* en 1893. Cette étude causa scandale pour la manière scientifique de traiter de problèmes sexuels et sociaux comme la prostitution. Lombroso avait fondé l'école romaine du droit pénal et étudiait la personnalité des criminels de manière matérialiste et sociologique. S'il pensait qu'ils étaient malades ou inadaptés à la société, il le disait sans porter de jugements moraux.

6. James Joyce, *Œuvres*, II, sous la direction de Jacques Aubert, Paris, Gallimard, « La Pléiade », 1995, p. 910.
7. *OC* I, p. 1006.
8. *Ibid.*, p. 1008.
9. James Joyce, *Ulysse*, Paris, Gallimard, « Folio », 2013, p. 557. Par la suite *U.*
10. *U*, p. 557.

Le livre qui avait énormément inspiré Joyce à l'époque où il écrivait les nouvelles de *Dublinois*, *La Jeune Europe*, analysait de manière anecdotique l'évolution de l'Europe à la fin du XIXe siècle. Ayant beaucoup voyagé en Europe du Nord et du Sud, Ferrero rendait compte du déplacement vers le Nord du centre de la civilisation entre la Renaissance et la fin du XIXe siècle. Il attribuait les progrès du Nord allemand ou anglo-saxon aux effets des tempéraments. Les Latins seraient spontanés, sensuels, joyeux et sexuellement actifs, ce qui fait qu'ils se laissèrent dépasser par les gens du Nord, froids, mécaniques, moins intéressés par la joie de vivre, prêts à jeter les bases du capitalisme. Cette analyse proche de celle Max Weber prenait comme exemple amusant les biscuits. Ferrero les comparait pour conclure que les biscuits anglais étaient supérieurs, même si les gâteaux anglais étaient inférieurs. Pourquoi ? parce que les biscuits étaient produits en série par des machines tandis que les gâteaux devaient encore être fabriqués artisanalement à la main. Là où les traditions ancestrales s'étaient conservées comme en Italie, la production artisanale était meilleure ; là où dominait la production industrielle, les Anglais étaient supérieurs. Ainsi Joyce alla jusqu'à sacrifier ses deux dernières lires, à un moment où il était sans le sou, pour acheter des gâteaux et des biscuits à Rome afin de vérifier le bien-fondé de cette thèse [11].

On ne sait si le test gustatif a convaincu Joyce de la pertinence de l'analyse comparative de Ferrero, mais cette anecdote peut expliquer pourquoi c'est une boîte de biscuits en fer que lance le citoyen à Bloom : bien sûr ces biscuits étaient fabriqués à Dublin et de plus ils portaient la marque « Jacob ». Non seulement Joyce ajoute des connotations bibliques et donc « juives », mais encore il évoque obliquement un épisode de la rébellion de Pâques 1916. En juin 1904, le Citoyen figure le cyclope Polyphème, mais il annonce aussi avec quelques années d'avance le fait qu'une centaine de patriotes irlandais des *Irish Volunteers* occupèrent dès le lundi de Pâques 1916 l'immense usine Jacob où étaient fabriqués ces biscuits. Ils purent l'occuper près d'une semaine car les combats se déroulaient ailleurs, puis durent se rendre — certains de ces militants qui ne se nourrissaient que de biscuits pendant l'insurrection furent ensuite exécutés. Ces biscuits au nom prédestiné seront ensuite intégrés dans la machine de *Finnegans Wake* en parallèle avec Esaü lorsque Shaun déclare avec une certaine grandiloquence : « I gave bax of biscums to the jacobeaters

11. Voir *OC* 1, p. 1225.

and pottage bakes to the esausted… [12] ». Approximativement : « J'ai donné des sacs de biscuits en *Pax Vobiscum* aux Jacobophages et des plats de lentilles aux Epuisésaüs. »

Ferrero avait compris que la domination du Nord s'expliquait par la révolution industrielle. S'il pense que l'Italie a du retard, il n'éprouve aucune nostalgie pour un passé romain idyllique. Il se garde d'être victime de l'illusion d'un progrès continu dans les sciences et les techniques qui apporterait toujours plus de bienfaits, car il note que les populations vivaient mieux en 1317 qu'en 1917. Le déplacement du centre de gravité de l'Europe vers le Nord aurait aussi eu des racines psychologiques : les Latins, sensuels et spontanés, se seraient laissé facilement séduire par les démagogues qui flattaient une imagination trop vive. Joyce se sentait celte en affinité avec les Latins, et semblait convaincu par l'analyse psychologique de Ferrero. Ainsi Ferrero avait prévu que le Japon gagnerait la guerre contre la Russie en 1905 ; il avait annoncé une révolution en Russie ; il croyait que Dreyfus finirait par être réhabilité. Surtout, il avait prédit dès 1911-1912 qu'une guerre mondiale était sur le point d'éclater, ce qui n'était pas une vue commune alors. En janvier 1913, la revue américaine *The Atlantic Monthly* demanda à Ferrero de présenter « Les dangers de la guerre en Europe ». S'adressant à un public américain alors que la campagne de Tripoli n'était pas encore terminée, Ferrero esquissait une histoire européenne pour contraster les luttes victorieuses des démocraties libérales contre l'absolutisme et le climat tendu qui prédominait en 1913. L'utopie libérale de la bourgeoisie progressiste semblait réalisée, car le pouvoir était passé des cours royales ou princières à des régimes parlementaires. Les populations, libérées des jougs anciens et aussi mieux informées, auraient dû percevoir l'erreur que constituait la conquête impérialiste. Or, au lieu d'une paix universelle entre les nations européennes, la guerre de tous contre tous menaçait sur tous les fronts — la guerre en Libye allait déclencher la guerre des Balkans, puis mener à la guerre mondiale.

Ferrero expliquait cette dérive par le fait que la démocratie, presque surprise par sa victoire, n'avait pas eu le temps de se consolider, et que les crises à répétition empêchaient l'opinion publique de mûrir. Le pouvoir grandissant de la presse faisait naître un nationalisme dangereux qui se répandait dans l'opinion populaire. « Le peuple est saisi d'un désir brûlant

12. James Joyce, *Finnegans Wake*, ed. Robbert-Jan Henkes, Erik Bindervoet and Finn Fordham, Oxford, Oxford World's Classics, 2012, p. 542.

de guerre, tandis que les gouvernements ainsi que leurs souverains se consacrent à préserver la paix et résistent aussi longtemps qu'ils peuvent aux pressions de l'opinion publique, même au risque de perdre une popularité qu'ils avaient convoitée systématiquement.[13] » Ainsi la guerre que l'Italie mena en Libye contre l'Empire ottoman en pleine décomposition fut voulue par l'opinion publique, soutenue par d'ardentes campagnes de presse, tandis que le roi restait prudemment pacifiste. Ferrero souligne aussi qu'en 1905 le Kaiser Guillaume II fut l'artisan de la paix lors de la crise avec la France au Maroc, refusant de céder à une opinion publique belliciste.

Dans cette situation, ce sont les masses qui apparaissent réactionnaires et qui veulent renouer avec la tradition impériale. Les idéaux hérités des Lumières étaient bien partagés par des élites éduquées, mais elles avaient perdu le contact avec une majorité que mobilisaient des thèmes pathétiques, sentimentaux et exaltants. Un nationalisme bon ton se dévoyait en rêves de conquêtes. Dès 1913, Ferrero voyait clairement qu'un populisme belliciste allait contaminer tous les publics. Le romantisme de la guerre aveugle l'opinion publique européenne sur la terrible réalité des conflits : « … des siècles d'éducation chrétienne et humanitaire n'ont pas réussi à éliminer les tendances belliqueuses des masses, tandis qu'unc longue saison de paix, liée à l'omniprésence des journaux et à l'instruction superficielle des écoles primaires trompent aisément les imaginations populaires en présentant la guerre sous un jour romantique, comme une sorte de sport national qui va apporter à la fois une distraction et de la gloire[14] ». Ferrero analysait ensuite les images de la guerre en Abyssinie reproduites par la presse populaire italienne pour montrer comment une sale guerre pouvait être réécrite et transformée en épopée africaine impériale. Les illustrations ne montraient pas les massacres des populations civiles, la terreur causée par les premiers bombardements aériens, les famines, les exterminations génocidaires, la dévastation des villes. Ferrero se trouvait dans la même position que Mussolini, alors socialiste et opposé à la guerre ; mais une idéologie du sacrifice héroïque pour la patrie était née, et serait exploitée par les fascistes après la guerre.

Dans la vision historique critique de Ferrero, la mondialisation de la guerre qui perce en 1913 est la conséquence à la fois du progrès de la

13. Guglielmo Ferrero, « The Dangers of War in Europe », *The Atlantic Monthly*, Boston, January 1913, p. 3. Je traduis.
14. *Ibid.*, p. 4.

démocratie moderne soumise au régime accéléré de l'industrialisation, lorsque celle-ci s'applique à la machine militaire et à la machine médiatique (les bombardements aériens en Abyssinie correspondant dans l'art de la guerre au bombardement des journaux), et de la résurgence d'un romantisme archaïsant retournant vers des mythes de fondation, source inépuisable à laquelle s'abreuvent les fictions nationalistes. Les démocraties nouvelles n'ont pas su éduquer les masses. La belligérance européenne, ce triste spectacle de plus de sept pays armés jusqu'aux dents prêts à s'entre-massacrer, prouvait que l'idéal démocratique avait été perverti à la base. Ce qui se passait en 1913 n'était que la conclusion ou la consommation du processus de dégradation entamé avec Napoléon. Liquidant les acquis de la Révolution française, Napoléon avait voulu refondre l'Europe selon ses catégories propres et pour accomplir ses visées impériales. Ferrero concluait en 1913 que seul le socialisme pouvait ramener à la raison les élites éduquées et les masses enthousiastes.

Pourtant, gagné par la ferveur générale, Ferrero ne put éviter de rejoindre le camp des bellicistes en 1915, ce qui l'amena à rejeter son socialisme de jeunesse. À partir de ce moment, Ferrero propose comme modèles soit la monarchie parlementaire anglaise, soit la démocratie cantonale suisse. De plus, jamais il ne se laissera tenter par les sirènes fascistes. Dans sa reconstruction de l'histoire italienne, Ferrero évoquait Giambattista Vico qui avait lancé la pensée de l'histoire cyclique, avec ses passages obligés par des points d'homologie structurale et des archétypes actantiels qui se répètent indéfiniment. Pour Ferrero comme pour Vico, les crises de la démocratie suivent un schéma cyclique : César revient sous la forme de Napoléon, Napoléon Ier se décline en Napoléon III, le césarisme engendre Mussolini puis Hitler. Ce n'est pas, comme le pensait Marx à la suite de Hegel, que la tragédie revient en farce, ce serait plutôt qu'il n'y a jamais eu qu'une seule farce dès le départ. Les gens du peuple se laissent duper en prenant la farce au sérieux, et leur besoin d'adorer consolide le césarisme.

C'est ainsi que les destins de Joyce et de Ferrero connurent des trajectoires parallèles. Revenu à Trieste après la guerre en octobre 1919, Joyce retrouva une ville bouleversée de fond en comble, annexée à l'Italie depuis un an sans être reconnue officiellement italienne. Il y perçut avec effroi les mouvements de foule des nationalistes et fascistes. Son départ pour Paris en juin 1920 lui offrit un répit pour terminer *Ulysse* avant de lui permettre de prendre place dans une nouvelle « république des lettres ». Quant à Ferrero, son attitude critique face à Mussolini lui enleva d'abord tout poste officiel, puis entraîna une assignation à résidence dans son domicile qu'il n'avait plus le droit de quitter, l'administration fasciste lui interdisant de voyager à l'étranger. Son passeport lui fut refusé alors que les invitations se multipliaient. Finalement, de guerre lasse, on lui donna un sauf-conduit et il alla s'installer avec sa famille à Genève en 1930. Il mourut en Suisse, près de Vevey, en 1942, et Joyce, reparti pour un dernier exil, mourut en 1941 à Zurich.

Ce fut à Paris que Joyce termina *Ulysse* puis écrivit son « livre monstre [15] ». L'essentiel de la philosophie de l'histoire de Joyce avait été formé par sa fréquentation d'auteurs italiens comme Ferrero, Benedetto Croce, Giordano Bruno et Giambattista Vico — et avant tout par Dante. Le lien entre ces cinq auteurs si différents les uns des autres serait une croyance en le rôle moteur et polarisateur de l'imagination [16]. Pour Dante, Bruno, Vico, Croce et Ferrero, c'est l'imagination qui permet de relier la littérature et la politique, le mythe et l'histoire sociale. L'imagination est politique, et un de ses adversaires est l'intolérance à l'autre, incarnée par le racisme qui se fonde sur le mythe d'une origine pure. Joyce nous donne ainsi avec Bloom un héros « juif » pour lui-même et tout le monde, mais il n'omet pas de nous dire que sa mère était irlandaise de souche, qu'il a été baptisé, et qu'il n'a pas été circoncis. De mêmc son errance n'est pas un exil — il revient chez lui une fois son périple accompli, et retrouve Molly dans leur lit commun. Pourtant c'est un penseur allemand qui, parlant de Dante, a le mieux compris ce que Joyce voulait composer, non seulement avec *Ulysse*, mais avec toute son œuvre, qui ne fait qu'une, des premiers textes aux explorations verbales de *Finnegans Wake.* Il s'agit d'Erich Auerbach, grand spécialiste de Vico (il traduisit sa *Science Nouvelle* en allemand) et de Dante, qui sut nous donner une fantastique synthèse sur la représentation littéraire avec son célèbre ouvrage *Mimesis.*

De manière surprenante, Auerbach décrit la *Divine Comédie* comme un poème « réaliste ». C'est surtout parce que Dante recrée non seulement un monde, mais le monde. De fait, toutes ses remarques, toutes ses analyses peuvent s'appliquer à l'œuvre-monde de Joyce. Peut-on être enfermé dans

15. Quand Joyce envoya *Finnegans Wake* à Livia Svevo, la veuve de son ami Italo Svevo, il l'appela ce « monstre de livre ». Voir James Joyce, *Letters*, III, ed. R. Ellmann, New York, Viking, 1966, p. 439, lettre du 1er mai 1939.

16. Voir les travaux de Chiara Bottici, *A Philsophy of Political Myth*, Cambridge, Cambridge University Press, 2007 ; *Imagining Europe : Myth, Memory, and Identity, Imaginal Politics*, Cambridge University Press, 2013 ; *Images Beyond Imagination and the Imaginary*, New York, Columbia University Press, 2019.

ce monde ? C'est bien ce qu'avait cru un Italien de Capodistria, village voisin de Trieste, en 1931. Le peintre psychotique nommé Gianni Corti s'était rendu à Paris avec la ferme intention d'assassiner Joyce qui, pensait-il, avait jeté un sort sur lui et toute sa famille. Dans son délire, la famille Corti tout entière était contrainte de vivre dans les pages d'*Ulysse* [17]. Seule la mort de l'auteur pouvait la libérer. Si certains lecteurs assidus peuvent se sentir emprisonnés dans une fiction si complète qu'elle menace de prendre plus de réalité que le monde extérieur, ce qui sauve d'un tel enfermement serait l'analyse qu'Auerbach donne d'Ulysse dans l'*Enfer* de Dante. On le sait, Dante nous montre un Ulysse assez inattendu, un héros qui n'est pas satisfait de son bonheur conjugal retrouvé et décide donc de repartir pour de nouvelles aventures. Sa harangue fameuse :

> *Considerate la vostra semenza*
> *Fatti non foste a viver come bruti,*
> *ma per seguir virtute et canoscenza*
>
> Considérez la race dont vous êtes,
> créés non pas pour vivre comme brutes
> mais pour suivre vertu et connaissance [18]

est d'une force telle qu'il convainc ses compagnons — hélas son ultime périple se termine en tragédie, dans un naufrage prévisible. Comme le dit superbement Auerbach, ce récit intervient comme un « rêve qui interprète la réalité » (*ein deutender Traum*) [19], rêve qui, de ce fait, révèlerait l'unité complexe de l'esprit européen depuis les Grecs jusqu'au temps présent. De plus, comme il l'ajoute, ce n'est qu'à la fin de cette narration que son sens apparaît. Grâce à cet ultime exploit, le personnage d'Ulysse, comme tous ses avatars à venir dans les textes subséquents qui tentent de réécrire sa fable, acquiert un sens nouveau tant au plan physique qu'au plan moral. L'unité de sa personne se montre alors pleinement dans sa « dimension plastique » — Auerbach cite un critique italien qui parle de *manifestazioni plastiche* [20]. C'est cette dimension, *plasmativa* et *plastica* à la fois, tissée mot à mot en de multiples détails agencés en une mosaïque aux nuances

17. Voir James Joyce, *Letters*, vol. III, p. 213 et 216.
18. Dante, *Enfer*, chant XXVI, v. 118-120, *Œuvres complètes*, André Pézard trad., Paris, Gallimard, « La Pléiade », 1965, p. 1050-1051.
19. Erich Auerbach, *Dante als Dichter der irdischen Welt*, Berlin und Leipzig, Walter de Gruyter, 1929, p. 187.
20. Il s'agit de Manfredi Porena, cité dans *Dante als Dichter der irdischen Welt*, op. cit., p. 188.

quasi infinies par des modes de narration très divers, que l'on retient des personnages de Joyce. Une perception plastique et plasmatique des personnages nous permet de comprendre pourquoi la figure d'Ulysse ne se limite pas à Bloom qui s'endort à côté d'une Molly Bloom grosse de la semence de son amant, mais inclut aussi Stephen Dedalus, celui qui a choisi l'exil et qui choit de l'intrigue du roman avant sa fin : exil et retour se combinent indissociablement quand le père symbolique prend le parti du fils prodigue, celui-là même qui repart pour aller se fondre dans la nuit de nos rêves.

Jean-Michel RABATÉ

Cet essai est tiré de mon livre à paraître aux éditions Stilus, *James Joyce, Hérétique et Prodigue*.

ENTRE IMITATION ET IRONIE

James Joyce et Gabriele D'Annunzio

Dans une biographie récente de Gabriele D'Annunzio [1], laquelle a le mérite d'élargir l'horizon de la réception de l'écrivain aussi bien dans le temps que dans l'espace, on peut lire qu'au début du siècle dernier, D'Annunzio était la célébrité littéraire que l'on enviait et que l'on imitait le plus à travers toute l'Europe. La liste de ses admirateurs est impressionnante : Henry James, G. B. Shaw, Stefan George, Heinrich et Thomas Mann, Karl Kraus, lesquels seraient suivis par d'autres écrivains comme Robert Musil, James Joyce, Wyndham Lewis, les Sitwell, D. H. Lawrence, Ezra Pound, Hemingway, Brecht, Borges… La grande accolade qui réunit tous ces auteurs vole néanmoins en éclats lorsque le biographe, Maurizio Serra, observe que la plupart des écrivains qui commencèrent par admirer D'Annunzio, à l'étudier et à s'enthousiasmer pour lui, finirent par se dédire et en vinrent à répudier le maître. L'avènement du fascisme, avec ses conséquences désastreuses, puis la Seconde Guerre mondiale et, après-guerre, le retour de manivelle au sein de la critique littéraire italienne, sont autant d'événements qui ont contribué à jeter une ombre sur D'Annunzio tenu pour l'un des inspirateurs idéologiques du régime du *ventennio* italien. L'un des intérêts notables de la biographie de Serra est de reconsidérer l'écrivain, le poète et le dramaturge en le situant dans le contexte des cercles artistiques européens où il était lu, commenté et exerçait une influence certaine.

La nature de la relation artistique entre D'Annunzio et Joyce est au cœur de ces notes rédigées pour le centenaire d'*Ulysse*. Le rapport qui se fait jour entre eux coïncide à divers égards avec des questions soulevées

1. Maurizio Serra, *D'Annunzio le Magnifique*, Paris, Grasset, 2018. Le titre italien est *L'imaginifico*, terme qui a le sens de « créateur d'images ».

à l'aube du XXe siècle par des écrivains européens d'avant-garde. Ces questions sont en vérité complexes, en cela qu'elles manifestent un équilibre instable : d'un côté, les conventions victoriennes devaient être démolies par des romanciers en quête d'une forme ouverte, impliquant la réinvention des notions de personnage, d'intrigue, de contexte, de point de vue, de perspectivisme moral ; d'un autre côté, ces mêmes conventions allaient survivre au tournant du siècle, avec des écrivains qui n'avaient pas jeté par-dessus bord l'expérience du symbolisme, de la poésie « décadente », du sensationnalisme gothique, de l'Art Nouveau, ni celle des feuilletons populaires ou encore de l'écriture romanesque pratiquée de manière professionnelle. Ainsi, lorsque Serra suggère que « James Joyce, alors professeur à Trieste » a lu et apprécié D'Annunzio, et que Musil « se passionna pour *L'Enfant de volupté*[2], alors que Joyce appréciait surtout *Le Feu* (1900), qui est également dépourvu d'une structure linéaire », on s'aperçoit à quel point le nerf de l'écriture de fiction propre au XXe siècle se trouve mis à nu. C'est bien là que se situe la controverse autour de la réception de D'Annunzio en Europe : doit-il être considéré comme un père décadent, dans l'orbite de l'école symboliste d'Arthur Symons et Walter Pater, ou doit-il être classé parmi les promoteurs du modernisme ? À savoir, non loin de James Joyce ?

Maurizio Serra se concentre sur *Le Feu*, « un grand, par moments un très grand roman », qui a été lu avec intérêt à la fois par des écrivains confirmés, comme Henry James[3], et par des débutants, comme le jeune Joyce, qui était capable de le lire en italien grâce à sa formation précoce dans cette langue[4]. En Angleterre, Arthur Symons, marqué par le courant symboliste tout comme Oscar Wilde et W. B. Yeats, chargea de la traduction de ce roman Kassandra Vivaria (Magda Sindici), épouse de l'éditeur William Heinemann, et très influente dans le milieu littéraire londonien. Il en résulta, la même année, *The Flame of Life* (1900). L'écho rencontré par le roman de D'Annunzio à Londres et au-delà fut remarquable, en particulier parmi des lecteurs qui allaient façonner le roman moderne, comme Henry

2. *L'Enfant de volupté* (*Il piacere*) est le premier roman de Gabriele D'Annunzio, publié en 1889.

3. Henry James écrivit un « Gabriele D'Annunzio » dans la *Quarterly Review* (1904), puis dans ses *Notes on Novelists* (New York, Charles Scribner's Sons, 1914, p. 245-293). Voir aussi sur ce point : Giorgio Melchiori, « James Joyce e D'Annunzio », *D'Annunzio e il simbolismo europeo*, Milan, Il Saggiatore, 1976.

4. Joyce avait lu *L'Enfant de volupté*, *Les Vierges aux rochers* et *Le Feu*. Sa connaissance de l'italien, d'abord acquise à Dublin, puis la pratique quotidienne de cette langue pendant les années passées à Trieste, aide à comprendre l'appréciation nuancée que Joyce a de D'Annunzio.

James, D. H. Lawrence et le jeune Joyce. Serra nous rappelle que chez D'Annunzio la signification que prend la décadence n'est jamais celle de l'indolence ou de la langueur ; que le goût et le mauvais goût sont toujours mêlés ; que le roman offre « l'épiphanie » du feu, qui détruit et purifie, du début à la fin. Il est nécessaire de bien tenir compte de ces apories lorsqu'on se concentre sur Joyce et D'Annunzio. Elles ont été analysées par Frank Zingrone dans un essai qui fait porter l'accent sur les correspondances alchimiques entre *Portrait de l'artiste en jeune homme* et *Le Feu*[5]. Mais ce n'est pas seulement une question d'alchimie : j'ai pour ma part la conviction que les artistes qui ont promu le mouvement décadent dans la littérature — voir la préface de Walter Pater à sa *Renaissance* — œuvraient dans ce laboratoire de la modernité où la chimie a façonné la substance de l'art[6].

La ligne de partage entre fin-de-siècle et avant-garde, qui chez D'Annunzio fonctionne de manière ambiguë comme une zone de contact, est synthétisée par Peter Nicholls lorsqu'il se concentre d'une part sur *Le Triomphe de la Mort* (1894) et la « voie sadienne » des protagonistes « qui consiste à faire de la rationalité instrumentale le fondement de l'entreprise esthétique », et d'autre part sur « l'esthétique de la "cruauté" propre aux décadents[7] », tout en reconnaissant que le Manifeste futuriste de Marinetti de 1909 avait son précurseur en D'Annunzio : « Le plus important […] était peut-être l'exemple de D'Annunzio — Marinetti le tournait constamment en dérision en faisant de lui un décadent, mais le culte nietzschéen de D'Annunzio pour l'action et l'énergie forma les préceptes fondamentaux du Futurisme[8] ».

Ces déclarations apparemment contradictoires permettent d'éclairer la relation entre Joyce et D'Annunzio. Au fond, il n'y a rien là de très nouveau : dès les années 1930, Mario Praz avait retracé la présence du romancier italien au sein de la culture littéraire britannique dans son ouvrage mémorable *La Chair, la Mort et le Diable*, ainsi que dans d'autres

5. Frank Zingrone, « Joyce and D'Annunzio : the Marriage of Fire and Water », *James Joyce Quarterly*, Spring, 1979, Vol. 16, n° 3, p. 253-265 ; voir aussi Giulia Ricca, « Like an Alchemist : The Artist between D'Annunzio and Joyce », *Modern Language Notes*, Vol. 132, n° 1, janvier 2017, p. 121-134.

6. Francesca Orestano, « The Chemistry of Taste. Aesthetics, Literature, and the Rise of the Impure », *English Literature. Theories, Interpretations, Contexts*, ed. M. C. Costantini, Vol. 2, n° 2, 2015, p. 177-202.

7. Peter Nicholls, *Modernisms. A Literary Guide*, Basingstoke, Macmillan, 1995, p. 54, p. 57.

8. *Ibid.*, p. 85.

essais. Un livre de Giovanni Cianci sur la réception de Joyce en Italie [9] énumère, parmi les premiers commentateurs de son œuvre, Carlo Linati, Emilio Cecchi, Eugenio Montale, Giuseppe Prezzolini, Antonello Gerbi et Giuseppe Tomasi di Lampedusa. Ils surent mesurer, pour certains dès 1917, l'importance de l'œuvre de Joyce. Dans un article publié en décembre 1926 dans la revue *Il Baretti*, le philosophe Santino Caramella fit part quant à lui de considérations désobligeantes sous le titre explicite « Anti-Joyce » : « Toute la gloire de Joyce est fondée sur l'illisibilité de *Ulysses* et sur la possibilité de le remplacer couramment par la lecture de *Dedalus*, de *Dubliners*, etc. Nous croyons que si les personnes qui ont lu sérieusement *Ulysses* dépassent le millier, dès que le livre sera traduit en français, la gloire de l'écrivain sera soumise à une sévère réévaluation. Joyce passe pour un pornographe, et c'est le plus chaste et le plus innocent de tous les écrivains du monde ; Joyce est considéré comme un amateur de régals artistiques, alors qu'il est au contraire fruste et inélégant par tout son style. L'énorme masse de *Ulysses*, minutieux compte rendu des actions, des gestes, des pensées et des rêves d'un monsieur Bloom quelconque, avec un brillant prologue dénué de sens et, à la fin, quarante pages d'un vertigineux monologue sans point ni virgule de madame Bloom, n'est pas une œuvre d'art. C'est un amas de fines et subtiles analyses psychologiques, d'observations micrométriques et microscopiques sur le petit-bourgeois le plus commun et le plus ordinaire que l'on puisse imaginer ; mais la synthèse fait défaut. » En ces années-là, la réception critique de Joyce en Italie était le plus souvent influencée par la théorie de l'art de Benedetto Croce, par les diktats de l'autarcie culturelle imposée par le fascisme et par un anti-freudisme assez largement partagé. Ainsi, remarque Giovanni Cianci, ceux qui dépréciaient Svevo étaient, sans surprise, les mêmes que ceux qui dénigraient l'art de Joyce — et vice-versa.

Du côté joycien, Richard Ellmann a pleinement reconnu la relation entre l'écrivain irlandais et D'Annunzio. Elle est condensée dans un premier temps dans la réponse affirmative de Joyce à une question de son frère Stanislaus : « Et le seul roman est celui des égomaniaques ? De D'Annunzio ? [10] » Par la suite, Joyce fit une déclaration inverse, considérant que bien que D'Annunzio ait été « pendant une période un merveilleux

9. Giovanni Cianci, *La fortuna di Joyce in Italia. Saggio e Bibliografia (1917-1972)*, Bari, Adriatica Editrice, 1974.
10. Cf. Richard Ellmann, *James Joyce*, traduit par André Cœuroy et Marie Tadié, Paris, Gallimard, coll. « Tel », 1987, p. 320.

poète[11] », sa voix était maintenant surannée. Entre ces deux énoncés, cependant, la relation est forte, fertile et durable. On peut ajouter qu'elle trouve son noyau, son centre philosophique et artistique, dans la figure de l'artiste qui fonctionne comme le pôle magnétique de la composition verbale. Dans la figure de l'alchimiste, de l'*artifex* doté d'une énergie surhumaine, perçu comme le catalyseur permettant la transfiguration des mots en matière, dans la figure même de l'écrivain formé par l'expérience précoce d'une éducation catholique-jésuite métabolisée dans la sphère de l'art, on peut reconnaître des facteurs décisifs que les deux écrivains avaient en commun. Puisque, comme Giulia Ricca nous le rappelle, Stephen Dedalus est « l'artisan fabuleux[12] », porteur d'une prophétie qui l'investit de la tâche héroïque d'être le forgeron d'une nouvelle conscience artistique, on ne peut qu'abonder dans le sens de l'affirmation suivante : « Tous les éléments de cette prophétie dérivent presque mot pour mot de Gabriele D'Annunzio : l'un des premiers modèles privilégiés de Joyce, lu et relu dès ses cours d'italien suivis à University College.[13] »

Après *Stephen le Héros* et *Portrait de l'artiste en jeune homme*, œuvres dans lesquelles diverses allusions à D'Annunzio concernent précisément le thème de l'artiste, « l'examen attentif de la nature de l'artiste atteint un niveau de complication extrême dans *Ulysse*[14] ». Giulia Ricca nous rappelle que les perceptions, les visions et les épiphanies, voire les illusions d'optique, sont les conditions qui président au transport du monde extérieur dans la forge rougeoyante de l'artiste, ce dernier se configurant lui-même en même temps que son œuvre. Ricca signale également une brillante série de coïncidences qui partent du symbolisme de *Gens de Dublin*, où « Joyce cerne parfaitement la nouveauté de l'antiréalisme "épiphanique" de D'Annunzio évoqué dans certaines de ses images-symboles[15] », comme celle de la neige à la fin des *Morts*, qui fait songer à la scène de Rome sous la neige dans *L'Enfant de volupté*. Il serait difficile d'exprimer de manière plus détaillée et approfondie que ne le fait Giulia Ricca la relation entre ces deux écrivains sur la scène littéraire et artistique du

11. *Ibid.*, vol. 2, p. 312-353. Constantine Curran a souligné ce lien dans « Joyce's D'Annunzian Mask », *James Joyce Remembered*, New York, Oxford University Press, 1968.
12. James Joyce, *Œuvres*, vol. 1, Paris, Gallimard, « La Pléiade », 1982, p. 697.
13. Giulia Ricca, « Like an Alchemist : The Artist between D'Annunzio and Joyce », *op. cit.*, p. 122-123. Voir aussi, de Giulia Ricca, « Il terzo stadio della bellezza. Epifania e realismo in D'Annunzio e Joyce », *Lettere italiane*, Anno LXIII, n° 1, 2016, p. 42-65.
14. Giulia Ricca, « Like an Alchemist... », *op. cit.*, p. 122-123.
15. *Ibid.*, p. 126.

XXe siècle. La production de Joyce dans sa proximité et son échange intellectuel — imitation et ironie — avec l'art de D'Annunzio ne se résume pas à un « moment d'annunzien », mais comme le montre Ricca, elle dure au-delà des premières impressions, et s'ancre dans la pratique créatrice de l'artiste moderne.

L'œuvre du regretté Umberto Eco confirme l'importance durable des deux écrivains, de leur relation, et, pour les lecteurs d'aujourd'hui, l'avantage qu'il y a à élargir la perspective critique en se débarrassant des raccourcis qui font jouer l'art fin-de-siècle contre le modernisme, la décadence contre l'avant-garde, la convention contre l'expérimentalisme. Dans les années soixante, Eco rappelait dans le *Corriere della Sera* que « dans Joyce, il y a aussi D'Annunzio [16] ». Mais notre perspective s'ouvre sur des distances insoupçonnées et des voyages impossibles à travers les textes, avec « My Exagmination Round his Factification for Incamination to Reduplication with Ridecolation of a Portrait of the Artist as Manzoni » [17], publié par Umberto Eco dans son *Diario minimo* (1963). Ce savoureux recueil d'articles appartient au domaine de la satire, de l'irrévérence drolatique, de la parodie et de l'intertextualité. Le texte qu'Eco y consacre à Joyce, attribué à un critique enthousiaste, s'ouvre sur la découverte étonnante d'un manuscrit de Joyce trouvé à la Bibliothèque de l'Université de Buffalo, rien de moins que *I promessi sposi* [18], écrit par Joyce comme une suite à *Finnegans Wake.* À travers un incroyable pastiche qui met en scène ceux que l'on appelait alors les nouveaux critiques et leur lourd équipement théorique, Eco démontre que « Riverrun » (premier mot de *Finnegans Wake*) et le lac de Côme sont intrinsèquement, matériellement et symboliquement liés ; que la veille funèbre du *Wake* correspond en réalité à la longue nuit avant le mariage de Renzo et Lucia ; que les errances de Leopold Bloom dans *Ulysse* font écho à celles de Renzo Tramaglino à travers Milan ; et, poussant plus loin les correspondances, Eco fait de l'Innominato du roman de Manzoni la progéniture violente de l'homme au macintosh dans *Ulysse.*

Francesca ORESTANO

Traduit de l'anglais par Antonio Marvasi

---

16. Umberto Eco, « In Joyce c'è anche D'Annunzio », *Corriere della Sera*, 30 juin 1963.
17. Il s'agit d'une parodie amusante inspirée par un volume d'articles consacrés à ce qui allait devenir *Finnegans Wake*, paru en 1929, auquel participa notamment le jeune Samuel Beckett.
18. À savoir, *Les Fiancés* (1842) d'Alessandro Manzoni.

PORTRAIT DE L'ARTISTE EN JEUNE ANTISÉMITE

Ulysse ou la politique du langage

On a souvent considéré James Joyce comme l'exemple ultime de l'auteur désengagé, planant au-dessus de son époque, se détachant peu à peu d'une représentation de la réalité sociale ou politique pour se réfugier — et se perdre — dans la matérialité d'un langage de plus en plus opaque et de moins en moins accessible au lecteur non initié. *Ulysse* serait ce tournant mal pris qui engagea son auteur dans ce qui deviendrait par la suite *Finnegans Wake* et, selon les mots de Louis Gillet (pourtant fervent défenseur de l'ouvrage) à Ernst-Robert Curtius, « ce déluge de *concetti* polyglottes, où toute espèce de sens s'évanouit [1] ». Depuis plusieurs années, cette figure d'un Joyce apolitique et élitiste est bien entamée par la critique, et les tendances actuelles devraient finir d'enterrer le cliché [2]. Cet article se propose d'y contribuer en montrant, à partir de la question de l'antisémitisme dans *Ulysse* [3], combien l'esthétique joycienne est profondément politique précisément là où on la juge souvent apolitique, c'est-à-dire dans ce

---

1. Lettre du 27 août 1939. Voir ma note, « A Letter from Louis Gillet », *James Joyce Quarterly*, vol. 48, n° 4, été 2011, p. 745-750.

2. Outre la critique post-coloniale plus ancienne, en particulier Vincent Cheng, *Joyce, Race, and Empire* (Cambridge, Cambridge University Press, 1995), Emer Nolan, *James Joyce and Nationalism* (Londres & New York, Routledge, 1995), mais aussi Andrew Gibson, *Joyce's Revenge* (Oxford, Oxford University Press, 2005), il faut noter la récente parution du livre de Catherine Flynn, *Joyce and the Matter of Paris* (Cambridge, Cambridge University Press, 2019), qui analyse l'esthétique joycienne comme réponse aux pressions de la société de consommation capitaliste, ainsi que la publication prochaine chez Princeton University Press d'une réinterprétation biographique par l'historien irlandais Frank Callanan : *James Joyce, A Political Life*.

3. La tradition critique sur Joyce, le judaïsme et l'antisémitisme est immense. Je n'en citerai que quelques exemples : Margot Norris, « Fact, Fiction, and Anti-Semitism in the "Cyclops" Episode of Joyce's *Ulysses* », *Journal of Narrative Theory*, 36 : 2 (été 2006) p. 163-189, et « Stephen Dedalus's Anti-Semitic Ballad: A Sabotaged Climax in Joyce's *Ulysses* », *De-Familiarizing Readings: Essays from the Austin Joyce Conference, European Joyce Studies* 18, éd. Alan W. Friedman et Charles Rossman, Amsterdam &

qu'elle fait du langage. Au passage, je voudrais mettre au jour dans le texte, et dans ses avant-textes, les signes de ce que je nomme un « portrait (retouché) de l'artiste en jeune antisémite ». Car Joyce n'a pas de tout temps été le critique de l'antisémitisme qu'il est devenu, et ses attaques sont sans doute d'autant plus pertinentes qu'elles s'enracinent dans son propre antisémitisme de jeunesse, ingénieusement mais pas totalement dissimulé dans *Ulysse*.

❖

L'épisode du « Cyclope » est celui où l'antisémitisme se déploie le plus ouvertement, les nationalistes irlandais s'y montrant particulièrement bêtes et méchants en la matière, j'y reviendrai. Mais la toute première réflexion antisémite d'*Ulysse* vient de l'Anglais Haines, qui d'ailleurs ne prend pas toutes ses responsabilités quant à la situation coloniale irlandaise. « Nous autres, en Angleterre, avons le sentiment d'avoir été assez peu équitables avec vous. Il semble que la faute en revienne à l'histoire » (32) [4], explique-t-il, et là où on ne lui avait apparemment rien demandé, il ajoute :

> *— Bien sûr, je suis un Britannique, disait la voix de Haines, et j'en ai les sentiments. Je ne veux pas non plus voir mon pays tomber aux mains de juifs allemands. C'est là notre problème national, je le crains, à l'heure actuelle.* (33)

Comme s'il y avait à redouter une colonisation de son pays, cette équivalence douteuse permet à Haines de se mettre du côté du colonisé, et même de tenter de rallier ses hôtes irlandais contre l'ennemi commun, le juif allemand, ainsi promu indésirable universel. Devant la difficulté qu'il y aurait à définir précisément le groupe national (Angleterre, Grande-Bretagne ou Royaume-Uni ?), l'antisémitisme remplace tout autre critère

---

NY, Rodopi, 2009, p. 65-86 ; Ira B. Nadel, *James Joyce and the Jews*, Gainesville, University Press of Florida, 1996 ; Neil R. Davison, *James Joyce, Ulysses, and the Construction of Jewish Identity: Culture, Biography, and "the Jew" in Modernist Europe*, Cambridge, Cambridge University Press, 1998 ; Marilyn Reizbaum, *James Joyce's Judaic Other*, Stanford, CA, Stanford University Press, 1999. Plus récemment et en français, l'excellent livre de Philippe Zard, *De Shylock à Cinoc : Essai sur les judaïsmes apocryphes*, comporte un chapitre entier sur *Ulysse* : « *Ulysse* ou l'anatomie du Marrane » (Paris, Garnier, 2018, p. 129-262).

4. Sauf mention contraire, j'ai utilisé la nouvelle traduction d'*Ulysse* réalisée sous la direction de Jacques Aubert, Paris, Gallimard, « Du monde entier », 2004. Les numéros de pages sont donnés entre parenthèses après chaque citation.

et devient le lieu commun du groupe, au sens où tout le groupe peut s'y retrouver et s'y réunir. Plus besoin d'une autre définition de l'entité nationale : l'exclusion du juif suffira. Joyce marque ainsi d'emblée le lien entre antisémitisme et nationalisme mais, sans que cela dédouane les nationalistes irlandais qui interviendront quelques chapitres plus loin, il préfère le marquer d'abord comme anglais.

On note au passage que c'est « la voix de Haines » qui s'exprime, pas Haines lui-même, en une étrange mise à distance auditive, comme si la voix n'appartenait pas totalement à l'individu. Or c'est un élément que l'on retrouve lors de la seconde occurrence d'antisémitisme dans *Ulysse*, au deuxième épisode du livre, lorsque M. Deasy, Nestor moderne, fait profiter Stephen de sa belle sagesse antisémite :

> *Il leva l'index en l'air et l'agita vieillardement avant de parler.*
> *— Souvenez-vous de ce que je vous dis, monsieur Dedalus, fit-il. L'Angleterre est aux mains des juifs. Dans tous les postes les plus élevés : sa finance, sa presse. Et ils sont le signe de la décadence d'une nation. Partout où ils s'assemblent ils sucent la vitalité de la nation. Voilà des années que je vois cela venir. Aussi vrai que nous sommes ici les marchands juifs ont commencé leur œuvre de destruction. La vieille Angleterre se meurt.* […] *Elle se meurt, dit-il, si elle n'est pas déjà morte.* (47-48)

« Vieillardement » traduit « *oldly* », néologisme comme sa traduction française, et qui fait écho à « *Old England* » (*U* 2.345 et 350) [5]. Le vieux Nestor anglais reprend pour les développer les inquiétudes du jeune Haines. Mais ce que la traduction française ne rend pas, c'est la dissociation entre l'homme et la voix : « *He raised his forefinger and beat the air oldly before his voice spoke* » (« il leva l'index et en battit l'air vieillardement avant que sa voix ne parle »). Comme si là encore la voix n'appartenait pas vraiment à l'individu, c'est elle qui parle à sa place, peut-être parce qu'il s'agit d'un langage qui, comme le battement sénile de l'index, révèle ce que peut avoir de mécanique cette répétition de stéréotypes sans lien avec la réalité.

Comme on le verra plus tard dans l'épisode du « Cyclope », le groupe organise un récit qui est une accumulation de ces rumeurs, fondées sur des stéréotypes au sujet des juifs, et au travers desquels la réalité est interprétée. On tord le réel pour qu'il corresponde à des clichés et à des formules

5. Pour les citations du texte original, j'utilise l'édition établie par Hans Walter Gabler : *Ulysses*, Londres, Penguin, 1986. Comme c'est l'usage, j'en donne entre parenthèses le numéro d'épisode suivi du numéro de ligne, après l'initiale *U*.

toutes faites, dont la seule prétention à la vérité est qu'ils ont déjà été entendus ailleurs et qu'on les répète sans plus réfléchir. On rejoint là les analyses philologiques d'un Victor Klemperer sur la langue du IIIe Reich (*Lingua Tertii Imperii*[6]), et la manière dont une langue peut être progressivement envahie par les clichés et les formules toutes faites, que l'on endosse sans y regarder à deux fois, jusqu'à ce que le phénomène constitue l'environnement linguistique d'un régime meurtrier. Au lieu d'un outil au service de la pensée et de l'écriture, la langue devient un langage qui écrit et pense à votre place, et où l'on désespère de trouver un seul mot sincère. Le dialogue chez Joyce comporte souvent ainsi plusieurs couches de signification : le mensonge y est présenté en même temps que la malhonnêteté s'y révèle, à l'insu du locuteur même, trahi par sa voix qui parle d'elle-même.

L'antisémite imagine le juif comme dégénéré, déraciné, déterritorialisé[7], comme un parasite qui se regroupe pour s'attaquer au corps national malade et se nourrir de sa vitalité intrinsèque. Mais chez Joyce, c'est l'antisémitisme qui se répand telle une maladie physiologique et linguistique, produisant son discours comme une mécanique plaquée sur du vivant (qui aurait donc, si on suit Bergson, quelque chose de comique). Or comique, c'est ce qu'aimerait bien paraître M. Deasy, qui au terme du chapitrc, fait une blague sur les juifs et l'Irlande. Il court même après Stephen pour la lui servir, tout haletant et semblant mélanger les fonctions physiologiques, « soufflant et ravalant sa respiration » (50), comme si sa luette ne savait plus décider entre inspiration et déglutition. Finalement, ce sont des mots qui dans un premier temps sortent de sa bouche :

> *— Je voulais juste vous dire, dit-il. L'Irlande, dit-on, est le seul pays qui puisse s'honorer de n'avoir jamais persécuté les juifs. Vous le saviez ? Non. Et savez-vous pourquoi ?* […]
>
> *— Pourquoi, monsieur ? demanda Stephen, esquissant un sourire.*
>
> *— Parce qu'elle ne les a jamais laissés entrer, dit M. Deasy solennellement.*
>
> *Comme une balle, un rire-quinte-de toux jaillit de sa gorge tirant après lui une chaîne glaireuse et grinçante. Il fit demi-tour, toussant, riant, brassant l'air de ses bras levés.*

---

6. Victor Klemperer, *LTI, la langue du IIIe Reich*, trad. Élisabeth Guillot, Paris, Albin Michel, 1996. L'original, *Lingua Tertii Imperii: Notizbuch eines Philologen*, fut publié par Aufbau Verlag en 1947.

7. J'emprunte ici à Marc Angenot sa notion d'un « paradigme de la déterritorialisation » : Marc Angenot, *Ce que l'on dit des Juifs en 1889. Antisémitisme et discours social*, Saint-Denis, Presses Universitaires de Vincennes, 1989, p. 159-177.

> — *Elle ne les a jamais laissés entrer, répétait-il au milieu de ses rires pendant qu'il tapait de ses pieds guêtrés sur le gravier de l'allée. Voilà pourquoi.* (50-51)

Cette plaisanterie est assez représentative de la déconstruction de l'humour antisémite dans *Ulysse*, où c'est la présentation même du discours dans le dialogue qui en détruit l'effet souhaité par le locuteur. On remarque tout d'abord la répétition apparemment maladroite du verbe « dire » au tout début : en plein milieu de l'accroche de Deasy (« Je voulais juste vous dire […] L'Irlande, dit-on »), Joyce rajoute un « dit-il » décidément gauche. Pour reprendre la formule de Theodor W. Adorno, « l'antisémitisme, c'est la rumeur qui court à propos des Juifs [8] », et cette rumeur, il s'agit ainsi de l'avoir entendue (« dit-on », on est littéralement dans le « on dit ») et de vouloir la répéter (« Je voulais juste vous dire »), ce que fait Deasy (« dit-il »). Joyce marque ici la transmission de l'antisémitisme par la parole, sa contagiosité linguistique.

Puis vient la plaisanterie et son affirmation solennelle selon laquelle les juifs ne sont jamais entrés en Irlande, affirmation qui n'est d'ailleurs pas complètement juste, puisqu'il y avait 3 898 juifs en Irlande lors du recensement de 1901, 2119 de plus qu'en 1891. L'assertion selon laquelle les juifs n'y ont jamais été persécutés n'est pas totalement vraie non plus, puisqu'il y eut des manifestations anti-juives à Cork en 1838, et surtout un boycott de deux ans des commerces juifs à Limerick (aussi connu sous le nom de « pogrome de Limerick ») qui débuta en janvier 1904, donc peu de temps avant Bloomsday [9]. Comme souvent lorsque les personnages de Joyce se mêlent d'histoire, il vaut mieux vérifier leurs déclarations. Deasy semble se soucier de connaissance historique (« Le saviez-vous ? »), et comme tout bon historien, il souhaiterait expliquer les événements (« Et savez-vous pourquoi ? », « Voilà pourquoi ») ; si ce n'est que la rumeur facile et la mauvaise plaisanterie remplacent chez lui toute exigence scientifique. Sa première sortie antisémite était déjà offerte en explication d'un phénomène jugé inexplicable : son impossibilité à publier dans les journaux un texte offrant une solution simple à l'épidémie de fièvre aphteuse qui sévit en Irlande (encore une maladie contagieuse). Deasy se voit en sauveur de l'humanité, ou en tout cas de son bétail, et c'est évidem-

8. Theodor W. Adorno, *Minima Moralia, Réflexions sur la vie mutilée*, trad. Éliane Kaufholz et Jean-René Ladmiral, Paris, Payot, 1991, p. 106.

9. Toutes ces informations sont empruntées à l'édition de *Ulysses* annotée par Sam Slote, Richmond, Alma Classics, 2012, p. 567. Voir aussi Cormac Ó Grada, *Jewish Ireland in the Age of Joyce*, Princeton, N. J., Princeton University Press, 2006, p. 191-195.

ment la présence des juifs dans la presse qui l'empêcherait de jouer pleinement son rôle social. Il affirme ainsi, croyant détecter une machination à son encontre : « Je suis environné de difficultés, de... d'intrigues de... manœuvres sourdes de... » (47). Sa sortie antisémite se présente alors comme l'explication socio-historique, mais en réalité paranoïaque, de cette conspiration cachée. Le lecteur averti, ou seulement méfiant, aura compris que M. Deasy n'est pas un historien ou analyste de son temps très fiable. La contradiction à ces affirmations fantaisistes et à cette plaisanterie, Joyce la porte d'ailleurs le plus efficacement lorsqu'apparaît, de manière autrement plus solennelle, en ouverture de la deuxième partie du livre, « Monsieur Leopold Bloom », préparant tranquillement son petit déjeuner, peu soucieux semble-t-il des difficultés qu'il aurait dû avoir à entrer en Irlande, et s'installant paisiblement dans son épopée dublinoise.

Le plus révélateur, dans la mauvaise blague de Deasy, c'est cette quinte de toux répugnante qui constitue le rire antisémite (« *a coughball of laughter* » dit le texte anglais), qui semble une bête vivante lui sautant hors de la gorge (« *leaped from his throat* ») et traînant après elle une dégoûtant « *rattling chain of phlegm* », comme un lépreux médiéval condamné à prévenir à distance de sa contagiosité. La véritable blague de Joyce se fait donc en réalité aux dépens de l'antisémite : non seulement le héros du livre, le juif Leopold Bloom, apparaîtra-t-il en majesté quelques pages plus loin, mais au lieu que ce soit la communauté juive qui s'attaquerait en parasite au corps national, c'est l'antisémitisme qui se transmet par la parole, à la manière d'une maladie contagieuse dont les symptômes sur le corps du locuteur se révèlent franchement écœurants.

L'épisode du « Cyclope » constitue la prochaine grande étape de l'antisémitisme dans *Ulysse*. L'image d'une vision monoculaire reflète bien l'étroitesse d'esprit nationaliste excluant tout ce qui ne relèverait pas d'une conception essentialiste de la nation irlandaise. Or là encore, la haine des juifs est déclenchée par l'interprétation erronée d'un événement, où la rumeur non vérifiée et le stéréotype remplacent toute connaissance réelle ou vérification sérieuse. Suite à un quiproquo intervenu plus tôt dans la journée, Bloom a sans le savoir refilé un bon tuyau pour une course de chevaux à l'un des individus que l'on retrouve plus tard au pub (112). Lorsque l'outsider désigné malgré lui par Bloom gagne la *Gold Cup*, tout le monde est persuadé, non seulement que Bloom a empoché une fortune aux courses, mais surtout qu'il ne leur paie même pas un verre pour fêter ça, rejoignant deux stéréotypes au sujet des juifs — leur flair pour se faire de l'argent, et leur avarice (403-404). Le narrateur, même s'il n'articule pas ses pensées devant Bloom, n'est pas en reste de commentaires : « … et tes poches pleines à craquer d'or et d'argent. Sale trou du cul de radin. Nous payer un bon coup à boire. On peut toujours se brosser ! Ça, c'est un juif ! Tout pour sa pomme. Aussi finaud qu'un rat de chiottes » (421).

L'alcool aidant, la tension monte, jusqu'à l'apothéose finale, où Bloom est sauvé *in extremis* alors que le personnage du Citoyen, leader nationaliste autoproclamé, lance son chien après lui et lui jette une boîte de biscuits Jacobs. Sur le mode parodique, c'est le moment antisémite sans doute le plus violent du livre, une forme de pogrome en miniature (423-427). Là encore, ce sont les mots mêmes du locuteur qui trahissent l'absurdité de la persécution lorsque, revenant dans le pub chercher la boîte de biscuits à lui lancer, le Citoyen s'exclame : « — Bon dieu, il fait, je lui éclaterai la tête à ce putain de juif pour prononcer le saint nom. Bon dieu je le crucifierai, il verra. Passe-moi la boîte à biscuits là » (423). Au lieu de « bon dieu », le texte anglais lui fait dire, dans une contradiction encore plus flagrante, « *By Jesus, I'll crucify him so I will* » (*U* 12.1812), laissant ainsi résonner la juxtaposition ironique du nom de Jésus et de la crucifixion. « [C]e putain de juif » traduit en outre le très vernaculaire « *bloody jewman* » (*U* 12.1811), qui ajoute à l'image du Christ en croix celle d'un corps très littéralement sanguinolent.

La haine des juifs est présente dès le début du « Cyclope », et le déluge d'idées reçues commence, comme les premiers commentaires antisémites dans le livre, bien avant l'apparition de Bloom dans le texte : ça ne saurait être sa présence qui les justifie. Dans les premières pages, le narrateur évoque un personnage très secondaire et dont la mention semblerait même ici gratuite — ce « circoncis » (364) de Moïse Herzog, ce « petit youde qui se foutait en rogne » (365) parce qu'on ne lui paie pas l'argent qu'on lui doit, figure de « Shylock » (389) moderne qui installe déjà une ambiance nauséabonde. Plus loin, dans un passage fréquemment cité au sujet de l'antisémitisme, les buveurs interrogent Bloom sur son appartenance nationale : « Mais savez-vous ce que c'est qu'une nation ? » lui demande le mal nommé John Wyse (*wise* signifie « sage », 410). Bloom pris au dépourvu répond maladroitement : « Une nation c'est les mêmes gens qui vivent au même endroit », faisant fuser les rires (« Putain, dit Ned en riant, alors moi je suis une nation puisque je vis au même endroit depuis cinq ans »). Explicitant presque l'exclusion, le Citoyen finit par lui demander : « Quelle est votre nation, sans vouloir être indiscret ? », ce à quoi Bloom répond fermement « L'Irlande. […] Je suis né ici. L'Irlande » (411). Surgit alors de la bouche du Citoyen un équivalent de la « chaîne glaireuse et grinçante » qui sortait de la bouche de M. Deasy : « il s'est contenté de racler ce qui lui restait dans le gosier et putain, il a envoyé un mollard gros comme une huître direct dans le coin » (411). Chez Joyce, l'antisémitisme n'est pas tant une rumeur qu'une glaire, un crachat, une parole à vomir.

Le thème de la déterritorialisation essentielle du juif réapparaît un peu plus tard dans le dialogue, dans un échange qui a lieu au sujet et en l'absence de Bloom, qu'on croit parti récupérer ses gains aux courses. Je vais d'abord en citer la traduction, avant de parler du texte anglais, et surtout de ses avant-textes :

> *— Et après tout, fait John Wyse, pourquoi est-ce qu'un juif n'aimerait pas autant son pays que n'importe qui ?*
>
> *— Pourquoi pas ? fait J. J., une fois qu'il est tout à fait sûr que c'est son pays.* (417)

Le texte anglais dit en réalité « *when he is quite sure which country it is* », « une fois qu'il est tout à fait sûr de quel pays il s'agit ». On est là à la source théorique de cet antisémitisme racial qui s'est développé au XIXe siècle en parallèle aux nationalismes européens : son histoire diasporique fait du juif un être qui par essence ne saurait s'intégrer dans le maillage national. Changeant souvent de pays, il n'aurait d'attache nulle part, bref : c'est un traître en puissance niché au cœur du territoire national. Cette phrase reprend d'ailleurs la question posée plus tôt directement à Bloom, « Quelle est votre nation ? », et semble faire fi de sa réponse : là où Bloom affirmait clairement son droit du sol (« Je suis né ici ») et répétait à deux reprises que l'Irlande était sa nation, J. J. met en doute cette certitude et laisse planer l'idée que Bloom soit leur ment volontairement, soit peut-être ne sait pas lui-même quel est son pays.

Mais les premiers brouillons du texte révèlent une version un peu différente :

> *— Well, says JJ O'Molloy, if you grant ~~him~~ the jew human impulses like ours why ~~could~~ can he not love his country? I mean, logically, why not?*
>
> *— Why not? says young Dedalus, when he is quite sure which country it is.* [10]

10. Il s'agit là du tout premier brouillon de l'épisode du « Cyclops », noté V. A. 8, à la Bibliothèque de l'Université de Buffalo (la transcription est consultable sur la *James Joyce Digital Archive* : https://jjda.ie/main/JJDA/U/ulex/n/n1F1d.htm, ou dans le 13e volume de la *James Joyce Archive*, dirigée par Michael Groden, New York, Garland, 1977-1977, p. 125. Les mots barrés correspondent aux corrections *currente calamo*, faites au fil de l'écriture.

On voit que la problématique dans ce premier jet est peut-être un peu plus shakespearienne : le juif n'aurait-il pas « des impulsions humaines, comme les nôtres » ? On n'est pas loin de la tirade de Shylock. Les révisions supprimeront cette introduction, pour aboutir à une formulation plus directe, moins raisonneuse, c'est-à-dire sans condition (« *if* ») ni déduction logique (« *logically* »), puisqu'après tout l'antisémitisme est une rumeur, pas un raisonnement : « *And after all* [...] *why can't a jew love his country like the next fellow?* » (*U* 12. 1628-29). Mais surtout, on voit que Joyce a donné à JJ O'Molloy la seconde réplique au lieu de la première, et que ce faisant il a supprimé un locuteur d'importance : alors que dans la version définitive, c'est John Wyse qui pose la question, et J. J. (O'Molloy) qui y répond, dans la première version c'était JJ O'Molloy qui posait la question et le « jeune Dedalus » qui y répondait.

C'est une des grandes surprises de ce premier brouillon : dans sa première version, Stephen Dedalus, figure de l'auteur dans son œuvre depuis le *Portrait de l'artiste en jeune homme*, était présent dans le pub nationaliste du « Cyclope », et comme on le voit, il n'y était pas en reste de réflexions antisémites. C'est même lui qui exprime ce qui est finalement la justification ultime de l'antisémitisme racial de l'époque. J'émettrais à ce sujet deux hypothèses. La première, c'est qu'en supprimant Stephen de ce chapitre, Joyce accentue la condamnation de l'antisémitisme et du nationalisme qui s'y déploie, et la rend plus simple à interpréter pour ses lecteurs [11]. La seconde, c'est qu'en toute sincérité il avait tout d'abord pensé révéler un réel antisémitisme de jeunesse, puis s'est ravisé. Mais il laisse tout de même une trace de sa présence : celui qui était noté « JJ O'Molloy » dans le premier brouillon devient « J. J. » dans la version finale, y faisant apparaître les initiales de l'auteur. C'est même « J. J. » que l'on trouve apposé dans un tampon circulaire sur la couverture du carnet V.A.8, celui-là même où se trouve le premier brouillon du « Cyclope » cité ci-dessus [12].

L'antisémitisme est loin d'être une caractéristique majeure des écrits de jeunesse de Joyce. Mais il apparaît dans un texte écrit en septembre 1899 (il a dix-sept ans et demi), et qui porte la trace, non pas de l'antisémitisme raciste né au XIXe, mais plutôt de l'antisémitisme chrétien traditionnel fondé sur l'idée d'un peuple déicide qui demanda et obtint la

11. Je voudrais remercier ici Joe Valente pour ses suggestions à ce sujet et ses encouragements à poursuivre la question plus avant.
12. *James Joyce Archive*, vol. 13, p. 83.

crucifixion du Christ. C'est là le sujet d'un tableau monumental de 1896 que Joyce va admirer à la Royal Hibernian Academy : l'*Ecce Homo* du peintre hongrois Mihály Munkácsy (fig. 1). Joyce en tire ce qui est sans doute la première expression de sa théorie critique centrée sur le *drama*, esprit d'authenticité et de mouvement dans l'art qui déborde largement le genre théâtral, puisque tout l'essai vise à prouver qu'« *Ecce Homo* est un drame [13] ». Le réalisme joue dans cette esthétique un rôle prépondérant, ce qui justifie sans doute que l'essentiel de l'essai consiste en une description détaillée du tableau [14]. Il s'agit de la présentation du Christ par Ponce Pilate à la foule juive. Sur une estrade à droite, on voit Pilate et le Christ, tandis qu'au premier plan se déchaîne la foule en colère, et perdue parmi elle la Vierge, qui défaille dans les bras de Jean. Joyce décrit cette foule, qu'il qualifie d'un terme récurrent chez lui à l'époque, celui de « *rabble* » (« *the Jewish rabble* ») [15]. La traduction en est « populace », mais quelques pages plus loin le pamphlet « *The Day of the Rabblement* » est traduit plus justement par « Le Triomphe de la canaille », un mot autrement plus fort [16]. Si l'on ne connaît Joyce que par sa dénonciation de l'antisémitisme dans *Ulysse*, les descriptions de cette foule sont particulièrement étonnantes. Passons sur quelques formules qui mettent d'emblée mal à l'aise, telle « la carcasse brisée et paralysée d'un misérable paillard, dont le visage de brute esquisse un vague sourire bestial » (913), ou encore un homme en colère dont « les yeux louchent de rage, et sa bouche écume de haine » (913). Passons sur cet « énorme visage sur lequel s'étalent des traits grossiers, les mâchoires distendues par un mugissement bestial » [17]. On s'attardera surtout sur « un homme riche qui porte sur le visage cette expression détestable si répandue parmi les exploiteurs de la moderne Israël : c'est-à-dire un profil dont la ligne, partant d'un front large, suit l'arête du nez puis, en suivant la

---

13. James Joyce, « L'"Ecce Homo" de la Royal Hibernian Academy », *Œuvres* I, éd. Jacques Aubert, Gallimard, « La Pléiade », 1982, p. 911. Les citations seront données entre parenthèses dans le texte. Lorsque la critique joycienne se penche sur cet essai, c'est souvent pour y déceler les prémisses de la théorie esthétique qui prendra forme définitive dans l'essai suivant, « Le Drame et la Vie », à la structure plus aboutie et que Joyce achèvera en janvier 1900 (*ibid.*, p. 917-925).

14. « Ce qui frappe le plus peut-être dans cette toile, c'est l'impression de vie qui s'en dégage, l'illusion réaliste » (*Ibid.*, p. 910).

15. James Joyce, *Occasional, Critical, and Political Writing*, éd. Kevin Barry, Oxford, Oxford University Press, p. 19.

16. James Joyce, *Œuvres* I, *op. cit.*, p. 948. Est-ce la rime, mais c'est le terme « racaille » qui me viendrait facilement en français d'aujourd'hui.

17. Notons que la première fois, « bestial » traduisait « *animal[ism]* », tandis que la seconde il ne s'agit que de « *coarse* » (*Occasional, Critical, and Political Writing*, op. cit., p. 19-20).

Mihály Munkácsy, *Ecce Homo* (1896), Musée Déri, Debrecen. Photo D.R.

Mihály Munkácsy, *Ecce Homo,* détail.

même courbe inversée, rejoint le menton, lequel chez ce personnage est agrémenté d'une barbe en pointe aux mèches effilées. La lèvre supérieure se relève et découvre deux longues dents blanches qui dépassent sur la lèvre inférieure. Tel est le ricanement méchant de cette créature » (913). Et plus encore sur cette femme aux « yeux langoureux, un visage plein et des formes rondes, mais le tout est gâté par une stupidité bornée et une expression parfaitement bestiale, à peine moins révoltante » (914) [18]. Cette femme porte un bébé tandis qu'un gamin s'accroche à ses genoux et, nous dit Joyce : « Ces enfants eux-mêmes n'échappent pas à l'atmosphère haineuse qui règne partout, et dans leurs petits yeux brillants dansent les éclairs de la trahison, le cruel égarement de leur race » (914). On reconnaîtra sans peine ce petit groupe dans le tableau : il est au tout premier plan, sur la gauche (fig. 2). On se rendra compte surtout de l'extraordinaire déformation effectuée par la description du jeune Joyce : l'enfant que la femme porte dans les bras dort, les yeux bien fermés. Quant à celui qui est au sol accroché à sa mère, il semble pleurer, mais difficile de voir danser le moindre éclair de trahison dans ses petits yeux brillants, car il est peint de trois-quarts-dos.

On peut juger dérisoire cette microlecture d'un texte de jeunesse. Mais elle me semble importante car elle correspond à la (re)lecture que Joyce lui-même a dû faire plus tard de ses préjugés antisémites. Lorsqu'on lit attentivement ses premiers écrits, *Gens de Dublin* ou *Portrait de l'artiste en jeune homme*, l'on se rend compte qu'il s'agit souvent de mettre au jour la façon dont le langage ne correspond plus à la réalité tant il s'égare dans des formules toutes faites, voire des formulations bien trouvées mais correspondant à une exigence esthétisante qui n'est pas celle d'une description adéquate du réel. Qu'on pense à Chandler dans « Un petit nuage », personnalisant avec de vieux clichés romantiques les maisons du bord de la Liffey, tandis qu'il regarde à peine les enfants grouillant « comme des souris », « cette minuscule vie de vermine », et qu'il s'imagine la nouvelle coqueluche des critiques anglais [19]. Qu'on pense à Gabriel, s'efforçant de faire de sa femme un symbole, donnant même un titre à son tableau (« *Musique lointaine* » [20]), alors qu'il ne la voit pas, n'entend pas la musique qui l'émeut, et ne comprend pas non plus ce que signifie pour elle ce moment : tout le mouvement de la nouvelle consistera

18. Il s'agit bien ici en revanche de traduire « *bestiality* » (*Ibid.*, p. 20).
19. Je privilégie ici la traduction de Benoît Tadié, particulièrement fidèle au texte : James Joyce, *Gens de Dublin*, Paris, GF-Flammarion, 1994, p. 106-109.
20. *Ibid.*, p. 253.

à lui dessiller les yeux et à lui faire acquérir, dans les toutes dernières pages, un langage véritablement poétique et qui corresponde à la réalité que Gretta lui a laissé entrevoir. On retrouve la même critique du langage dans le *Portrait de l'artiste en jeune homme*, où chaque chapitre se clôt sur l'acquisition d'une certitude et un moment d'harmonie avec le nouvel état maîtrisé du langage par le jeune artiste en devenir, tandis que le chapitre suivant s'ouvre à chaque fois sur les excès de cette harmonie devenue dissonance ironique, tant il est vrai que, lorsqu'on s'y sent trop à l'aise et qu'on arrête de réfléchir sur les automatismes et les clichés d'un style, il se transforme en un voile opaque qui recouvre le réel plutôt qu'il le dévoile ou l'interroge.

C'est ainsi que j'interpréterais ce qui reste d'antisémitisme dans la figure de l'artiste en jeune homme qu'est devenu Stephen Dedalus dans *Ulysse*, ce livre dont il n'est pas le héros et où il est supplanté par Leopold Bloom. Dans les réflexions antisémites du « Cyclope », le « jeune Dedalus » a été effacé et remplacé par les initiales cryptées de l'artiste. Mais il reste cette esquisse de sourire ambigu que Stephen adresse à M. Deasy dans « Nestor » quand ce dernier annonce sa mauvaise blague antisémite (51). Il reste ce souvenir un peu nauséabond d'un groupe de juifs sur les marches de la Bourse de Paris (« Jars jabotant. Ils fourmillaient dans le temple, bruyants, grotesques, le cerveau manigançant à tout va sous le gauche haut-de-forme », 51), découlant des remarques antisémites de M. Deasy d'ailleurs, ce qui montre bien le pouvoir de suggestion des clichés qui font surgir des images stéréotypées dans l'imagination de l'interlocuteur : l'antisémite, comme le flatteur, vit aux dépens de celui qui l'écoute. Plus troublante encore est la ballade que Stephen chantera à Bloom dans « Ithaque » en remerciement ingrat de son hospitalité, celle du « Petit Harry Hughes » : l'enfant y trouve la mort de la main de « la fille du juif » (856), qui l'attire chez elle pour lui trancher la gorge [21].

21. L'espace manque pour développer l'argument autour de la ballade d'« Ithaque », mais nombreux sont les critiques à s'être interrogés à son sujet, en particulier Margot Norris dans son article « Stephen Dedalus's Anti-Semitic Ballad » (*op. cit.*), et plus récemment Philippe Zard dans la section « Ballade judéo-irlandaise » de son chapitre sur *Ulysse* dans *De Shylock à Cinoc* (*op. cit.*, p. 183-196). Il n'est peut-être pas anodin de se souvenir que la partition (856-857), qui apparaît dans l'édition d'origine dans une transcription manuscrite (*U* 17. 808-828), a été faite, non pas de la main de Joyce, mais de celle de Jacques Benoist-Méchin, le jeune musicien qui tournera grand collaborateur et antisémite notoire lors de l'Occupation, et dont on peut se demander si Joyce avait déjà décelé en lui ce qui devait se révéler par la suite, nous offrant ainsi en creux un autre portrait, tristement historique celui-là, d'un artiste en jeune antisémite.

La critique de l'antisémitisme dans *Ulysse* n'est pas en contradiction avec l'antisémitisme auquel adhérait probablement Joyce lorsqu'il était jeune. Comme dans le *Portrait*, l'ironie joycienne est d'autant plus efficace qu'elle s'attaque à un élément personnel, autobiographique, qu'elle est un retournement vécu de l'intérieur, un mouvement d'autocritique que l'auteur applique à son propre langage, ou plutôt à un état antérieur de son propre langage. La linguistique joycienne repose sur un doute sans cesse renouvelé sur soi-même. Elle consiste à continuellement s'interroger sur le langage qu'on utilise, à repérer et moquer les clichés que l'on n'entend plus. C'est un combat politique permanent pour constamment déconstruire les stéréotypes et les formules toutes faites qui, pour reprendre les termes de Klemperer, risquent de penser à notre place.

Valérie BÉNÉJAM

LA CARTE DES ÉGAREMENTS ET LES RESTES DU TEMPS

Les premiers critiques d'*Ulysse*, qu'ils défendent où condamnent le roman, notent dans tous les cas son obscénité apparente. En vertu d'une exigence réaliste, que Jacques Rancière nommerait sans doute démocratique — cette volonté de ne plus exclusivement faire figurer dans le texte les seuls objets, personnages et sujets revêtant une dignité particulière —, Joyce semble s'attacher méticuleusement à inclure dans sa prose la variété insignifiante du tout-venant, de la multitude des choses communes qui, en raison de leur absence de noblesse, n'auraient traditionnellement pas de place dans le projet classique d'une littérature édifiante.

L'auteur entreprend ainsi l'énumération des fragments rejetés, des oubliés et des rebuts de la société. À tel point que le dramaturge et intellectuel édouardien Bernard Shaw ne tarde pas à souligner « l'obsession *cloacale* » de son concitoyen. Joyce lui emboîte résolument le pas, en renvoyant l'étymologie du mot littérature à l'ordure, « *litter* ».

Tout ce qui n'est pas censé trouver place dans le texte littéraire — celui-ci étant traditionnellement entendu comme ce qui se pense et se conçoit de plus élevé dans le monde de l'esprit, l'*exemplum* illustre de ce qui se distingue, de ce qui est distingué et mérite donc d'être imité —, tout cela, dans *Ulysse*, entre en littérature avec fracas. Qui plus est, les éléments jugés orduriers sont envisagés comme les plus à même de rendre compte des marges du langage et de la constitution de nos états d'âme, jusqu'à nos sentiments réputés les plus purs.

La seconde réaction des lecteurs d'*Ulysse* fut souvent un sentiment de confusion qui inspira aux commentateurs le désir de documenter l'œuvre pour en compenser le caractère allusif, et de pallier ses discontinuités par l'usage de cartes, de schémas, de plans et de nomenclatures. En effet, comment ne pas s'y perdre, sans remise en ordre ni classement ?

Cette préoccupation est symptomatique de l'accueil réservé à la catégorie d'écritures assez indéfinie que l'on nomma ensuite « moderniste ». Si l'auteur, s'émancipant de la fonction sociale qui lui était jadis échue, celle qui consistait d'une manière ou d'une autre à exposer les travers moraux de son monde de la façon la plus didactique possible, si cet auteur donc prenait le risque d'égarer son lecteur et de sombrer dans le non-sens, alors la critique devenait nécessaire pour assurer l'accompagnement de la lecture. Pourtant Joyce n'abandonne en rien la vocation de présenter le détail du monde social, une fonction qu'on attribuerait plus volontiers à Dickens. Il la pousse seulement au-delà des attentes en montrant davantage que ce que ses contemporains souhaitent voir.

Ce souci d'un repérage ou d'un guidage peut évidemment reconduire très prosaïquement à la carte de Dublin et au tracé du parcours que les deux personnages masculins, Leopold Bloom et Stephen Dedalus, effectuent pendant la journée du 16 juin 1904. Car c'est là que tout arrive, avec un accent particulier sur ce « tout ». Les consciences des personnages qui cheminent dans Dublin notent où mémorisent les incidents qui les affectent. Ce qui passe, ce qui se passe, doit être saisi dans l'instant : un bruit, une présence. Mais chaque fois, ces événements se trouvent liés à d'autres occurrences fortuites relevées ailleurs. La méthode de composition de Joyce, telle qu'elle a été décrite par ses critiques, n'indique pas autre chose : notes extrêmement fragmentaires, atomes de sens ou de style consignés dans des carnets puis recopiés, collationnés, combinés et agencés. Travail de mosaïste, ont dit ses commentateurs.

Tout cela fait d'*Ulysse* un livre définitivement peu ordinaire, qui réclame de ses lecteurs un effort considérable de présence et d'attention pour relier chaque incident et chaque mot à d'autres occurrences similaires. Joyce inscrit sur la carte non plus seulement les centres d'autorité où sont célébrés les grands esprits de ce monde, mais il divague vers leurs environs, au hasard des entre-deux, des terrains vagues, des rivages jonchés de varech et de détritus où les égouts s'épanchent dans la mer couleur de morve. Il reproduit les processus moins arborescents que buissonnants de la pensée, puisque celle-ci ne fait pas la distinction entre le songe, le fantasme, l'idée, le souvenir, et que pour elle, tout peut potentiellement conduire à tout.

Les critiques, à partir des années soixante, se sont accordés à reconnaître dans ce phénomène de réticularisation un devenir de la littérature, le tracé de la carte reflétant la spatialisation du roman qui outrepasse les contraintes et les limites de sa forme originelle, procédant à l'écrasement ou au démantèlement du récit en faveur du déploiement de la structure textuelle sur une surface plane. Une telle transformation signifiait certainement une inclination littéraire vers la forme poétique, puisque les effets de cette dernière résultent de sa présentation graphique, de son agencement dans l'espace de la page.

Ainsi s'est confortée l'image du moderniste comme écrivain qui s'oppose aux usages de la narration romanesque du XIXe siècle, avec ses intrigues et ses péripéties, favorisant une construction qui va contre l'écoulement linéaire du récit, mais le branche sans cesse sur ses étapes antérieures.

On saisit le danger de cette formule du plan relief sur lequel on épingle le sens comme on plante des drapeaux, pour mieux en saisir, vu d'en haut, les tenants et les aboutissants. Car si *Ulysse*, comme toute littérature sans doute, est nourri par les lieux communs les plus plats et les plus indignes, il n'a de cesse d'en déplacer les implications, d'en exposer les contradictions et d'errer hors des sentiers battus du sens établi, ce qui conduit le plus souvent vers des zones intermédiaires, le pub où les buveurs refont le monde, le quartier des prostituées, l'estaminet mal famé de Peau-de-Bouc, les bas-fonds et les bas-côtés qui jouxtent la place publique et la voie royale.

Pour sa part, la carte ne fournit au lecteur qu'un diagramme théorique, elle ne désigne que des positions polaires, entre lesquelles se déplacent et se meuvent les êtres vivants. Certes, elle nous aide à naviguer entre les pôles, les points de repère, les tours de garde, les phares, toutes choses qui balisent la route mais ne sont finalement que des marquages abstraits. L'existence, elle, se trame entre ces termes univoques. Elle suit une course incertaine entre les extrémités, parcourt tous les degrés de la proximité ou de l'éloignement vis-à-vis de ces ancrages théoriques (la cause irlandaise et la cause britannique, l'existence physique qui nous enchaîne et la spiritualité qui nous en libère, la science ou le miracle de l'eucharistie). La vie du texte est mobile et louvoie comme Stephen pris entre Charybde et Scylla dans la bibliothèque nationale. Déjà, dans *Portrait de l'artiste en jeune homme*, Stephen Dedalus observait que l'obligation de choisir son camp contraignait la pensée, interdisant toute avancée hors des bastions théoriques déjà constitués.

> *« Crois-tu en l'eucharistie ? demanda Cranly.*
> *— Non, dit Stephen.*
> *— Tu refuses d'y croire, alors ?*
> *— Je n'y crois pas et je ne refuse pas d'y croire non plus, répondit Stephen.*
> *— Beaucoup de gens, même parmi les croyants, éprouvent des doutes ; pourtant ils arrivent à les surmonter ou à les écarter, dit Cranly.*

Tes doutes à toi, sur ce point, sont-ils trop forts ?
— Je n'ai pas le désir de les surmonter », répondit Stephen. [1]

Les premiers lecteurs d'*Ulysse* furent non seulement sensibles aux effets de spatialisation du texte dans les chapitres d'ouverture, mais aussi à sa temporalité déroutante. On est évidemment tenté de se demander en quoi des facteurs aussi généraux pouvaient bien être caractéristiques de cette œuvre-ci plus que de toute autre. Certes, chacun est séparé des générations antérieures et de celles à venir par le temps, séparé de ses contemporains aussi par l'espace qui s'étend entre eux. Mais n'est-ce pas là un constat d'une banalité terrible qui ne relève pas spécifiquement de la littérature ?

Afin de comprendre la portée littéraire de telles propositions, il faut se souvenir qu'elles avaient une résonance particulière pour Joyce et pour quiconque ambitionnait de s'engager dans un processus d'écriture au début du XXe siècle, car l'urgence dans laquelle l'auteur se trouvait alors placé d'esquisser une littérature à venir, inédite et originale, était grande. Le nouveau devait à tout prix advenir, mais comment le produire *ex nihilo* ? L'auteur n'était-il pas infiniment redevable aux œuvres des siècles passés, qu'il s'y oppose ou les juge encore fécondes ? Comment alors réaliser le projet moderne compte tenu de cet attachement fondamental à la tradition ? Qui plus est, la dette de reconnaissance qu'il devait inévitablement honorer le plongeait dans l'incertitude, car la teneur exacte de la mémoire qu'il transmettait échappait largement à son contrôle. Dans cette distance temporelle qui autorisait la reprise, le déplacement et la réécriture, il s'exposait au malentendu et à la trahison puisque les textes qui lui parvenaient et dont il se saisissait n'étaient que l'ombre d'une trace : il ne pourrait jamais s'assurer que l'usage qu'il en faisait était en conformité avec un quelconque esprit original qui aurait hypothétiquement présidé à leur écriture.

Le temps, celui des générations et des successions compliquées par la mésentente et les différends, est donc un autre facteur dérangeant qui contrevient à la mise au clair des positions des personnages du roman (positions politiques, affectives, familiales). Ce fauteur de trouble refuse de se prêter à la mise en ordre des bonnes et des mauvaises influences, des tributs et des dettes contractées auprès des auteurs et autrices d'avant ou d'après, quelle que soit l'ampleur ou la dignité de leurs textes. Les structuralistes ont été accusés par Ricœur ou Todorov d'avoir voulu mettre

1. James Joyce, *Portrait de l'artiste en jeune homme*, édition de Jacques Aubert, Gallimard, « Folio », 1992, p. 343-344.

le récit littéraire à plat pour mieux exposer le système d'articulations et de renvois qui rapporte les parties du texte les unes aux autres, à rebours de la chronologie et en dépit de la progression du récit. Mais *Ulysse* n'a pas besoin de cette intervention savante. De son propre chef, il désajuste les chronologies en mettant sur un même plan projet, souvenir et perception présente, en procédant à l'intrication de ces dimensions qui ne se débrouillent jamais.

Enfin, au nombre des grands principes qui pourraient et voudraient dominer *Ulysse*, mais qui sont mis à mal par son indétermination textuelle, il y a la primauté accordée à la lettre, le pouvoir de l'inscription et la fascination qu'elle exerce. En cet endroit encore se joue le rapport à l'intertexte : la mise à distance des modèles passés, nous l'avons dit, semble impliquer leur recyclage ou leur renouvellement. On compose toujours avec des lieux communs et des platitudes, tels sont les matériaux d'emprunt qui font le corps du texte. Mais selon quelles modalités récupérer cette matière première et comment la présenter ?

Joyce n'aborde pas la question de ses références littéraires avec la révérence requise de la part de quiconque voudrait procéder à l'édification d'un panthéon ou préparer sa propre célébration monumentale, comme si les mots avaient vocation à rester gravés dans la pierre ou le marbre. À l'école où il est venu dispenser un cours d'Histoire, Stephen Dedalus se penche au-dessus d'un élève occupé à résoudre des équations, scribe studieux et sans génie qui recopie des lignes. Par-dessus son épaule, il observe la page du cahier d'exercices. Là, les caractères cheminent, déambulent, et c'est cela qui tient lieu de mouvement dramatique, cette procession toujours un rien comique.

> *À travers la page les symboles déroulaient leur moresque solennelle, leurs momeries de petites lettres, coiffées de carrés et de cubes en guise de casquettes cocasses. Donnez-vous la main, pivotez, saluez votre partenaire : comme ça : farfadets fils de l'imagination des Maures.* [2]

Si nous avons souligné la généralité de notre propos liminaire, c'est que le texte de Joyce ne se laisse pas aborder par ce biais-là. Il se présente au contraire comme expérience ou modalité d'expérience. Cependant, cela ne signifie en rien qu'il s'oppose à l'esprit comme siège des abstractions. C'est même tout le contraire. Et pour nous en convaincre, il suffit de suivre la déambulation des personnages en restant au plus près de ceux-ci. Prenons

2. James Joyce, *Ulysse*, édition publiée sous la direction de Jacques Aubert, Gallimard, « Folio classique », 2013, p. 82.

par exemple le passage où Bloom se rend au cimetière de Prospect, à Glasnevin, haut lieu d'histoire et de mémoire, d'attachements et de sentiments.

L'une des façons les plus simples d'aborder ce chapitre (« Hadès ») est en effet de le lire comme un compte rendu des impressions de Leopold Bloom alors qu'il assiste aux funérailles de Paddy Dignam — c'est-à-dire de l'envisager comme un récit très spécifiquement personnel. Sur le chemin du cimetière, Bloom a été reconduit par association d'idées aux souvenirs douloureusement intimes du suicide de son père et de la mort accidentelle de son fils, et un nombre considérable de ses ruminations plus générales, alors qu'il suit la procession, sont parasitées par ces réminiscences privées qu'il refoule. D'où sa réaction ambiguë à la cérémonie religieuse qui se tient là.

Bloom est, selon sa propre évaluation, un homme pratique et matérialiste qui rejette la notion d'une survie de l'âme. Sa préférence pour les sciences naturelles et physiques l'amène à réfléchir sur le processus de décomposition que subit fatalement un cadavre, une fois enterré. Fortement hostile à l'hypothèse d'un retour des morts dans l'esprit ou dans la chair, il réduit la possibilité d'une vie après la mort à sa base biologique, comme s'il voulait se convaincre de la finitude et de la clôture de la vie humaine (« Bien sûr les cellules ou je ne sais trop quoi continuent à vivre. Se transforment. On vit à jamais en somme. [3] »)

> *M. Kernan récita avec solennité :*
> — Je suis la résurrection et la vie. *Voilà qui touche un homme jusqu'au fond du cœur.*
> *— En effet dit M. Bloom.*
> *Votre cœur peut-être mais qu'importe au pauvre bougre dans son costume sans manches à fumer les pissenlits par la racine ? Il n'y a là rien qui puisse être touché. Siège des affections. Cœur brisé. Rien qu'une pompe, pompant des milliers de litres de sang par jour. Un beau jour elle se bouche et voilà. Il y en a des tas qui gisent partout ici : poumons, cœurs, foies. Vieilles pompes rouillées : rien d'autre, ni plus ni moins. La résurrection et la vie. Une fois que vous êtes mort vous êtes mort. Cette idée du jugement dernier.* [4]

« *No second wind* », conclut le personnage, « pas de second souffle ». Pourtant Bloom se sent malgré tout tenu d'expliquer l'hypothétique persistance d'un « souffle » comme simple émanation gazeuse.

3. *Ibid.*, p. 206.
4. *Ibid.*, p. 202.

> *Semble plein de mauvais gaz. Doit y avoir un sacré stock de mauvais gaz dans les parages. Les bouchers par exemple : deviennent comme leurs biftecks. Qui donc me le racontait ? Mervyn Brown. Dans la crypte de saint Werburgh très belles orgues vieilles de cent cinquante ans il faut parfois percer un trou dans les cercueils pour laisser s'échapper les mauvais gaz et les brûler. Ça fuse : bleu. Tu en sniffes un coup, t'es rétamé.*[5]

Le protagoniste s'efforce de se convaincre que la constitution (et la dissolution) des personnages célèbres de Dublin est un phénomène strictement biologique. Mais croire, c'est vouloir croire, une affaire d'auto-persuasion et d'exorcisme qui aboutit invariablement à des formules tautologiques telles qu'« une fois que vous êtes mort, vous êtes mort » qui ne font que déplacer grammaticalement le problème. Et si Bloom réaffirme sans ambages l'impossibilité de toute chose au-delà de la mort, c'est semble-t-il surtout pour apaiser ses propres craintes.

> *Les fossoyeurs s'emparèrent de leurs pelles et firent voler de grosses mottes de terre sur le cercueil* [de Paddy Dignam]. *M. Bloom détourna la tête. Et s'il était en vie tout ce temps-là ? Brrr ! Nom de nom, ce serait abominable ! Non, non ! il est mort, bien sûr. Bien sûr qu'il est mort. C'est lundi qu'il est mort. On devrait faire une loi obligeant à percer le cœur pour être tout à fait sûr ou bien à placer une sonnerie électrique ou un téléphone dans le cercueil et une espèce de conduit d'aération aussi. Signal de détresse. Trois jours. C'est un peu long pour les conserver en été. Autant s'en débarrasser dès qu'on est sûr qu'il n'y a plus.*[6]

Partant de l'idée que, dans le doute, il ne faut pas précipiter indûment vers leur dernière demeure ceux qui affichent les signes cliniques de la mort, mais plutôt laisser s'écouler un certain temps afin de s'assurer qu'ils sont bien décédés, Bloom conclut paradoxalement que garder un corps pendant trois jours, c'est trop : « Autant s'en débarrasser dès qu'on est sûr qu'il n'y a plus ». On peut légitimement penser que le mot manquant ici est « espoir » et son omission est de mauvais augure.

Une grande partie de la déambulation dans le cimetière s'apparente à un parcours de reconnaissance visant à s'assurer que les morts sont bien sur la carte et qu'ils ne bougent pas. Or le temps désajuste toutes les certitudes à ce sujet. Les choses et les êtres défunts, parce que soustraits au présent, ne tiennent pas en place. L'ignorer serait prendre le risque de paralyser la

5. *Ibid.*, p. 199.
6. *Ibid.*, p. 210.

dynamique temporelle d'*Ulysse* et d'occulter son commerce avec les textes passés et futurs comme manifestations de la mémoire et de l'espoir. Dans le roman de Joyce, la mesure et l'espacement sont significatifs en vertu du temps qui seul les rend possibles.

Pour rejoindre Prospect, Bloom est monté dans une voiture avec plusieurs de ses concitoyens venus, comme lui, assister à l'enterrement. Le décor qui défile alors devant la fenêtre ponctue et temporise l'action dramatique principale, comme si le panorama derrière la vitre avait acquis le statut d'une ligne discursive parallèle et que le dialogue à l'intérieur du fiacre s'était ajusté à la cadence de ces apparitions : « Ils passèrent sous la statue du Libérateur chaude-memmitouflé », « Le rire contenu de M. Power fusa dans la voiture. Colonne Nelson. »

S'il serait fastidieux de citer tous les emplois du verbe « passer » (« *to pass* ») dans « Hadès », on ne peut que constater la fréquence de son apparition. Toutes les occurrences rencontrées au début du texte répondent à un usage réaliste et fonctionnel. Pourtant, une fois le récit lancé, le verbe se fait rare dans les phrases descriptives, ne laissant que les noms de lieu en guise de repères (« École publique. Le chantier de Meade. La station de fiacres.[7] ») Dès lors, ayant été récupéré pour d'autres usages allégoriques, « passer » est appliqué dans des contextes impliquant une disjonction temporelle où il suggère une occasion manquée, un abandon au passé ou une perte irrémédiable.

En approchant de Glasnevin, les personnes en deuil croisent d'autres statues sur leur chemin, et cette fois-ci, elles sont étroitement associées aux ombres des enfers, qui se rassemblent autour d'Ulysse dans l'*Odyssée* d'Homère.

> *En foule sur la bande de terrain, des formes silencieuses, blanches, tourmentées, dressant des mains languides, agenouillées dans la peine, pointant un doigt. Des fragments de formes, mal dégrossies. Dans leur silence immaculé : implorantes. Le premier choix. Thos. H. Dennany, entrepreneur funéraire et sculpteur. On le dépassa.*[8]

Le verbe « *passed* », en diverses occurrences, pourrait aussi bien se traduire par « décédé » ou « disparu ». Mais la notion que l'on peut se trouver dépassé par les événements et donc laissé à la traîne parce qu'on est devenu inadapté à l'esprit des temps est tout aussi prégnante. Par

7. *Ibid.*, p. 180.
8. *Ibid.*, p. 192-193.

ailleurs, les considérations temporelles que nous venons d'évoquer ne sont pas étrangères au sujet de la statuaire, de ces effigies de pierre qui immortalisent les défunts. Les statues sont des représentations figées du deuil, symptômes d'une paralysie générale devant l'énigme insoluble de la mortalité. L'érection d'un monument fixe le mort dans le temps et dans l'espace, de sorte que ce faux-semblant fonctionne comme un avatar du défunt ou de l'idéal qu'il a fini par « incarner » dans une conscience collective, qu'elle soit patriotique, religieuse ou humaniste. Bien sûr, « incarner » n'est pas le bon terme : la question de savoir comment un mort peut incarner quoi que ce soit reste entière puisque l'idéal était lui-même un substitut de la personne désormais disparue.

> *Les hautes grilles du cimetière de Prospect se déplacèrent en un long frisson devant leurs yeux* [rippled past their gaze]. *Des peupliers noirs, des formes blanches, espacées. Puis des formes plus serrées, des ombres blanches qui se multiplient entre les arbres, une houle de formes blanches et de ruines muettes, dressant dans l'air leurs gestes vains.* [9]

Tout ce qui se trame dans le texte relève d'un rapport contrarié à ce qui n'est pas directement présent dans la scène, à ce qui est tenu au secret. La tension qui sourd sous les conversations anodines et les remarques déplacées manifeste la pression insistante de toute l'humanité qui demande accès au récit.

Cette dernière constatation nous renvoie au compte de ces éléments « remarquables » par leur instabilité que nous avons énumérés un peu platement dans notre propos introductif. Il y avait d'abord tout ce qui était traditionnellement censé rester hors champ — ce qui a été dégradé, corrompu, toutes choses dont les desseins semblent contraires à la bonne marche du monde ou de la cité. Puis il y avait la carte, entendue comme le support nécessaire à la mise en place des lieux communs. Mais dès lors, ceux-ci n'en finissent plus de dériver et d'échapper au bon sens. Dans les discours des personnages, ils se perdent, se dévoient et finissent même par se retourner contre eux-mêmes et signifier l'inverse de ce qu'ils voulaient ostensiblement signifier. C'est par là qu'ils ont partie liée avec la question de la lettre et de la condition du langage — avec leur propre indétermination, en somme, quand le verbe prétend justement fixer le sens et sérier les problèmes. Enfin, vient une forme de perception temporelle qui exige la prise en compte et la reconsidération des existences et des événements passés.

9. *Ibid.*, p. 194.

Mais tout ceci ne se conjoint qu'au hasard des errances ou des courses routinières qui font l'intrigue d'*Ulysse*. Si Joyce honore Dublin de quelque manière, c'est dans la convivialité des rencontres fortuites entre ses habitants. Il s'ancre dans la vie de tous les jours, dans les impressions olfactives et les sensations épidermiques pour conférer une qualité et une densité haptique au texte, et magnifier les détails secondaires de nos vies ordinaires, vies minuscules, sans doute, mais qui se connectent et se branchent sur tout ce qui vibre, tremble, frémit, articule : un bruit ou quelques bribes d'un air populaire qui retentissent dans la rue sont vécus à fleur de peau. Cette immersion sensorielle n'exclut pas un certain détachement puisque l'esprit divague, flux incessant de songes et d'idées qui s'enchaînent, font volte-face, se retournent pour se contredire : élucubrations et projets insensés, divagations et rêveries.

Philippe BIRGY

L'ENFANCE DE L'ART
Rudy Bloom et Patsy Dignam

aux jeudis éternels

Rudy, le fils de Leopold Bloom, vient clore la fantasmagorie de l'épisode « Circé ». L'apparition de cette figure silencieuse donne lieu à une des images les plus belles d'*Ulysse*, une des plus difficiles à interpréter également. En elle se croisent nombre de motifs et l'on peine à arrêter le sens de cette vignette. Est-ce nécessaire ? Rien de moins sûr. Sans doute vaut-il mieux ne pas figer ce moment d'étrange féerie. Je propose de me laisser porter par cette image pour suivre quelques-unes des pistes qui s'en dégagent.

L'indéchiffrable domaine mystérieux

Il est presque une heure du matin. C'est bientôt le moment du retour, du *nostos* odysséen. Bloom prend sous son aile Stephen Dedalus qui s'est méchamment fait rosser par un soldat anglais. L'arrogant jeune homme est sonné ; il nous apparaît comme une « forme prostrée [1] » (936). Il est confus. Il murmure la chanson de W. B. Yeats qu'il chantait à sa mère, dont il porte le deuil.

Bloom essuie doucement les copeaux des vêtements de Stephen. Comme il sera dit à l'épisode suivant, quelques pages plus loin, Bloom

1. Littéralement, « the prostrate form » (564), dans la traduction de 2004 : « corps étendu » ; « l'évanoui » dans la traduction de 1929 (James Joyce, *Œuvres* II, Jacques Aubert éd., Paris, Gallimard, « Bibliothèque de la Pléiade »,1995, p. 655). Sauf mention contraire, je m'appuie sur la traduction de 2004 telle que reprise chez Gallimard en 2013 dans la collection « Folio classique ». Pour ce qui est du texte anglais de *Ulysses*, j'emploie la version de 1922 (rééditée par Jeri Johnson, Oxford University Press). Je me borne à signaler les numéros de page entre parenthèses pour chacune de ces éditions.

agit à la manière du bon Samaritain. On entend aboyer un chien au loin [2]. Bloom manipule la canne de Stephen et contemple ce dernier : « Il baisse les yeux sur le visage et le corps de Stephen [3] » (936), et c'est dans une sorte de fondu enchaîné que nous apparaît Rudy Bloom :

BLOOM

> *(Communie avec la nuit.)* Visage me rappelle celui de sa pauvre mère [la mère de Stephen]. Dans l'ombre sylvestre. Le profond sein blanc. Ferguson, je crois que j'ai entendu. Une fille. Quelque jeune fille. Ce qui pourrait lui arriver de mieux… *(Il murmure.)*… jure de toujours reconnaître, de toujours garder, de ne jamais révéler, aucune part ou parts, aucun art ou arts… *(Il murmure.)*… dans les sables rêches de la mer… à une encablure de la rive… où la marée reflue… et afflue…
>
> *(Silencieux, pensif, alerte, il assure la garde, les doigts sur les lèvres dans l'attitude du maître secret. Devant le mur sombre apparaît lentement une silhouette, un garçon féerique de onze ans, enfantéchangé, kidnappé, en complet d'Eton, avec des chaussures de verre et un petit heaume en bronze, tenant un livre à la main. Il lit de droite à gauche, de manière inaudible, souriant, baisant la page.)*

BLOOM

> *(Frappé d'émerveillement, appelle de manière inaudible.)* Rudy !

RUDY

> *(Croise sans le voir le regard de Bloom et continue à lire, à baiser, à sourire. Il a un visage délicat et mauve. Sur son complet il a des boutons de diamant et de rubis. Dans sa main gauche libre il tient une mince canne d'ivoire avec un nœud de ruban violet. Un petit agneau blanc dépasse de la poche de son gilet.)*

(*Ulysse*, 936-937)

---

2. Peut-être que ce chien renvoie au moment de la conception de Rudy, alors que les Bloom vivaient encore à Raymond Terrace (voir « Hadès », 176) ; ou encore à Paddy Dignam, personnage dont il sera question ici assez largement, qui se transforme en chien dans « Circé » (754-757). On peut tout aussi bien penser au « *dogsbody* » (6) à quoi Stephen est assimilé au premier épisode. Mais sans doute que cet aboiement au loin dans la nuit de Circé est tout cela à la fois. Comme on va le voir, les éléments symboliques dans *Ulysse*, nombreux et souvent contradictoires, exigent la prudence de leur interprète.

3. Là encore, il est plutôt question d'une forme que d'un corps dans l'original : « He looks down on Stephen's face and form » (564).

Richard Ellmann perçoit en la petite canne d'ivoire que tient Rudy une analogie avec la canne de Stephen [4]. Il est en effet tentant de voir Rudy comme une sorte de miniature de Stephen. Tout se passe comme si Bloom, par association d'idées ou de sensations, faisait surgir l'image d'un Rudy idéal, d'un Rudy vivant, d'un Rudy féerique du fait même de la présence de Stephen. C'est là un des effets de ce qui peut être considéré comme le nœud thématique central d'*Ulysse*, celui, complexe et indénouable, de la paternité-maternité-filiation.

« Visage me rappelle celui de sa pauvre mère », songe Bloom en contemplant Stephen. Le visage, pour Bloom, est souvent celui des morts. Dans « Hadès », il imagine celui de Paddy Dignam : « Son visage rubicond : gris maintenant. Bouche qui retombe ouverte. Demandant ce qui lui arrive » (191). Dans « Ithaque » il est question, de manière emblématique, du visage du père de Bloom, Rudolf Virag : « le visage dans la mort d'un septuagénaire » (1109). Sa manière en revanche d'*envisager* Stephen, le fils symbolique (intertexte homérique oblige), permet à Bloom de ressusciter Rudy l'espace d'un instant, de convoquer l'image idéalisée autant que fantasmagorique de son fils, mort à l'âge de onze jours [5]. On verra plus loin l'importance du nombre onze dans *Ulysse*.

« Jure de toujours reconnaître, de toujours garder, de ne jamais révéler, aucune part ou parts, aucun art ou arts… » — le passage emprunte au rite maçonnique, mais cela n'est au fond pas décisif pour ce qui est d'interpréter l'apparition de Rudy [6]. L'enfant porte un casque de bronze (« *bronze helmet* [7] ») que l'on assimile traditionnellement à Hermès. Rudy est incontestablement une des figures du lecteur sinon du déchiffreur dans le roman de Joyce ; la symbolique riche et complexe de cette apparition silencieuse fait de ce passage une allégorie, sans doute indéchiffrable, de la lecture — celle de Joyce, et d'*Ulysse* en particulier.

---

4. Richard Ellmann, *Ulysses on the Liffey*, Londres, Faber and Faber, 1972, p. 149. Erwin R. Steinberg fait le point sur l'apparition de Rudy dans « Reading the Vision of Rudy Reading », *James Joyce Quarterly*, vol. 36, n° 4, 1999, p. 954-962.
5. Voir la fin d'« Ithaque » : « … la naissance le 29 décembre 1893 d'un second (et unique, masculin) descendant, décédé le 9 janvier 1894, âgé de 11 jours… » (1127).
6. Comme l'a remarqué Ulrich Schneider, il ne s'agit pas de prendre le symbolisme maçonnique trop au sérieux dans *Ulysse* (cf. son article : « Freemasonic Signs and Passwords in the Circe Episode », *James Joyce Quarterly*, 5, IV, 1968, p. 303-311).
7. Dans la traduction de 2004, on traduit « helmet » par « heaume », ce qui rend plus difficile le renvoi au casque d'Hermès. Les traducteurs de 1929 avaient opté pour un « petit casque de bronze » à mon sens plus juste (*Œuvres* II, p. 656). Le heaume, en revanche, évoquerait plus directement Hamlet père, qui joue un rôle important dans *Ulysse*. On verra cependant que Rudy fait lointainement signe à Shakespeare…

Que lit Rudy ainsi de droite à gauche ? Vraisemblablement la Torah. On pense immanquablement au passage d'« Éole » dans les locaux du *Telegraph*, où il est question de la lecture de la Haggadah, que Bloom pratiquait avec son père, là aussi de droite à gauche. Bloom voit un compositeur typographe à l'œuvre. Le texte du journal littéralement se fabrique sous ses yeux, et il lit « mangiD kcirtaP » (228), le nom précisément d'un père, Patrick Dignam, là aussi à l'envers. De Rudolf Virag à Rudy Bloom, on assiste à une sorte de lignée herméneutique paternelle autant que filiale. Mais la lecture de droite à gauche pourrait aussi bien être le protocole de lecture qu'il convient d'appliquer à *Ulysse*. En effet, tout se passe comme si la machine romanesque joycienne était montée à l'envers ; elle fonctionne pour ainsi dire à rebrousse-sens. Un constant décodage différé [8] est à l'œuvre, et celui-ci opère selon le principe d'arrangement rétrospectif (« *retrospective arrangement* [9] ») dont il est si souvent question dans *Ulysse*.

Que faire des autres éléments qui participent de la mystérieuse apparition de Rudy ? Les chaussures de verre, le complet d'Eton, les boutons de diamant et de rubis, le ruban violet au bout de la canne d'ivoire, le petit agneau qui dépasse de la poche de son gilet ainsi que le silence de Rudy le rendent pour le moins difficile à déchiffrer. Je renonce à suivre la piste de tous ces motifs, me bornant à constater que le silence de Rudy fait un cruel répons avec la voix que Bloom aurait aimé entendre : « Si mon petit Rudy avait vécu. Le voir grandir. Entendre sa voix dans la maison. En train de marcher à côté de Molly dans son petit complet d'Eton. Moi dans ses yeux » (176). L'ultime didascalie de « Circé » vient complexifier cette énigme silencieuse : Rudy, métaphore indécidable de l'idéal lecteur d'*Ulysse*, regarde Bloom sans le voir (« *gazes unseeing into Bloom's eyes and goes on reading* » (565) [10]). Je risque à cela une interprétation simple sinon simpliste : si Rudy ne voit pas son père qui rêve exister « dans ses yeux », c'est que cet enfant appartient bel et bien à un autre règne, que je qualifierais de mystique. Rudy se tient de l'autre côté, celui où il convient de montrer plutôt que de dire. Je pense ici à la définition que donne

---

8. Pour reprendre la formule de Ian Watt, dans son *Conrad in the Nineteenth Century*, Londres, Chatto & Windus, 1980, p. 175-179.

9. L'expression apparaît à sept reprises dans le roman, tout d'abord dans la bouche de M. Power dans « Hadès » (179), mais elle est plutôt associée au personnage de Tom Kernan. On verra que le motif de la métempsycose travaille lui aussi le texte de Joyce dans le sens de la reprise et de la variation.

10. Dans la traduction de 2014 : « Croise sans le voir le regard de Bloom et continue à lire » (937). Voir l'ensemble de la scène au début de cet article.

Ludwig Wittgenstein du domaine mystique, à la fin du *Tractatus logico-philosophicus*, ouvrage paru la même année qu'*Ulysse* : « Il y a assurément de l'indicible. Il se montre, c'est le Mystique.[11] »

On peut aussi voir en Rudy une sorte d'entéléchie, concept aristotélicien cher à Stephen, employé par lui notamment au début de « Circé » : « De sorte que le geste, pas la musique pas l'odeur, serait une langue universelle, le don des langues rendant visible non pas le sens laïc mais la première entéléchie, le rythme structural » (700). L'entéléchie étant pour Aristote la « forme des formes » à laquelle Stephen pense notamment dans « Charybde et Scylla » : « Mais moi, entéléchie, forme des formes, suis moi par la mémoire car sous des formes sans cesse changeantes » (329). Ainsi, le vocable de « *form* » tel qu'il désigne, dans l'original (les deux traductions françaises éludent le terme), Stephen à la fin de « Circé » me semble trouver une résonance importante. Là où Stephen n'est plus qu'une « forme », quelque chose informe finalement (il n'est, de fait, guère en forme), Rudy n'est quant à lui plus qu'une « figure ». Et cet indiscernable a cours, faut-il le rappeler ? en pleine nuit, au terme de toutes les incroyables métamorphoses qui ont eu lieu dans l'antre de Circé. La vague « forme » qu'est alors Stephen est reprise et transformée en la figure entéléchique de Rudy, lecteur indéchiffrable qui signifierait alors la forme des formes.

C'est peut-être au *De vulgari eloquentia* de Dante qu'il faut recourir pour saisir la portée de ce moment silencieux, et, surtout, de l'émergence d'une figure située de l'autre côté, en dehors de la parole : « … les anges disposent, pour exprimer leurs sublimes pensées, d'une capacité intellectuelle rapide et ineffable, qui leur permet de se manifester aux autres, soit par le seul fait d'exister, soit au moyen de ce miroir resplendissant dans lequel tous se reflètent en pleine beauté et se contemplent avidement ; ils n'ont donc aucunement besoin d'un signe linguistique quelconque.[12] » L'entéléchique Rudy serait alors une sorte d'ange qui lit à l'envers : un miroir en qui les lecteurs d'*Ulysse* peuvent se mirer. Hypothèse charmante, mais peut-être pas tout à fait concluante.

Rudy ne reconnaît pas son père, mais Bloom-Ulysse, père symbolique pour Stephen-Télémaque, reconnaît le visage de la mère décédée sur les

11. Ludwig Wittgenstein, *Tractatus logico-philosophicus* (1922), trad. Gilles-Gaston Granger, Paris, Gallimard, coll. « Tel », 1993, p. 112. Le parallèle entre Joyce et Wittgenstein a déjà été établi, notamment par David A. White dans « The Labyrinth of Language: Joyce and Wittgenstein », *James Joyce Quarterly*, vol. 12, n° 3, 1975, p. 294-304.
12. *De l'éloquence en langue vulgaire*, trad. Roberto Barbone et Antonio Stäuble, *in* Dante, *Œuvres complètes*, Paris, Le Livre de poche, coll. « La Pochothèque », p. 388.

traits du jeune homme. Je prends le parti, là encore, de ne pas démêler l'écheveau symbolique, pourtant fort riche. Aucune grille d'interprétation, d'Aristote à Wittgenstein, en passant par Dante, ne permet de dégager de manière pleinement convaincante le sens de l'apparition de Rudy, ni celui du fondu enchaîné qui, d'un fils à l'autre, va de Stephen à Rudy. Il convient, précisément, de ne pas réduire ce passage à une seule signification. Laissons flotter le sens. Cela se déploie selon une sémiotique de l'ouverture, non de la clôture : comme souvent chez Joyce, il est un caractère capricieux sinon incontrôlable dans l'emploi des symboles et des images, qui s'offrent aussi bien à l'idiosyncrasie du lecteur. Ainsi, à mes yeux, le gilet de Rudy n'est pas sans évoquer celui que porte Augustin Meaulnes de retour du domaine mystérieux : « … un étrange gilet de soie, très ouvert, que fermait dans le bas un rang serré de petits boutons de nacre [13] ». De fait, tout comme dans *Le Grand Meaulnes*, de manière beaucoup plus explicite il est vrai, « Circé » relève d'un semblable domaine mystérieux, monde de pulsions en apparence désordonnées et incompréhensibles, de perversions sans doute, qu'Alain Buisine a su habilement révéler dans le roman d'Alain-Fournier [14].

Il me plaît aussi bien de voir en le visage de Rudy celui de la petite Rosalia Lombardo, dans les catacombes des Capucins, à Palerme. Ce dernier est lui aussi, à sa manière, une manifestation *de l'autre côté*. Si je répugne à épingler la signification de l'apparition de Rudy, c'est que, fragile et indécidable, elle permet au roman de Joyce de dialoguer avec lui-même, avec sa part de magie, de tendresse, de mysticisme ou de surnaturel, mais aussi avec son pendant réaliste. Car le réalisme joycien se réclame d'un arrière-monde féerique dont la scène finale de « Circé » est un des exemples les plus remarquables. Rudy ressortit à cet « autre côté » dont parle Marthe Robert dans *Roman des origines et origines du roman*. En d'autres termes, cet enfant « kidnappé » par les fées est aussi un « Enfant trouvé », pour reprendre la terminologie de Marthe Robert — je reviendrai plus avant sur ce point.

Rudy est un « garçon féerique de onze ans ». Il a été ravi par les fées. Un « *changeling* », écrit Joyce (565). Les changeons ou changelins, dans le folklore irlandais, sont ces elfes difformes (toujours ce problème de la « *form* » qui n'est peut-être que l'autre nom de l'informe…) laissés en

13. Alain-Fournier, *Le Grand Meaulnes* (1913), Paris, Le Livre de poche, 2009, p. 35.
14. Alain Buisine, *Les Mauvaises pensées du Grand Meaulnes*, Paris, P.U.F., coll. « Le texte rêve », 1992.

lieu et place de nouveau-nés par les fées [15]. Rudy a été enlevé (il est mort à l'âge de onze jours), et c'est dans « Hadès » que l'on trouve l'évocation la plus crue de son changeon, lorsque Bloom pense au cadavre de Rudy et à un « visage de nain mauve et ridé » (186) [16]. Dans l'économie romanesque d'*Ulysse*, cette forme rabougrie et abjecte fait incontestablement office de changelin pour ce Rudy féerique qui, lui, continuerait de vivre au pays des fées, *de l'autre côté*. « Délicat et mauve », le visage de Rudy à la fin de « Circé » (937) constitue la réponse féerique au visage violacé de l'enfant mort.

On l'a beaucoup dit, *Ulysse* est affaire de déplacement et de remplacement. Ainsi peut-on y trouver d'autres changelins pour l'enfant éternel Rudy, à commencer par Stephen qui, dans « Protée », se considère lui-même comme un pareil être de substitution : « ce moi, cet enfantéchangé au berceau » (109). Le fondu enchaîné de Stephen à Rudy à la fin de « Circé » confirme de manière décisive cette idée. Je vais cependant m'intéresser à un autre changelin de Rudy, qui apparaît assez fugitivement dans le roman de Joyce.

Pauvres papas

Patrick, dit « Patsy » Dignam, de son nom complet Patrick Aloysius Dignam, est un personnage il est vrai secondaire dans *Ulysse*. Remarquons cependant que Patsy partage son second prénom avec James Augustine Aloysius Joyce lui-même. Et il occupe dans sa fratrie, tout comme l'écrivain, la position de fils aîné. C'est d'ailleurs comme cela qu'il est évoqué dans « Hadès » (197), épisode consacré aux funérailles de Paddy Dignam, le père de Patsy. Les biographèmes concourent à faire de Patsy une sorte de Jim

15. Comme nous le rappellent Don Gifford et Robert J. Seidman, dans *Ulysses Annotated*, Berkeley, University of California Press, 1989, p. 529. Voir aussi : Jean-Michel Doulet, *Quand les démons enlevaient les enfants. Les changelins, étude d'une figure mythique*, Paris, Presses universitaires de la Sorbonne, coll. « Croyances & traditions », 2002. Une autre étude de référence sur le sujet est celle de Katharine Briggs : *An Encyclopedia of Fairies. Hobgoblins, Brownies, Bogies, and Other Supernatural Creatures*, New York, Pantheon Books, 1976.

16. L'épisode de la fausse couche de Nora durant l'été 1908 semble avoir marqué Joyce, comme nous l'apprend Ellmann : « Nora, à nouveau enceinte de trois mois, fit une fausse couche le 4 août. Elle en éprouva peu de chagrin, mais Joyce examina soigneusement le fœtus "dont je suis probablement le seul, dit-il à Stanislaus, à regretter l'existence tronquée". De là dans *Ulysse* la douleur de Bloom devant son fils qui meurt juste après sa naissance. » (*James Joyce*, traduit de l'anglais par André Cœuroy et Marie Tadié, tome 1, Paris, Gallimard, coll. « Tel », 1987, p. 323-324.)

Joyce, ce qui conférerait à cet enfant un statut particulier, à la manière d'un caméo au cinéma. Ce jeune garçon concentre en tout cas nombre de préoccupations thématiques fortes ; ce n'est pas trop dire que, autant que Rudy, il est au cœur des enjeux du roman de Joyce. Or, quelques brefs passages à peine lui sont consacrés.

On ne connaît pas l'âge exact de Patsy Dignam. J'aime néanmoins à penser qu'il a l'âge de Rudy, à savoir onze ans. À la fin d' « Ithaque », il est en tout cas précisé que Rudy est né le 29 décembre 1893, année où Joyce, tout comme Stephen, avait onze ans (l'âge qu'aurait Rudy en 1904). Appuyons un peu sur la symbolique des chiffres, et en particulier du onze chez Joyce (il jouera un rôle important dans *Finnegans Wake*). Nous n'avons pas besoin d'aller nous perdre bien loin dans la grande bibliothèque des études joyciennes, puisqu'il suffit d'ouvrir *Ulysses Annotated* de Gifford et Seidman. Qu'y découvre-t-on ? Les glossateurs de Joyce nous apprennent que le fils de Shakespeare, Hamnet, dont il est notamment question dans « Charybde et Scylla », est né un 2 février, jour de la naissance de Joyce, et qu'il mourut onze ans plus tard, le 11 août 1596, comme l'indique le registre des décès de Stratford-upon-Avon : « *August 11, Hamnet filius William Shakespeare* »[17]. Voilà de quoi resserrer encore un peu le nœud de la paternité-filiation.

C'est dans « Les Rochers errants » que Patsy apparaît de la manière la plus précise, où on lui accorde, même, quelques lignes touchantes de monologue intérieur : « Est-ce qu'ils remarquent que je suis en deuil ? Oncle Barney a dit qu'il le ferait passer dans le journal ce soir. Alors ils le verront tous dans le journal et liront mon nom imprimé et celui de papa » (420). *Esse est percipi*, en somme. Tout comme Stephen dans « Télémaque », Patsy s'interroge sur la manière dont on le perçoit. Endeuillé lui aussi, Stephen se questionne face à un miroir fêlé : « Tel que lui et les autres me voient. Qui m'a choisi ce visage ? Ce corniaud [*dogsbody*] qu'il faut épucer » (50). De même, Patsy se reflète dans la vitrine de Madame Doyle : « Dans les miroirs latéraux deux jeunes Dignam en deuil béaient silencieusement » (419). C'est un moment de reconnaissance : je me vois tel que les autres me voient, mon deuil est rendu visible : « C'est moi en deuil » (419). Pour Patsy, quelque chose se

17. D. Gifford et R. J. Seidman, *Ulysses Annotated*, op. cit., p. 205. On peut être plus précis en remarquant que Hamnet Shakespeare a en réalité été *baptisé* un 2 février (voir le registre de baptême : *Parish Register of Holy Trinity Church, Stratford-upon-Avon*, en ligne).

joue entre le fait de voir et celui de lire : « Alors ils le verront tous dans le journal et liront mon nom imprimé et celui de papa » (420). La mort doit être annoncée, signalée, confirmée par voie de presse pour être rendue officielle aux yeux du monde. Dans « Éole », on a vu, justement, des yeux de Bloom vu, le nom présenté à l'envers de Paddy Dignam, au moment même où on composait le compte rendu de ses obsèques, qui sera lu dans l'Abri du cocher, plus tard, dans « Eumée » (995-996). L'inéluctable modalité du lisible est ici indissociable du visible, et c'est en somme quelque chose qu'il faut mettre en regard avec Rudy, allégorie de la lecture, n'apercevant pas Bloom au moment pourtant où il le fixe à la fin de « Circé ».

Dans les locaux du *Telegraph*, Bloom a vu précisément au-dessus de l'épaule d'un compositeur typographe, sans doute plus qu'il ne l'a lu, s'écrire le nom de Paddy Dignam, à l'envers : « Lit d'abord à l'envers. Rapidement il le fait. De la pratique ça doit demander. mangiD. kcirtaP. Pauvre papa avec son livre de l'haggadah, lisant à l'envers avec le doigt pour moi » (227-228). *Pauvre papa*, également, pour Patsy : « Jamais plus le revoir. La mort, c'est ça. Papa est mort. Mon père est mort. Il m'a dit d'être un bon fils pour maman. J'ai pas pu entendre d'autres choses qu'il a dites mais j'ai vu sa langue et ses dents essayant de dire mieux. Pauvre papa. C'était M. Dignam, mon père. J'espère qu'il est au purgatoire maintenant parce qu'il est allé à confesse avec le père Conroy samedi soir » (421).

Les traductions françaises neutralisent toutes deux une distinction entre le père de Bloom et celui de Patsy. « *Poor papa* » est une expression propre à Bloom (elle apparaît neuf fois dans le texte). Patsy dit, quant à lui « *Poor pa* » (184). De « *pa* » à « *papa* », le registre n'est pas le même. Le « *papa* » de Bloom a une valeur affective sans doute différente, une nuance hypocoristique confirmée dans le yiddish « *papachi* » tel qu'il est employé dans « Circé » (707), épisode où Rudolf Virag devient même un « Granpapachi » (808). (Comparer également au « Papli chéri » à consonance hongroise [18] que Milly Bloom adresse à son père (138)). Dans l'original, le « *pa* » qu'emploie Patsy désignerait davantage le père en tant que « daron » ou comme « vieux ». Il est à comparer à ce « *da* » de Bloom lorsqu'il songe aux paroles du gamin au mégot au début des « Lotophages » : « *Waiting outside to bring da home. Come home to ma, da* » (68) [19]. Les différentes manières d'évoquer le père sont autant de

18. C'est ce que précise Jacques Aubert dans la note qu'il propose pour ce passage. Le hongrois faisant indubitablement signe à Rudolf Virag.
19. Dans la traduction de 2004 : « Planté devant les pubs pour ramener papa à la maison. Rentre chez nous retrouver manman, pa. » (146).

marqueurs affectifs qui donnent à lire des nuances qui, si elles sont délicates à rendre en traduction, jouent un rôle important dans *Ulysse*. On verra qu'elles ne sont pas sans lien avec l'art romanesque joycien, tout entier celui d'un fils, tour à tour Bâtard et Enfant trouvé.

Le moins que l'on puisse dire, c'est que Bloom et Patsy ne considèrent pas leur père de la même manière. Bloom éprouve une sorte de déférence pleine de tendresse pour son père, dévotion que ne partage pas Patsy, puisque son « *poor pa* » lui apparaît sous un jour plus lamentable. Patsy ne garde en vérité de son père que l'image terminale et définitive d'un poivrot apoplectique : « Son visage est devenu tout gris au lieu d'être rouge comme il était et il y avait une mouche qui se promenait dessus jusqu'à son œil » (420). Cela nous rend Patsy peut-être encore plus attachant. La manière dont il est caractérisé l'éloigne pourtant assez nettement de Rudy. En effet, l'attirail symbolique dont est paré Rudy à la fin de « Circé » est rendu bien dérisoire quand on le considère à l'aune d'un détail aussi atroce et finement réaliste que le spectacle d'une mouche évoluant sur le visage d'un mort, aperçue à travers les yeux d'un fils.

Dignam est décédé le lundi, 13 juin 1904, vraisemblablement du fait de l'alcool [20], et laisse derrière lui une veuve passablement soulographe, ainsi que quatre enfants, dont Patsy est l'aîné. La mère Dignam et sa marmaille apparaissent à l'occasion d'une autre vignette dans « Circé » :

> Mme Dignam, femme veuve, nezcamus et joues enfiévrées par le bavardage funèbre, les larmes et le sherry ambré de chez Tunney, passe précipitamment en vêtements de deuil, bonnet de travers, se carminant et se poudrant les joues, les lèvres et le nez, mère cygne houspillant sa couvée. Sous sa jupe apparaît le pantalon de tous les jours de feu son mari et ses souliers à bouts relevés, quarante-trois fillette. Elle tient à la main une police d'assurance de Scottish Widow et un immense parapluitente sous lequel sa couvée l'accompagne, Patsy à cloche-pied sur un seul pied chaussé, col défait, balançant un chapelet de grillades de porc, Freddy pleurnichant, Susy avec une bouche de morue en pleurs, Alice, se débattant avec le bébé. Elle les frappe pour qu'ils avancent, tous ses drapeaux déployés haut. (882)

20. On peut assimiler Paddy Dignam à Elpénor (personnage cité dans le schéma Linati, tel que reproduit dans l'édition « Folio classique » d'*Ulysse*, à la page 1222), mort d'avoir trop bu de vin, comme il est dit dans l'*Odyssée* (XI, 46-99). Chez Homère, Elpénor supplie Ulysse de lui accorder des honneurs funèbres, c'est exactement ce qui se passe dans « Circé », lorsque Dignam parle à Bloom : « Priez pour le repos de mon âme » (757).

Dans « Nausicaa », aux alentours de vingt heures, Bloom, dans sa rêverie onaniste, se souvient de Mme Dignam et de Mme Breen (une amie de Molly pour qui Bloom avait eu un faible naguère) : « Et Mme Breen et Mme Dignam en leur temps ont été comme ça, jeunes filles à marier » (607). Deux épisodes plus tard, au bordel, Mme Breen — son apparition hallucinée — part frénétiquement d'un « Oui, oui, oui, oui, oui, oui, oui » pour le moins passionné (723), annonciateur à sa manière du grand acquiescement de Molly. On apprend également dans « Circé » que l'affaire fantasmatique entre les Breen et les Bloom relève, pour Bloom tout du moins, d'un « plan carré » (716) qui n'est pas sans rejouer la géométrie du désir dans *Ulysse* [21].

Mais *quid* de Mme Dignam ? Imaginons un peu. Si Bloom avait épousé Mme Dignam, serait-il devenu le père d'un Patsy ? d'un Rudy ? d'un petit James Aloysius Bloom ? Ce questionnement ne nous mène, semble-t-il, nulle part, ou alors dans une sorte de roman hypothétique de peu d'intérêt, aux marges de la « constellation entière des événements » (994) qui fait ce 16 juin 1904. Tant il est vrai qu'avec des si, on pourrait mettre *Ulysse* en bouteille.

Je vais un peu vite. Reprenons.

Nous sommes à Dublin, le jeudi, 16 juin 1904, au matin. Bloom croise Patsy Dignam lors des obsèques de son père. Le fils Dignam n'est alors pas nommé, il nous apparaît, porteur d'une couronne mortuaire, en des termes touchants et pathétiques : « Le petit garçon au bord de la tombe et tenant la couronne à deux mains fixait tranquillement le grand trou sombre » (209). Bloom ne peut qu'éprouver de la compassion pour Patsy. Il songe d'ailleurs à son propre père au moment où le cercueil de Dignam descend en terre : « Au loin un âne se mit à braire. La pluie. Pas si âne que ça. On ne peut jamais en voir un de mort dit-on. Honte de la mort. Ils se cachent. Mon pauvre papa aussi s'en est allé à l'écart » (209). Pauvre papa. *Ulysse*, on le voit bien ici, est un grand livre sur le deuil, resserrant constamment le nœud paternité-filiation.

BÂTARD ET ENFANT TROUVÉ

Nous avons vu que Rudy l'enfant féerique n'accède pas à la parole dans *Ulysse*, ou peut-être que cette créature angélique dédaigne de le

21. Il n'y a pas chez Joyce que le triangle à la française dont il est question dans l'épisode de la bibliothèque, la pièce *Les Exilés* en témoigne au reste assez bien.

faire. En cela que cet *infans* est une figure qui montre davantage qu'elle ne dit. Contrairement à Patsy, dont on nous livre le langage ou plutôt les pensées dans « Les Rochers errants ».

Le pauvre Patsy est l'antithèse réaliste du silencieux Rudy en complet d'Eton dont rêve Bloom. Patsy fait penser à ce jeune apprenti au début des « Lotophages », qui « traînasse », avec au bec un « mégot mâchouillé ». Bloom éprouve alors pour ce dernier une sorte de pitié paternelle : « Dis-lui que s'il fume il ne grandira pas. Oh fous-lui la paix ! Sa vie n'est pas vraiment un lit de roses. Planté devant les pubs pour ramener papa à la maison » (146). Encore une fois, il est question du père de cet enfant. Père poivrot de surcroît, ce qui le rapproche de Dignam (et de celui de Joyce *himself*) tel qu'il nous apparaît dans « Les Rochers errants » : « Le dernier soir que papa a pris une cuite il était planté sur le palier braillant qu'on lui apporte ses souliers pour aller sortir chez Tunney pour se cuiter plus » (421). Inextinguible soiffard, Paddy Dignam réclamant ses souliers pour aller au pub est une sorte de parodie drolatique d'un passage célèbre du *Richard II* de Shakespeare, lorsque le duc d'York exige qu'on lui apporte ses bottes pour qu'il se rende chez le roi [22], mais on verra que les souliers chez les Dignam participent d'un réseau symbolique à la fois plus vaste et plus spécifique, propre à *Ulysse*.

Patsy a bel et bien du signifiant « Bloom » en lui. L'intensifieur « *blooming* » lui est associé, appliqué notamment à sa tenue d'enfant endeuillé : « *The blooming stud was too small for the buttonhole of the shirt, blooming end to it* » (241) [23]. Là encore, c'est un travail de contrepoint qui opère : les vêtements de deuil que porte Patsy lui sont incommodes, ils n'ont pas le caractère idéal d'un petit complet d'Eton orné de boutons de diamant et de rubis. Le parler rude et franc de Patsy s'oppose au silence mystique de Rudy, mais Patsy reste curieusement bloomique ou bloomisant. Ces enfants semblables et très différents sont en somme presque des demi-frères dans la fiction de Joyce.

Je suggérai une analogie entre Rudy et l'Enfant trouvé, tel que nous en parle Marthe Robert dans *Roman des origines et origines du roman*. Patsy, au contraire, relèverait alors du Bâtard œdipien. Tâchons de voir ce qu'il en est.

---

22. « *Bring me my boots, I will unto the King* » (*Richard II*, acte V, scène 2).
23. « Ce diable de bouton de col était trop petit pour la boutonnière de la chemise, qu'il aille au diable » (420). « Blooming » apparaît par ailleurs deux fois à la page 240, et trois fois à la page 241 — le terme est indissociable de Patsy, et a presque la valeur d'un « bloody ».

Fruit de la rêverie de Bloom, Rudy appartient à *l'autre côté*, au domaine mystérieux sinon fantastique. Patsy, quant à lui, est un enfant dont la vie difficile n'est certes pas un lit de roses, englué qu'il est dans la réalité mesquine de la « chère et sale Dublin » (259). Figures antithétiques : Rudy propose une échappée dans l'imaginaire — cette figure silencieuse est en définitive un point de fuite à la fin de la grande et braillarde hallucination circéenne — tandis que Patsy est un personnage ancré dans un quotidien terne et sans appel, celui que l'on trouvait déjà dans *Gens de Dublin*. Patsy, de même que l'apprenti du début de l'épisode des Lotophages, ou telle autre fillette misérable avec ses « marques d'eczéma au front » (146), fait partie de la famille de ces enfants qui, chez Joyce, sont plus ou moins livrés à eux-mêmes, suite aux impérities de leur aînés, où tout simplement égarés dans un monde que Joyce a pris le parti de décrire avec la « scrupuleuse dureté [24] » qu'on lui connaît.

Marthe Robert s'appuie sur le *Familienroman der Neurotiker* tel qu'établi par Freud dans un article paru en 1909 [25] ; elle en tire les notions de Bâtard et d'Enfant trouvé. Cela se joue autour du roman que l'enfant s'invente au moment où, s'interrogeant sur ses origines, il s'imagine que ses parents ne l'aiment pas suffisamment, ou pas assez bien. Il se met à douter, écrit Freud, « du caractère incomparable et unique qu'il leur avait attribué [26] ». Et de fantasmer que ses parents ne sont pas ses vrais parents. Il s'en invente alors de nouveaux, à ses yeux plus valorisants, élaborant « un fantasme où les deux parents se trouvent remplacés par d'autres, plus distingués [27] ». Tantôt l'enfant se rêve de haute lignée princière ou féerique, tantôt il estime avoir été littéralement abandonné par ses vrais parents. Créant cette fable, il s'agit alors pour lui, précise Marthe Robert, de « surmonter la première déception où son idylle familiale risque de sombrer [28] ». Il est deux manières de fabuler ou d'aborder cette crise, en adoptant la posture de l'Enfant trouvé, ou alors celle du Bâtard œdipien. L'Enfant trouvé se maintient au stade pré-œdipien tandis que le Bâtard, lui, « est bien plus avancé, il sait qui il aime et qui il hait, il sait même le

24. Joyce écrit « scrupulous meanness » (lettre de Joyce à Grant Richards, 5 mai 1906), que l'on peut aussi traduire par « scrupuleuse platitude ».
25. « Le roman familial du névrosé » (1909), repris dans : Sigmund Freud, *Névrose, psychose et perversion*, traduit par Daniel Guérineau, sous la direction de Jean Laplanche, Paris, P.U.F., 1973, p. 157-160.
26. *Ibid.*, p. 157.
27. *Ibid.*, p. 159.
28. Marthe Robert, *Roman des origines et origines du roman* (1972), Paris, Gallimard, coll. « Tel », 1977, p. 44.

pourquoi de sa préférence [29] ». Des notions de Bâtard et d'Enfant trouvé se dégage pour Marthe Robert une typologie binaire ou plutôt duale du roman : « à strictement parler il n'y a que deux façons de faire un roman : celle du Bâtard réaliste, qui seconde le monde tout en l'attaquant de front ; et celle de l'Enfant trouvé qui, faute de connaissance et de moyens d'action, esquive le combat par la fuite et la bouderie [30] ». Patsy et Rudy incarnent dans *Ulysse* ces deux tendances : en deuil de son « daron », Patsy relève du réalisme, là où Rudy, l'enfant féerique, appartient incontestablement au domaine surnaturel de l'Enfant trouvé. Le roman de Joyce comprend ces deux aspects, qu'il ne manque pas de dialectiser : Patsy étant le changelin de Rudy, l'elfe grossier aux vêtements qui ne lui vont pas (ils lui sont « *blooming* »), au langage un peu rude, laissé dans le monde des humains (le réel) par les fées en lieu et place de l'enfant que celles-ci ont ravi (le symbolique peut-être autant que l'imaginaire) [31]. Rudy et Patsy, pour inconciliables qu'ils soient, se complètent, ou plutôt sont intimement en relation comme les deux faces d'une seule et même monnaie, celle du roman de Joyce. Marthe Robert ne dit pas autre chose lorsqu'elle considère la modernité romanesque :

> … les grands auteurs d'avant-garde tendent à laisser l'Enfant trouvé *défaire* la trame du récit pour dire sa révolte dans une forme savamment désorganisée, et mettre du même coup en cause les façons de dire et de penser qui ne sont plus que les stéréotypes d'un héritage culturel usé. Chez Joyce et chez Proust déjà, le Bâtard perd une grande part de sa prépondérance, il doit se contenter d'être le fournisseur d'un matériau brut que l'Enfant trouvé traite à son gré, jusqu'à le rendre méconnaissable ou à le dissoudre entièrement dans la matière même du langage. [32]

Mais on va voir que Patsy, bien que pris dans les données immédiates de la réalité dublinoise, est lui-même transfiguré par l'imagination joycienne qui, pour le coup, relève presque exclusivement de celle de l'Enfant trouvé, au point que ce garçon va se transformer en un singulier « patsypunjaub » au bordel de Circé.

---

29. *Ibid.*, p. 54-55.
30. *Ibid.*, p. 74.
31. Jacques Lacan a étudié dans le détail le nouage du réel, du symbolique et de l'imaginaire chez Joyce dans son séminaire *Le Sinthome*. Je n'évoque ici ces trois registres qu'à titre d'hypothèse.
32. Marthe Robert, *Roman des origines et origines du roman*, op. cit., p. 362.

SOULIERS DE VERRE ET BOTTINE ÉGARÉE

Les moments hallucinés d'*Ulysse*, en particulier dans « Circé », agissent comme de puissants démentis au parti pris réaliste du roman. Ou peut-être résultent-ils plus précisément de la volonté joycienne de tout dire du monde, y compris sa part refoulée, inconsciente ou encore surnaturelle. Bref, l'*autre côté* du roman. Ainsi se justifient pleinement la fantasmagorie de « Circé », l'inouï accouchement de Mina Purefoy dans « Les Bœufs du soleil » ou encore les hilarantes parodies de l'épisode du Cyclope. C'est que, comme le précise Marthe Robert : « Le Bâtard [...] ressemble encore par bien des traits à l'Enfant trouvé dont il est issu, et quoiqu'il s'efforce d'accommoder sa pensée aux nécessités de l'expérience, il n'en reste pas moins pour une part variable prisonnier de son ancienne magie. [33] » Par le truchement là encore d'une étrange magie (en l'espèce, les vertus rhétoriques de la théosophie en vogue à Dublin au tournant du siècle [34]), il est donné à Paddy Dignam de se manifester depuis le règne des morts dans « Le Cyclope ».

Contrairement à Yeats, Joyce ne prenait pas la théosophie au sérieux, mais il convient néanmoins de noter que, de Charles Leadbeater à A. P. Sinnett, sans oublier bien sûr Madame Blavatsky, les principaux écrits théosophiques étaient connus de lui. À quoi s'ajoutent les ouvrages spirites ou encore l'œuvre d'Éliphas Lévi [35]. La connaissance qu'a Joyce de l'occultisme rend sa satire de la Doctrine Secrète d'autant plus mordante dans *Ulysse*.

Notamment remise au goût du jour dans *Isis Unveiled* (1877) de Madame Blavatsky, la notion, ou plutôt le terme de métempsycose littéralement circule dans *Ulysse*, tout en se transformant, notamment dans la bouche de Molly qui déforme le mot en « *met him pike hoses* » (147 et *passim*), les deux traductions françaises proposant de nouveaux avatars à cette approximation. « Mes tempes si choses [36] » en 1929 et « mets ton ptit chose » en 2004 (273 et *passim*) illustrent bien la transmigration des sons et du sens de *Ulysses* vers ses réincarnations successives en français. Circulation,

33. *Ibid.*, p. 75.
34. W. B. Yeats, par exemple, vouait une grande admiration à l'œuvre de Madame Blavatsky.
35. Craig Carver fait le point sur les lectures de Joyce qui touchent au domaine occulte dans « James Joyce and the Theory of Magic » (*James Joyce Quarterly*, vol. 15, n° 3, 1978, p. 201-214), mais on lira aussi à ce sujet l'ouvrage plus récent d'Enrico Terrinoni : *Occult Joyce : the Hidden in Ulysses*, Cambridge University Press, 2007.
36. *Ulysse*, in James Joyce, *Œuvres* II, op. cit., p. 173.

remplacement, déplacement — les variantes de « *metempsychosis* » au fil du texte sont comparables aux aventures du « rognon flottant » de Bloom (711), de son savon ou encore de sa talismanique pomme de terre [37]. Comme induite par la métempsycose (ce vocable faisant en somme *ce qu'il dit*), la transmigration chez Joyce s'applique à l'ensemble du texte. Appliquée aux mots mêmes, elle annonce le principe de « recirculation » partout à l'œuvre dans *Finnegans Wake*. Ainsi, Paddy Dignam devient dans « Circé » un spectre, à la manière de Hamlet père : « Bloom, je suis l'esprit de Paddy Dignam. Écoute, écoute, ô écoute ! » (755), ou encore d'Elpénor [38]. Et il continue : « Par la métempsycose. Revenants » (755). Associé à la métempsycose, Paddy Dignam est une des nombreuses figures qui *reviennent* au fil du roman, tantôt sous la forme d'un bon copain (Elpénor n'est-il pas le compagnon d'Ulysse ?) ou d'un fantôme paternel. Mais c'est un peu la même chose, à en croire Simon Dedalus, le père de Stephen [39]. Dignam hante cette journée du 16 juin. Au point que, dans « Le Cyclope », on croit l'avoir aperçu vivant (495-496). Et c'est alors une autre apparition à laquelle on assiste.

Dans « Circé », les apparitions spectrales et autres hallucinations résultent du contenu latent ou inconscient propre à l'ensemble du roman. Cet épisode est une sorte d'*acting out* ou, à mieux dire, de pure et simple décompensation psychique au sein du roman de Joyce. Dans « Le Cyclope », c'est davantage la satire qui est employée par Joyce. Ainsi, le discours nationaliste est largement parodié lors de la mémorable description du Citoyen et de l'énumération drolatique des héros présumés de la sainte Irlande (488-490).

---

37. Pour un aperçu du principe de circulation des motifs dans *Ulysse*, on lira l'excellent article d'André Topia : « Inscription et circulation dans "Calypso" » (*Studies on Joyce's Ulysses*, dir. Jacqueline Genet, Wynne Hellegouarc'h, Groupe de Recherches d'Études anglo-irlandaises du C.N.R.S., Université de Caen, 1991, p. 21-38).

38. Voir *supra* note 20.

39. Dans *Portrait de l'artiste en jeune homme*, Simon Dedalus aimerait que Stephen le perçoive de la sorte : « Je te parle en ami, Stephen. Jouer les pères rigides ce n'est pas mon genre. Je ne crois pas qu'un fils doive craindre son père. » (James Joyce, *Œuvres* I, op. cit., p. 620.). Le rapport entre Dedalus père et fils est plus ambigu dans *Ulysse*, mais l'attachement de Joyce pour son père est incontestable, au sens où il n'hésitait pas à rappeler qu'il lui devait la création de nombre de personnages (« Mon père avait pour moi une extraordinaire affection. C'était l'homme le plus absurde que j'aie connu et pourtant le plus cruellement sagace. Il a pensé à moi, parlé de moi jusqu'à son dernier souffle. Je l'ai toujours beaucoup aimé, étant un pécheur moi-même, et j'aimais jusqu'à ses fautes. Des centaines de pages et quantité de personnages viennent de lui dans mes livres. » Cité dans Ellmann, *op. cit.*, tome 2, p. 291).

Non moins amusante, la parodie de la théosophie, toujours dans l'épisode du Cyclope, avec son emploi du sanskrit lors de l'apparition spectrale de Dignam : « talafane, asasar, achadafad, watarklasat » (496) (*i.e.* téléphone, ascenseur, eau chaude, eau froide, water-closet — les rudiments du confort moderne dont il est dit que l'on dispose dans le monde céleste, selon Dignam). Le fantôme de Dignam, ou plutôt son « double éthérique » (496), phraséologie théosophique oblige, reste un père soucieux de son fils resté parmi les vivants :

> Avant de partir, il demanda qu'on dît à son cher fils Patsy que son autre botte, celle qu'il cherchait, était à présent sous la chaisepercée dans la pièce située à mi-étage et qu'il fallait envoyer la paire chez Cullen à ressemeler seulement étant donné que les talons étaient encore bons. Il déclara que tout cela avait grandement perturbé sa tranquillité d'esprit dans l'autre monde et il insista fortement pour que son vœu fût transmis. On l'assura qu'on s'emploierait à la chose et il nous fut précisé que cette assurance lui donnait toute satisfaction. (497)

Dans « Les Rochers errants », on apprend que Dignam voulait dire une dernière chose à son fils : « Il m'a dit d'être un bon fils pour maman. J'ai pas pu entendre les autres choses qu'il a dites mais j'ai vu sa langue entre ses dents essayant de dire mieux » (421). Peut-être était-ce relatif à cette bottine justement [40], laquelle constitue un véritable effet de réel dans la fiction éthérique que nous propose ici Joyce. Le détail reviendra, un peu plus tard, dans un passage de « Circé » que j'ai déjà cité, où l'on voit la veuve Dignam menant sa marmaille, dont il manque une chaussure à l'aîné : « Patsy à cloche-pied sur un seul pied chaussé » (882). Patsy, le changeon laissé là par les fées, est une créature vouée à évoluer à cloche-pied. Comme tant de gens de Dublin, de Gerty la banban (épisode de Nausicaa) au marin unijambiste (« Les Rochers errants »), Patsy est voué à une existence bancroche. C'est cela même, le réel. Quelque chose d'incomplet, qui boite un peu hors du sens.

Roland Barthes le dit bien : « la carence même du signifié au profit du seul référent devient le signifiant même du réalisme : il se produit un *effet de réel*, fondement de ce vraisemblable inavoué qui forme l'esthétique de toutes les œuvres courantes de la modernité [41] ». Mais comme souvent chez Joyce, les effets de réel peuvent avoir une véritable portée symbolique.

---

40. Dans la traduction de 1929, on traduit « boot » par « bottine » (*Œuvres* II, p. 340).
41. Roland Barthes, « L'effet de réel » (1968), *Le Bruissement de la langue*, Paris, Seuil, 1984, p. 174.

Il ne s'agit alors pas de pur et simple réalisme, mais d'une esthétique peut-être plus englobante et ambitieuse. Cette bottine qu'il convient d'aller faire ressemeler chez Cullen, égarée sous une chaise percée, mais qui est très bien par ailleurs, par sa vétilleuse trivialité (gage véritable du réalisme joycien), fait incontestablement signe aux « souliers de verre » que porte Rudy, l'enfant féerique à la fin de « Circé ». Si le Bâtard œdipien est voué à claudiquer dans l'existence, l'Enfant trouvé flotte chez Joyce dans le rêve idéal d'un père.

À la fin de la séance de spiritisme, dans « Le Cyclope », on évoque l'Océan. L'apparition dans « Circé » de Mananaan Mac Lir — dieu souverain de l'autre monde et fils de l'Océan dans la mythologie irlandaise — n'est que cohérente au vu de celle du double éthérique de Dignam, mais aussi de celle de Rudy en Hermès, cet enfant du domaine mystérieux.

> MANANAAN MAC LIR
>
> *(D'une voix de vagues.)* Aum ! Hek ! Wal ! Ak ! Lub ! Mor ! Ma ! Yogin blanc des dieux. Pimandre occulte d'Hermès Trismégiste. *(D'une voix sifflante de vent maritime.)* Punarjanam patsypunjaub ! Je ne veux pas qu'on me fasse marcher. Il a été dit par quelqu'un : attention à la gauche, au culte de Shakti. *(Avec un cri d'oiseau de tempête.)* Shakti, Shiva ! Père sombrecaché ! *(Il frappe de sa pompe à bicyclette l'écrevisse dans sa main gauche. Sur son cadran coopératif luisent les douze signes du zodiaque. Il gémit avec la véhémence de l'océan.)* Aum ! Baum ! Pyjaum ! Je suis la lampe du foyer ! Je suis le beurre rêveur crêmeur. (805-806)

On reconnaît dans ce passage nombre d'éléments propres à la théosophie. L'usage du sanskrit, notamment, rend les mots de Mananaan Mac Lir réminiscents de ceux du double éthérique de Dignam. Le nom même de Patsy apparaît dans l'étrange invocation « Punarjanam patsypunjaub ! », placée sous le signe là encore de la réincarnation ou de la métempsycose [42].

Mananaan Mac Lir était déjà présent à l'esprit de Stephen alors qu'il se promenait sur la plage de Sandymount (98). Redisons-le, le sens circule, transmigre au sein d'*Ulysse*. Ainsi assiste-on à la fin de « Circé » à ce fondu enchaîné du fils au fils, du changeon pouilleux — « *dogsbody* » — à

42. « Punarjanam » semble renvoyer à cette notion comme nous l'explique Powis Hoult dans son glossaire de termes théosophiques : « Punar-janman — 1. A new or second birth. 2. The power of creating objective manifestations » (*Dictionary of Some Theosophical Terms*, Londres, The Theosophical Publishing Society, 1910, p. 110).

l'enfant féerique. Mais l'apparition de Rudy se comprend mieux dans ses rapports avec le personnage de Patsy. Patsy et Rudy, Bâtard et Enfant trouvé signalent en les dialectisant les deux tendances à l'œuvre dans *Ulysse* : le réalisme et la formidable fuite dans l'imaginaire, composantes essentielles de l'art romanesque joycien. Ainsi, les souliers de verre de Rudy à la fin de « Circé » évoquent bien sûr Cendrillon, dont l'histoire est affaire de soulier perdu justement. Mais Rudy et Patsy n'en font pas moins, si j'ose dire, *la paire* ou plutôt le symbole. Ils se complètent et l'indéchiffrable domaine mystérieux d'où surgit Rudy peut s'éclairer en fonction de Patsy. Car un et un font onze dans *Ulysse.*

Mathieu JUNG

MILLY BLOOM, CETTE FILLE D'IRLANDE QU'ON A VOULU REPOUSSER

Ulysse propose un vaste panorama de lieux où les personnages ont vécu, où ils vivent encore, quand ils ne vivent pas tout simplement dans la mémoire des autres. Stephen Dedalus porte le deuil récent de sa mère. C'est au matin du 16 juin, jour où se déroule le roman, qu'ont lieu les funérailles de Paddy Dignam. Au cours de son monologue, Molly se souvient de sa mère qui, même si elle « avait beau être ce qu'elle était [1] », aurait pu néanmoins lui donner un autre prénom. Bloom quant à lui est hanté par la mort de son fils décédé en bas âge. La nostalgie domine dans *Ulysse*, à la fois forme de l'absence et tentative d'y échapper. Dans « Circé », quand Mme Breen chantonne les « chers jours d'antan disparus qui ne reviendront plus [2] », Bloom reconnaît les paroles de *Love's Old Sweet Song* [3] mais ces mots suggèrent davantage que la fin d'un amour de jeunesse. Ils évoquent un sentiment sans remède que partagent beaucoup de Dublinois : ce qui un jour a été est désormais révolu.

Mais pourquoi Milly Bloom est-elle tellement absente du roman ? Pourquoi cette histoire au sujet d'un retour chez soi, dont l'héroïsme ne se mesure que par le franchissement du seuil de la demeure, alors même que la maisonnée est incomplète ? Pourquoi Bloom surmonte-t-il les obstacles, les embûches, les insultes et les attaques dirigées contre lui, alors qu'il n'y a pas même d'enfants pour l'attendre chez lui ? Rudy Bloom est mort à l'âge de onze jours, ce qui est déjà assez triste pour

---

1. *U*, 1169. Nous nous référons à l'édition critique parue dans la collection « Folio classique » (Gallimard), telle que fournie par Jacques Aubert en 2013.
2. *U*, 717.
3. *Love's Old Sweet Song* est une chanson de salon victorienne publiée en 1884 par le compositeur James Lynam Molloy et le parolier G. Clifton Bingham.

donner à cet enfant une signification particulière au sein du roman. Mais qui est Milly Bloom ? Au nom de quel principe compte-t-elle au nombre des personnages du livre ? Pourquoi Joyce a-t-il donné une fille aux Bloom, si c'était simplement pour l'envoyer chez un photographe à Mullingar, dans la région des Midlands ?

On remarquera, pour commencer, qu'éloigner les filles était chose courante en Irlande à l'époque de Joyce. Les filles non mariées étaient des bouches en plus à nourrir dans un temps où les ressources étaient maigres ou inexistantes. On peut penser aux 4 000 orphelins de la famine irlandaise qui furent embarqués et envoyés à Melbourne, en Australie, entre 1849 et 1851 pour soulager les orphelinats surpeuplés de tout le Royaume-Uni. Bien que celles et ceux qui espéraient trouver une vie meilleure dans ce qu'on appelait la « Terre Nouvelle » fussent nombreux, c'est souvent avec hostilité qu'on les y accueillait. Ces enfants déscolarisés et analphabètes étaient réservés à la domesticité dans la jeune colonie. En tant que réfugiés, ils ne rencontrèrent que le mépris. Le 4 avril 1850, *The Argus*, le plus important journal de Melbourne, décrivait ainsi des femmes venues d'Irlande : « Une autre cargaison de femmes immigrées a atteint nos rivages. Jusqu'à présent, quoique tout le monde s'insurge contre cette monstrueuse nuisance, mais aussi contre le gaspillage pur et simple des fonds d'immigration fournis par les colons pour faire venir ces êtres dénués de valeur, personne n'a secoué suffisamment notre apathie ordinaire pour nous inciter à agir contre la pérennité d'un système chargé de maux si terribles pour l'ensemble de la communauté.[4] »

On peut penser, aussi, aux « Magdalene Laundries » où l'on envoyait vivre dans leur honte les jeunes femmes qui avaient eu des relations sexuelles hors mariage. Des historiens ont estimé que 30 000 « femmes déchues » avaient été confiées à ces institutions. Il n'y avait pas uniquement parmi elles des prostituées arrachées à la rue, mais nombre de femmes qui dérangeaient les standards moraux en vigueur[5]. On les obligeait à abandonner leurs enfants ainsi que leur vie. Derrière des portes verrouillées, elles travaillaient pour rembourser leur dette supposée à la société, et en particulier auprès de l'ordre religieux qui administrait cette institution. Les *laundries* offraient de la main d'œuvre gratuite, en plus de constituer un moyen d'enfermement. Comme les maisons de correction et les pensionnats indus-

4. Voir : Siobhan O'Neill, « Remembering the 4000 Irish Famine orphans shipped to Australia », *The Irish Times*, 25 octobre 2018.
5. Voir : Frances Finnegan, *Do Penance or Perish: A Study of Magdalen Asylums in Ireland*, Congrave Press Ireland, 2002.

triels, ces laveries étaient supposées « sauver » l'âme des jeunes femmes qui, si elles avaient eu un enfant hors mariage, étaient considérées comme mères et criminelles en même temps [6].

Cependant, Milly Bloom n'appartient à aucune de ces catégories. Elle n'est ni délinquante, ni indigente. Pourquoi son destin est-il de vivre, au sein du roman, uniquement dans les souvenirs de ses parents ? En effet, dans *Ulysse*, jamais on n'accorde véritablement la parole à Milly. Elle n'est guère plus qu'un signe pour Bloom et Molly, une pensée occasionnelle, un rappel un peu lointain de ce que fut la vie de famille avant son départ. Elle se définit, dans une lettre à son père, comme « *silly Milly* » — « Milly-linotte » dans la traduction de 1929. Mais pour Bloom elle est l'occasion de rêveries : sa tasse à moustache était un cadeau qu'elle lui avait fait quand elle « n'avait que cinq ans. Non, attendez, quatre. [7] » Il fait figurer son nom dans une chanson : « Ô Milly Bloom, tu es bien ma chérie / Tu es mon miroir du soir au matin... [8] ». Il se souvient qu'elle avait trouvé un miroir dans le « chapeau de soie » du « pauvre vieux professeur Goodwin » [9]. Et d'érotiser sa fille, tendance qui se répètera presque à chaque épisode : « Déjà une petite femme. Une vraie petite effrontée [10] ». D'autres chansons lui font penser à elle : « Ces jeunes filles, ces jeunes filles / Les belles filles du bord de mer ». « Milly aussi. Jeunes baisers : les premiers. C'est loin, c'est le passé [11] », et le monologue continue : « Un léger malaise, regret, qui allait en augmentant lui coula le long de l'échine. Ça arrivera, c'est sûr. L'empêcher. Inutile : impossible d'intervenir. Douces lèvres légères de jeune fille. Ça lui arrivera à elle aussi. [...] Lèvres baisées, baisantes, baisées. [...] Mieux vaut qu'elle reste là où elle est : loin d'ici. Ça la tient occupée. [12] »

Voilà tout ce qu'on est en mesure d'entrevoir quant aux motifs qui ont poussé Bloom à envoyer sa fille à Mullingar. Un autre choix aurait été, pour des raisons qui restent obscures, de déménager dans une autre maison ou pour une autre ville. Bloom considère le déménagement inutile. Ainsi, Mullingar est un second choix, et l'apprentissage de la photographie ne constitue qu'un prétexte. Il n'a pour fonction que d'occuper l'esprit de

---

6. Voir : James M. Smith. *Ireland's Magdalen Laundries and the Nation's Architecture of Confinement*, Manchester, Manchester University Press, 2007.
7. *U*, 133.
8. *Ibid.*
9. *U*, 134.
10. *Ibid.*
11. *U*, 140.
12. *Ibid.*

Milly, sans doute de la distraire de l'appel de la sexualité. On pourrait supposer que la liaison de Molly avec Blazes Boylan a poussé Bloom à envoyer sa fille innocente et curieuse à Mullingar, mais cela ne semble pas être le cas. C'est bien plutôt qu'il convient de contenir la sexualité naissante d'une jeune fille en fleurs. D'autant qu'il y a une femme adultère à l'étage qui attend son amant au lit.

Absente physiquement, sans voix, la passagère sporadique du souvenir qu'est Milly ne va trouver d'existence que dans la mesure où les « chers jours d'antan disparus » seront évoqués [13] — les « *dear dead days* » de *Love's Old Sweet Song*. Elle ne sera présente que dans la mesure où elle apparaîtra dans une conscience. À l'instar du langage lui-même, elle fera émaner la signification de ce qui n'est pas là. Pour son père, les souvenirs commencent à l'aube innocente d'une vie : « Milly emmitouflée dans sa gigoteuse. Heureux. Heureux. [14] » Il a acheté un savon délicat pour le bain du soir de Milly : « Du savon américain j'avais acheté : à la fleur de sureau. L'odeur douillette de l'eau de son bain. Elle était rigolote toute savonnée et mousseuse. [15] » Il a tenu ses petites mains chaudes ; il l'a regardée faire « sécher son mouchoir sur le miroir pour ne pas avoir à le repasser [16] ». Il s'est souvenu qu'elle avait, entre 6 et 8 ans, crié de terreur, mais il n'a pu se rappeler la raison de sa peur, comme il est dit dans « Ithaque » [17]. C'était une enfant qui pouvait compter « un, dleu, tlois [18] » et Bloom ne se prive pas de songer à ses caractéristiques physiques. D'où venaient ses cheveux blonds ? « Blonde, née de deux bruns, elle avait une ascendance blonde lointaine, une violation [19] ». Bloom ne se rappelle sa propre vie qu'à partir de la naissance de Milly… qu'est-ce qui s'est passé avant, et ensuite ? Lui et Molly l'appelaient « Marionette » [20] … et voici une autre version résumée de l'existence de Milly : « Millicent, la jeune, la très chère, la radieuse [21] » qui suit sa mère comme une « jeune pouliche [22] ». De la mère Molly à la fille Milly, de la mère jument à la fille pouliche, la jeune fille est perçue comme une version plus petite et plus neuve de Molly, « la même

13. *U*, 15.
14. *U*, 277.
15. *U*, 276.
16. *U*, 605.
17. *U*, 1064.
18. *Ibid.*
19. *Ibid.*
20. *U*, 722.
21. *U*, 673.
22. *U*, 672.

chose en plus délayé [23] », comme si toutes les femmes partageaient le même sort biologique. « Le destin », pense Bloom [24].

Molly perçoit sa fille sous un jour analogue, envisageant sa destinée à partir du seul mûrissement de sa sexualité : « les passants ils sont tous à la mater comme moi quand j'avais son âge c'est sûr [25] ». À la fin du roman, lorsqu'elle sombre dans le sommeil, Molly se souvient de Milly en premier lieu pour les problèmes qu'elle a causés, et elle estime sa fille avant tout pour sa beauté : « elle tient pas en place elle sait qu'elle est jolie [...] j'étais comme ça aussi [26] ».

Milly est une forte tête qui n'a pas le sens des limites. Molly en conclut que Bloom a eu raison de l'éloigner à Mullingar : « c'est aussi bien qu'il l'ait envoyée là où elle est elle commençait à dépasser les bornes [27] ». Elle se rappelle les transgressions de sa fille : « il a fallu que je lui dise de ne pas mettre ses jambes en l'air comme ça sur le rebord de la fenêtre exhibées à tous les passants [28] ». Milly a cassé la main d'une « petite statue de pacotille à cause de sa brusquerie et de sa négligence [29] ». Elle est espiègle. Elle flirte. Elle fume des cigarettes en cachette. C'est au reste un caractère turbulent — « une effrontée [30] ».

Dans « Ithaque », Bloom la compare à une chatte. En cela que toutes deux sont pareillement fugueuses.

> De quel deuxième départ fut-il semblablement conscient, à la même époque, bien que différemment ?
> La disparition temporaire de sa chatte.
>
> Pourquoi semblablement, pourquoi différemment ?
> Semblablement, parce qu'animées par un objectif secret, la quête d'un nouveau mâle (étudiant de Mullingar) ou d'un simple vulnéraire (valériane). Différemment, du fait des différents retours possibles vers les habitants ou vers l'habitation.
>
> Sous d'autres aspects, leurs différences étaient-elles semblables ?
> En ce qui concerne la passivité, l'économie, l'instinct de la tradition, l'inattendu. [31]

23. *U*, 177.
24. *U*, 140.
25. *U*, 1178.
26. *U*, 1179.
27. *U*, 1177.
28. *U*, 1178.
29. *U*, 1177.
30. *U*, 139.
31. *U*, 1065.

L'absence de Milly a-t-elle un effet perturbateur ? Faut-il combler le vide qu'elle a laissé ? Que ressent-on depuis son départ ? Est-ce que ses parents font l'expérience d'une déchirure dans leur existence commune ? Songe-t-on seulement à ce que Milly a perdu quant à elle ?

L'absence est d'ordre relationnel et n'est effective qu'à travers le manque ressenti. Il est certain que l'absence de Milly est d'une tout autre nature que la perte de Rudy. Pour Molly et pour Bloom, la disparition de l'enfant s'accompagne de culpabilité ainsi que de la sensation d'une fracture temporelle : la lignée familiale est rompue ; il n'y aura pas de nouvelle génération portant le nom de Bloom. Cette différence en dit long sur les stéréotypes liés au genre, au tournant du siècle à Dublin. Bloom se souvient de la chaleur de la main de Milly, ce qui ne compense guère le contact rêvé de celle d'un fils ou encore l'orgueil de pouvoir dire « mon fils » tout en l'imaginant dans son petit costume d'Eton [32]. Le seul descendant que Bloom daigne envisager est Rudy. À ses yeux, le destin de Milly est d'être par deux fois éloignée de sa famille d'origine. C'est sur décret de son père qu'elle est envoyée à Mullingar, alors même qu'une relation amoureuse ou un mariage l'éloigneront une nouvelle fois de ses parents. Comme il est écrit dans « Ithaque » : « Cette première division, présageant une seconde division, affecta-t-elle Bloom ? / Moins qu'il ne l'avait imaginé, plus qu'il ne l'avait espéré. [33] »

Que peut-on espérer au juste à partir du chagrin causé par le départ de sa propre fille ? Que peut-on espérer trouver du fait de pareille souffrance ? Quelle qu'en soit la cause, le désarroi de Bloom n'est pas ce à quoi il s'attendait, et c'est ici que nous apercevons certains sous-entendus psychologiques qui poussent le père à envoyer sa fille ailleurs. Songeons encore à la chansonnette qu'il a composée pour elle : « Ô Milly Bloom tu es bien ma chérie / Tu es mon miroir du soir au matin… [34] », et considérons le rôle joué par sa fille dans la fantasmagorie de « Circé ». Dans le quartier réservé de Nighttown, Bloom, humilié, dominé par la maîtresse de bordel Bella (devenue Bello), croit voir Molly. Il s'écrie : « Je la vois ! C'est elle ! Le premier soir chez Mat Dillon ! Mais cette robe, la verte ! Et ses cheveux ont été teints en or... [35] ». Or, il se trompe, et Bello ne manque pas de le corriger :

32. *U*, 176.
33. *U*, 1065.
34. *U*, 133.
35. *U*, 849.

BELLO (*Rit d'un ton moqueur*) : C'est ta fille, vieille chouette, avec un étudiant de Mullingar.

(*Milly Bloom, chevelure blonde, vestée de vert, légèrement sandalée, son foulard bleu tournoyant simplement dans le vent de mer, s'arrache au bras de son amoureux et appelle, ses jeunes yeux émerveillouverts.*)

MILLY : Mais ! C'est Papli ! Mais, ô Papli, comme tu as vieilli ! [36]

La confusion que fait Bloom entre sa fille et sa femme nous dit quelque chose de la tension entre les générations, car Milly est bel et bien une sorte de « miroir ». Elle se situe non seulement dans le passé, mais elle préfigure également le futur : elle formule un jugement sur son père diminué, signe du déclin de sa génération. Elle dit tout haut ce dont Bloom a peur : que Molly et lui soient au-delà du bonheur de l'amour et des anticipations de la procréation. Bloom se détourne de la vision de sa fille en tant que « *seaside girl* [37] » pour passer à la confusion hallucinatoire entre un Stephen Dedalus étourdi et son propre fils décédé, lequel, tout comme sa sœur, a l'air très préoccupé : « RUDY : (*Croise sans le voir le regard de Bloom et continue à lire, à baiser, à sourire. Il a un visage délicat et mauve.* [...] *Un petit agneau blanc dépasse de la poche de son gilet.*) [38] »

Ce qui reste pour Bloom et, significativement, pour Molly aussi bien, ce sont les conséquences de toutes ces hallucinations. Tous deux vont désirer que Stephen Dedalus prenne la place de leurs enfants absents. Bloom imagine que Stephen puisse passer le reste de la nuit dans la pièce au-dessus de la cuisine à côté de la chambre conjugale. Pour Molly, il va remplacer Milly de façon beaucoup plus directe : « pourquoi pas il y a la chambre du haut qui est vide et le lit de Milly dans la pièce sur l'arrière il pourrait faire ses écritures et ses études sur la table là-dedans [39] ».

Le sexisme implicite d'*Ulysse* est tellement insistant que Milly ne trouvera jamais sa place en tant que continuation valable et précieuse de la lignée familiale. En revanche, elle est envisagée de façon emblématique comme une étoile resplendissante dans les cieux : « Millicent, la jeune, la très chère, la radieuse. Comme elle est à présent sereine à son lever, reine au milieu des Pléiades, à l'avant-dernière heure antélucienne, chaussée de sandales d'or pur, coiffée d'un voile de fils de

36. *Ibid.*
37. Voir *Les Filles du bord de mer*, la chanson de Boylan, l'amant de Molly, laquelle traverse tout le roman de Joyce.
38. *U*, 937.
39. *U*, 1198.

la vierge ! [40] ». Ou bien elle est invoquée comme une fille d'Irlande associée aux Milésiens : « Retourne, retourne, clan Milly : point ne m'oublie, ô Milésienne [41] ». En sécurité uniquement dans son état célestiel ou mythique, Milly supporte la projection salvatrice de Bloom non pas pour soi-même, mais pour toute l'Irlande. On lui attribue l'héritage des véritables ancêtres du pays, car les Milésiens, dit la légende, ont mené la race des dieux, les Tuatha Dé Danann, dans le monde souterrain. Leur retour — le retour d'une ascendance véritable — annoncerait la fin de l'occupation coloniale et le juste retour de l'Irlande à sa tradition celte.

Où est-ce que tout cela place la figure de la fille dans la narration de Joyce ? Quelle est la fonction de l'absence de Milly dans *Ulysse ?* Nous pourrions voir Milly, qui vit uniquement à travers les souvenirs et les fantasmes des autres, comme un manque intentionnel, une brèche dans le paysage social, un signe d'incomplétude même à la fin du voyage. C'est ainsi que Joyce pouvait percevoir son pays d'origine aux temps de la publication d'*Ulysse.* L'Irlande vivait dans l'espoir d'un retour à sa légitime indépendance, mais pas dans le confort de cet accomplissement. Milly, en tant que fille d'Irlande, parle à la fois de perte et d'espoir, de la mémoire des choses passées et, par anticipation, d'une renaissance qui n'est pas encore possible. Elle est un désir, un vœu : « Retourne, retourne, clan Milly, point ne m'oublie ».

Carol LOEB SHLOSS

Traduit de l'anglais par Antonio Marvasi

40. *U*, 673.
41. *U*, 640. Dans les notes de l'édition « Folio classique », Jacques Aubert indique que « la race de Mileadh, ou Milésiens, est une race de l'Irlande légendaire » (*U*, 1461).

ULYSSE À L'HÔPITAL
Opérations sur les « Bœufs du Soleil »

Maternité de Holles Street : Bloom rend visite à Mme Purefoy, sur le point d'accoucher. On trouve aussi Dedalus, Mulligan, Lynch et Madden (étudiants en médecine) mais ce qui se joue, dans cet épisode composé d'une succession de pastiches de différents auteurs anglais, plus qu'une intrigue assez menue (Mme Purefoy accouche), c'est le défilé de tous les états historiques de la langue anglaise. Voilà comment Joyce présente lui-même son texte :

> *Un épisode en neuf parties, sans divisions, introduit par un prélude du genre Salluste-Tacite (l'œuf non fécondé), puis un passage écrit dans le style anglais primitif allitératif, monosyllabique et anglo-saxon* […], *puis à la manière de Mandeville* […], *puis du* Morte d'Arthur *de Malory* […], *puis le style de la chronique élisabéthaine* […], *puis un passage solennel, du genre Milton, Taylor, Hooker, suivi d'un morceau en style latin syncopé dans le genre anecdotique Burton-Browne, puis un passage bunyanesque* […]. *Ensuite un morceau de style journal Pepys-Evelyn* […] *; et ainsi de suite en passant par Defoe-Swift, Steele-Addison-Sterne et Landor-Pater-Newman jusqu'à ce que l'épisode se termine en un affreux mélange de petit nègre, nègre, anglais des faubourgs, argot irlandais et new-yorkais et fragments de vers de mirliton. Cette progression est, de plus, subtilement reliée à chaque partie par un épisode antérieur de la journée et aussi par les stades naturels du développement de l'embryon et les périodes de l'évolution de la faune en général. Le motif anglo-*

> *saxon à double son mat se retrouve de temps à autre* [...] *pour donner l'impression des sabots des bœufs.* [1]

La langue anglaise — chose vivante, limace — défilant devant le lecteur médusé sur plus de soixante pages : un petit livre dans le livre, *Ulysses* fractal, annonçant les expérimentations que *Finnegans Wake* poussera à la limite.

> *Deshil Holles Eamus. Deshill Holles Eamus. Deshill Holles Eamus.*

Voilà comme s'ouvre le chapitre. Avec une incantation à la fertilité dont le premier mot est l'anglicisation de l'irlandais *deasil*, « tourner dans le sens des aiguilles d'une montre ». Le deuxième, *Holles*, est nom de la rue du National Maternity Hospital où se déroule le chapitre ; le troisième veut dire « allons », en latin [2]. D'emblée, on est donc confronté à un insoluble problème de traduction ; on comprend même que le concept de traduction (qui implique la production dans une langue nationale, tenue par dictionnaires financés par des institutions, de l'équivalent d'un énoncé formulé dans une autre langue nationale) s'effondre : Joyce n'écrivant pas en anglais, il n'y a aucune raison d'écrire l'équivalent d'un tel énoncé en français — et on ne sait pas d'ailleurs ce que peut signifier « l'équivalent ». On peut écrire un autre énoncé, ou recopier le même — mais « l'équivalent » ? Peut-être revient-il à chacun, confronté à une telle formule, de trouver un ersatz dans son propre imaginaire linguistique. Ne choisirai-je alors pas le breton *triskell* (qui tourne dans le sens inverse des aiguilles d'une montre, lui) en le francisant un peu en « trisquelle », plutôt que le *deshil* anglo-irlandais, moi dont la famille vient de l'Ouest ? Et pour avoir habité dix ans Paris, la rue Bichat plutôt que Holles Street ? Pour avoir un peu étudié Homère, le grec plutôt que le latin ?

> *Trisquelle Bichat πάμε. Trisquelle Bichat πάμε. Trisquelle Bichat πάμε.*

En réalité, il n'y a aucune raison d'aller chercher le breton plutôt que l'irlandais, Bichat plutôt que Holles, le grec plutôt que le latin. Ce serait là encore une manière (avec de petites procédés mécaniques qui ne trompent personne) de ne pas croire au pouvoir magique de la littérature. Car ce qu'il faut faire, je le sais bien, c'est commencer cet article par *ma*

1. James Joyce, Lettre du 20 mars 1920 à Frank Budgen.
2. Sur ces points, voir Don Gifford et Robert Seidman *Ulysses annotated. Notes for James Joyce's Ulysses*, University of California Press, 2008, p. 408.

propre invocation : une formule en laquelle je croirais vraiment, moi (qui me fous des triskells), pour inviter mon lecteur à m'accompagner dans cet accouchement. Je lui parlerais donc du *travail* — celui de Joyce, du mien, et celui de la femme enceinte — et du *trobar*, de ces deux mots ou choses comme d'une *histoire de la folie* — à moi ! l'histoire d'une de mes folies ! Pour m'adresser aux bienveillantes sages-mânes qui me délivrèrent du *Shijing*, je le ferai en chinois. Alors *trobem* (*trobar* impératif), 疯狂 taré, の (complément d'appartenance, en japonais), *ergon* (travail, effort, en grec ancien) !

Trobem, 疯狂の*ἔργον !*

Ça n'aurait plus à voir avec le soi-disant contenu du chapitre : cela en traduirait l'effort. Mais s'il faut dire un mot du contenu, tout de même, voici. Reprenant celui des vaches sacrées de l'*Odyssée*, il se voudrait allégorie de la fécondité, dans son caractère problématique. De mon côté, je dirais volontiers qu'il n'y a (en général) rien à interpréter : il y a des textes, dont les motifs naissent, par des relations plus ou moins complexes, d'autres textes (et d'autres choses que des textes), et de torsions opérées sur ces matières premières. Rien à traduire, non plus — de même qu'une chemise n'en interprète ni n'en traduit une autre : elle en reprend les éléments, les déplace, les tord ou en change les couleurs. Un nouveau pli (imposé par la mode) écrase tel motif et redouble tel autre. On n'interprète, on ne traduit pas une chemise : on la porte, on en fabrique une autre. *Ulysse* est une grande chemise, soigneusement tissée de longues années durant par un jeune vieillard à moitié aveugle, à partir d'une *Odyssée* retrempée dans le contexte contemporain, qui lui fournit de nouveaux motifs, et les outils de toute la culture, de toute la langue — ses histoires, sa logique et ses relations symboliques. Interpréter, traduire ne sont que de nouvelles opérations que l'on peut ajouter à ce tissu pour le faire passer dans une nouvelle forme. On peut faire autrement, autre chose.

Before born babe bliss had. Within womb won he worship. [3]

Après un court prologue, voilà les deux phrases écrites en vieil anglais par lesquelles Joyce introduit la série des pastiches. Littéralement, elles signifient : « Avant naissance bébé eut béatitude. À l'intérieur utérus gagna vénération. » Dans l'édition française (revue par Joyce lui-même),

3. James Joyce, *Ulysses*, Penguin Classics, 2000, p. 502.

la volonté de rendre les allitérations aboutit à traduire ces deux phrases ainsi : « Bébé non né eut félicité. Fœtus il fut fêté.[4] » On comprend l'objectif des traducteurs : ils cherchent à la fois à rendre compte de la signification (le bébé est l'objet d'adoration avant même sa naissance), du registre (religieux), et du style (allitératif). Il faut saluer leurs trouvailles (ces trois dimensions ne font pas forcément bon ménage) mais on aurait pu, avec le même objectif, forcer un peu : sur la quantité (la version française propose des -f, mais l'original anglais contenait à la fois des -b et des -w), voire l'identité des sons, quitte à déplacer un mot ou deux :

Dans bidon bébé béatitude eut. Avant de venir vénération lui vint.

Plus intéressant encore me semblerait, au lieu d'en rester à l'imitation des procédés superficiels, de reprendre l'esprit de l'opération joycienne : le pastiche d'une langue naissante. Or d'après Don Gifford, ces deux phrases « imitent le style de la prose allitérative anglo-saxonne, style associé à Aelfric (955-1022), l'écrivain majeur de son temps[5] ». Tournant le dos aux propriétés superficielles du style d'Aelfric, je me demande quel serait l'équivalent, pour la littérature et la langue française, de ce Grammaticus auteur de célèbres homélies : Sylvestre II, Abélard ? Ils écrivaient en latin. Alors, la *Chanson de Roland* ? Elle traduirait mieux un pastiche de *Beowulf*. En fait, on ne trouverait sans doute tout simplement pas, en France au Xe siècle, d'écrivain religieux qui fût à la fois moine, philosophe et auteur d'homélies en ancien français. En revanche, on trouve au XIIe siècle Maurice de Sully dont les homélies, comme celles d'Aelfric, semblent des adaptations en langue vernaculaire de celles, en latin, de Grégoire le Grand[6]. Qui plus est, selon tel article de la *Revue des deux Mondes*, « Maurice de Sully représente intellectuellement l'un des exemplaires les plus parfaits et les plus équilibrés de la culture de son temps[7] ». Et je lis que dans *Les sermons "ad populum" de Maurice de Sully et leur adaptation française*, Beata Spieralska écrit : « Le recueil des sermons de Maurice de Sully, évêque de Paris dans les années 1160-1196 est l'un des premiers ouvrages en prose française que nous possédons, et en même temps la

4. James Joyce, *Ulysse*, Folio, 1999, p. 598. La traduction de l'ensemble du chapitre est reprise telle quelle dans l'édition de 2004.
5. Don Gifford et Robert Seidman, *op. cit.*, p. 409. Je traduis.
6. Bruno Judic, « Les Homélies sur l'Évangile de Grégoire le Grand et leur influence sur le haut Moyen Âge », *Bulletin de la Société nationale des Antiquaires de France*, 2006, p. 106-109, p. 108.
7. En ligne : https://www.revuedesdeuxmondes.fr/wp-content/uploads/2016/11/e431c25a9922d4119aad3679ffbdd84e.pdf

première collection complète des modèles des sermons. [8] » Qu'en est-il du style dans lequel ils sont écrits ?

> *On est souvent frappé à la lecture des sermons romans par leur ton uni, monocorde, appliqué, un ton d'enfant qui récite sa leçon.* [...] *Sans doute cette simplicité est-elle le fruit de l'ignorance ou de la maladresse dans le maniement de la jeune langue romane, mais le résultat en est parfois un style pur et dépouillé qui n'est pas désagréable et auquel sa nudité même donne une certaine vigueur.* [9]

On est bien loin ici de l'enjouement allitératif par lequel Joyce pastiche Aelfric ! Que donneraient dans un tel style les deux phrases du chapitre ? Il faudrait se pencher plus en détail sur le style de Maurice de Sully, mais en toute hypothèse, la traduction du passage de Joyce deviendrait sans doute davantage quelque chose comme

> *L'enfanceau eut heur dès-avant naistre. En giron maternel jà fut vénéré.*

J'en étais là (c'est-à-dire à la première phrase !) de mon questionnement lorsque je remarquai une proposition qui me semblait particulièrement intéressante — à savoir la phrase suivante : « And there came against the place as they stood a young learning knight yclept Dixon [10] », que la version française (édition 2004) rend de cette manière : « Et parut au lieu où ils se tenaient un jeune apprenti chevalier qui avait nom Dixon. [11] » Quoi de plus intéressant que cet étrange « yclept » rendu si platement par « qui avait nom » ? *Yclept* est le participe passé du verbe archaïque *clepe* qui signifie « appeler ». Est-ce qu'ils n'auraient pas pu trouver (tempêtai-je intérieurement) verbe plus archaïque, que ce terne « avoir nom » ? Ouvrant par acquit de conscience l'édition Folio de 1999, je trouve « Et parut au lieu où ils se tenaient un jeune apprenti chevalier qui avait *à* nom Dixon ». Et dans un dictionnaire du moyen français : *Avoir à nom* + nom propre : « s'appeler ». Jacques Aubert a bien repris le chapitre tel quel en 2004, mais le correcteur (ou la correctrice) de Gallimard en charge de la

8. Beata Spieralska, en ligne : http://sermones.net/content/les-sermons-ad-populum-de-maurice-de-sully-et-leur-adaptation-francaise-introduction
9. Michel Zink, *La Prédication en langue romane avant 1300*, Paris, Honoré Champion, Nouvelle Bibliothèque du Moyen Âge, 4, 1976, p. 263.
10. *Ulysses*, op. cit., p. 504.
11. *Ulysse*, op. cit., (2004), p. 480.

relecture a dû imaginer dans ce « à » supplémentaire une coquille, alors qu'il s'agissait en réalité de la caution médiévale sans laquelle le français laisse tomber toute une dimension de l'anglais joycien. La simple suppression du « à », rétro-agissant sur *Ulysses*, transforme « yclept » en « called » — quel appauvrissement ! Pour la traduction française de ce chapitre (identique modulo le zèle du correcteur), je ferai donc référence à l'édition de 1999.

à

Dans *Ulysses annotated*, on apprend que dans les paragraphes suivants, Joyce imite le style de Thomas Malory et qu'il inclut des références à Virgile, Blake, Dante ou Yeats. Pourtant, ces deux types d'informations n'ont pas le même statut : même pour qui ne parviendrait pas à trouver le modèle (comme ce serait mon cas *a priori*, faute d'avoir lu *Le Morte d'Arthur*) le pastiche saute aux yeux. Il n'en va pas de même des citations de Stephen, à qui Joyce fait dire : « Know all men, he said, time's ruins build eternity's mansions. What means this? Desire's wind blasts the thorntree but after it becomes from a bramblebush to be a rose upon the rood of time [12] », traduit ainsi par Morel : « Sachez hommes, dit-il, que ruines du temps bâtissent demeures de éternité. De quel sens est ceci ? Le vent du désir flétrit l'aubépine ains advient ensuivant que au lieu de la ronce une rose fleurit dessus l'arbre de croix du temps. [13] » Or, contrairement au pastiche, la citation ne s'auto-explicite pas et l'on peut tout à fait imaginer qu'elle n'était pas destinée à être repérée telle quelle, que Joyce n'avait pas besoin que le lecteur l'identifie et que l'épingler relève de la névrose critique. Mais le pastiche, lui, à quoi sert-il ? Essayons de comprendre la situation d'un lecteur de 1922 : c'est-à-dire ne disposant d'aucun appareil de notes. Il est fort à parier qu'il ne sera pas capable d'attribuer chaque paragraphe à tel ou tel auteur précis — et même, qu'il ne saura pas que des auteurs précis sont pastichés. Ce à quoi il sera confronté, c'est sur la longueur du chapitre, à l'évolution progressive d'une langue d'abord médiévale et se rapprochant au fur et à mesure de l'anglais moderne et parlé : là où le critique analyse, c'est-à-dire saucissonne, le lecteur naïf aura l'impression de voir — pour la première fois de sa vie, peut-être — la langue anglaise évoluer, devant lui, comme un corps en vie dont on lui repasserait le film. Le chapitre fait 62 pages dans la version anglaise et 76 dans la traduction française ; on peut imaginer qu'un lecteur

12. *Ulysses*, op. cit., p. 510.
13. *Ulysse*, op. cit. (1999), p. 609.

concentré peut en venir à bout en deux heures. Avec cette profusion d'éditions, de préfaces, de notices, de notes et de commentaires critiques, je ne suis pour le moment parvenu qu'à lire 10 pages, en 8 heures de travail. Je suis donc approximativement 25 fois plus lent que le lecteur de 1922, et pour quel gain ? Où il voit s'agiter la langue anglaise comme un organisme vivant, disons, une étrange limace, je ne vois qu'un montage de citations aux origines disparates : il contemple, et je pixellise. Sans compter qu'à la place d'une discussion (dispensable) sur les citations (non-explicites) de Dante et Yeats, j'aurais préféré méditer sur le statut de la comparaison (explicite) avec l'immaculée conception. Oui, je voudrais lire quelques pages, avancer un peu en m'abstenant tout à fait de me rapporter aux notes (quelles qu'elles soient). Et voir ce que cela fait ou me fait.

[...]

Il apparaît, avant même le terme de cette petite expérience, que les sauts entre une parodie et une autre (certes, pas avec une certitude absolue) se remarquent (ou du moins se devinent). Même sans savoir qui exactement est ici pastiché, on perçoit nettement au détour d'un changement de paragraphe la différence entre la docte emphase religieuse d'untel (avec dépréciation des hommes, « O » vocatif et forme archaïque des verbes), et le procédé nettement plus profane (où Dieu n'est plus convoqué que dans la banale interjection « please God » ne signifiant guère plus que « youpi »), rappelant date et procédant aux abréviations de prénoms, de tel autre :

> *Wherein, O wretched company, were ye all deceived for that was the voice of the god that was in a very grievous rage that he would presently lift his arm and spill their souls for their abuses and their spillings done by them contrariwise to his word which forth to bring brenningly biddeth.*
>
> *So Thursday sixteenth June Patk. Dignam laid in clay of an apoplexy and after had hard drought, please God, rained, a bargeman coming in by water a fifty mile or thereabout with turf saying the seed won't sprout, fields athirst, very sadcoloured and stunk mightily, the quags and tofts too.* [14]

14. *Ulysses*, p. 518. Traduction française (1999), p. 617 : « En quoi, ô misérables humains, vous vous abusiez là, alors que c'était la voix du dieu qui retentissait en sa male rage et que son bras était près de se lever pour réduire en poudre vos âmes à cause de tant de blasphèmes et de ce que vous avez jeté hors à mépris de sa parole qui d'engendrer grandement vous enjoint. / Donc le jeudi seizième jour de juin Pat. Dignam ayant été mis

Parce que je me suis abstenu de jeter un œil aux notes, je serais bien en peine de dire si j'ai croisé ou non une citation de tel ou tel. En revanche, j'ai remarqué avec beaucoup plus de clarté des éléments thématiques relatifs à l'épisode d'Homère : le mot « oxen » intervient même tel quel dans ce passage : « … for Preservative had given them a stout shield of oxengut [15] », puis on trouve « a skittish heifer, big of her age and beef to the heel [16] ». Et bientôt, toute l'histoire est littéralement envahie par les vaches, puisque se déploie sur plusieurs pages un discours portant sur « les vaches de Kerry qui de nécessité seront abattues en raison de l'épidémie » (1999, p. 620) avant un étrange apologue comparant lord Harry (« Henri-le-Diable » en français) à un taureau : c'est donc au moment même où je lève le nez des notes (me privant de comprendre qui est cet Harry et ce que signifie l'apologue) que j'accède au thème du chapitre et à son rapport avec Homère. Se peut-il que les pages précédentes elles aussi (auxquelles je ne me rapportais que *via* les notes) aient aussi été, sans que je le visse, saturées de références aux bovins ?

Un peu plus loin dans le chapitre, on peut lire quc Mulligan exhibe des cartes avec l'inscription : « *Mr Malachi Mulligan, Fertiliser and Incubator, Lambay Island* [17] ». Évidemment, plus qu'à aucun élément d'intrigue (que vont produire ces cartes sur les discours de Dedalus, sur l'accouchement de Mme Purefoy, sur l'infidélité de Molly ?) ce qui est dessus fait penser au thème général du chapitre : la fertilité. J'imagine donc la manière dont a travaillé Joyce : pour élaborer son chapitre, il se serait donné un ensemble de figures relatives à ce thème (ou à celui des bœufs) et aurait ensuite conçu l'intrigue (aussi minimale, aussi floue soit-elle) comme ce qui permettrait de passer de l'une à l'autre. Proche, donc, de la manière dont

---

en terre par suite d'une attaque apoplectique et après grande sécheresse, grâces à Dieu, la pluie, un batelier venu par eau d'une distance de environ cinquante milles avec chargement de tourbe allait disant que la graine ne levait point, la terre ayant soif, présentant mauvaise couleur et odeur, marais comme landes. »

15. *Ibid.*, p. 517. En français (1999, p. 616) : « … ils n'avaient souci car Préservatif leur avait fait don d'un puissant bouclier de boyau de bœuf ».

16. *Ibid.*, p. 519. En français (1999, p. 618) : « une capricieuse génisse, grande pour son âge, à pattes d'éléphant » (« beef to the heel » est une tournure idiomatique signifiant « avec de gros pieds », mais évidemment Joyce joue ici avec le sens propre : « bovin aux pieds »).

17. *Ibid.*, p. 525. En français (1999, p. 626) : « *M. Malachie Mulligan, Fertiliseur et Incubateur, Île Lambay* ».

Mallarmé décrit dans « La Musique et les Lettres » l'écriture de poésie [18]. Il n'y a même pas besoin de consulter les ouvrages universitaires pour savoir que Joyce a lu le poète français, puisqu'un personnage de *Ulysses*, Mr. Best, cite son nom au détour d'une conversation avec Stephen Dedalus [19]. Du reste, ce qui m'intéresse ici est moins de souligner l'influence de Mallarmé sur Joyce que de rapprocher leur conception de ce qu'est la composition d'un texte : produire d'une figure donnée (la fertilité, les bœufs) une multitude de phénomènes aux statuts variables (noms propres, actions, expressions idiomatiques, citations, anecdotes ou tournures) et faire du texte « la totale arabesque, qui les relie ». Or, ce mode de composition implique une distinction radicale entre ce que le lecteur croit recevoir (les tribulations d'un certain Leopold Bloom un jour de juin 1904) et ce que le romancier a en réalité fait (incarner une notion dans des figures puis composer les transitions permettant de passer de l'une à l'autre). Dans le poème, cet écart n'existe pour ainsi dire pas : le texte est donné tel qu'il a été voulu et conçu, sans souci de l'addiction diégétique des lecteurs, comme une improvisation (même savamment calculée) — et c'est sans doute ce qui explique la relative impopularité de ce genre. Dans *Ulysses*, non seulement l'écart existe, mais il se déploie dans deux (et même plutôt trois) directions différentes : le lecteur essaie de comprendre ce qui arrive au pauvre Bloom, tout en étant invité à lire dans ces événements une réécriture de l'*Odyssée* et à identifier la singularité stylistique de chacune des dix-huit parties. Ce triple (mais dans la plupart des romans simple) écart justifie une certaine prolifération des discours critiques, attachés à raccrocher les éléments de l'intrigue à leur mode de production et aux enjeux visés par l'auteur. J'entends alors l'un bougonner : — Mais de deux choses l'une : ou bien l'histoire fonctionne (et alors pourquoi le lecteur se soucierait-il de la mécanique ?) ou bien la machine narrative est en panne (et le lecteur n'est amené à admirer qu'un superbe échec). Bien sûr, ni l'un ni l'autre : le conducteur d'une voiture doit se faire à l'occasion mécanicien

18. Stéphane Mallarmé, *Igitur, Divagations, Un coup de dés*, Poésie / Gallimard, 2004, p. 376 : « La Nature a lieu, on n'y ajoutera pas ; que des cités, les voies ferrées et plusieurs inventions formant notre matériel. / Tout l'acte disponible, à jamais et seulement, reste de saisir les rapports, entre temps, rares ou multipliés ; d'après quelque état intérieur et que l'on veuille à son gré étendre, simplifier le monde. / À l'égal de créer : la notion d'un objet, échappant qui fait défaut. / Semblable occupation suffit, comparer les aspects et leur nombre tel qu'il frôle notre négligence : y éveillant, pour décor, l'ambiguïté de quelques figures belles, aux intersections. La totale arabesque, qui les relie, a de vertigineuses sautes en un effroi que reconnue ; et d'anxieux accords. »

19. *Ulysses*, op. cit., p. 239. Dans la traduction française (2004, p. 237).

minimal et le lecteur savoir mettre de l'essence (critique) pour faire tourner le moteur. À un ami qui me demandait un jour ce qu'était *Terre inculte*, j'avais répondu : c'est l'ensemble des phrases que j'ai dû écrire pour passer d'un vers à un autre et finir la lecture de *The Waste Land*. La théorie littéraire, en ce sens, loin de s'opposer au plaisir de lecture (selon le parti pris critiquable des critiques de la critique), en est, pour certains livres, une condition. Pour quels livres ? Ceux qui tout en proposant au lecteur une trame romanesque, assument l'assez radicale différence entre ce que cherche ce dernier et ce que fait un auteur — c'est-à-dire ceux qui ne se satisfont pas du divertissement. On peut considérer de la part d'un romancier cette attitude comme nonchalante (lecteur, je me cogne un peu de ton petit plaisir !), mais elle est aussi la plus respectueuse (lecteur, nous avons autre chose à faire que nous divertir !). Poursuivant la lecture des « Bœufs du Soleil », je dois avouer d'ailleurs que ce n'est pas seulement que je ne suis pas diverti : le texte me fait l'effet d'un énorme morceau de gâteau, à la fois trop riche et trop sec, impossible à avaler et impossible à recracher. Toute cette matière verbale, collante, dégoûtante dans ce qui semble être une contingence absolue. Cette lave de mots et de phrases qui n'en finissent pas de couler sans qu'on en comprenne les mouvements, qu'on en voie les articulations, qu'on en ait imaginé la fin lorsqu'elle survient : je me sens Roquentin face à sa racine de marronnier : « J'étais assis, un peu voûté, la tête basse, seul en face de cette masse noire et noueuse, entièrement brute et qui me faisait peur. Et puis j'ai eu cette illumination.[20] » Plonger derrière les livres, se réfugier dans les notes, c'est retrouver à peu de frais un peu de nécessité (telle phrase est annoncée comme piquée à Shakespeare, cette tournure est typique de Sterne : la logorrhée, découpée par les enzymes critiques, semble moins dégoûtante). Sans quoi l'histoire n'apparaît que compliquée, ou pleine de trous ; ce que fait la critique, c'est alors d'assurer la transition d'une figure diégétique à l'autre, stimulant le lecteur pour que son plaisir s'accroche vaille que vaille jusqu'à la prochaine récompense promise — par exemple, cette naissance diégétiquement tant désirée et qu'on n'attendait plus !

> *The news was imparted with a circumspection recalling the ceremonial usages of the Sublime Porte by the second female infirmarian to the junior medical officer in residence, who is his turn announced to the delegation that an heir had been born.*[21]

20. Jean-Paul Sartre, *La Nausée*, Gallimard, 1938, p. 179.
21. *Ulysses*, op. cit., p. 536. Traduction française, 1999, p. 639.

Avec une circonspection qui rappelait le cérémonial en usage à la Sublime Porte, la nouvelle fut communiquée par l'infirmière en second au cadet des chirurgiens de service qui à son tour annonça à la délégation qu'un enfant mâle venait de naître.

J'ai déjà eu l'outrecuidance de citer plus haut un ouvrage mien, consacré à *The Waste Land*. Je ne pensais pas y revenir, mais la poursuite de ma lecture de *Ulysses* me force à ajouter un mot sur mon titre : alors même que dès les premières heures de sa rédaction, je savais d'instinct qu'il devait être *Terre inculte*, il m'a fallu ensuite me justifier. Je l'ai fait deux fois : d'abord rationnellement, en soulignant l'importance du thème de la stérilité de la culture dans le poème ; ensuite, sous la forme d'une pirouette, en renvoyant à un vers de Padraic Colum cité dans la version française de *Ulysses* : « *Comme en une terre inculte un vase grec* [22] ». Ce n'était qu'une pirouette, car « terre inculte » traduisait en réalité ici *wild earth* dans l'original : « As in wild earth a Grecian vase [23] ». Mais aujourd'hui, en suivant les aventures de Bloom à la maternité, sur quoi ne tombé-je pas ? Un authentique « waste land » : « Agendath is a waste land, a home of screechowls and the sandblind upupa. [24] » Une phrase d'autant plus remarquable que je n'y comprends presque que les mots « the waste land ». Je me rapporte donc, tremblant, à la traduction — et j'exulte !

Agendath est une terre inculte, la demeure de l'orfraie et du myope upupa. [25]

Mais je laisse la parole au grand Auxeméry qui m'écrit, réagissant à ces lignes :

Traduire par « terre inculte » ce qui se trouve dans « As in wild earth a Grecian vase » me paraît aussi bizarre, car ce wild-là est plutôt de l'ordre de la sauvagerie (voire la rage, la maladie) que nous aimons ou du désert (façon Chateaubriand si on veut !). Pourquoi donc le tirer résolument vers l'« inculte » alors qu'il ne s'agit que d'opposer « le vase grec » à son contraire, le « non-civilisé *» (c'est plus ici que l'« inculte » au sens « ignare », et cette « terre », il y aurait aussi beaucoup à en dire). Le vase grec est la*

22. *Ulysse* (2004), p. 243.
23. *Ulysses*, op. cit., p. 246.
24. *Ibid.*, p. 542.
25. *Ulysse* (2004), p. 513.

> *merveille sur une planète habitée de sauvages incapables de création véridique : faut-il entendre ça comme ça ? Je comprends que le traducteur ait été obligé de faire court en disant « terre inculte », et je ne le lui reproche pas, mais enfin la phrase anglaise est beaucoup plus forte que sa version française, ici. Quant à la version du « myope upupa » pour le sandblind upupa, si Joyce a voulu ça, il a fait ce qu'il a voulu ! Mais enfin,* upupa epops *c'est le nom de « huppe », et sans doute Joyce a-t-il été sensible à la conservation du nom latin (et italien) avec le « myope » qui crée une allitération (et lui rappelle l'état de sa cornée), ce qui s'admet… mais, ma foi, « huppe myope » aurait tout autant convenu et même aurait été plus… primesautier (alerte, ardent, habité de ferveur) en français… l'upupa ainsi conservée fait chez nous un peu pédant, et l'humour de Joyce y perd peut-être.* [26]

J'ai rechigné, jusqu'à présent, à traduire Joyce, en prétextant que la traduction était impossible, inadmissible et que d'ailleurs elle n'existait pas. Mais à mesure que la langue de Joyce se rapproche de l'anglais qui lui est contemporain, cette entreprise ne commencerait-elle pas à faire sens ? Ne serais-je pas suspecté de paresse si je n'essayais pas, au moins sur un paragraphe ? N'y a-t-il pas grande hypocrisie à se rapporter en permanence à la traduction française, tout en prétendant qu'il n'y a de traduction qui tienne ? La théorie n'a de sens qu'après une pratique qu'elle ne saurait interdire *a priori*. Je vais donc m'atteler au premier paragraphe par lequel Joyce pastiche le cardinal Newman. Pourquoi lui ? Parce que Joyce le présente comme le prosateur anglais qu'il admire le plus [27]. Au point que, contrairement aux autres auteurs du chapitre, il ne le parodie pas : comme il l'annonce à Jacques Mercanton, « Newman alone is rendered pure, in the grave beauty of his style [28] », et Joyce inclut dans les paragraphes qu'il lui consacre des phrases glanées dans ses ouvrages. Et aussi, parce qu'il a, comme on dit, une actualité : le pape vient de le canoniser. *So Eamus kudasai* :

> *There are sins or (let us call them as the world calls them) evil memories which are hidden away by man in the darkest places of*

26. Message du 23 octobre 2019. Correspondance privée.
27. Voir Richard Ellmann, *James Joyce*, Oxford University Press, 1982, p. 40.
28. Voir Robert Janusko, « Grave Beauty : Newman in "Oxen" », *James Joyce Quarterly*, vol. 28, n° 3, 1991, p. 617. « Seul Newman est rendu sans mélange, dans la beauté grave de son style ».

the heart but they abide there and wait. He may suffer their memory to grow dim, let them be as though they had not been and all but persuade himself that they were not or at least were otherwise. Yet a chance word will call them forth suddenly and they will rise up to confront him in the most various circumstances, a vision or a dream, or while timbrel and harp soothe his senses or amid the cool silver tranquility of the evening or at the feast, at midnight, when he is now filled with wine. Not to insult over him will the vision come as over one that lies under her wrath, not for vengeance to cut him off from the living but shrouded in the piteous vesture of the past, silent, remote, reproachful. [29]

Allons-y :

Il est des péchés ou (appelons-les comme le monde les appelle) des idées [30] *coupables* [31] *que l'homme enfouit dans les recoins les plus sombres de son cœur mais qui s'y tiennent, et attendent. Il peut alors souffrir que leur souvenir s'estompe, faire comme si elles n'avaient pas existé et se persuader presque tout à fait qu'elles n'existèrent jamais ou, au moins, qu'elles furent autres que ce qu'elles furent. Pourtant, une parole au hasard* [32] *les rappellera soudainement et elles se dresseront devant lui dans les circonstances les plus variées, par la vue ou en rêve, lorsque le tambourin et la harpe adoucissent ses sens ou au milieu de la fraîcheur tranquille de la nuit argentée — ou en pleine fête, à minuit, lorsqu'il est repu de vin. La vision viendra, non en l'agonissant* [33] *d'injures (comme la vision accablerait quelqu'un ployant sous une colère de harpie* [34]*), non*

---

29. *Ulysses*, p. 552.
30. Je traduis « memories » par « idées » non seulement pour éviter la répétition, mais pour une raison de logique (je corrige donc Joyce pastichant Newman au passage) : ces idées ne seront des souvenirs qu'une fois refoulées, dans la phrase suivante.
31. J'avoue, je suis coupable : j'ai piqué l'idée de « coupables » pour traduire « evil » à la traduction de Morel !
32. En plaçant « au hasard » entre le nom et le verbe, j'introduis une incertitude qui n'existe pas en anglais (est-ce la parole ou le rappel qui est « au hasard » ?) mais je voudrais par cette incertitude même traduire la structure de l'anglais « a chance word », c'est-à-dire que je voudrais, en introduisant une bizarrerie propre à la syntaxe française (cette incertitude serait intraduisible en anglais, sans doute), suggérer que la phrase anglaise a elle aussi quelque chose d'intraduisible.
33. Participe présent du verbe *agonir*, dont le caractère précieux tient lieu de la préciosité syntaxique de la postposition du sujet dans l'original anglais.
34. Cette mention à la harpie pour traduire la bizarrerie du pronom possessif « her » : depuis quand la « vision » est-elle chose féminine, en anglais ?

> *plus, en guise de vengeance, pour le couper des vivants, mais tout enveloppée dans le piteux vêtement du passé, silencieuse, distante, et gonflée de reproches.*

La traduction de ce passage me laisse insatisfait : outre les défauts de ma propre prose, quelque chose manque. Est-ce le fait que le cardinal Newman, célèbre au Royaume-Uni, soit inconnu au lecteur français, si bien que le pastiche de Joyce apparaît ici comme privé d'une de ses principales dimensions ? J'avais, dans un premier temps, imaginé pasticher Rousseau pour traduire Joyce pastichant son prosateur préféré. Mais j'ai tout de suite été confronté à un problème insoluble : Rousseau ne dirait sans doute pas que des idées refoulées reviendront nous hanter, ou pas en mettant en scène un homme seul en proie à ses péchés ! L'homme est pour lui naturellement bon et le mal vient de la société. La notion de « péché » est absente de sa pensée. Il ne ferait d'ailleurs contrairement à Newman aucune concession lexicale à ce « monde » qu'il déteste. Mais ce n'est pas tout : un tel texte n'aurait pas de sens, découplé d'un pseudo-Dickens (pour le précéder) et d'un pseudo-Pater (pour lui succéder). Sans quoi serait laissé de côté l'objet même du chapitre : l'évolution de la langue, limace se mouvant lentement. Il faudrait traduire tout ! Tout ! À défaut, je ne résiste pas à conclure ces divagations en proposant les dernières phrases du chapitre. Les joyeux étudiants, sortis de la maternité avec Bloom après l'accouchement de Mme Purefoy, sont partis boire au pub.

> *Lynch ! Hé ? Ramène-toi un peu. Denzille Lane par là. Correspondance pour Putainville. Elle disait que nous deux chercherons roupillon où Marie couche-toi-là. Impec mec, quand tu veux !* Laetabuntur in cubilibus suis. *Bon, tu te bouges pas le fion ? Dis-moi donc, c'est qui le putain de connard aux loques couvertes de suie là-bas ? Mais chut... ! Y a eu offense à la lumière et maintenant le jour est proche où il viendra punir le monde par le feu. Pin-pon !* Ut implerentur scripturae. *Fais péter une chanson. Puis langarda carabin Dick à son compaing carabin Davy. Nom d'une couille, c'est qui ce bigot jaune merdique sur le mur du Merrion ? Élie arrive, lavé dans le Sang de l'Agneau. Allez, existences vinassoiffées, ginaspirantes, grandvidangeuses ! Venez, chiennards ! cous vachards ! fronts de cafards ! joues de porchards ! têtes de lards ! quinte-flushards d'œufs mollards ! fausses alarmes et excédents bagage ! Venez, glaviots d'infamie ! Alexander J. Christ Dowie, traçant sa route glorieuse sur la moitié de la Terre de Frisco à*

Vladivostok. Ce Dieu c'est pas un piège à cons à deux balles. Je vous dis qu'il est dans le coin et que c'est un plan en or. C'est le plus ouf de tous, oubliez pas. Allez-y gueulez le salut dans le roi Jésus. Eh toi le pécheur là-bas, va falloir se lever tôt si tu veux enculer le Très-Haut. Piiiiiinpon ! Pas semblant. Il a du sirop toux grasse au punch pour toi, mon pote, dans sa poche arrière. Tu m'en diras des nouvelles.

Pierre VINCLAIR

ULYSSE PAR LES NOMBRES

Eric Bulson a publié Ulysses by Numbers *(Columbia University Press, 2020), une étude stimulante consacrée aux nombres dans* Ulysse. *L'approche quantitative de Bulson touche aussi bien à la genèse qu'à la réception du roman de Joyce.*

Un livre est fait des mots qu'il comprend. Mais qu'en est-il des nombres qui le composent ? Comme l'explique Bulson, compter des mots ou des items dans Ulysse, *heures dans la fiction mais aussi heures passées à écrire cette fiction, ou alors établir le nombre de personnages nécessaires à cette même fiction, ne va pas de soi. Bulson tire des conclusions amusantes et pénétrantes au sujet de différents aspects d'*Ulysse. *Il réussit par exemple à établir la date de naissance de Molly Bloom (ou plutôt de « Pénélope ») avec précision, et il nous annonce que l'on dénombre plus de personnages dans* Ulysse *que dans les quelque quatre-vingt-dix romans de* La Comédie humaine. *Joyce était très sensible aux dates et aux détails numérologiques ; cette lecture qui s'appuie sur les nombres lui aurait sans doute plu, non sans le surprendre quelque peu. En effet, les nombres dans* Ulysse *sont à la fois de l'ordre de la numérologie et du calcul pur et simple, et parmi les multiples découvertes de Bulson, on trouvera l'idée d'un inconscient numéral à l'œuvre dans* Ulysse.

Mathieu Jung — On trouve beaucoup de nombres dans *Ulysse*. Un des critiques qui a le plus insisté sur ce point fut Hugh Kenner. Vous avez mené le comptage de manière plus systématique, en vous appuyant sur les outils d'analyse informatique des données ainsi que sur la critique génétique. Ce type d'approche scientifique appliquée à la littérature peut sembler sec sinon repoussant à certains. Je dirais au contraire que vous ne vous restreignez pas à la quantité en tant que telle, en cela que ce que vous recherchez ou suggérez n'est rien de moins qu'un saut qualitatif en vue du sens même d'*Ulysse*. En d'autres termes, vous n'éclairez pas seulement « la méthode et le dessein » d'*Ulysse* [1], mais vous vous aventurez un peu plus loin. Qu'est-ce qui est si différent dans votre approche ?

Eric Bulson — Oui, c'est juste. L'approche quantitative nous apprend quelque chose de neuf au sujet d'*Ulysse*. Au cours du siècle dernier, le moindre mot de ce roman a été annoté, et c'est certainement un des moyens par lesquels on continuera encore longtemps d'avoir accès au sens d'*Ulysse*. Mais les aspects qui m'intéressent le plus avec ce roman sont les phénomènes liés à son échelle : pourquoi *Ulysse* a-t-il revêtu cette forme et pris cette proportion en particulier ? Ce n'est pas une question à laquelle on peut répondre avec une nouvelle microlecture. Il faut plutôt envisager la chose de manière abstraite, arrêter de penser aux mots en tant que mots et les voir comme autant d'objets littéraires que l'on peut mesurer. À l'instar de n'importe quel artiste, Joyce avait à tenir compte de limites — il ne pouvait pas écrire indéfiniment. En termes plus pratiques, il devait avoir les idées claires quant à la longueur qu'auraient les épisodes de son roman, tout en définissant le nombre de personnages dont il aurait besoin au fil des dix-huit épisodes et dans chacun d'entre eux. Il lui fallait même établir combien de paragraphes lui seraient nécessaires. Ce n'étaient pas là des quantités qu'il avait à l'esprit dès le début. Elles furent découvertes au fur et à mesure de la composition. Entre 1914 et 1921 Joyce apprenait littéralement à mesurer son roman. Et lorsque j'ai entamé ce projet, ce fut un réel choc pour moi de découvrir qu'on n'avait pas idée du calibrage initial du roman de Joyce. Ce d'autant que tout le monde semblait penser que les quantités dans *Ulysse* ne présentaient que peu d'intérêt.

Mathieu Jung — C'est par le biais du temps qu'*Ulysse* semble trouver sa forme, et vous parvenez à mesurer le temps joycien de différentes manières (vous le démontrez avec précision : c'est à mesure qu'il écrivait que Joyce apprenait à mesurer le temps), en vous intéressant notamment aux années dont Joyce a eu besoin pour la composition de son roman (les fameuses dates qui figurent à la fin : 1914-1921), mais vous envisagez également le temps tel qu'il est représenté, ou tel qu'on en fait l'expérience dans cette fiction. Mesurer le temps dans *Ulysse* aide également à avoir

1. Cf. Arthur Walton Litz, *The Art of James Joyce. Method and Design in Ulysses and Finnegans Wake*, Oxford University Press, 1961.

une meilleure perception du rythme de ce roman. Comme vous le remarquez fort justement : « Beaucoup de mots sur la page, mais peu de secondes dans l'intrigue », en ce sens que, tout comme dans *Tristram Shandy* ou chez Proust, l'*erlebte Zeit* ne correspond pas forcément à l'*erzählte Zeit*[2]. Les dix-huit épisodes durent chacun une heure (à l'exception sans doute du monologue de Molly qui semble se dérouler pour l'éternité), et l'heure de « Circé » est plus longue que, mettons, celle de « Télémaque » ou du « Cyclope » — c'est à vrai dire l'heure la plus longue d'*Ulysse*. Joyce estimait avoir passé vingt mille heures à la composition d'*Ulysse*, mais vous soulevez en réalité une question encore plus fascinante, lorsque vous demandez « Combien de temps dure une heure dans *Ulysse* ? ». Quand on lit *Ulysses by Numbers*, on a envie de poser une autre question : « Qu'est-ce qu'une heure pour Joyce ? ». Ou, pour le dire autrement : comment Joyce envisageait-il la question du temps ?

Eric Bulson — Tout lecteur d'*Ulysse* apprend rapidement que chaque épisode du roman s'organise autour de l'unité de l'heure. C'est du moins ce que Joyce suggérait à ses premiers lecteurs en établissant la grille du roman, et il y a assez de preuves dans *Ulysse* qui indiquent qu'il prenait ces éléments de calibrage très au sérieux. Mais ce qui me semble encore plus intéressant, c'est la manière dont il complexifie rapidement l'idée que l'on peut se faire quant à la mesure d'une heure. Comme vous l'avez dit, il y a cette tension entre le temps vécu et le temps de la narration, le temps de l'intrigue et le temps qu'il faut pour lire cette intrigue. Dans les premiers épisodes, Joyce était encore guidé par l'idée selon laquelle le temps au fil de ses épisodes était objectif ; il pouvait être le même indépendamment du fait que l'on se trouve à l'intérieur ou à l'extérieur de la conscience des personnages. Mais il y a deux facteurs qui modifient cela : tout d'abord, la découverte qu'il pouvait rédiger des épisodes deux fois plus longs (et trois et quatre fois plus longs par la suite), en les publiant en plusieurs livraisons lors de leur parution dans *The Little Review*. Ensuite, et c'est lié, Stephen et Leopold Bloom peuvent avoir des pensées qui s'étalent sur des pages entières, mais qui n'occupent en fait que quelques secondes. Ainsi, demander ce qu'est une heure dans *Ulysse* revient en réalité à demander *où est cette heure*. Je dirais donc que l'heure se déroule là, sur la page ; il s'agit d'un concept matériel compris dans les quantités de mots assemblés sous nos yeux.

2. *erlebte Zeit* : temps vécu ; *erzählte Zeit* : temps de la narration (N.d.l.R.).

Mathieu JUNG — Votre réponse me mène tout naturellement vers la notion d'espace. Tout comme dans la vie réelle, le temps et l'espace ne peuvent être conçus séparément dans *Ulysse*. Il suffit que l'on songe aux pensées de Stephen sur la plage de Sandymount, au troisième épisode : « Infime espace de temps traversant d'infimes moments d'espace. » Et vous ne vous bornez pas à compter les mots ou les personnages dans *Ulysse*, puisque vous en proposez une sorte de carte d'ensemble. Pouvez-vous en dire davantage au sujet de votre nouvelle manière de cartographier *Ulysse* ?

Eric BULSON — Lorsque vous parlez de cartographie ici, j'imagine que vous y songez littéralement et de manière figurative. J'essaie en effet de générer une carte du roman, qui s'appuie sur des données quantitatives, mais elles ne sont pas strictement cartographiques. Envisageons par exemple les paragraphes. Il s'agit d'une unité qui mérite beaucoup d'attention, parce qu'elle constitue un outil de base pour organiser le temps et l'espace dans le roman. Lorsque Joyce arrive à l'épisode 3, celui où Stephen marche sur la plage, il doit décider où les paragraphes, qui sont autant de briques qui servent à bâtir le monologue, devront commencer et s'arrêter et combien il devra y en avoir. Il se trouve qu'il y a soixante-quinze paragraphes, dont quinze sont très courts (quelques phrases à peine), mais les autres sont bien plus longs, saturés qu'ils sont par les pensées et les souvenirs de Stephen. Je ne saurais dire si Joyce songeait à conférer à sa fiction le rythme d'un paragraphe à la minute, mais ce pourrait vraiment être le cas. Ce que je puis dire, cependant, c'est que ce calibrage particulier nous invite à envisager cet épisode comme quelque chose de construit. Dans un effort pour organiser l'espace-temps de l'épisode 3, qui est aussi l'espace-temps mental de Stephen, Joyce aboutit à soixante grands paragraphes.

L'autre cartographie qui m'intéresse s'appuie sur des données géographiques établies à partir des mille premiers souscripteurs d'*Ulysse*. Il a fallu quelques années pour collecter les informations afin de déterminer où les premiers exemplaires du roman furent envoyés. Selon Joyce, il y avait mille exemplaires (estimation à partir du premier tirage) ; c'était le seul moment où il pouvait avoir une quelconque idée de qui lisait ou ne lisait pas son livre. En cartographiant la diffusion des premiers exemplaires d'*Ulysse*, on parvient donc à deux conclusions conjointes : la première est que la publication était, comme on pourrait dire à la manière de Dickens, *A Tale of Three Cities*, le conte de trois villes : Paris, Londres et New York comptabilisant le plus grand nombre de souscriptions. Mais on apprend aussi que Sylvia Beach, qui avait établi une liste de souscripteurs potentiels, parvint à susciter un cinquième du nombre total de souscriptions par le biais de son propre réseau. Cartographier est donc une opportunité de visualiser l'espace romanesque mais aussi d'apprécier la manière dont le roman de Joyce commença à circuler dans l'espace géographique.

Jean-Michel RABATÉ — Eric a en effet beaucoup cartographié Joyce. Mais une cartographie mathématique implique quelque chose d'autre, qui serait un peu comme *Ulysse* revisité par le Watt de Beckett, ou par Molloy se demandant comment faire circuler ses pierres à sucer : dix-huit chapitres, quatre poches… Ce n'est pas là une critique, mais peut-être une nouvelle manière d'envisager la critique littéraire. Que pensez-vous de cette comparaison un peu absurde, Eric ?

Eric BULSON — La distribution des pierres à sucer ! C'est sans doute l'analogie parfaite. Mais on peut dire que Molloy n'était pas le seul à devoir relever ce défi ; il est au cœur de la littérature depuis toujours. Trouver la forme adéquate pour y caser ses mots exige que l'on prenne conscience des limites qui s'imposent à nous. Dante, par exemple, avait la contrainte de son schéma de rimes mais il avait également besoin de déterminer combien de cantiques et de chants étaient nécessaires pour un poème au sujet d'un pèlerin égaré qui représenterait tous les pèlerins égarés. Il crée les conditions numériques de son poème de manière à fabriquer une échelle jusqu'à Dieu. Quand on songe à Joyce tâchant d'effectuer quelque chose de similaire six cents ans plus tard avec sa propre numérologie d'inspiration chrétienne, toute cette dimension peut sembler absurde. Il n'y a plus d'échelle possible car, pour citer la formule de Lukács, le roman est « l'épopée d'un monde sans dieux ». Joyce, en d'autres termes, essaie d'établir la carte ou la structure du monde, mais ce n'est jamais qu'une farce. Il n'y a pas de transcendance à la fin, pas de rédemption. On a plutôt l'image triviale de deux personnes qui boivent du chocolat chaud, qui pissent sous les étoiles, qui bavardent ensemble et se disent au revoir avant que ne débute le monologue d'une femme sur le point de s'endormir. Il y a là beaucoup de choses, bien sûr, qui rendent ces moments mémorables, mais la carte dont Joyce avait besoin pour faire en sorte que cela tienne ensemble est complètement arbitraire. C'est surtout au sujet de ce dont Joyce avait besoin pour composer son roman qu'il est intéressant de l'étudier. Ainsi, en un sens, le type de lecture numérique ou informatique qui m'intéresse n'a rien à voir avec la numérologie joycienne. Mon attention porte sur toutes ces choses que Joyce ne pouvait *pas* compter. Elles nous apprennent davantage sur ce qui fait tenir le roman, en fait, que les pierres à sucer qui se présentaient à Joyce.

Jean-Michel RABATÉ — Vous commencez par citer le *Coup de dés* de Mallarmé dans votre ouvrage. Croyez-vous que ce fut un modèle pour Joyce, comme David Hayman l'a démontré il y a longtemps ? Est-ce que votre méthode suggère un brouillage des différences entre *Ulysse* et *Finnegans Wake* ?

Eric BULSON — Oui, c'est tout à fait possible. Le poème de Mallarmé contient des nombres mais est aussi une méditation sur le Nombre. Mallarmé est sans doute moins dogmatique que Dante ; les nombres mallarméens ne nous mènent pas à Dieu. Mais il n'empêche qu'ils figurent une manière de penser à la vie, au hasard, à la contingence. Avec Mallarmé, l'accent porte sur le jeu des nombres entre eux. Ils peuvent nous guider, nous aider à envisager le temps et l'éternité, mais il convient aussi bien de se soumettre aux caprices de l'univers. Il n'y a pas, en d'autres termes, de narration préétablie, ni de code préalable, et il est possible que l'on n'aboutisse à rien. Mais Mallarmé a aussi fourni l'exemple moderne du poète qui s'intéresse à la matérialité des nombres. Pour lui, le nombre sur la page pouvait être un mot, quelque chose que l'on pouvait voir, que l'on pouvait sentir — et que l'on pouvait compter. L'imprimerie moderne ainsi que les expérimentations typographiques, sur différents types ou formats de papier, rendaient cela possible. En fait, on pourrait dire que Mallarmé a concouru à banaliser les nombres dans le champ de la poésie moderne, en les libérant de leur portée mystique au sein de l'œuvre pour davantage les laisser travailler dans le sens du hasard, à même la page. Ceci me conduit à votre seconde question. La fascination de Joyce pour les nombres a commencé très tôt dans sa vie. Mais en écrivant *Ulysse*, il découvre simplement combien il a besoin d'avoir une structure numérale pour organiser ses intrigues, animer ses personnages et développer ses idées. Dans *Ulysse*, le 18 — c'est le nombre des épisodes — est le chiffre hébraïque de la vie. Dans *Finnegans Wake*, le 4 — l'ouvrage se répartit en quatre livres — correspond aux quatre éléments de la théorie viconienne de l'histoire. Avec *Finnegans Wake*, Joyce plonge tête la première dans la mystique des nombres. Ceux-ci sont omniprésents dans le *Wake*, mais il faut se demander si le jeu en vaut vraiment la chandelle. Je pense pour ma part que non. En fait, cela me semble trop surdéterminé, comme si Joyce cherchait à empiler les nombres de manière à donner l'impression que son livre est plus profond qu'il ne l'est réellement.

Mathieu JUNG — Les remarques d'Eric me rappellent que les *Nachtwachen* de Bonaventura [3] comprennent seize veilles, autant qu'il y a de chapitres dans *Finnegans Wake*… Sait-on si Joyce a lu Bonaventura ?

Jean-Michel RABATÉ — Oui mais il y a le *Ricorso* : *Finnegans Wake* se compose en fait de dix-sept chapitres, répartis en quatre parties ou livres. La première partie comprend huit chapitres, et les Parties II et III n'en regroupent que quatre chacune, tandis que la quatrième partie ne consiste qu'en un seul et court chapitre.

Mathieu JUNG — Est-ce que le chapitre 17 compte comme un chapitre à part entière ? Il est lié au premier chapitre : *along the... ... riverrun*. Je ne compte pour ma part que seize chapitres…

Jean-Michel RABATÉ — On s'accorde à dire que les dix-sept chapitres font écho aux dix-sept années que Joyce a prises pour composer *Finnegans Wake*. Oui, c'est bizarre et impair (*odd*, en anglais), mais il fallait cette étrange imparité. En fait, la quatrième partie compte comme un chapitre… Cela fait penser à « Pénélope », avec ses huit phrases et son point au milieu : c'est rond et autonome, mais non moins rattaché à l'épisode précédent.

Mathieu JUNG — *Numero deus impare gaudet*... Dieu jouit du nombre impair…

Jean-Michel RABATÉ — Que nous apprend l'analyse du décompte des mots dans *Ulysse*, chapitre par chapitre ?

Eric BULSON — Il y a une dizaine d'années, j'ai commencé à beaucoup m'interroger au sujet de la longueur d'*Ulysse*. Je demandais à tout le monde si on avait une réponse ou le début d'une théorie à ce sujet. Or, le moins que l'on puisse dire, c'est que personne ne semblait tellement s'en inquiéter. Dès lors, je commençais à compter les pages des manuscrits de Joyce, des versions dactylographiés ainsi que des épreuves, mais, pour

3. Voir Bonaventura, *Les Veilles* (1814), traduit de l'allemand par Nicole Taubes, Paris, Corti, 2003.

différentes raisons, aucune de ces versions du texte n'était fiable ou complète. Ce fut Michael Groden, en fait, qui me conseilla de « m'en tenir aux mots ». Et il avait raison : le décompte des mots m'a permis une série d'estimations empiriques, qui nous en apprennent autant au sujet du processus de publication sous forme de feuilletons qu'à propos des révisions du texte qui eurent lieu beaucoup plus tard. Dès que l'on compte les mots épisode par épisode, on découvre que la longueur du roman s'est adaptée au fur et à mesure. Elle faisait partie d'un processus organique de création lié non seulement au déroulement de l'intrigue, mais aussi aux expérimentations stylistiques qui avaient lieu tout au long du roman. Ainsi, on peut se poser la question suivante : pourquoi les cinq ou six premiers épisodes comprennent chacun six mille mots environ ? Et pourquoi y a-t-il par la suite trois différents pics, avec des augmentations du nombre de mots de trente à quarante pour cent ? Selon moi, ces chiffres sont l'occasion de tenir compte des effets liés à la publication sous forme de feuilleton, lorsque Joyce proposait des épisodes qui pouvaient remplir tout un numéro de revue, pour ensuite occuper deux ou trois numéros. Mais cela s'explique aussi du fait des expérimentations radicales au plan de la narration et que chacune d'entre elles nécessite une longueur propre pour pleinement fonctionner. Si, par un effort de l'imagination, on échangeait la longueur du deuxième épisode (Stephen à l'école) avec celle du sixième épisode (Bloom aux funérailles) ou alors la longueur du premier épisode (Stephen sur la tour Martello en compagnie de Buck Mulligan) avec celle du dernier épisode (Molly Bloom à la maison, au lit), cela n'irait pas. Mais c'est parce que la longueur est indissociable du processus créatif ainsi que de l'échelle du roman ou de son plan d'ensemble. Elle est intimement liée à ce qui se passe dans l'intrigue et à la manière dont cela se déroule dans la narration. Le monologue de Molly en seulement six milles mots est inenvisageable (il en comprend 14 000 environ). Pourquoi ? Parce que Molly a besoin de tout cet espace pour laisser divaguer sa pensée. Si on ne lui accorde que 6 000 mots, elle disparaît ou, tout du moins, devient une version très réduite d'elle-même.

Jean-Michel RABATÉ — Vous analysez la localisation géographique des premiers lecteurs d'*Ulysse*. Seriez-vous prêt à dire que Joyce a créé un lectorat particulier ?

Eric BULSON — Le lectorat d'*Ulysse* n'a pas été créé par Joyce. Il le fut largement du fait de Sylvia Beach. C'est elle qui a envoyé des bulletins de souscription avant même la publication du roman. Elle disposait d'agendas organisés par pays mais aussi d'un groupe d'admirateurs dévoués qui étaient prêts à arpenter les rues de Paris en quête de souscriptions. J'ai passé de nombreuses années à essayer de rassembler autant de données qu'il m'était possible au sujet de ces souscripteurs : qui ils étaient, d'où ils venaient, et combien d'exemplaires d'*Ulysse* ils avaient commandés. Le compte est encore incomplet à ce jour, mais sur la base de ce que j'ai trouvé, il y a quelques détails intéressants qui permettent de clarifier l'histoire de la réception d'*Ulysse*. Pour commencer, Paris est la ville qui totalise le plus grand nombre de commandes. Ce n'est guère surprenant, sans doute, mais cela montre à quel point cette publication était une affaire locale. Ensuite, seulement quarante-cinq exemplaires furent destinés à treize pays en dehors des États-Unis, de la France ou de l'Angleterre. C'est important, puisque cela contredit les affirmations selon lesquelles *Ulysse* aurait atteint son public de manière instantanée et globale ; c'est le fruit d'une confusion liée à la signification universelle de ce roman dans l'histoire littéraire. En vérité, cette première édition était surtout l'affaire de trois villes, comme je l'ai déjà dit (Paris, Londres et New York), qui fut rendue possible par la générosité de Sylvia Beach et de ses nombreux contacts. Une chose encore : les données liées aux souscriptions révèlent une autre histoire au sujet de la ville qui a vu naître Joyce : quarante-deux exemplaires furent commandés par seize souscripteurs différents. C'est bien davantage que beaucoup d'entre nous auraient pu le croire, et cela s'inscrit en faux contre tout le récit à propos de la trahison et de l'indifférence des gens de Dublin quant à *Ulysse*.

Mathieu JUNG — Comment parvenez-vous à compter les personnages dans ce roman en particulier ? Est-ce que Rudy Bloom est un personnage au même titre que Molly, Bloom ou Stephen ? Est-ce que Parnell, Shakespeare ou May Dedalus sont des personnages ? Votre approche quantitative implique nécessairement la question de la qualité, de la *quidditas*, pourrait-on dire à la manière de Stephen — qu'est-ce qu'un personnage dans *Ulysse* ?

Eric BULSON — J'aime beaucoup cette question. Elle est au cœur des préoccupations liées à mon approche computationnelle. Lorsque j'ai commencé à compter les personnages épisode par épisode, j'ai tout de suite pris conscience que je n'étais pas sûr de qui au juste pouvait entrer dans cette catégorie. J'ai finalement compris que tout l'enjeu était là.

Joyce est connu pour avoir inventé une série mémorable de personnages, mais on ne doit pas oublier qu'elle était inséparable de la découverte du monologue intérieur, qui, bien entendu, rendait possible de convoquer toutes sortes de personnes qui ne sont pas physiquement présentes dans l'intrigue. Ainsi, lorsqu'on se souvient d'une personne appartenant à une période révolue, ou si l'on évoque le nom d'un individu qu'on n'a jamais rencontré, peut-on considérer qu'ils sont bien présents ? Le roman de Joyce semble suggérer que oui, un personnage est présent dès le moment où l'on pense à lui. Ce qui comprend les vivants aussi bien que les morts, mais aussi les animaux ou encore les objets. Et nous nous aventurons, une fois de plus, sur un territoire fort complexe. Si un personnage se définit par le réseau auquel il ou elle pense et dont il ou elle se souvient, alors qui est-on au juste ? À un certain niveau, on devient la somme de ses réseaux : on est celui ou celle que l'on connaît et que l'on pense être à différentes époques. Mais j'aime également penser qu'il y a une autre dimension à cela, une dimension plus mystique. On est celui ou celle que l'on s'imagine être, comme on pense à soi dans le passé mais aussi dans l'avenir. Et c'est un processus qui finira par inclure la manière dont on se voit non seulement dans la ville de Dublin, mettons, mais au sein de l'univers, et, bien sûr, à travers l'histoire du monde. Alors, pour revenir à votre question de départ, le simple fait de compter des personnages incite immanquablement à s'interroger sur la signification des personnages, sur ce qui fait qu'un personnage *compte*. Bien que nous tendions à voir les romans comme des entités comprenant des personnages principaux et secondaires, certains plus mémorables que d'autres, *Ulysse* exacerbe cette tendance et montre combien l'on dépend de connexions et de disjonctions imaginaires pour expliquer d'où l'on vient. On peut constater en passant qu'il y a une longue tradition qui consiste à cataloguer les personnages, en les plaçant dans différentes catégories et en leur attribuant une biographie. Mais le processus computationnel peut aussi nous aider à comprendre la manière dont Joyce traite l'étendue et l'échelle de la foule au sein de la ville. Combien de personnages Bloom peut-il rencontrer au hasard de sa promenade dans les rues de Dublin en un seul épisode ? Combien de personnages un pub doit-il idéalement accueillir ? Ce sont des questions élémentaires, mais aboutir au nombre exact peut donner accès au processus créatif ainsi qu'à une limite qui n'était pas imposée de manière consciente.

Mathieu JUNG — Seriez-vous prêt à dire qu'il existe un inconscient du texte ?

Eric Bulson — Absolument ! Toute œuvre d'art, disons, possède un inconscient numérique, et c'est parce que tous les artistes sont mortels. Les tableaux, les livres, les compositions musicales commencent et finissent quelque part. Quand je méditais sur *Ulysse*, je m'inscrivais en faux contre une longue tradition critique selon laquelle les nombres du roman étaient intentionnels, comme autant d'éléments que Joyce avait mis là dans le but de transmettre un message symbolique. Les nombres qui m'intéressent chez lui sont au contraire ceux dont il n'avait pas conscience. Songeons par exemple aux paragraphes, qui constituent probablement l'objet le moins excitant pour l'analyse littéraire. Reprenons les soixante-quinze paragraphes de l'épisode 3. Le nombre, en soi, ne signifie rien. Ce qui est intéressant, c'est le fait que ces paragraphes se répartissent en soixante longs paragraphes consacrés aux pensées de Stephen, où s'intercalent quinze paragraphes courts qui s'avèrent signaler autant de changements dans le temps, dans l'espace ou dans le point de vue narratif. Pourquoi soixante ? Étant donné que chaque épisode dure une heure, cela peut représenter soixante minutes, mais aussi, de manière plus significative, nous nous trouvons encore au début du roman, et Joyce est alors encore en train de prendre conscience de combien de place il dispose pour expérimenter avec son matériau. Et dans ce cas, il faut se souvenir qu'il vient de se donner la chance de créer un épisode complètement en monologue intérieur. Mais peu importent le degré de profondeur des pensées de Stephen ou le fait qu'elles semblent se déployer en-dehors du temps : il y a une structure numérique qui équivaut à la mesure d'une heure, soixante longs paragraphes font soixante minutes. Au lieu de traiter cela comme quelque chose que Joyce a fait à dessein, il est plus amusant de voir en cette équivalence un effet de la temporalité moderne sur la manière dont on mesure et imagine la vie, l'expérience et, bien sûr, l'art.

Mathieu Jung — On sait que les nombres en tant que tels jouent un rôle important dans *Ulysse.* Les dates de naissance des personnages ont une fonction dans le roman. Sans parler des superstitions de Joyce... Comment faites-vous pour que ces nombres comptent de manière nouvelle ou différente ?

Eric Bulson — Lorsque j'ai commencé à écrire ce livre, j'avais assez peu de patience avec tous ces prétendus nombres magiques. Qui se soucie de savoir si Molly est née le même jour que la Vierge Marie ou si

Joyce voulait publier son livre en 1921 car la somme des chiffres qui constituent cette année est de 13 ? Il y a de ces détails partout dans *Ulysse* mais ils ne donnent finalement pas tellement accès au sens. Pour moi, par contre, cela me convient. Ces nombres continueront de jouer un rôle symbolique et souterrain pour les générations à venir. Mon travail computationnel, cependant, se veut une possibilité pour celles et ceux qui, plus tard, voudront s'engager dans ce type d'interprétation. Les nombres qui m'importent ne sont pas ceux que Joyce employait délibérément dans ses phrases et dans ses paragraphes. Ils font partie de la structure et de la forme avec lesquelles on travaille une fois qu'on a modélisé le roman de manière abstraite et que l'on a commencé à le voir comme un ensemble de données. Hugh Kenner m'a toujours beaucoup inspiré, et ses premiers travaux sur *Ulysse* informatisé dans les années quatre-vingt étaient une manière d'expérimenter dans le sens d'une nouvelle manière de compter qui se dessinait à l'horizon. J'aime à penser que j'ai au moins tâché de montrer comment fonctionne ce processus et que d'autres pourront essayer à leur tour.

Mathieu Jung — Vous comptez de nombreuses choses dans *Ulysse.* Pensez-vous qu'il y reste des choses à compter ? Seriez-vous prêt à compter les lettres qui composent le livre de Joyce ? Ou, au contraire, est-ce qu'il y a des choses qui ne devraient pas être comptées ?

Eric Bulson — Oui, il reste des choses à dénombrer dans *Ulysse* ! J'aime me dire que mon livre pourrait inciter d'autres personnes à se lancer dans l'aventure (peut-être même une âme téméraire prête à compter les lettres de ce roman). Mes microlectures computationnelles sont loin d'être exhaustives. Elles ne sont que des mini-leçons sur l'art et la manière de s'emparer d'un roman qui jouit d'une immense réputation, pour mieux le faire sien. C'est exactement pour cela que j'ai choisi pour titre *Ulysse par les nombres (by Numbers)*. Comme à tant d'autres lecteurs, on m'a appris à respecter la lettre d'une œuvre ou à me reposer sur des données biographiques ou historiques, c'en devenait presque absurde, mais le fait de compter constitue pour moi une manière de prendre ce roman moins au sérieux. Cela permet de faire de l'interprétation une pratique de création. Peu importe combien les mots ou les phrases peuvent sembler difficiles, il existe en matière joycienne assez de viatiques ou d'annuaires pour ne pas qu'on se perde, mais compter relève d'une tout autre pratique. Plutôt que se prosterner devant la tradition critique, on peut aussi bien débarquer avec ses propres méthodes critiques. C'est comme ces kits de peinture par les nombres que l'on trouve partout, le contour est toujours là, mais c'est souvent rafraîchissant de s'apercevoir que l'on a choisi les couleurs soi-même. Toute l'idée est donc simple : on se décide à compter des choses, mais toute la difficulté consiste à se demander en quoi cela pourrait intéresser quelqu'un.

Eric BULSON

Traduit de l'anglais par Mathieu Jung

S. M. Eisenstein tenant en main *Ulysses* à Gagra, au bord de la mer Noire, 1928.
Photographie de Dmitri Debabov.

EISENSTEIN — JOYCE — MARX
Cosmique, comique

ÉCHANGE : EISENSTEIN / JOYCE

En 1927, Sergueï Eisenstein commence à penser au projet d'un film sur le *Capital* de Marx. Son intention est de faire du *Capital* un « film discursif », abordant plusieurs sujets sans ordre particulier. Il révélerait le fonctionnement du système économique et dévoilerait les rouages de la marchandise. En même temps, il « enseigner[ait] à l'ouvrier à penser dialectiquement [1] ». Le film devait permettre à Eisenstein de continuer à affiner les techniques de montage, comme il avait commencé à le faire dans ses travaux pour le théâtre en 1922. Pour Eisenstein, le montage était un dispositif objectif et subjectif : il modélisait les processus du mouvement historique externe et cartographiait les processus internes de la conscience ou de la pensée.

Dans son film *Octobre* (1927), Eisenstein avait développé un style de « montage intellectuel » dans lequel des idées complexes — comme l'existence de nombreux dieux prétendant tous être le Dieu unique — trouvaient leur expression dans le séquençage des images. Les significations du film émergent de chaînes d'associations, le montage contribuant à l'écranisation de concepts abstraits sans recourir à une médiation dramaturgique. Un épisode d'*Octobre* montre un pont levant qui s'ouvre au-dessus de la Neva, moment clé où les autorités tentent de scinder la ville en fonction des classes sociales. Dans le film, la levée du pont est montrée sous plusieurs angles, le temps est étiré et la signification du moment est mise en évidence tout en faisant l'objet d'une exploration intensive. Le regard est réinventé,

1. S.M. Eisenstein, « Comment porter à l'écran *Le Capital* de Karl Marx », *in* Barthélemy Amengual, *¡ Que viva Eisenstein !*, Lausanne, L'Âge d'homme, 1980, p. 597.

imprégné de réflexion et d'analyse, grâce aux capacités technologiques du cinéma. Dans ses notes pour porter à l'écran *Le Capital*, Eisenstein parle de « morceaux de montage destinés à donner forme à la *pensée* [2] ». Eisenstein cite l'analyse favorable d'*Octobre* par Poudovkine, lequel fait état d'une « restructuration de la perception ordinaire [3] ». Grâce au film, la pensée est en somme repensée, localement, par rapport à ce qui est vu à l'écran, mais aussi plus généralement, dans le sens où la méthode du montage montre à quel point la pensée — ou la conscience — est mobile ou peut le devenir.

Entre les mains d'Eisenstein, le film peut émuler les envolées sublimes de la pensée elle-même, en modelant l'abstraction et le processus mental. Mais la sublimité ne lui suffit pas. Pour le tournage du *Capital*, l'utilisation du montage par Eisenstein visait à combiner une finalité sociale aiguë avec une semaison de « salves de rires ». La haute pensée devait trouver une jonction avec la jubilation hilare. Le film du *Capital*, insistait-il, serait satirique et utiliserait des éléments du grotesque et de la farce. L'ironie serait « sanglante » et tout pathos serait banni.

Rejetant toute intrigue scénaristique, le film devait être composé de vignettes, ou de ce qu'Eisenstein appelait des « historiettes » ou des « petits événements ». Eisenstein a noté, par exemple, que la Bourse serait évoquée non pas « au moyen de "la Bourse" [...] mais au travers de milliers de "petits détails" [4] », comme dans une peinture de genre. Les sujets du film incluraient une journée dans la vie d'un homme moyen, une séquence d'événements allant de l'analyse d'un centimètre de bas de soie à l'apparition d'une assiette de soupe en passant par le naufrage d'un navire britannique. Une journée dans la vie d'un homme, suivie dans les moindres détails, pouvait constituer un thème organisateur. À partir d'un tel fragment, arraché à l'existence quotidienne, tout un réseau de connexions était susceptible d'être déployé, tout comme la forme cellulaire de la marchandise de Marx était un minuscule point de départ pour révéler un maillage de relations. Dans le scénario du film, ces réseaux reliaient le système d'exploitation, le commerce, la concurrence, et même les questions de moralité liées à la longueur des jupes, exposant ainsi les contradictions entre les désirs des fabricants de textiles et de vêtements et ceux des autorités religieuses. Les

---

2. *Ibid.*, p. 598.
3. Nous suivons ici l'édition en anglais du texte d'Eisenstein : « Notes for a Film of *Capital* », translated by Maciej Sliwowski, Jay Leyda & Annette Michelson, *October*, n° 2, Summer 1976, p. 6. (N. d. T.)
4. S. M. Eisenstein, « Comment porter à l'écran *Le Capital* de Karl Marx », *op. cit.*, p. 595.

notes d'Eisenstein esquissaient d'autres schémas de connexion, de la production d'un petit bouton à la surproduction systémique, ou d'une simple assiette de nourriture à un conflit mondial féroce, du détail trivial au système mondial avec sa productivité tout à la fois massive et irrationnelle et sa destructivité. Une note pour le projet de film énumère une séquence de connexions :

> *Poivre — Cayenne — L'île du Diable — Dreyfus — Le chauvinisme français —* Le Figaro *dans les mains de Krupp — La guerre — Des navires coulés dans un port.* [5]

Cette méthodologie permettait d'obtenir une vision cohérente du monde à partir de ce qui pouvait sembler n'être que des fragments aléatoires. Elle avait des implications pour la forme cinématographique :

> *Le cinéma « ancien » filmait* une action selon de nombreux points de vue.
> *Le nouveau monte* un point de vue à partir de nombreuses actions. [6]

L'aspect crucial du film inspiré par le livre de Marx était sa présentation d'une perspective : celle de la lutte ouvrière et de la conscience prolétarienne. Dans une incise ironique, Eisenstein dédie le film aux marxistes du XIXe siècle qui sont venus après Marx et ont créé la IIe Internationale. Il note que *Le Capital* est la réfutation de tout ce qu'ils pensaient, car il s'agissait de soi-disant socialistes internationaux qui avaient voté pour les crédits de guerre, c'est-à-dire pour la destruction de la classe ouvrière d'une nation par une autre dans l'intérêt du capital. Mais la note cite aussi une source très différente pour la technique du film:

> Le Capital *sera dédié — officiellement — à la Deuxième Internationale ! Ils en seront certainement « fous de joie » ! Car il est difficile d'imaginer attaque plus dévastatrice que* Le Capital *contre la social-démocratie sous tous ses aspects.*
> *Le côté formel est dédié à Joyce.* [7]

1928 est l'année de la conception du film. C'est en cette même année qu'Eisenstein lit *Ulysse* de Joyce, avec l'aide d'un ami anglophone. Il apprécie le déploiement de la langue et la reconsidération du genre romanesque chez Joyce [8]. *Ulysse* lui offre un modèle pour ce qu'il appelle son « principe

5. *Ibid.*, p. 601.
6. *Idem.*
7. *Ibid.*, p. 603 (traduction modifiée).
8. Voir James Goodwin, *Eisenstein, Cinema, and History*, University of Illinois Press, Urbana and Chicago, 1993, p. 102.

de la désanecdotisation [9] », un film dépourvu d'intrigue et qui fonctionne plutôt avec des historiettes et des scènes tirées de la vie quotidienne. C'est à travers ces fragments, selon « le principe même de la réduction logique *ad limitum* d'un détail fondamental », qu'est matérialisée la structure de base du monde social [10]. Eisenstein fait cette observation :

> *Dans l'*Ulysse *de Joyce, on trouve un remarquable chapitre écrit à la manière d'un catéchisme scolastique. Des questions sont posées et des réponses sont données.*
> *Questions sur le thème : comment allumer un bec Bunsen.*
> *Les réponses, toutefois, sont métaphysiques. (Lire ce chapitre, il peut être utile sur le plan méthodologique.)* [11]

Plus loin dans ses notes, Eisenstein indique comment l'association entre l'abstraction et la concrétude intensifie l'impact de la première.

> *L'abstraction maximale d'une idée en expansion apparaît particulièrement audacieuse lorsqu'elle est présentée comme une ramification de l'extrême concrétude — la banalité de la vie. Pour nous orienter, nous pouvons emprunter quelque chose de semblable à* Ulysse. *« Ce n'est pas tout ! Un chapitre est écrit dans le style des livres pour midinettes, tandis qu'un autre est composé de questions et de réponses à la manière d'un traité de scolastique : les questions concernent la manière de porter à ébullition une bouilloire, mais les réponses digressent dans le Cosmique et le Philosophique... » (Ivan Goll,* Literarische Welt, *Berlin, tiré d'un prospectus pour* Ulysse*). Joyce peut éclairer mon intention — de l'assiette de soupe aux navires anglais coulés par l'Angleterre.* [12]

Le chapitre des questions et réponses, intitulé « Ithaque », est un catéchisme de 309 questions et 308 réponses. Il s'agit du chapitre préféré de Joyce dans *Ulysse*, qu'il appelait « le vilain petit canard du livre [13] ». Bien

9. S. M. Eisenstein, « Comment porter à l'écran *Le Capital* de Karl Marx », *op. cit.*, p. 594.
10. Nous suivons ici la traduction anglaise, « Notes for a Film of *Capital* », *op. cit.*, p. 5.
11. S. M. Eisenstein, « Comment porter à l'écran *Le Capital* de Karl Marx », *op. cit.*, p. 595 (traduction modifiée).
12. S. M. Eisenstein, « Comment porter à l'écran *Le Capital* de Karl Marx », *op. cit.*, p. 600. Eisenstein cite le texte d'Ivan Goll en allemand, nous reproduisons ici le passage : « Nicht genug! Ein anderes Kapitel ist im Stil der Bücher für junge Mädchen geschrieben, ein anderes besteht, nach dem Vorbild der scholastischen Traktate, nur aus Frage und Antwort: die Fragen beziehen sich auf die Art, wie man einen Teekessel zum Kochen bringt, und die Antworten schweifen ins große Kosmische und Philosophische ab. »
13. Frank Budgen, *James Joyce and the Making of "Ulysses"*, Londres, Grayson & Grayson, 1934, p. 264.

que sa méthode provienne d'un exercice religieux où des questions sont immédiatement suivies de réponses, son style rappelle plutôt le langage polysyllabique impersonnel de la science et de la technologie. La plupart des questions posées reçoivent des réponses extraordinairement détaillées. À travers ces questions et ces réponses, un travail de réinterprétation est mis en route. Toutes les parties du monde et du cosmos, le banal et le cosmique, sont reconnectées. Le circuit de l'adduction d'eau est retracé depuis la source jusqu'au robinet [14], le budget détaillé de la journée est établi [15], un ongle d'orteil est reniflé [16], les polices d'assurance et autres documents contenus dans un tiroir sont énumérés [17]. Du plus grand au plus petit, tout est décrit et analysé. Joyce déclarait à ce propos :

> *J'écris « Ithaque » sous forme de catéchisme mathématique. Tous les événements sont transformés en leurs équivalents cosmiques, physiques, psychiques, etc. (par exemple Bloom dégringolant l'escalier, tirant de l'eau au robinet, la miction dans le jardin, le cône d'encens, le cierge allumé et la statue) pour que le lecteur sache tout, et de la façon la plus nue et la plus froide, si bien qu'ainsi Bloom et Stephen deviennent des corps célestes, vagabondant comme les étoiles qu'ils contemplent.* [18]

Les deux personnages principaux, Leopold Bloom et Stephen Dedalus, existent à la fois dans la sphère domestique de la cuisine et sur la carte céleste. Dans « Ithaque », le monde entier est mis en relation, de l'événement humain le plus banal à son analogon cosmico-physique. Le mythe fait ainsi irruption, Bloom et Stephen devenant les étoiles mêmes qu'ils observent. Ce n'est nullement de l'astrologie — c'est de la science de la manière la plus fantastique, comme l'entrevision d'une réalité sur le point d'être connue. Quelques années à peine après que Joyce a écrit *Ulysse*, l'astrophysicien Harlow Shapley, en janvier 1925, annonce sur les ondes cette découverte : « Nous sommes faits de la même matière que les étoiles [19] ». Et de nouveau, dans un article du *New York Times* paru en août 1929 sous le titre « The Star Stuff that is Man », Shapley explique : « Nous sommes

---

14. James Joyce, *Ulysse*, traduction et édition sous la direction de Jacques Aubert, Paris, Gallimard, « Folio », 2013, p. 1031-1032.
15. *Ibid.*, p. 1090.
16. *Ibid.*, p. 1091.
17. *Ibid.*, p. 1108.
18. Lettre de Joyce à Frank Budgen, 1921, citée par ce dernier dans *James Joyce and the Making of "Ulysses"*, op. cit., p. 263.
19. Cité par Holly Henry dans *Virginia Woolf and the Discourse of Science. The Aesthetics of Astronomy*, Cambridge, Cambridge University Press, 2003, p. 43.

faits de la même matière que les étoiles, de sorte que lorsque nous étudions l'astronomie, nous ne faisons en quelque sorte qu'enquêter sur notre lointaine ascendance et notre place dans l'univers de la matière stellaire. Nos corps sont constitués des mêmes éléments chimiques que ceux que l'on trouve dans les nébuleuses les plus lointaines. [20] » Il y a un lien entre nous et l'univers qui nous contient. Notre banalité corporelle et matérielle a une signification d'ordre cosmique. *Ulysse* regorge de *bathos* [21], ou de ce qui pourrait être conçu comme un passage rapide entre le cosmique et le comique, le mythique et l'exhilarant. Parmi ces moments, on peut citer les « trois boules fumantes de crotte » qui tombent du cheval tirant un « char hérissé de faux » dans « Eumée », les listes et les catalogues dans « Le Cyclope », les gros titres dans « Éole » ou la langue argotique et haute en couleur à la fin des « Bœufs du Soleil ».

Le chapitre « Ithaque » précède le flux de conscience hyper-subjectif du dernier chapitre, « Pénélope ». Là, l'objectivité se retourne contre elle-même pour produire son contraire, un monologue absolument subjectif, ruisselant sans trêve, sans ponctuation. S'enfonçant dans les profondeurs de l'inconscient, Molly s'immerge en même temps dans le langage primitif du corps. Ses exclamations corporelles offrent une autre perspective sur la langue de haute volée et les chansonnettes grossières, l'homme et les étoiles, les bouilloires, les égouts et les océans, les rimes et les raisons. Joyce était parfaitement conscient de cette juxtaposition :

> *Je me débats dans les aridités d'« Ithaque » — une sublimation mathématico-astronomico-physico-mécanico-géométrico-chimique de Bloom et de Stephen (le diable les emporte tous deux !) pour préparer l'épisode final, amplement curviligne, de « Pénélope ».* [22]

Dans « Ithaque », Stephen Dedalus et Leopold Bloom sont assis dans la cuisine de Bloom et boivent du cacao Epps, après une visite au bordel. Ils parlent des langues irlandaise et hébraïque, de meurtres rituels, de

20. *Ibid.*

21. *Bathos* (du grec βάθος, profondeur) est un terme littéraire utilisé pour la première fois dans ce registre par Alexander Pope en 1727 dans son essai *Peri Bathous*, pour décrire une tentative à la fois ratée et amusante de faire état de la grandeur artistique. Aujourd'hui, le *bathos* désigne une transition abrupte d'un style noble ou d'un sujet grandiose à un sujet commun ou vulgaire, qui se produit soit accidentellement (en raison d'une inaptitude artistique), soit intentionnellement (pour un effet comique). (N.d.T.)

22. James Joyce, Lettre à Claud W. Sykes, sans date, printemps 1921, *in* James Joyce, *Œuvres* 2, Jacques Aubert éd., Paris, Gallimard, « Bibliothèque de la Pléiade », 1995, p. 932.

rencontres précédentes, de connaissances mutuelles. Ils regardent les étoiles. Ils urinent. Bloom veut que Stephen devienne temporairement son locataire et lui propose de donner des cours d'italien à Molly, son épouse, pour qu'elle puisse chanter des opéras en prononçant correctement l'idiome. Stephen n'a pas l'intention de le faire. Il s'en va. Bloom tourne un moment en rond avant d'aller se coucher. Au lit, il embrasse les fesses de Molly et son excitation sexuelle est décrite :

> *Les signes visibles d'antésatisfaction ?*
> *Une érection approximative : une adversion empressée : une élévation graduelle : une révélation suggérée : une contemplation silencieuse.*
> *Puis ?*
> *Il embrassa les ocres onctorants melons rebondis odorants de sa croupe, sur chaque hémisphère rebondi melonneux, dans leur sillon ocre onctueux, avec une obscure osculation prolongée provocatrice melonodorante.* [23]

Bloom, voyageur des étoiles, est ramené à la terre, à la base et au fondement, aux fesses de Molly. Il adopte une position fœtale. Le langage devient celui du corps, un langage de calembour, grossier, infantile et fort suggestif pour décrire la croupe de Molly. Tout *Ulysse* parle du corps humain — Joyce a d'ailleurs qualifié le livre d'« épopée du corps humain [24] ». Bloom accède au repos, son périple mythique est achevé. Dans son lit, les rémanences de la journée circulent entre le conscient et l'inconscient. Avant qu'il ne sombre dans le sommeil, ses dernières pensées éveillées sont des coagulations de mots et d'images propres à saisir d'étonnement un promeneur dublinois moderne, surtout s'il travaille dans le monde de la publicité. Dans « Ithaque », on peut lire ce qui suit :

> *Quelles étaient en général ses méditations finales ?*
> *Quelque seule et unique publicité obligeant les passants à s'arrêter émerveillés, une innovation en affiches, excluant toute accrétion fleurant l'extranéité, réduite à ses termes les plus simples et les plus efficaces sans outrepasser le champ de la vision fortuite et congruente à la vélocité de la vie moderne.* [25]

La publicité se trouve au seuil de l'inconscient de Bloom. Ce n'est pas une surprise. Les surréalistes découvrent également la proximité de la publicité et de l'inconscient peu après la parution d'*Ulysse*. Bloom

---

23. *Ulysse*, op. cit., p. 1125.
24. Frank Budgen, *James Joyce and the Making of "Ulysses"*, op. cit., p. 21.
25. *Ulysse*, op. cit., p. 1104.

imagine une affiche qui attirerait l'attention, une bribe urbaine si significative et absolue qu'elle arrêterait le piéton, ne serait-ce que pour un instant. L'écriture par images envahit l'espace de la ville. Comme s'ils prenaient part à un soulèvement, fraîchement libérés d'entre les pages d'un livre, les mots écrits dansent sur la ligne d'horizon, hurlant sur les affiches ou faisant clignoter leurs messages au néon au-dessus des magasins. L'ère de Joyce est une ère visuelle où l'écriture devient graphique et se transforme en logos. Le citadin doit être capable de lire un tel paysage urbain — ses signes, ses mots, ses images. Sa halte ne doit pas durer plus d'une seconde — en fait, la plupart du temps, ces signes s'écrasent instantanément dans la mémoire, stockés là comme des traces pour revenir dans la nuit sous forme de rêves et de cauchemars. Ils sont perçus en une fraction de seconde, comme l'exige le rythme effréné de la vie en ville. (Cet instant, cependant, peut être exactement le même que celui qui fait irruption dans la vision offerte par le montage d'Eisenstein, après quoi les choses sont réorganisées ou reconçues.)

L'affiche publicitaire a des affinités avec l'image cinématographique qui défile devant nos yeux. Les spectateurs apprennent à absorber rapidement les chaînes de données qui vont à toute allure et à extraire la signification du moindre regard, d'une chute soudaine sur le sol ou de la brillance d'un pare-chocs de voiture. Le cinéma dispose d'un arsenal de dispositifs techniques pour intensifier son efficacité expressive : ralenti, accéléré, gros plan, montage d'images, montage d'images et de sons… Les pratiques auxquelles recouraient les adeptes enthousiastes du montage dans les années vingt engageaient à une perception nouvelle des aspects familiers de la réalité. Au cinéma, tout comme dans un livre tel qu'*Ulysse*, elles incitaient à la réflexion.

ÉCHANGE : JOYCE / EISENSTEIN

De par sa reconnaissance de la fécondité et de la vitesse de la vie urbaine, ainsi que de l'importance des détails, *Ulysse* a rapidement été considéré comme « cinématographique ». La Warner Brothers a envisagé d'en faire un film et a pris contact avec Joyce au sujet des droits. Joyce a rejeté l'idée, considérant qu'il était impossible de filmer *Ulysse* de manière adéquate. Mais il a entamé une discussion avec un autre interlocuteur, Sergueï Eisenstein, répondant ainsi à l'intérêt que ce dernier avait manifesté à son égard lorsqu'il travaillait au projet cinématographique sur *Le Capital*. Les deux hommes se rencontrent à Paris en 1929. Ils écoutent l'enregistrement de Joyce lisant *Anna Livia Plurabelle*, extrait de *Finnegans Wake*, et regardent des séquences du *Cuirassé Potemkine* et d'*Octobre* qui tentent de développer le « monologue intérieur au cinéma [26] ». Un Joyce presque aveugle agite les bras en essayant de trouver le manteau d'Eisenstein au moment de son départ [27]. Selon Hans Richter, Eisenstein a décrit sa visite chez Joyce comme une « expérience de fantôme ».

En 1932, lors d'un voyage en Californie, Eisenstein se souvient de son désir de filmer *Ulysse*. Pour *Ulysse*, comme pour *Le Capital*, il imagine un « cinéma de l'esprit, un film capable de reconstituer toutes les phases et toutes les spécificités du cours de la pensée ». Il rendrait le « monologue intérieur », c'est-à-dire la pensée elle-même. Il traduirait la dissolution de la « distinction entre le sujet et l'objet », comme chez Joyce [28]. Le film, loin d'être un mécanisme d'enregistrement objectif, est l'outil même qui permet de sonder les imbrications du sujet et de l'objet, de l'intérieur et de l'extérieur, du fonctionnement de l'esprit et du corps, car tout cela est lié.

Critiques

Selon la nouvelle orthodoxie soviétique stalinienne, l'intérêt d'Eisenstein pour Joyce était malavisé. En août 1934, lors du Congrès des écrivains soviétiques où la doctrine du réalisme socialiste est officiellement lancée, Karl Radek se fait le champion du roman réaliste. Afin de magnifier cette forme essentiellement dix-neuvièmiste, il s'en prend spécifiquement à l'approche « cinématographique » de la vie quotidienne par Joyce. Dans une partie de son discours intitulée « James Joyce ou le réalisme socialiste ? », il s'attarde sur *Ulysse*. Selon Radek, Joyce a la conviction que « l'écrivain peut donner une image de la vie en prenant simplement "n'importe quel héros donné, n'importe quel jour donné", et en le représentant avec exactitude. Un tas de fumier, grouillant de vers, photographié par un appareil de cinéma à travers un microscope, telle est l'œuvre de Joyce. […] Inutile de dire qu'essayer de présenter une image de la révolution par la méthode de Joyce serait comme essayer d'attraper un dreadnought avec un filet à crevettes... [29] ». Que voit-on sous la lentille

26. Voir S. M. Eisenstein, « "Allez-y… servez-vous !" Un cours sur l'adaptation », in *Le Film : sa forme, son sens*, Paris, Christian Bourgois, 1976, p. 92.
27. Voir S. M. Eisenstein, *Immoral Memories*, Boston, Houghton Mifflin, 1983 p. 214.
28. Voir Annette Michelson, « Reading Eisenstein, Reading *Capital*, October 1927-April 1928 », *October*, n° 3, Spring 1977, p. 86.
29. Voir Maxim Gorky *et al.*, *Soviet Writers' Congress 1934. The Debate on Socialist Realism and Modernism in the Soviet Union*, Londres, Lawrence and Wishart, 1977, p. 153.

d'un microscope ? Comme le note Radek, un bouillonnement de micro-vies. L'idéologie stalinienne ne pouvait pas faire face à cette réalité, préférant les paysages fantaisistes de vaillants guerriers de classe, ouvriers et paysans travaillant hardiment. Il est significatif que Radek qualifie le style de Joyce de « cinématographique ». Mais l'emploi du terme a ici l'accent d'une insulte — plus un roman est « cinématographique », moins il sera « littéraire ». Pour Radek, le fait qu'un roman doive être littéraire ne prête pas à discussion. Ses contemporains de gauche, motivés par de nouveaux impératifs politiques, technologiques et esthétiques, ont cependant formulé des points de vue très différents sur la relation entre le cinéma et la littérature. Écrivains modernistes, ils ont considéré que la littérature pouvait avoir un aspect cinématographique et ils ont activement promu cette idée. Alfred Döblin, auteur de *Berlin Alexanderplatz* (1929), avait appelé à un style cinématographique dès 1913. Pour Döblin, cela signifiait une écriture caractérisée par l'urgence et la précision, la tridimensionnalité et la vivacité. Le cinéma fournissait les critères d'une nouvelle esthétique. Dans la pratique, cela signifie le développement, d'une part, des méthodes de montage et, d'autre part, l'intégration d'éléments non littéraires et reproductibles dans l'œuvre d'art. La littérature importe des dispositifs tels que le découpage ou la discontinuité scénique, le gros plan et le jeu entre les perspectives internes et externes. Le montage cinématographique en littérature consiste à arranger des bribes de la « réalité » extérieure, tout comme le film qui a toujours un rapport indiciel avec un monde extérieur, une réalité extérieure. La « réalité authentique », l'étoffe de la vie, est incorporée dans le texte. Dans *Berlin Alexanderplatz*, cela se manifeste par la citation de publicités, de documents officiels, d'horaires de bus et d'itinéraires de tramway, de bulletins météorologiques et boursiers, d'émissions de radio, de statistiques de mortalité, de traités scientifiques, de bribes de conversations de rue, etc. Un nouveau type d'écriture apparaît, moins destiné à l'expression personnelle qu'à l'échantillonnage de la réalité sociale objective, sans pour autant renoncer à la possibilité d'une incursion dans l'hypersubjectivité, voire dans la déformation expressionniste. Dans un article de 1930 consacré à *Berlin Alexanderplatz*, Walter Benjamin affirme que le roman ne peut survivre que s'il adopte une forme épique et cinématographique [30].

30. Voir Walter Benjamin, « La crise du roman. À propos de *Berlin Alexanderplatz* de Döblin », traduit de l'allemand par Rainer Rochlitz, in *Œuvres II*, Paris, Gallimard, « Folio essais », 2000, p. 189-197.

L'expérience sociale moderne, de plus en plus dépendante des médiations de formes sociales impersonnelles, exige un nouvel art. Dans le film de montage, une banalité documentée est élevée au rang de forme analytique par la technique cinématographique. De même, le montage — compris dans le sens littéraire moderniste comme l'assomption de thèmes ordinaires, du bric-à-brac quotidien et de matériaux triviaux dans une forme artistique — peut être considéré comme un coup de sape assené aux aspirations sublimes de l'art. Radek n'a noté la nature « cinématographique » de l'*Ulysse* de Joyce que pour la réprouver. La doctrine du réalisme socialiste insiste sur le maintien des formes littéraires traditionnelles, tout comme la nouvelle Russie de Staline insiste sur les institutions traditionnelles telles que le patriotisme, le travail et la famille.

En dépit des directives officielles de l'État, Eisenstein reste fidèle à Joyce et, quelques mois après le discours de Radek, lors d'une conférence au VGIK [31], le 1er novembre 1934, il fait l'éloge du traitement microscopique des phénomènes par Joyce [32]. Le mot « microscope » domine cette brève conférence donnée aux étudiants de quatrième année d'un cours sur la réalisation de films.

> *Nous en arrivons donc à Joyce. Qu'est-ce que Joyce a principalement fait dans cette œuvre ? Vous savez plus ou moins de quoi il retourne dans* Ulysse : *il s'agit de 700 pages de description d'une journée dans la vie d'un homme qui sollicite des publicités pour une compagnie d'assurances* (sic). *La journée entière est décrite du début à la fin. Qu'a fait Joyce exactement ? Il a pris un personnage, une personne, un événement et l'a examiné sous un microscope incroyable. D'ordinaire, on pourrait décrire une journée comme celle-là en trois ou quatre pages. Il s'est mis à examiner tous les détails au microscope, c'est-à-dire qu'il a déroulé tout ce que vous voyez à ce moment-là... Mais en tant que méthode, cela force l'art à devenir de la science, autrement dit, une méthode qui convient à la science est appliquée à l'art. Je veux dire scientifique non pas dans un sens global, mais dans un secteur limité. Dans son traitement microscopique des phénomènes, Joyce utilise à des fins artistiques une méthode plus appropriée à la science...* [33]

Ce ne sont pas seulement les événements qui sont soumis à la vision du microscope. La « texture de l'écriture » connaît le même sort. Eisenstein remarque alors :

31. L'Institut national de la cinématographie fondé à Moscou en 1919 (N.d.T.).
32. Une traduction anglaise du verbatim de la conférence a été publiée sous le titre « Lecture on James Joyce » dans la revue *James Joyce Quarterly*, 24, n° 2, Winter 1987, p. 133-142.
33. S. M. Eisenstein, « Lecture on James Joyce », *op. cit.*, p. 135.

> *Comme dans toute œuvre brillante, le traitement du thème et du contenu imprègne également la forme.* [...] *Je vous ai dit que chaque phrase, chaque période du discours, pouvait se rapporter à différents genres : questions et réponses, définitions figuratives, énumération de faits, etc. Si cela est typique de chaque période du discours et de chaque phrase, alors qu'obtenons-nous avec Joyce ? Il élargit également chaque possibilité stylistique à la taille d'un chapitre et il a des chapitres écrits dans un style différent. Un chapitre est écrit sous la forme d'un catéchisme : toute l'intrigue est présentée sous forme de questions et de réponses. Alors, qu'ont fait Bloom et son compagnon à tel ou tel moment ? Ils ont marché jusqu'à la maison. Et après avoir marché jusqu'à la maison, qu'ont-ils fait ? Ils ont cherché la clé* [...] [34]

Il y a aussi, note Eisenstein, un chapitre sur les sons et les onomatopées, et un autre qui intègre dans sa composition des titres d'articles de journaux. Le fait est que le style de chacun de ces chapitres n'est pas arbitraire. Il trouve un langage et un genre appropriés à son sujet et à la nature spécifique de l'intrigue. Un chapitre épouse le développement historique de la langue anglaise et des styles littéraires, des temps anciens jusqu'à nos jours, par analogie avec la naissance d'un enfant dans une maternité. Eisenstein insiste sur ce point auprès des étudiants du VGIK :

> *En ce moment, j'étudie les questions ayant trait à la technique d'écriture et à la forme d'écriture. Vous comprenez qu'il y a ici une énorme quantité de matériel pour l'acquisition d'expérience. Pour la première fois, vous avez une texture littéraire montrée de cette façon, c'est-à-dire une découverte littéraire d'une portée quasiment équivalente à la possibilité de voir pour la première fois la texture humaine au microscope, ce qui a été d'une importance considérable pour les physiologistes.* [35]

Eisenstein considère que Joyce fait l'objet d'évaluations erronées et il ne manque pas de critiquer Radek dans sa conférence — bien qu'il se refuse à rendre cette critique publique. Le principal reproche que Radek adresse à Joyce, observe-t-il, c'est en fin de compte que les détails microscopiques du monde extérieur sont inutiles. Mais, objecte en substance Eisenstein, dirait-on à un médecin que la vue microscopique des microbes ne nous apprend rien ? Bien sûr que non ! En agrandissant quelque chose d'invisible à l'œil nu, elle révèle des choses inconnues auparavant et d'une importance cruciale pour la compréhension de la biologie.

34. *Ibid.*
35. *Ibid.*, p. 137.

La pratique littéraire de Joyce enseigne à Eisenstein comment rendre un film politiquement et analytiquement significatif. Quelque chose comme un microscope est utilisé dans le gros plan filmique. C'est ce qu'avait affirmé Walter Benjamin dans ses propres recherches sur l'esthétique cinématographique, motivées par Eisenstein autant que par le cinéma burlesque américain. En 1927, prenant la défense du *Cuirassé Potemkine*, le film d'Eisenstein sorti deux ans plus tôt, Benjamin note comment, grâce au traitement par le film d'un monde objectif, « une nouvelle région de la conscience » se fait jour. Cette conscience permet aux gens de se confronter à l'inconsolable banalité du monde :

> *Parmi les points de rupture des formations artistiques, l'un des plus puissants est le cinéma. Avec lui naît véritablement* une nouvelle région de la conscience. *Il est — pour le dire en un mot — le seul prisme où se déploient pour l'homme d'aujourd'hui de manière claire, significative, passionnante, le milieu immédiat, les pièces où il vit, vaque à ses affaires et se divertit. En eux-mêmes ces bureaux, chambres meublées, salles de café, rues de grandes villes, gare et usine sont laids, incompréhensibles, désespérément tristes. Plus : ils l'étaient et le paraissaient, jusqu'à ce que le cinéma soit là.* [36]

Le cinéma ouvre à la vision et à l'analyse les espaces quotidiens apparemment banals et peu dignes d'intérêt. Il fait exploser, dit encore Benjamin, « tout ce monde pénitentiaire avec la dynamite du dixième de seconde, en sorte que nous entreprenons maintenant entre ses ruines éparses de longs et aventureux voyages [37] ». L'expérience du monde qu'offre le cinéma élargit la nôtre. Elle nous permet de pénétrer les secrets contenus même dans la réalité la plus ordinaire. C'est comme si un microscope était tendu vers la réalité, permettant de voir les formes constitutives, les interconnexions, la structure moléculaire. Nous y pénétrons par sa médiation alors même que l'occasion nous est donnée de réfléchir. Selon Walter Benjamin, la matière filmique capte quelque chose que les rouages régulateurs de la conscience ont tendance à occulter ou à refouler [38]. L'œil nu ne peut pas pénétrer toutes les composantes d'une scène. La photographie

36. Walter Benjamin, « Discussion sur le cinéma russe et l'art collectiviste en général (Réponse à O.A.H. Schmitz) », *Die Literarische Welt*, n° 10, 11 mars 1927. Traduction de Bernard Eisenchitz, *Cahiers du cinéma*, n° 226-227, janvier-février 1971, p. 16.
37. *Ibid.*
38. Voir Walter Benjamin, *Petite histoire de la photographie*, traduit de l'allemand par Olivier Mannoni, Paris, Petite Bibliothèque Payot, 2019.

nous révèle ces secrets invisibles. La photographie et le cinéma permettent de porter un regard microscopique et de mettre en évidence les éléments structurels cachés du monde social. Il s'agit d'une analyse matérialiste de la réalité. Des choses jusqu'alors inaperçues mais cruciales sont mises en lumière. Benjamin part du principe que l'usage de la photographie — et par extension du film — n'est pas étranger au domaine scientifique. Il écarte les portraits sentimentaux et les paysages atmosphériques au profit des analyses structurelles de la photographie microscopique. L'écriture lumineuse du cinéma, son langage de montage et d'astuces techniques, tout comme l'épopée moderniste de Joyce, mettent à nu les dessous de la réalité et démasquent l'ambiguïté profonde de la communication.

La critique de Joyce par Eisenstein

Selon Eisenstein, Joyce poussait la littérature aux limites de ce qu'elle pouvait accomplir. Mais il restait toutefois des limites. Joyce était à ses yeux prisonnier d'un sens naturaliste bourgeois des choses. Techniquement et idéologiquement, pour Eisenstein, l'étape suivante était le cinéma, un mode plus approprié pour révéler et analyser la vie intérieure et son implication dans les contextes sociaux.

> *Formellement, Joyce est allé aussi loin que la littérature pouvait aller. Et beaucoup de choses qu'il a faites sont maintenant impossibles ; ici, il dépasse les limites de la littérature, et toute une nouvelle série de choses qui sont très difficiles à faire dans une œuvre littéraire peuvent maintenant être accomplies plus aisément dans une autre forme d'art. […] À cet égard, le cinéma a beaucoup plus de possibilités que la littérature. Joyce et moi en avons parlé à Paris, et je lui ai expliqué l'arsenal dont nous disposons. Prenons par exemple l'action non séquentielle. Il y a chez Joyce la scène suivante : un homme marche dans la rue en pensant à quelque chose. Joyce l'a écrite presque en sténographie. En même temps, elle se déroule sur trois niveaux. Premièrement, l'homme pense à quelque chose d'autre qu'il doit faire ; deuxièmement, l'accumulation de ce qu'on appelle en psychologie le trauma... votre conscience vous tracasse parce que vous n'avez pas terminé votre travail. Et la troisième chose, c'est que vous croisez un tramway, vous rencontrez une fille ; et tout cela se mêle à ce à quoi vous pensez.... et Joyce parvient, dans certaines parties du roman, à écrire de cette façon. Mais ici, il est typique que Joyce, en tant qu'artiste bourgeois, ne voie pas au-delà de la surface des phénomènes. Vous savez à quel point l'expression « l'être détermine la conscience » a été vulgarisée. L'être est compris comme cela : la chaussure de quelqu'un*

est déchirée, donc il a une mentalité de vagabond. Joyce comprend les choses de la même façon. Il voit comment les circonstances extérieures affectent et modifient un train de pensées, mais il ne voit pas la compréhension des phénomènes sociaux qui dépassent la conscience. [39]

La pensée d'Eisenstein va vite. Il commence par montrer comment le cinéma est plus en phase avec les activités multiples et non linéaires présentes dans n'importe quelle séquence de la vie quotidienne. Joyce peut y parvenir par l'écriture, mais la panoplie des dispositifs techniques du cinéma offre un accès plus immédiat aux domaines intérieurs et extérieurs, en reliant sans délai le personnage et le monde et en permettant de visualiser la pensée intérieure et le monde extérieur qui s'y engouffre. Les techniques cinématographiques autorisent une disposition d'esprit implicite à l'égard de ce qui est vu et pensé — cette disposition pourra être tributaire de la distance ou de la proximité de ce qui est vu, de son flou ou de sa netteté, de sa roideur ou de sa fluctuation, de sa vitesse ou de son indolence. Eisenstein développe une critique de Joyce, considérant que s'il y a une chose qu'il est incapable de faire, c'est de mettre en lumière les mécanismes sociaux qui contextualisent toute cette activité. Eisenstein, en tant que marxiste, aspire pour sa part à porter à la lumière de la conscience l'impact inconscient des relations sociales, et à le faire précisément à travers les mécanismes du film. Sa conférence se termine par une considération sur la raison pour laquelle le mode d'écriture de Joyce a tant à offrir au cinéma. C'est parce qu'il s'agit d'une anti-écriture. Elle se tient au plus près du fonctionnement du moi en dialogue avec lui-même, via le corps.

Il utilise la syntaxe et la grammaire non pas de la pensée émotionnelle mais, pour ainsi dire, de la pensée sensuelle. Lorsque vous pensez à vous-même, vous n'utilisez pas de mots, vous avez un autre système. Vous nommez certains mots, vous pensez à d'autres en images, et c'est à partir de là que se forme l'agencement du discours [...] [40]

Une cartographie de la pensée intérieure, laquelle est à la fois imagée et verbale — tel était ce qu'Eisenstein espérait que le cinéma pourrait être

---

39. S. M. Eisenstein, « Lecture on James Joyce », *op. cit.*, p. 140-141. Eisenstein aborde la même question en relation avec Joyce et le projet de tournage d'*Une tragédie américaine* d'après le roman de Theodor Dreiser dans « "Allez-y… servez-vous !" Un cours sur l'adaptation », *op. cit.*, p. 93-95.
40. S. M. Eisenstein, « Lecture on James Joyce », *op. cit.*, p. 141.

formellement. Son film sur *Ulysse* n'a jamais été réalisé [41], pas plus que sa version joycienne du *Capital* de Marx. L'art insincère et fastidieux du réalisme socialiste, qui importait alors davantage, devait être pris en charge par d'autres.

Esther LESLIE

Traduit de l'anglais par Jean-Baptiste Para

Texte paru initialement dans *Enclave Review* (Cork, Irlande), printemps 2011 © Esther Leslie.

41. La traduction de *Ulysses* en russe a été commencée au milieu des années trente, mais après dix chapitres publiés en 1935-1936, elle a été interrompue, au grand dam d'Eisenstein. [N.d.T. Se référant au discours de Karl Radek lors du Congrès des écrivains soviétiques en 1934, Eisenstein dit à ce propos dans sa conférence sur Joyce : « Son discours a terriblement discrédité Joyce et, par conséquent, ce dernier ne sera probablement pas traduit. Ils veulent le traduire et le publier dans une petite édition réservée aux travailleurs artistiques et scientifiques ! Après le discours de Radek, ça a été complètement fichu pour Joyce et il s'est trouvé privé de toute considération. »]

« MAIS VOUS DEVEZ BIEN AVOIR UN MANTEAU QUELQUE PART... »

S. M. Eisenstein raconte sa rencontre avec Joyce

L'année de naissance de mes réflexions sur le « cinéma intellectuel » fut aussi celle de ma rencontre avec l'*Ulysse* de Joyce.

J'en pris d'abord connaissance grâce au dépliant publicitaire invitant à souscrire à l'édition de la traduction allemande.

Ce simple prospectus me fit déjà tourner la tête.

Peu de temps après (pendant les jours de 1927 où l'on célébrait l'anniversaire [de la révolution]), je suis tombé sur le seul exemplaire d'*Ulysse* en anglais que l'on pouvait trouver à Moscou.

Ensuite, après le premier voyage d'une délégation soviétique à Genève, je suis entré personnellement en possession d'un exemplaire du livre [1].

Pourquoi *Ulysse* est-il captivant ?

Pour la sensualité incomparable des effets textuels (souvent supérieure au charme animal et sensuel de mon cher Zola).

Et pour le caractère « asyntaxique » de son écriture, soutiré dans les tréfonds du discours intérieur que chacun de nous parle d'une manière particulière et dont seul le génie littéraire de Joyce devine qu'il peut servir de fondement à sa méthode littéraire.

Dans l'officine linguistique de la littérature, Joyce se consacre en somme à ce que je rêve de faire dans mes recherches en laboratoire sur le langage cinématographique.

---

1. Le livre fut apporté à Eisenstein en 1928 par Ivy Litvinova (née Low), une écrivaine anglaise, épouse du vice-ministre soviétique des Affaires étrangères Maxime Litvinov, qui avait accompagné son mari au congrès de la Société des Nations à Genève.

Joyce a eu des prédécesseurs.

Lui-même cite leurs noms : Dostoïevski, pour le contenu des monologues intérieurs, et Édouard Dujardin, pour la technique et le recours aux structures propres au discours intérieur (*Les lauriers sont coupés*, 1887).

C'est ce même Dujardin qui est représenté sur l'une des plus somptueuses affiches de Toulouse-Lautrec, *Le Divan japonais* (1892), lithographie publicitaire pour ce café-concert populaire.

Au centre de l'image, on voit la silhouette noire de la danseuse Jane Avril ordinairement vêtue ; en haut à gauche, la tête coupée par le bord supérieur de l'affiche, mais néanmoins reconnaissable sans erreur possible, l'étoile du *Divan japonais*, Yvette Guilbert, donne un récital. Deux manches de contrebasse. Un verre à pied.

Dans la partie droite, on distingue un dandy blond coiffé d'un haut de forme. Il porte un monocle. Sa barbe soyeuse se confond avec sa cravate mouchetée. La courbe audacieuse du manche arrondi de sa canne effleure amoureusement ses lèvres sensuelles ; ses yeux restent indifférents à Yvette mais fixent intensément le bas de la silhouette de Miss Avril.

Plus ou moins sous les mêmes traits, mais sans aucune pointe d'ironie, Dujardin est représenté dans une eau-forte de 1888, un an après la publication de la première édition de son livre.

Ainsi, curieusement, la figure de Dujardin sert-elle de lien entre une œuvre pionnière du monologue intérieur et les deux personnages que j'avais le plus envie de rencontrer à Paris : James Joyce et... Yvette Guilbert !

Les gants noirs d'Yvette.

Les partitions et les textes de ses chansons (surtout celles de l'incomparable Léon Xanrof) me hantent depuis mon enfance.

(L'artiste qui dessinait habituellement son portrait, Toulouse-Lautrec, occupa bien vite lui aussi le cours de mes pensées).

Rencontrer Yvette Guilbert, c'était toucher du doigt l'époque la plus délicieuse de Paris...

Nous nous sommes rencontrés.

Mais la description de cette rencontre merveilleuse et colorée n'a pas sa place dans cet article.

Nous la garderons pour une autre fois [2].

2. Eisenstein a raconté sa rencontre avec Yvette Guilbert dans un chapitre de ses *Mémoires*, « La dame aux gants noirs » (Paris, Julliard, 1989). Cette rencontre eut lieu le 28 avril 1930, alors que le cinéaste était menacé d'être expulsé de France suite au scandale provoqué par sa conférence à la Sorbonne.

J'ai également rencontré Joyce.

Il n'est plus parmi nous et je ne puis effacer par une nouvelle rencontre le souvenir plein de tristesse de notre adieu.

En me disant au revoir dans l'étroit couloir de son petit appartement baigné de clarté (je me souviens du papier peint à rayures où le blanc mat alternait avec du blanc brillant), cet homme grand et légèrement voûté, qui vu de face semblait presque sans visage — tant était aigu et net son profil à la peau rougeâtre et à la grisonnante chevelure de feu —, se met à agiter les mains de manière étrange et à faire des signes dans l'air.

Surpris, je lui demande quel est le problème.

« Mais vous devez bien avoir un manteau quelque part... », répond Joyce en le cherchant à tâtons le long du mur.

Je réalise seulement alors combien est faible la vue de cet homme. Sa quasi-cécité a probablement conditionné son exceptionnelle acuité introspective grâce à laquelle, en recourant à la méthode admirable du discours intérieur, il a décrit la vie de la psyché dans *Ulysse* (et dans *Portrait de l'artiste en jeune homme*).

Je me sens terriblement embarrassé.

Quelques instants auparavant, il m'avait demandé avec empressement de lui montrer mes films, fasciné par mes expériences sur le langage cinématographique (de la même manière que je me passionnais pour ses recherches littéraires).

Il venait juste de me dédicacer un exemplaire d'*Ulysse*.

Ce n'est qu'en arrivant chez moi et en soulevant la couverture du livre que je vis sur la première page des signes presque illisibles et la date (30 novembre 1929), manifestement griffonnés de sa main. (Peut-être est-ce pour cette raison qu'il s'était retiré avec le livre dans la pièce voisine, où il avait passé un très long moment sur les trois mots de dédicace, dont deux pour mon prénom et mon nom, et le troisième pour la ville, Paris !).

Ainsi, comme si j'étais moi-même frappé de cécité, j'avais passé la soirée avec un homme presque aveugle, sans rien voir, sans rien pressentir ou remarquer ! […]

... C'est notre troisième interlocuteur qui m'a sorti de cette situation délicate.

C'est un Russe, un type suspect avec une physionomie de valet de chambre.

Vraisemblablement un émigré. Peut-être aussi un mouchard.

Il est en quelque sorte naturel d'enfiler le manteau qu'il me tend.

Joyce l'a engagé pour étudier... la langue russe [3].

L'œuvre qui suivra *Ulysse*, sous l'aspect langagier, reflétera une naissance à partir du chaos global des idiomes séparés et sera écrite comme un alliage d'éléments linguistiques indifférenciés. La langue russe est également nécessaire dans cet amalgame.

L'œuvre est *Work in Progress* : la voix cadencée de Joyce m'en lit un fragment (« Anna Livia Plurabelle »).

« Mais Joyce n'est-il pas aveugle ? » s'exclamera sur-le-champ une lectrice attentive et bienveillante ; précisément une lectrice, car seule une femme y prêtera attention.

Ne vous alarmez pas, chère lectrice.

Je n'ai pas dit « Joyce », mais « la voix de Joyce ».

Et cette voix provient… d'un disque que Joyce a placé sur le phonographe.

« Anna Livia Plurabelle » a été publié récemment dans un tout petit livre en édition séparée [4]. C'est un fragment de cet extrait de son œuvre à venir que Joyce a enregistré sur le disque.

Je suis des yeux le texte déclamé, sur une énorme feuille d'un mètre de long sur un mètre de large, remplie de lignes géantes et de caractères non moins gigantesques.

Ce sont les pages agrandies du petit livre sur lesquelles Joyce a travaillé dur pour les fixer dans sa mémoire et enregistrer le disque.

L'extension faramineuse d'une page miniature d'un minuscule livre-fragment !

C'est exactement à l'image de l'auteur. C'est dans l'esprit même de la loupe avec laquelle il scrute les microscopiques et mystérieux méandres de l'écriture littéraire. Quel symbole de son itinérance à travers les sinuosités du mouvement profond des émotions et de la structure intime de la parole intérieure !

---

3. Il s'agit probablement d'Alex Ponizovsky (1901-1944). Il était le frère de Lucie Léon et le gendre de Paul Léon, les Russes qui avaient les relations les plus étroites avec Joyce. Ponizovsky avait été le condisciple de Vladimir Nabokov à Cambridge et était ami avec le fils de Joyce, Giorgio. Les cours de russe qu'il donna à Joyce commencèrent à la fin de 1927 ou au début de 1928. En 1932, Ponizovsky se fiança brièvement avec Lucia, la fille de Joyce, atteinte de maladie mentale. Après une crise, Lucia dut être emmenée dans un hôpital psychiatrique. Ponizovsky rompit les fiançailles (comme Samuel Beckett avant lui), ses relations avec Joyce se compliquèrent temporairement, mais ne furent pas interrompues. Pendant la guerre, se trouvant en zone libre, il organisa une filière grâce à laquelle Nora Joyce, qui vivait à Zurich après la mort de son mari, put récupérer une partie de ses biens mis aux enchères à Paris.

4. Publié en 1928 à New York par Crosby Gaige, l'ouvrage avait été imprimé à 800 exemplaires.

Notre rencontre n'apporte pas grand-chose de nouveau.

À l'exception tout de même de cet élément de tangibilité immédiate que je devais acquérir plus tard au Mexique en matière d'anthropologie.

Et peut-être aussi l'information selon laquelle Joyce aimait beaucoup le cinéma et s'était même engagé autrefois dans la distribution de films, quand pendant une brève période il avait été propriétaire d'un petit cinéma en Suisse [5]…

JOYCE ET DUJARDIN
— extraits —

Joyce et Dujardin ne se sont pas rencontrés avant 1923 ou 1924. À cette époque, Joyce avait déjà largement reconnu ce qu'il devait à Dujardin.

Lors de leur rencontre, Dujardin offrit à Joyce une nouvelle édition de son célèbre ouvrage *Les lauriers sont coupés* (trente-cinq ans après sa première publication !). Il s'agit de l'édition dans laquelle Larbaud, le préfacier, s'attarde tant sur la « primeur » française de la méthode utilisée par Joyce.

Sur cet exemplaire, Dujardin écrivit une dédicace qui oscille entre jactance et condescendance : *À James Joyce, maître illustre, mais surtout à celui qui a dit à l'Homme mort et enseveli : Lazare, lève-toi !*

Monsieur Dujardin, qui deviendrait plus tard un spécialiste de l'histoire des religions, est un grand maître dans l'art de « couper les lauriers » ; dans ce cas précis, cependant, je pense que sans s'en rendre compte, il a coupé les siens.

N'est-il pas splendide ce *surtout* avec lequel il rend grâce à Joyce d'avoir dit « à l'homme mort et enseveli : Lazare, lève-toi ! » ?

Qu'il s'agisse de la renaissance de la gloire littéraire de M. Dujardin (dont Larbaud considère qu'elle est probablement l'un des plus grands mérites d'*Ulysse*), ou de la renaissance du procédé enseveli du monologue intérieur, la référence à Lazare est dans les deux cas superbe et... tout à fait appropriée !

5. À la fin de l'année 1909, Joyce ouvrit à Dublin le cinéma Volta, le premier en Irlande, financé par des commerçants de Trieste, mais son expérience fut de courte durée. Par la suite, il posséda de petits cinémas à Trieste et à Zurich.

Ce n'est pas le phénix qui renaît de ses cendres, mais Lazare qui se relève d'entre les morts.

Et ce n'est pas un hasard !

Il ne saurait ressusciter sous forme de phénix, celui qui fut mis en terre comme frère de Marthe et de Marie.

Ce n'est pas un phénix qui peut resurgir, car l'homme qui fut enseveli n'est autre que Lazare, et non l'oiseau de feu !

Pauvre Lazare lui aussi, le « procédé » littéraire d'Édouard Dujardin est resté au tombeau pendant trente-cinq ans, jusqu'à ce que la sonnerie de trompette de Joyce, retentissant sur les destinées de la littérature, le réveille, le secoue et le ramène à la lumière.

Lazare s'en alla baguenauder et devint un objet de curiosité dans les salons littéraires, qui pendant tout ce temps l'avaient oublié.

L'auteur, et surtout son œuvre restreinte, furent alors condamnés au sort de tous les ressuscités, de Lazare à la femme ramenée à la vie par le saint de Padoue dans le *Miracle de saint Antoine*.

Pensez à l'affliction tragique de Lazare dans le récit où Leonid Andreev raconte sa brève destinée après la résurrection !

L'« encombrant » monologue intérieur de Dujardin n'avait plus qu'à retourner au tombeau, dans le cimetière infini des curiosités littéraires.

La vie fut rendue à Lazare. Mais il ne retrouva point la capacité de donner la vie.

Probablement parce qu'il ne l'avait jamais eue…

(D'où peut-être son affliction !?).

La chose terrible n'est pas celle-là.

La chose terrible est que l'on veuille compter Joyce lui-même parmi les Lazare, après tout le tapage et le tumulte soulevés autour d'*Ulysse* (à commencer par les accusations d'« amoralité », de « blasphème » et de « pornographie » qui ont retardé pendant plus de dix ans la publication du livre en Amérique et en Angleterre !).

Avec la mode du « procédé », on veut enterrer aussi les bourgeons d'éternité contenus dans la « méthode ».

La cécité des critiques à cet égard est étonnante. Frank Budgen [6] ne dédaigne pas cette vulgaire « apologie » de Joyce : « Quoi qu'il en soit, l'originalité est une qualité dont on fait bien trop grand cas. » Il se livre dans la foulée à des analogies et des parallèles, tirés tantôt de la sphère du

6. Voir Frank Budgen, *James Joyce and the Making of Ulysses*, Londres, Grayson & Grayson, 1934. (*James Joyce et la création d'Ulysse*, traduit de l'anglais par Édith Fournier, Paris, Denoël, 2004).

plagiat stylisé (« La sculpture la plus récente qui soit vient tout droit des civilisations anciennes de l'Égypte, de l'Afrique centrale et du Yucatan »), tantôt des exemples d'un immobilisme purement imaginaire (« Les peintres hollandais ont pendant des siècles produit des œuvres immortelles sans jamais rien inventer de neuf » — ??? Est-ce vraiment le cas ?). Ou encore il évoque l'emprunt de sujets et de canevas à des œuvres théâtrales antérieures (Shakespeare !). Tout cela, il faut y insister, concerne les « aspects extérieurs » de la ressemblance, et non la substance du phénomène.

Dans cet ordre d'idées, aux yeux des Européens, tous les Chinois se ressemblent, et aux yeux d'un Chinois, il en va de même pour les visages des Européens !

Parmi tous les créateurs de « monologues intérieurs » (Larbaud les énumère en partant des réflexions de Montaigne), Joyce est à mon avis unique car lui seul est en contact avec la *méthode* du discours intérieur, et pas seulement avec la « symphonie » de ses « sujets ».

Doté de cette qualité, Joyce dépasse sans aucun doute les limites de la manière individuelle, du style ou du « truc d'auteur ».

L'écrivain conduit la littérature à connaître les secrets de sa propre « méthode », et non plus seulement ceux de la figurativité. *Ulysse* est exactement ce que Zola n'a pas réussi à faire : c'est un roman véritablement « expérimental ». C'est une expérience dans le domaine *de l'analyse, de la purification et de la mise en œuvre des moyens de la littérature*, et non pas simplement l'expérimentation sur une feuille de papier des phénomènes de la réalité sociale, comme dans le cas de Zola, qui ne distingue pas avec une clarté suffisante les circonstances concrètes de cette réalité !

À partir de la méthode fondamentale de conduite du récit, son application est systématiquement étendue, dans les différents chapitres, à toutes les variétés particulières de style possibles (chaque chapitre est écrit dans une « manière » ou un genre littéraire différent, comme s'il s'agissait d'irradiations particulières d'une unique méthode littéraire).

Malheureusement, personne n'a su saisir cette perspective d'élaboration de ce qui constitue désormais, hélas, l'« héritage » de Joyce.

L'anatomie de la littérature est connue depuis longtemps.

Les bases d'une physiologie de la méthode littéraire ont été posées par Joyce, à travers la réalisation d'une œuvre étonnante.

(C'est peut-être pour cela que l'effet purement physiologique de n'importe laquelle de ses lignes est tellement irrésistible...).

Aujourd'hui encore, cette physiologie attend en vain d'être transformée en une science de la littérature.

« Délivre-nous de nos amis », pourrait dire le grand défunt.

Les critiques ont préféré « jouer » à deviner les allusions disséminées dans le roman, à déchiffrer la teneur des associations, à répertorier les névroses qui agitent le pauvre Mr. Bloom.

Et en cela, ils n'ont pas du tout été capables d'aller plus loin et plus profond que Dujardin.

(Pourtant, ils avaient déjà sous la main le *Work in Progress*, où la chimie de la formation des mots et de la méthode littéraire d'*Ulysse* se transformait en alchimie — en *Alchimie du Verbe*).

Je suis prêt à parier que Joyce avait un sourire en coin quand il conseillait à quelqu'un : « Au fait, lisez Dujardin » (ou, pour être plus précis, « lisez attentivement » Dujardin).

Ces paroles, également rapportées par Budgen, étaient adressées non seulement à Larbaud, mais à lui aussi.

La ressemblance entre les procédés peut être perçue en un instant, mais l'abyssale différence de principe ne peut être saisie qu'en lisant. Qu'il lise donc, celui qui a des yeux pour lire. Ce faisant, s'il s'exclame : « Pardonnez-moi, mais c'est Joyce lui-même qui l'a dit », alors il ferait mieux d'aller lire attentivement autre chose, par exemple la dédicace que Joyce a écrite en réponse à Dujardin sur un exemplaire de la traduction française d'*Ulysse* :

À Édouard Dujardin, annonciateur de la parole intérieure. Le larron impénitent, James Joyce.

Dujardin se voit attribuer le rôle d'un « homme-sandwich » avec un panneau publicitaire sur le dos — littéralement, c'est un porteur d'annonce. Et c'est tout à fait probant. Joyce se désigne lui-même comme *larron*, c'est-à-dire « bandit, criminel », et cette appellation précède de façon tout aussi appropriée le mot *impénitent*, qui peut être compris ici à la fois comme « non repenti » et « non incriminable ».

Il est intéressant de noter que les deux dédicaces ont été rapportées par l'aveugle Budgen dans son livre !

Dans le domaine du cinéma, le monologue intérieur a fait l'objet d'expérimentations qui se sont révélées plus fécondes.

Après s'être « démodé » et avoir expiré en tant que sujet, il a ressuscité et coule aujourd'hui des jours heureux comme introduction à l'étude de la méthode cinématographique, mais aussi de l'art en général.

Le « monologue intérieur » au cinéma, comme nouveau palier succédant à la « théorie du cinéma intellectuel », s'est avéré être une étape nécessaire pour conquérir les espaces de cette grande inconnue qu'est l'art.

Tout cela devait évidemment se passer au cinéma, sur la place d'armes du plus accompli de tous les arts, qui est capable de résoudre comme un jeu d'enfant tous les problèmes qu'on a essayé de démêler pendant des siècles, dans les autres arts, sans épargner ni la sueur ni le sang.

Le plus important est que le cinéma parvient à le faire sans détruire le réalisme de l'œuvre.

L'image représentée se meut sans qu'il soit nécessaire de procéder à une « décomposition » physique du phénomène.

L'image représentée s'éclaire sans que s'impose la nécessité impressionniste de vaporiser les formes du phénomène. L'image représentée « parle »... grâce au phonogramme, etc.

Enfin, seul le cinéma est en mesure de recréer pleinement dans la structure (et pas seulement du point de vue figuratif, « dans le sujet ») toute la plénitude et la puissance de l'élément primordial dans sa globalité sensible, ce qui est la seule méthode capable d'impliquer et de conquérir complètement le spectateur.

S. M. EISENSTEIN

Traduit du russe par Jean-Baptiste Para

Les pages de Sergueï Mikhaïlovitch Eisenstein que nous publions ici sont extraites de La Méthode*, un livre resté inachevé à la mort du cinéaste en 1948. Inédit en français, cet ouvrage a été publié en deux volumes à Moscou en 2002 grâce au travail de longue haleine de Naoum Kleiman*[7]*. L'organisation de* La Méthode *a connu des transformations au cours des années et l'incertitude demeure quant à la forme définitive qu'Eisenstein aurait pu donner à ce livre. Il commença à y travailler au printemps 1933, un an après son retour du Mexique. La première partie de l'ouvrage revêt à bien des égards l'aspect d'une autobiographie intellectuelle, au même titre que les* Mémoires *qu'Eisenstein entreprit d'écrire après l'infarctus dont il fut victime en 1946. C'est dans ces pages que prend notamment place le souvenir de sa rencontre avec Joyce à Paris. Mais l'empreinte autobiographique est difficilement séparable des autres dimensions qui se font jour dans* La Méthode*. Eisenstein le souligne lui-même : « Je suis*

7. S. M. Ejzenštejn, *Metod*, N. Klejman (dir.), Moscou, Muzej Kino, 2002.

incapable de séparer complètement et "objectivement" mes thèses abstraites de mon expérience personnelle, de ma pratique artistique, ou même d'anecdotes et de récits ayant trait aux conditions dans lesquelles mes conceptions ont pris forme. Il est difficile de dire si c'est une faiblesse ou un mérite, si cela favorise ou entrave l'exposition des principes généraux qui découlent de mon analyse. »

*Eisenstein a parlé à plusieurs reprises de Joyce et plus particulièrement d'*Ulysse. *Ce qui est au centre de son attention au moment où il écrit les pages dont nous publions de larges extraits, c'est la question du monologue intérieur comme « laboratoire créatif permanent » : « Avec la méthode du monologue intérieur on peut construire des œuvres, et pas exclusivement des œuvres qui représentent le monologue intérieur », écrit-il dans la seconde partie de* La Méthode *qu'il intitule « Grundproblem ». Après la phase du « cinéma intellectuel » dont il a fait le bilan, le cinéaste et théoricien aspire à tirer parti des lois du discours intérieur pour donner essor à une forme de pensée qui ne repose pas sur la seule structure logique du discours verbal. La force conceptuelle et l'immédiateté de la sensation ne doivent pas être séparées mais au contraire se relier l'une à l'autre : « La dialectique ne peut reposer que sur une perception totale, c'est-à-dire inséparablement* conceptuelle-émotionnelle. *Autrement dit, il faut qu'entre en jeu l'ensemble formé par toutes les strates de la conscience dans leur interconnexion dynamique unitaire et indéfectible, dans leur capacité à interagir (*interaction*). L'Art. C'est là qu'on ne peut pas faire un seul pas sans une pensée sensible ! »*

Dans un essai intitulé « Comment éditer Eisenstein ? Problème de Méthode » *(*Cinémas, *vol. 11, n° 2-3, printemps 2001), Oksana Boulgakova a commenté en ces termes ce point décisif : « Au moment de la perception extatique, l'œuvre d'art provoque chez le sujet un passage à la pensée sensible, prélogique qui "brise" la logique comme l'inconscient freudien fracture la conscience. Eisenstein conçoit cependant cette situation comme un équilibre dynamique entre des réactions polarisées et poussées, d'un côté, vers les profondeurs du "sensible" et, de l'autre, vers le haut, vers les structures logiques. L'œuvre d'art est comprise comme une empreinte de la conscience, faite, pour ainsi dire, de plusieurs couches, mais il est également possible d'observer et d'analyser un tel phénomène sur d'autres empreintes matérielles (les réactions motrices des affects, les symboles visuels, les* topos *stables, etc.). Toutes ces "traces" sont envisagées comme des empreintes du conflit entre différents types de pensée. Pour les désigner, Eisenstein utilise les termes de "sensible" et de "rationnel". Il a d'abord* *recouru aux termes de "prélogique" et "logique", mais après que les théories de Lucien Lévy-Bruhl, à qui il avait emprunté ces termes, eurent été vivement critiquées en Union soviétique, il les a remplacés par des termes plus neutres comme la "pensée sensible". »*

Comme en témoignent les extraits de La Méthode *que l'on a pu lire ici, la réflexion d'Eisenstein s'est passionnément nourrie en ce domaine de ses lectures de « l'extraordinaire* Ulysse *de James Joyce ».*

J.-B. P.

JOYCE *BAROCCO*

Les lectures antagonistes de Jorge Luis Borges et José Lezama Lima

Pour Jorge Luis Borges et José Lezama Lima, deux grands maîtres de la littérature latino-américaine du XXe siècle, lire Joyce, tant dans leurs années de formation que dans leur maturité, signifiait se confronter aux questions les plus urgentes de l'histoire littéraire et réfléchir à l'avenir même de leur propre écriture. Les polémiques suscitées par les romans de Joyce en Europe et aux États-Unis — les protestations contre la publication de *Gens de Dublin* et de *Portrait de l'artiste en jeune homme*, les procès et la censure d'*Ulysse* pour obscénité, la controverse sur l'inintelligibilité de *Finnegans Wake* — ont suscité dans la « périphérie » latino-américaine des expectatives fébriles qui ont fait de la confrontation critique avec Joyce un enjeu capital. Depuis sa critique d'*Ulysse* en 1925 dans une revue argentine d'avant-garde jusqu'aux poèmes dédiés à Joyce dans *Éloge de l'ombre* (1969), Borges n'a jamais cessé de faire de cet écrivain un sujet obsessionnel de réflexion littéraire. Le poète et critique cubain José Lezama Lima s'est lui aussi intéressé à Joyce tout au long de sa vie. Au début de sa carrière littéraire, il a abordé l'œuvre de Joyce dans un article publié en 1941 dans la luxueuse revue *Grafos*, fondée à La Havane en 1933. Plus tard, il s'est attardé sur l'interprétation d'*Ulysse* par T. S. Eliot dans une section de *L'Expression américaine*, un essai fondamental paru en 1957 [1]. Et dans le dernier recueil d'essais publié de son vivant, *La Quantité ensorcelée* (1970) [2], on relève diverses références à *Finnegans Wake*. Le

1. José Lezama Lima, *La expresión americana*, La Havane, Instituto Nacional de Cultura, Ministerio de Educación, 1957 ; nouvelle édition établie, annotée et commentée par Irlemar Chiampi, Mexico, Fondo de Cultura Económica, 1993. [*L'Expression américaine*, trad. Maria Poumier, Paris, L'Harmattan, 2001].
2. *Id.*, *La cantidad hechizada*, La Havane, Unión, 1970.

durable intérêt critique que Borges et Lezama ont manifesté à l'égard de Joyce peut non seulement nous aider à explorer le retentissement particulier de son œuvre dans leur propre travail créatif, mais aussi illustrer le rôle déterminant de Joyce dans la constitution même de la littérature latino-américaine du XXe siècle, tant sur le versant fantastique et métaphysique borgésien que dans la veine néo-baroque inaugurée par Lezama.

Les lectures que firent Borges et Lezama de *Portrait de l'artiste en jeune homme*, d'*Ulysse* et de *Finnegans Wake* eurent lieu du milieu des années vingt jusqu'au début des années quarante, dans un contexte d'intenses spéculations théoriques sur l'« épuisement » de la littérature provoqué par l'expérimentation moderniste dans le domaine du roman. La pratique de Joyce était considérée comme un exemple ultime ; son utilisation d'éléments baroques qui mettaient l'accent sur l'énonciation ingénieuse et la rhétorique au détriment du contenu narratif et humaniste semblait être la « limite » au-delà de laquelle la littérature cesserait d'être de la littérature. Je soutiens l'idée que l'on peut lire les commentaires de Lezama et de Borges comme un débat au cours duquel Borges adopte une position antagoniste aux « monstruosités » baroques de l'œuvre de Joyce tandis que Lezama articule une théorie positive du roman joycien et incorpore de manière idiosyncrasique les principes joyciens dans son propre chef-d'œuvre romanesque, *Paradiso* (1966). Borges lit l'œuvre de Joyce comme la conclusion d'un chapitre de l'histoire littéraire, un exemple de ce que j'appellerais « l'eschatologie du genre », tandis que Lezama renverse le jugement de Borges et considère le système textuel joycien comme une résurgence vibrante de l'esthétique baroque qui rénove et revigore le roman.

Le premier manifeste hispanique de cette eschatologie du genre que Borges développe dans son appréciation de l'œuvre de Joyce est le pronostic catégorique de José Ortega y Gasset sur la « mort » du roman dans son essai de 1925, *Ideas sobre la novela*. Dans l'historicisme culturel d'Ortega, les « possibilités objectives » liées aux circonstances limitent la « durée de vie » des genres. Si le passage d'une période culturelle à une autre implique une transformation de la subjectivité, il entraîne également l'émergence de genres artistiques nouveaux qui remplacent les formes devenues archaïques. Selon Ortega, après la Première Guerre mondiale, l'ère de la modernité doit nécessairement catalyser le déclin du roman, cette forme d'art qui avait prospéré à l'époque précédente. Au seuil de son extinction, Ortega estime que le roman exacerbe les éléments formels qui l'avaient promu au rang de genre principal au XIXe siècle, époque du réalisme triomphant. Ainsi, dans sa phase finale — la phase moderniste — le recours accru du roman aux détails réalistes « magnifiés » produit une surcharge — un « infraréalisme » déshumanisé et esthétiquement débilitant. Le rythme du roman frôle la « morosité » et la « paralysie », et l'accent mis sur l'introspection psychologique prolongée (« *psicologismo* ») et le cadre atmosphérique plutôt que sur l'action donne au roman une « imperméabilité hermétique » qui met en échec sa poétique réaliste. Ainsi, dans le modernisme, l'exagération baroque des principes psychologiques, descriptifs et atmosphériques et la récession de la composante narrative entraînent le roman dans un déclin irréversible. L'idée de la mortalité du roman en tant que genre, proposée par Ortega et ses disciples, imprègne les articles consacrés aux romans modernistes dans la *Revista de Occidente*, fondée en 1923 par Ortega, de sorte que ces critiques peuvent être lues comme une sorte de veillée funèbre où toute espérance est placée dans une nouvelle forme de fiction à venir.

Bien que les divergences de Borges avec la plupart des observations d'Ortega sur la littérature soient bien documentées [3], le point de vue de ce dernier sur l'obsolescence du roman dans la modernité influence à la fois la théorie de l'écrivain argentin sur le roman et sa lecture ultérieure de Joyce. Malgré leurs différences, Ortega et Borges s'accordent pour dire que le roman est « sur son lit de mort » et, dans leurs analyses, ils se réfèrent aux mêmes romanciers européens — Flaubert, Dostoïevski, Proust et Joyce — comme preuve irréfutable d'un épuisement. Des commentateurs de Borges ont prétendu à tort qu'il avait une vision « pleine d'espoir » à l'égard du roman moderniste, mais dans la plupart des cas, Borges adopte la position sceptique d'Ortega dont le point de vue sur le roman — qu'il soit naturaliste-réaliste ou moderniste — donne lieu à une complainte pour un genre en voie de disparition. Dans « Vindicación de *Bouvard et Pécuchet* », un texte de 1954 sur le livre inachevé de Flaubert, Borges affirme que les prémisses absurdes, les incohérences structurelles et les aberrations temporelles du roman, loin d'être accidentelles, sont esthétiquement et paradoxalement organiques à sa forme, faisant partie d'une accélération délibérée et suicidaire du déclin du genre : « L'homme qui forgea le roman réaliste avec *Madame Bovary* fut aussi le premier à le faire éclater. Chesterton, hier à peine, disait : “Le roman peut bien mourir avec nous.”

3. On peut trouver une expression ouverte de l'aversion de Borges pour l'écriture d'Ortega dans un article écrit à l'occasion de la mort de ce dernier et publié dans la revue littéraire cubaine *Ciclón* dirigée par José Rodríguez Feo (2e année, n° 1, 1956, p. 28).

L'instinct de Flaubert pressentit cette mort qui arrive à présent... [4] » La prééminence de l'œuvre de Joyce dans cette optique est évidente lorsque Borges présente *Ulysse* comme l'exécuteur de la sentence de mort de Flaubert. À la fin de son texte, Borges dépeint *Ulysse* comme la dernière phase de la dissolution du genre : « *Ulysse* n'est-il pas, avec ses plans, ses horaires et ses précisions, la splendide agonie d'un genre ? ». Borges fait une référence similaire et quelque peu désobligeante à *Ulysse* dans un autre essai important recueilli dans *Discussion*, « L'Art narratif et la Magie » : « Mais l'illustration la plus complète d'un monde autonome de corroborations, de présages, de monuments, est l'*Ulysse* prédestiné de Joyce. Il suffit de consulter la présentation qu'en fait [Stuart] Gilbert, ou, à défaut, le vertigineux roman. [5] »

Andrés Sánchez Robayna a soutenu de manière convaincante que deux visions opposées de Joyce se font jour chez Borges : « On remarque dans le traitement borgésien de l'œuvre de Joyce — essentiellement *Ulysse* et *Finnegans Wake* — deux *phases* distinctes ; on pourrait également parler de deux *attitudes* contradictoires : l'une étant l'ironie de l'autre. [6] » Cette ironie pourrait être considérée comme le résultat de l'évolution de Borges, qui est passé de l'adhésion à l'esthétique expressionniste et baroque de l'ultraïsme de sa jeunesse à la vision classique et panthéiste de la littérature de ses années de maturité. Ce revirement motive à un moment donné le rejet des expériences de Joyce dans le domaine du roman, alors que le jeune Borges en avait fait la promotion. Les critiques qui ont étudié la célèbre critique de Borges de 1925, « L'*Ulysse* de Joyce », ont noté sa révérence inconditionnellement laudative. Borges commence ainsi : « Je suis le premier aventurier hispanique à avoir abordé le livre de Joyce : pays enchevêtré et sauvage (*país enmarañado y montaraz*) que Valery Larbaud a parcouru et dont il a tracé la contexture avec une impeccable précision cartographique [...]. J'en parlerai avec la licence que me confère mon admiration et avec cette vague intensité (*vaga intensidad*) des voyageurs antiques décrivant une terre nouvelle confrontée à leur étonnement errant (*asombro errante*) [7] ». Cet enthousiasme — et le style extravagant de la

4. Jorge Luis Borges, « Défense de *Bouvard et Pécuchet* », texte inclus dans *Discussion*, trad. Jean Pierre Bernès, in *Œuvres complètes*, t. 1, Paris, Gallimard, « La Pléiade », 1993, p. 264.
5. *Id.*, « L'Art narratif et la Magie », *ibid.*, p. 236.
6. Andrés Sánchez Robayna, « Borges y Joyce », *Ínsula*, n° 437, avril 1983, p. 1 et 12. Texte traduit dans *Europe*, n° 657-658, janvier-février 1984, p. 39-43.
7. Jorge Luis Borges, « L'*Ulysse* de Joyce », trad. Jean Pierre Bernès, *Œuvres complètes*, op. cit., t. 1, p. 870-871.

prose — fait partie du bagage que Borges veut laisser derrière lui lorsqu'il décide de répudier ses débuts avant-gardistes dans le mouvement ultraïste hispanique.

Il est significatif que le rejet par Borges de la poétique d'avant-garde coïncide avec l'improbation que lui inspire la revalorisation du baroque hispanique initiée par Ortega y Gasset et la « Génération de 1927 ». Leur désir d'objectivité esthétique moderniste et leur rejet des modèles romantiques et naturalistes du siècle précédent ont incité les jeunes écrivains à rechercher des précurseurs. Cette quête paradoxale les a conduits à « ressusciter » les œuvres de poètes du Siècle d'or espagnol autrefois discrédités, en particulier ceux qui s'étaient faits les hérauts d'un baroque flamboyant abhorré par la philologie espagnole du début du XXe siècle et incarné exemplairement par Luis de Góngora. La reviviscence de Góngora a atteint son apogée en 1927 lorsque les poètes et les universitaires de la fameuse *generación* ont organisé la célébration du tricentenaire de la mort de Góngora avec des récitals, des happenings d'avant-garde et un plan ambitieux visant à publier une nouvelle édition critique de son œuvre ainsi que des livres et des articles sur des aspects de sa création qui n'avaient jamais été étudiés. La même année, Borges publie un recueil d'essais, *La Langue des Argentins*, dans lequel il critique la valorisation, lors des festivités, des métaphores baroques, des expérimentations et des obscurités de la poésie de Góngora. C'est à ses yeux le signe d'une compréhension erronée de la nature de la littérature. Selon Borges, « Góngora est devenu le symbole des jeux méticuleux mais superflus de la technique (*cuidadosa tecniquería*), de la simulation du mystère, des simples aventures de la syntaxe (*meras aventuras de la sintásis*) […] c'est-à-dire de cette non-littérature (*no-literatura*) mélodieuse et parfaite que j'ai toujours répudiée. [8] » Étant donné que les manifestes poétiques ultraïstes encourageaient le déploiement de métaphores frappantes et expressionnistes qui n'étaient pas sans rappeler celles de Góngora, l'attaque de Borges contre le « nouveau gongorisme » peut être considérée comme un moment culminant de son abjuration de l'avant-gardisme de ses années de jeunesse. Joyce peut être inclus parmi les écrivains figurant dans le nouvel index de Borges, puisque, dès le début, ce dernier avait postulé un lien entre le langage spécieux de Góngora et le discours romanesque joycien. Ainsi, dans la conclusion de

8. *Id.*, « Para el centenario de Góngora », in *El idioma de los argentinos*, Buenos Aires, M. Gleizer, 1928, p. 123.

son texte de 1925 consacré à *Ulysse*, il cite, à propos de Joyce, les « paroles honnêtes » employées par Lope de Vega, contemporain de Góngora, pour célébrer la poésie de son confrère, même dans son obscurité : « Quoi qu'il advienne, je dois estimer et chérir le divin génie de ce gentilhomme, prendre avec humilité ce que je pourrais comprendre, et admirer avec vénération ce que je ne parviendrais pas à saisir. [9] » En revanche, dans son prologue de 1971 à sa traduction de *Leaves of Grass* de Walt Whitman, c'est un Borges moins encomiastique et plus profondément critique qui associe encore les deux auteurs : « Parler d'expérimentations littéraires, c'est parler de projets qui ont échoué plus ou moins brillamment, comme les *Soledades* de Góngora ou l'œuvre de Joyce. [10] »

La critique la plus mordante de Jorge Luis Borges sur le « brillant échec » de Joyce a lieu après son exploration des néologismes figurant dans les extraits de *Work in Progress* publiés de 1934 à 1938 dans la revue *transition* d'Eugène Jolas. Dans « Joyce et les néologismes », article paru dans *Sur* en 1939, Borges affirme que la fabrication compulsive de termes composés représente l'objectif principal mais raté de l'œuvre en tant que roman expérimental. Dès la première phrase, il qualifie systématiquement ces jeux de mots de « monstruosités verbales » (*monstruos verbales*), utilisant le même motif tératologique que celui employé pour décrire les « aberrations » de la poésie de Góngora dans *La Langue des Argentins*. Plus impressionné par la sonorité et le rythme « lyrique ou élégiaque » du discours de *Finnegans Wake* que par la complexité sémantique de ses néologismes, Borges considère les mots synthétisés par Joyce comme forcés et médiocres. C'est pourquoi, après avoir en avoir énuméré et expliqué quelques-uns, à la manière d'un dictionnaire, Borges écrit : « Ces monstruosités, ainsi isolées et disséquées (*así incomunicados y desarmados*), deviennent quelque peu mélancoliques. Certaines d'entre elles […] sont de simples calembours qui ne dépassent pas les modestes possibilités de Hollywood. [11] »

Les quelques mots d'éloge prudent dans « Joyce et les néologismes » — une contrepèterie est qualifiée de « terrible et majestueuse » — ont

9. Citation de Lope de Vega dans « L'*Ulysse* de Joyce », *op. cit.*, p. 873.
10. *Id.*, *Hojas de hierba*, traduction de *Leaves of Grass* (1855) de Walt Whitman, Buenos Aires, Losada, 1979, p. 29.
11. *Id.*, « Joyce y lo neologismos », *Sur*, n° 62, novembre 1939, p. 59-61, repris dans *Páginas de Jorge Luis Borges seleccionadas por el autor*, Buenos Aires, Editorial Celtia, 1982, p. 160-162.

induit certains critiques à penser que l'évaluation de *Finnegans Wake* par Borges était positive [12]. Le fait est que, bien que Borges adopte la stratégie herméneutique et le format « dictionnaire » de l'article d'introduction de Stuart Gilbert à *Finnegans Wake* [13], il ne partage pas le point de vue de ce dernier sur la qualité artistique du néologisme joycien. Là où Stuart Gilbert vante des réalisations originales et durables — « un trésor miniature de mots nouveaux » qui pourraient « au fil du temps devenir monnaie courante » [14] —, Borges ne voit que des inventions douteuses ayant peu de chances de perdurer dans le langage courant ou littéraire. « Le dernier livre de Joyce », la deuxième critique de Borges sur *Finnegans Wake* écrite pour le journal populaire *El Hogar*, exprime de manière plus vive sa déception à l'égard des dimensions encyclopédiques et de l'esthétique du roman. Avec un sentiment de discret désarroi, Borges ridiculise la prétention de l'œuvre de Joyce : « *Finnegans Wake* représente, nous dit-on, le fruit mûr et le résultat lucide de seize années de travail littéraire intensif. Je l'ai examiné avec une certaine perplexité, j'ai déchiffré, sans ravissement (*sin encanto*), neuf ou dix calembours, et j'ai parcouru les éloges apeurés (*atemorizados elogios*) que lui dédient la *N.R.F.* et le supplément littéraire du *Times*. Les auteurs perspicaces de ces louanges prétendent avoir découvert la clé de ce labyrinthe verbal si complexe, mais ils s'abstiennent d'employer cette clé ou de la donner [...]. Je les soupçonne de partager ma perplexité fondamentale et mes aperçus inutilisables, partiels. [15] » La remarque finale de l'article se colore d'un accent de condescendance qui caractérisera désormais les références de Borges à l'œuvre de Joyce : « *Finnegans Wake* est un enchaînement de jeux de mots commis dans un anglais onirique et qu'il est difficile de ne pas qualifier de ratés et d'incompétents. [...] Jules Laforgue et Lewis Carroll ont pratiqué ce jeu avec plus de bonheur. [16] »

12. Jorge Schwartz écrit : « L'attirance de Borges pour la verbosité joycienne se transformera en une fascination plus grande après la publication de *Finnegans Wake.* » (« Borges y la Primera Hoja de *Ulysses* », *Revista Iberoamericana*, n° 100-101, juillet-décembre 1977, p. 721).

13. Voir Stuart Gilbert, « Thesaurus Minusculus : A Short Commentary on a Paragraph of *Work in Progress* », *transition* n° 16-17, 1929, p. 15-24.

14. *Ibid.*, p. 18.

15. Jorge Luis Borges, « Le dernier livre de Joyce » (16 juin 1939), trad. Françoise Rosset et Jean Pierre Bernes, *Œuvres complètes*, op. cit., t. 1, p. 1225 (trad. modifiée).

16. *Ibid.*

À partir de là, Borges insistera — avec une curieuse rétractation dans l'un des deux poèmes sur Joyce figurant dans *Éloge de l'ombre* [17] — sur le fait que sa réussite littéraire est une forme de « musique verbale » — autrement dit poétique, non pas romanesque — et qu'elle ne se manifeste que de temps à autre dans ses textes. Plutôt que de célébrer comme T. S. Eliot « l'ordre et le mythe » dans les romans de Joyce, Borges estime que ses expériences linguistiques et symboliques laissent le genre romanesque à l'état de capharnaüm. Cette conviction s'exprime le plus nettement dans « Fragment sur Joyce », un article écrit pour la revue argentine *Sur* en 1941, à l'occasion de la mort de Joyce [18]. Borges y indique clairement qu'il considère les schémas symboliques servant de charpente à *Ulysse* — la correspondance de « chacun des dix-huit chapitres avec une heure du jour, un organe du corps, un art, un symbole, une couleur, une technique littéraire et une des aventures d'*Ulysse* » — comme des dispositifs oiseux plutôt que comme des principes narratifs organiques. Borges se moque des circonvolutions cérébrales des schémas en les qualifiant de « congruences imperceptibles et laborieuses », de « symétries et labyrinthes ardus », voire de « tics volontaires ». Cette minimisation de l'ordre symbolique dans les romans expérimentaux de Joyce est magistralement exprimée dans la brève référence de Borges au sous-texte homérique, dans laquelle il ridiculise subtilement la célèbre étude de Stuart Gilbert, *James Joyce's Ulysses* (1930), pour son recours excessif aux arguments philologiques avancés dans *Les Phéniciens et l'Odyssée* de Victor Bérard. Borges se moque du tarabiscotage et de l'académisme de l'analyse du parallèle homérique par Gilbert en rabaissant les choses de manière brutale et prosaïque : « Parmi ces tics volontaires, le plus acclamé aura été le plus insignifiant : les contacts de James Joyce avec Homère, ou (tout simplement) avec le sénateur du département du Jura, M. Victor Bérard. » Borges ne valorise pas non plus la prétendue intensification du naturalisme dans le roman, qui incitait les critiques à considérer que l'éparpillement du

---

17. Dans le poème « Invocation à Joyce », quoique Borges décrive l'œuvre de Joyce comme des « labyrinthes ardus / infinitésimaux et infinis, / admirablement mesquins, / plus populeux que l'histoire », à la fin du poème il salue de façon inhabituelle la réussite artistique de Joyce. Il fait l'éloge de sa « rigueur obstinée » et parle des « ors de ton ombre » (*los oros de tu sombra*), comme si l'obscurité de Joyce était la source d'un précieux rayonnement. (Jorge Luis Borges, « Invocation à Joyce », trad. Jean Pierre Bernès et Nestor Ibarra, *Œuvres complètes*, t. 2, Paris, Gallimard, « La Pléiade », 1999, p. 174-175).
18. Jorge Luis Borges, « Fragmento sobre Joyce », *Sur*, n° 77, février 1941, p. 61-62. Une traduction partielle de ce texte figure dans les « Notes et variantes » du tome 1 des *Œuvres complètes* de Borges dans « La Pléiade », p. 1584.

monologue intérieur relevait d'une nouvelle forme d'exploration psychologique profonde et potentiellement dotée d'une valeur scientifique. Selon le « Fragment sur Joyce », le fouillis de détails psycho-réalistes rend *Ulysse* « indéchiffrablement chaotique » pour un lecteur non préparé (*lector desprevenido*) qui n'aurait pas accès à un guide explicatif.

Borges n'admire ni le naturalisme ni le symbolisme de Joyce, mais respecte sa capacité à transmettre ou à simuler une abondante « diversité de styles ». C'est à propos de cette virtuosité protéiforme que Borges fait le commentaire souvent cité selon lequel, « comme Shakespeare, comme Quevedo, comme Goethe », Joyce est « moins un homme de lettres qu'une littérature » (*más que un literato, es una literatura*). Néanmoins, cette reconnaissance de l'ampleur des prouesses verbales de Joyce ne signifie pas que Borges considère cette « littérature entière » comme une littérature entièrement accomplie. Selon Borges, il manque à l'art de Joyce « la capacité de construire » — entendons par là les structures élémentaires de l'intrigue et des personnages qui peuvent soutenir le suspense et la cohérence nécessaires pour qu'un roman soit une unité narrative réussie. (Il est intéressant de noter que Borges ne mentionne jamais les noms de Stephen Dedalus, Molly ou Leopold Bloom dans ses écrits critiques, peut-être parce qu'il ne les considère pas comme des créations archétypales susceptibles de transcender le texte, Borges soutenant par ailleurs — à la suite de Miguel de Unamuno — que le personnage de Don Quichotte survit au-delà du roman de Cervantès). Joyce compense cette déficience par un autre type de compétence, étrangère au domaine du roman : un « don verbal » pour le phrasé poétique et le mimétisme de la prose qui donne lieu à des étincellements stylistiques au sein même du chaos. Borges écrit : « Dépourvu de la capacité de construire [...], il jouissait d'un don verbal, d'une omnipotence heureuse de la parole (*una feliz omnipotencia de la palabra*) ». Borges ne fait pas l'éloge de Joyce romancier, mais plutôt de l'orfèvre des mots qui travaille et retravaille les scènes et les phrases pour enrichir leur cadence et leur musicalité, simulant habilement des styles de prose archaïques ou contemporains et capturant leur timbre particulier. Il s'ensuit que les vertus que Borges attribue à Joyce par rapport à Quevedo et à Goethe — « intensité » (*intensidad*) et « délicatesse » (*delicadeza*) — conviennent mieux à la création de formes courtes ou aphoristiques qu'à l'art du roman. Le génie de Joyce réside dans le pastiche et le choix d'un phrasé précis, et non dans les fresques débridées de l'écriture romanesque. Cette perspective explique la conviction de Borges — implicite dans le titre de l'essai — que l'œuvre de Joyce ne peut être appréciée qu'à travers une esthétique du fragment : « Comme le reste du monde, je n'ai pas lu tout *Ulysse*, mais je lis et relis avec bonheur certaines scènes (*leo y releo con felicidad algunas escenas*) ». Pour mieux illustrer son propos, plutôt que de résumer un chapitre ou un épisode, Borges cite des phrases décontextualisées qu'il trouve agréables ou mémorables en raison de leur facture syllabique. Borges reconnaît ainsi l'excellence de l'art verbal de Joyce, mais il pense que cette excellence ne se manifeste que de manière sporadique, car l'incapacité de l'écrivain à véritablement structurer la forme romanesque l'éloigne de la cohérence et l'oriente vers la dissolution. Pour Borges, *Finnegans Wake*, « non moins inconcevable que la quatrième dimension de C. H. Hinton ou la Trinité de Nicée », est la preuve ultime de cette désintégration.

Dans la brève section consacrée à Joyce dans son *Introduction à la littérature anglaise* (1965), Borges réitère sa vision du roman joycien comme échec artistique : « Son œuvre capitale, *Ulysse*, tente de remplacer l'unité qui lui fait défaut par un système de laborieuses et inutiles symétries (*laboriosas e inútiles simetrías*) ». Il poursuit en décrivant Joyce comme un écrivain qui a « gaspillé » dans le roman son « indéniable génie verbal ». Il conclut en citant Virginia Woolf qui qualifiait *Ulysse* de « glorieuse défaite ». Le Borges de la maturité dépeint Joyce comme un ersatz de romancier, un poète refoulé qui n'a pas tenu ses promesses, car il n'a pas compris que les limites d'un genre en déclin ne convenaient pas à ses talents. Borges semble suggérer que l'incapacité de Joyce à atteindre une véritable expressivité dans le roman — en dépit de son génie évident — n'est qu'une preuve de plus de l'épuisement, voire de la « mort » du genre.

La mort est le trope principal de l'une des nombreuses parodies fictionnelles du roman moderniste joycien réalisées par Borges. Puisque, selon l'argument eschatologique, Joyce a épuisé les possibilités du roman, Borges procède à la création d'un contre-genre post-romanesque — la fiction philosophique — dont la brièveté hyper-condensée, centripète et érudite va à l'encontre de la complexité et de la prolifération centrifuge du roman joycien. D'une certaine manière, en fait, chacune des « *ficciones* » de Borges est une parabole qui raconte et célèbre la mort du roman moderniste. Au début de son « Fragment sur Joyce », Borges révèle que l'une de ses œuvres à l'état d'ébauche, provisoirement intitulée *Funes el memorioso* ou dans d'autres brouillons *Ireneo Funes*, est en quelque sorte liée à la qualité monstrueuse et difforme qu'il lit dans l'œuvre de Joyce : « Quant au *compadrito* magique de mon histoire, il convient de dire qu'il est un précurseur des surhommes, une manière de Zarathoustra de banlieue ; il est indiscutablement un monstre. Je l'ai mentionné parce que la lecture linéaire et sans pause des quatre cent mille mots d'*Ulysse* exigerait de semblables monstruosités. »

Funes ou la Mémoire relate une conversation qui eut lieu en 1887 dans la petite ville uruguayenne de Fray Bentos entre le narrateur et un paralytique, Ireneo Funes [19]. Ireneo a tous les attributs d'un personnage du folklore des faubourgs : c'est un invalide isolé, connu de tous dans la ville mais rarement aperçu par les étrangers. Le narrateur est un jeune intellectuel argentin qui passe ses vacances d'été près de Fray Bentos. Au cours de cette villégiature, Funes envoie au narrateur une lettre dans laquelle il indique vouloir lui emprunter certains livres latins qu'il a apportés avec lui. Or Funes ignore tout de cette langue. Quelque temps plus tard, lorsque le narrateur se rend chez Funes pour récupérer ses livres, ce dernier le salue dans un latin parfait. Le narrateur découvre ainsi qu'après l'accident qui l'a rendu infirme, Funes a développé une perception et une mémoire magiques, prodigieuses, « infaillibles », capables de retenir toutes les formes possibles d'information, et que son retrait de la compagnie humaine est volontaire, Ireneo préférant explorer seul les ressources de son génie.

Dans la seconde moitié de la « fiction », le narrateur tente de décrire les fabuleuses capacités de Funes. Il peut énumérer tous les cas de mémoire prodigieuse mentionnés dans la *Naturalis Historia* de Pline, qu'il n'a lue qu'une fois. Il ne note jamais rien par écrit, car « ce qu'il avait pensé une fois ne pouvait plus s'effacer de sa mémoire [20] ». Il a appris « sans effort » l'anglais, le français, le portugais et le latin. Tout comme l'empereur de Lilliput discernait le mouvement de l'aiguille des minutes, écrit Borges, « Funes discernait continuellement les avances tranquilles de la corruption, des caries, de la fatigue. Il remarquait les progrès de la mort, de l'humidité. Il était le spectateur solitaire et lucide d'un monde multiforme, instantané et presque intolérablement précis. [21] » Le récit se termine en indiquant que Funes est mort d'une congestion pulmonaire en 1889.

---

19. « Funes ou la Mémoire » a été publié pour la première fois dans *Ficciones* (Buenos Aires, Emecé, 1944). Les deux autres nouvelles de Borges dont il sera question dans cet article, « Le jardin des sentiers qui bifurquent » et « Pierre Ménard : auteur du *Quichotte* », ont également été incluses dans cette édition, mais ont d'abord paru dans le volume *El jardín de los senderos que se bifurcan* (Buenos Aires, Emecé, 1942). Ces trois textes ont donc été conçus et écrits dans les années qui ont suivi la publication de *Finnegans Wake* et la mort de Joyce, et pendant la période où le travail de J. Salas Subirat sur la traduction espagnole d'*Ulysse* suscitait des attentes dans les cercles littéraires argentins.
20. Jorge Luis Borges, « Funes ou la Mémoire », *Fictions*, trad. Paul Verdevoye, *Œuvres complètes*, op. cit., t. 1, p. 515.
21. *Ibid.*, p. 516.

Funes ou la Mémoire peut être interprété comme une parodie du roman baroque moderniste dans ses formes ultimes : *Ulysse*, *Finnegans Wake*, mais aussi *À la recherche du temps perdu* de Proust. La mémoire magique et absolue de Funes rappelle la tentative d'évocation totale de Dublin pendant la journée du 16 juin 1904 dans *Ulysse*. Funes connaît par cœur « les formes des nuages austraux à l'aube du 30 avril 1882 [22] » ; *Ulysse* retrace soigneusement la trajectoire des nuages qui traversent le ciel de Dublin [23]. La phénoménologie du souvenir et des perceptions sensorielles de Funes — « Ces souvenirs n'étaient pas simples ; chaque image visuelle était liée à des sensations musculaires, thermiques, etc. [24] » — et sa capacité d'abstraction réduite, pratiquement inexistante, rappellent le jugement de Jung selon lequel les « capacités inférieures de la conscience » l'emportent dans *Ulysse* sur les capacités supérieures. (Le célèbre essai de Jung sur *Ulysse* était connu de Borges et d'autres lecteurs hispaniques de l'influente *Revista de Occidente*, où le texte avait été traduit en 1933 [25]). Le lien que Funes établit entre les souvenirs et les sensations corporelles rappelle également le lien symbolique de chaque épisode d'*Ulysse* avec un organe du corps humain. Comme en écho au projet de Joyce dans *Ulysse*, les pouvoirs infinis de la mémoire de Funes lui permettent de reproduire intégralement les événements d'une journée : « Deux ou trois fois il avait reconstitué un jour entier ; il n'avait jamais hésité, mais chacune de ces reconstitutions avait demandé une journée entière. [26] »

La paralysie de Funes rappelle les maux associés à la créativité de l'artiste — l'asthme de Proust, la cécité de Joyce — et illustre de façon satirique l'exploit technique du romancier moderniste. Ce qu'Ortega qualifie

22. *Ibid.*, p. 514.
23. Hugh Kenner a montré que la méticuleuse orchestration du mouvement des nuages reposait sur un « effet de parallaxe » obtenu entre deux chapitres d'*Ulysse* : « En effet, la première parallaxe du livre est le double incident du petit nuage qui cache le soleil de Stephen dans "Télémaque" (1.248) et le soleil de Bloom dans "Calypso" (4.218). Comme la tour et Eccles Street sont distantes de sept miles, ces occultations ne peuvent être simultanées ; du fait que les nuages semblent arriver plus tard dans "Calypso", nous pouvons juger que les vents sur l'Irlande soufflent, comme d'habitude, de l'ouest. » Hugh Kenner, *Ulysses*, Baltimore, The Johns Hopkins University Press, 1987, p. 75.
24. Jorge Luis Borges, « Funes ou la Mémoire », *op. cit.*, p. 514.
25. Carl Gustav Jung, « *Ulysses* : Ein Monolog », *Europäische Revue*, n° 8, 1932, p. 548-568. Une traduction en espagnol fut publiée en 1933 dans le n° 116 de la *Revista de Occidente* dirigée par Ortega y Gasset et fut ensuite rééditée sous forme de livre par la maison d'édition argentine qui avait publié la traduction d'*Ulysse* réalisée par J. Salas Subirat (voir C. G. Jung, *¿ Quién es Ulises ?*, trad. Ortega y Gasset, Buenos Aires, Santiago Rueda, 1944).
26. Jorge Luis Borges, « Funes ou la Mémoire », *op. cit.*, p. 514.

chez Proust de narration « paralytique » et chez Joyce d'« infraréalisme »[27] s'incarne dans ce qu'on pourrait appeler le « monologue intérieur » mnémotechnique de Funes. Emblème de futilité, la mémoire de Funes peut aussi être considérée comme un symbole de la poétique du roman moderniste : son esprit constitue une machine romanesque qui fonctionne sans trêve et génère un flux de conscience infini, avec une telle profusion de détails que Funes réalise que même à l'heure de sa mort il n'aura pas fini de « classer tous ses souvenirs d'enfance[28] ». À travers ce personnage, Borges ridiculise les prétentions du *tempo lento*, de l'introspection psychologique et de la surabondance de minuties qu'Ortega avait pointées dans la dernière phase moderniste du roman. L'observation finale du narrateur de *Funes ou la Mémoire* rappelle le propre jugement de Borges, dans sa critique d'*Ulysse* de 1925, sur la nature des détails dans l'univers de Joyce : « Dans le monde surchargé de Funes, il n'y avait que des détails, presque immédiats[29] ». Le jeune Borges pensait que le roman de Joyce se caractérisait par « l'examen des petits riens les plus irréductibles qui forment la conscience » et il s'émerveillait qu'il pût « contenir la fugacité du temps avec un geste d'apaisement » — un « *gesto apaciguator* » qui était tout le contraire d'un « aiguillon impatient »[30]. Par la suite, Borges a simplement modifié son appréciation de cette « irréductibilité » des détails et de cette « contention » du temps.

À ce stade de son écriture, Borges considère la prose à l'allure glaciale du roman moderniste — le mode de mémorisation de Funes — comme un anachronisme en voie d'extinction. Bien que la nouvelle mette l'accent sur les mécanismes de la mémoire, la plus grande affinité de Funes est avec Joyce, et non avec Proust. Plutôt que de donner libre cours à une mémoire involontaire ou automatique, Funes fait preuve du même contrôle tyrannique sur ses talents mnémotechniques que Joyce sur sa technique narrative. Funes est un artiste impersonnel de la mémoire qui, tel le Dieu de la création de Stephen Dedalus, « reste à l'intérieur, ou derrière, ou au-

27. L'idée d'infraréalisme avancée par Ortega est très proche de l'analyse que fait Jung de « l'abaissement » des capacités mentales dans *Ulysse*. Il y a infraréalisme quand l'art s'immerge « sous le niveau de la perspective naturelle. Les meilleurs exemples de la façon dont on dépasse le réalisme en voulant le pousser à l'extrême — il suffit pour cela d'observer une loupe à la main les choses microscopiques de la vie —, ce sont Proust, Ramón Gómez de la Serna, Joyce. » (*La Deshumanización del arte e Ideas sobre la novela*, Madrid, Revista de Occidente, 1925 / *La Déshumanisation de l'art*, trad. Paul Aubert et Ève Giustiniani, Paris, Sulliver, 2008, p. 95.)
28. Jorge Luis Borges, « Funes ou la Mémoire », *op. cit.*, p. 516.
29. *Ibid.*, p. 517.
30. *Id.*, « L'*Ulysse* de Joyce », op. cit., p. 872.

delà, ou au-dessus de son œuvre, invisible, subtilisé, hors de l'existence, indifférent[31] ». En outre, la tentative de Funes de concocter « une langue impossible dans laquelle chaque chose individuelle, chaque pierre, chaque oiseau et chaque branche aurait eu un nom propre[32] », rappelle la multiplication des néologismes dans l'univers verbal en expansion de *Finnegans Wake*. De même, la pratique de Funes consistant à rassembler plusieurs mots d'une expression en un seul[33] n'est pas sans accointance avec la création compulsive de termes synthétiques dans ce roman. L'insomnie de Funes — il a du mal à dormir car, dès qu'il ferme les yeux, il peut se représenter « chaque fissure, chaque moulure » des maisons avoisinantes[34] — pourrait bien être la réponse de Borges au célèbre appel de Joyce à « un lecteur idéal souffrant d'une idéale insomnie » dans *Finnegans Wake*[35]. L'étrange capacité de Funes à apprendre des langues peut être considérée comme une satire de la réputation légendaire de Joyce en tant que polyglotte avide, une réputation renforcée par la profusion de jeux de mots plurilingues dans *Finnegans Wake*.

Le traitement parodique du thème de la « mort du roman » — et du rôle de Joyce en ce domaine — transparaît également dans d'autres fictions où des romanciers et des critiques littéraires d'avant-garde meurent anonymement ou sont tués de façon absurde. Une autre parabole de la futilité moderniste est *Pierre Ménard, auteur du « Quichotte »*. Bien que le roman de Cervantès semble être au centre de cette histoire, l'ambition de Ménard de réécrire (et non de copier) l'œuvre de Cervantès mot pour mot ne constitue pas une satire du Siècle d'or espagnol. La puissance ironique de cette nouvelle provient de la façon dont elle s'en prend à ce que T. S. Eliot appelait la « méthode mythique » du roman moderniste joycien. Le projet de Pierre Ménard de réécrire de manière anachronique un classique de la littérature se moque des tentatives de Joyce et d'autres modernistes de situer les mythes helléniques ou les légendes romantiques dans des contextes contemporains. La recherche d'« archétypes universels », de « mythes profondément

31. James Joyce, *Portrait de l'artiste en jeune homme*, édition de Jacques Aubert, Paris, Gallimard, « Folio », 1992, p. 312.
32. Jorge Luis Borges, « Funes ou la Mémoire », *op. cit.*, p. 515.
33. *Ibid.* : « Le mécontentement que lui procurait le fait que les Trente-trois Orientaux exigeaient deux signes et deux mots, au lieu d'un seul mot et d'un seul signe [...] ».
34. *Ibid.*, p. 516.
35. « [...] and look at this prepronominal *funferal* [...] as were it sentenced to be nuzzled over a full trillion times for ever and a night till this noddle sink or swim by that ideal reader suffering from an ideal insomnia ». James Joyce, *Finnegans Wake*, New York, Viking, Londres, Faber and Faber, 1939, p. 120.

ancrés » et de « parallèles continus entre la modernité et l'Antiquité » est tournée en dérision dans une glose des sources d'inspiration de Ménard pour son brillant projet : « Deux textes d'inégale valeur ont inspiré cette entreprise. L'un est ce fragment philologique de Novalis [...] qui ébauche le thème de la *totale* identification avec un auteur déterminé. L'autre est un de ces livres parasitaires qui situent le Christ sur un boulevard, Hamlet sur la Canebière ou Don Quichotte à Wall Street. Comme tout homme de bon goût, Ménard avait en horreur ces mascarades inutiles, tout juste bonnes — disait-il — à procurer le plaisir plébéien de l'anachronisme ou (ce qui est pire) à nous ébaudir avec l'idée primaire que toutes les époques sont semblables ou sont différentes. [36] » *Ulysse*, qui situe le personnage éponyme à Dublin, pourrait bien être le « livre parasitaire » et la « mascarade inutile » qui dégoûtent et inspirent Ménard. Le récit se termine en effet par une allusion sournoise au catholicisme harcelé par Joyce.

Emir Rodríguez Monegal a montré qu'une nouvelle de Borges, *L'Aleph*, était systématiquement construite comme une parodie de la *Divine Comédie* de Dante [37]. Le thème de la mort du roman et les romans de Joyce servent, de la même manière, de sous-texte parodique à une autre nouvelle de l'écrivain argentin, *Le Jardin aux sentiers qui bifurquent* [38], et au roman fictif du même titre, autour duquel tourne le récit. Dans cette fiction, une histoire policière perverse racontée à la première personne, un roman et un meurtre jouent des rôles cruciaux et interchangeables. Le Dr Yu Tsun, « ancien professeur d'anglais à la *Hochschule* de Tsingtao » et espion nazi dont le complot dans le Stanfordshire a été découvert, est poursuivi par un capitaine des services secrets, Richard Madden, « un Irlandais aux ordres de l'Angleterre ». Yu Tsun est convaincu qu'il peut être capturé à tout moment, mais il doit transmettre à Berlin « le nom de l'emplacement exact du nouveau parc d'artillerie britannique ». Après avoir consulté l'annuaire téléphonique pour trouver l'adresse d'un certain professeur Stephen Albert, il prend un train et le rencontre dans sa résidence d'Ashgrove, au bout d'un jardin-labyrinthe. Stephen Albert, un sinologue, interprète la visite de Yu comme une visite de courtoisie puisque ce dernier se trouve être le petit-fils du grand érudit et écrivain Ts'ui Pên, dont le professeur Albert a passé de

---

36. Jorge Luis Borges, « Pierre Ménard, auteur du *Quichotte* », *Fictions*, in *Œuvres complètes*, op. cit., t. 1, p. 470.
37. Voir Emir Rodríguez Monegal, *Jorge Luis Borges. Biographie littéraire*, Paris, Gallimard, 1983, p. 481 *sq*.
38. Jorge Luis Borges, « Le Jardin aux sentiers qui bifurquent », *Fictions*, in *Œuvres complètes*, op. cit., t. 1, p. 499-508.

nombreuses années à étudier l'œuvre. Pendant l'heure que Madden met à rejoindre Yu, Albert informe ce dernier de ses recherches sur la dernière œuvre énigmatique de Ts'ui Pên — un roman « indéchiffrable », « un vague amas de brouillons contradictoires », dont Ts'ui Pên affirmait qu'il était son chef-d'œuvre. Albert explique l'énigme de ce livre singulier : Ts'ui Pên s'était retiré dans la solitude « pour composer un livre et un labyrinthe ». On avait pu penser qu'il s'agissait de deux choses distinctes, mais le roman se trouve *être* le labyrinthe — « un labyrinthe de symboles », « un invisible labyrinthe du temps ». Le roman chaotique est en fait une superposition expérimentale de multiples récits parallèles où des bifurcations ont lieu « dans le temps, non dans l'espace ». Des temps différents coexistent et le roman raconte conjointement toutes les issues contradictoires possibles d'un événement. À la fin de l'histoire, alors que le capitaine Madden s'approche, Yu abat l'érudit. Les titres des journaux du matin, en annonçant le crime, indiqueront à Berlin le nom de la ville à bombarder : Albert.

Le formidable roman dont il est question dans l'histoire de Borges peut être considéré comme l'épitomé et l'emblème du roman moderniste. Que le chef-d'œuvre de Ts'ui Pên soit une sorte de projection d'*Ulysse* et de *Finnegans Wake* déguisés en costume sinologique peut être vérifié en déchiffrant les codes — une tâche cryptographique qui n'a rien d'incongru face à un récit d'espionnage. L'histoire peut être lue comme un hommage ironique et acide au travail des exégètes les plus connus des obscurs romans de Joyce — Valery Larbaud, Herbert Gorman, Frank Budgen et Stuart Gilbert. Ce dernier semble se profiler dans la répétition anagrammatique du « St » initial et du « lbert » final dans le nom complet de l'érudit fictif (*St*ephen A*lbert*). Interprètes des labyrinthes textuels, Stuart Gilbert et Stephen Albert s'efforcent de percer le code qui résout les mystères déroutants des chefs-d'œuvre littéraires « indéchiffrables ». Albert et Gilbert expriment tous deux une certitude durement acquise quant à l'exhaustivité de leurs élucidations, et assurent à leur public que toutes les obscurités du texte peuvent être résolues en suivant quelques principes fondamentaux et parfaitement clairs. Albert dit : « J'ai confronté des centaines de manuscrits, j'ai corrigé les erreurs que la négligence des copistes y avait introduites, j'ai conjecturé le plan de ce chaos, j'ai rétabli — j'ai cru rétablir — l'ordre primordial...[39] ». Gilbert écrit : « Des centaines d'autres exemples de la manière dont les dix-huit épisodes d'*Ulysse* sont imbriqués,

39. *Ibid.*, p. 507.

de la façon dont la connaissance de chaque partie est nécessaire à la compréhension de l'ensemble, seront trouvés au cours de cette étude ; d'autres motifs [...] deviendront, nous l'espérons, manifestes [40] ». Ainsi, le processus d'exégèse d'Albert reflète l'enquête minutieuse de Gilbert sur la structure du roman de Joyce. L'utilisation qu'Albert fait de l'une des lettres de Ts'ui Pên, où le principe central du roman est révélé dans la phrase : « Je laisse aux nombreux avenirs (non à tous) mon *Jardin aux sentiers qui bifurquent* », rappelle le cadeau que fit Joyce à Gilbert, le « schéma » d'*Ulysse*, et son importance pour la pleine articulation de l'analyse de son scoliaste. Dans le travail d'Albert, en revanche, la solution des mystères du roman de Ts'ui Pên est soudaine et instantanée, basée sur une idée clé qui annule toutes les contradictions d'un seul coup, de la même manière que toutes les incohérences logiques postulées par une énigme sont souvent résolues par une réponse inattendue, en un seul mot. S'agissant du roman de Joyce et de sa part d'énigme, cette vision d'une solution « en un mot » est parfaitement résumée dans un commentaire de Valery Larbaud : « …voici un livre qui a pour titre *Ulysse*, et aucun des personnages ne porte ce nom, et même le nom d'Ulysse n'y apparaît que quatre fois. [En tant que lecteurs nous devons réaliser] que tout ce qui paraissait arbitraire et parfois extravagant est en réalité voulu et prémédité, et enfin, que nous sommes peut-être en présence d'un livre à clef. Mais alors, où est la clef ? Eh bien, elle est, si j'ose dire, sur la porte, ou plutôt sur la couverture ! C'est le titre : *Ulysse*. [41] » Ces lignes trouvent un écho dans l'échange entre Yu et Albert :

> *Stephen Albert me dit :*
> *— Dans une devinette dont le thème est le jeu d'échecs, quel est le seul mot interdit ?*
> *Je réfléchis un moment et répondis :*
> *— Le mot « échec ».*
> *— Précisément, dit Albert.* Le Jardin aux sentiers qui bifurquent *est une énorme devinette ou parabole dont le thème est le temps ; cette cause cachée lui interdit la mention de son nom. Omettre* toujours *un mot, avoir recours à des métaphores inadéquates et des périphrases évidentes, est peut-être la façon la plus démonstrative de l'indiquer. C'est la façon tortueuse que préféra l'oblique Ts'ui Pên dans chacun des méandres de son infatigable roman.* [42]

40. Stuart Gilbert, *James Joyce's Ulysses*, New York, Vintage Books, 1955, p. 29.
41. Valery Larbaud, Préface à l'édition française de *Gens de Dublin*, Paris, Plon-Nourrit et Cie, 1926.
42. Jorge Luis Borges, « Le Jardin aux sentiers qui bifurquent », *op. cit.*, p. 507.

L'histoire de Borges comporte également des éléments qui font écho à une grande partie de la tradition entourant l'*Ulysse* de Joyce, recueillie dans des biographies telles que celle d'Herbert Gorman. L'utilisation par Yu de l'annuaire téléphonique pour trouver l'adresse d'Albert rappelle la célèbre consultation par Joyce de la section « Dublin » du *Thom's Official Directory of the United Kingdom of Great Britain and Ireland* (1904) pour obtenir une image très exacte de la ville à l'époque. L'habile manipulation par Yu de la une des journaux pour transmettre une information secrète rappelle les gros titres du chapitre « Éole » dans *Ulysse.*

Particulièrement révélatrice est la façon dont Borges parvient à minimiser la pertinence du roman en tant que genre dans une histoire où l'écriture romanesque occupe une place si importante. Ici, l'abjuration du roman par Borges reste inébranlable malgré la réussite éclatante d'un texte tel que celui de Ts'ui Pên. En dépit de la magnificence de son ambition et de sa portée, le roman dont il est question correspond à une phase ultime dans la dissolution du genre. Les commentaires d'Albert lui-même révèlent que le roman est une forme artistique caduque au moment où Ts'ui Pên écrit le sien en Chine. Comme l'*Ulysse* de Joyce, comme *Finnegans Wake*, il représente sa dernière manifestation, celle de la démesure. Borges met sur les lèvres d'Albert les déclarations d'Ortega sur l'infériorité croissante du genre, tout en se moquant de l'attachement de Joyce (et d'autres modernistes) à cette forme et des longues années nécessaires à l'écriture de ses romans :

> *— Je ne crois pas que votre illustre ancêtre ait joué inutilement aux variantes. Je ne juge pas vraisemblable que* [*Ts'ui Pên*] *ait consacré treize ans à la réalisation infinie d'une expérience de rhétorique. Dans votre pays, le roman est un genre subalterne ; dans ce temps-là, c'était un genre méprisable ; Ts'ui Pên fut un romancier génial, mais il fut aussi un homme de lettres qui ne se considéra pas comme un pur romancier. Le témoignage de ses contemporains proclame — et sa vie le confirme bien — ses goûts métaphysiques, mystiques. La controverse philosophique usurpe une bonne partie de son roman.* [43]

La conclusion de la fiction de Borges ajoute une touche caustique à son rejet du roman, qui n'est plus à ses yeux une forme vitale de l'écriture contemporaine. L'intrigue met en scène l'eschatologie du roman en tant que genre : tout se passe comme si un polar macabre concocté par le

43. *Ibid.*

traître Yu était responsable de l'assassinat de Stephen Albert, le dernier érudit en matière de roman, rendant le livre de Ts'ui Pên — ce probable chef-d'œuvre d'une civilisation — incompréhensible pour les temps à venir, et le ravalant au rang d'antiquité bizarre et impénétrable. La violence soudaine et gratuite de la conclusion met à mal la dignité ascétique et civilisée de l'entreprise romanesque de Ts'ui Pên (et donc de Joyce) et l'abnégation de critiques dévoués comme Albert et Gilbert. Le récit « mime » l'anéantissement du genre que Borges et Ortega annoncent dans leur critique. Avec la mort de Stephen Albert, avec Funes et Pierre Ménard, Borges construit des paraboles sur la vanité des extrémismes baroques du roman moderniste. Comme les jeux de mémoire de Funes, comme les efforts d'interprétation d'Albert, cette « intolérable richesse » est vouée à être perdue. *Le Jardin aux sentiers qui bifurquent* et *Funes ou la Mémoire* sont des allégories de la mort du roman après sa phase moderniste.

❖

José Lezama Lima intervient dans le débat sur Joyce et l'épuisement romanesque à travers un texte qui, comme le « Fragment » de Borges, est écrit en guise de nécrologie littéraire. Lezama a publié « Mort de Joyce » en mars 1941 dans la revue *Grafos*, à La Havane [44]. Tout comme Borges, Lezama se forge un regard sur Joyce qui passe par la médiation de la critique européenne. La voix excentrique et sibylline de son bref essai survole les multiples débats engendrés par les visions contradictoires de l'œuvre de Joyce, qu'elle soit jugée scandaleuse ou esthétiquement révolutionnaire. Procédant par allusions, la stratégie de Lezama dans cet essai a, cependant, une densité énigmatique particulière. Plutôt que de résumer des informations biographiques ou de reproduire les arguments d'autres critiques comme l'a fait Borges, Lezama prend pour acquis que le lecteur les connaît. Ainsi, à l'exception des références transparentes au scandale de la censure et à l'essai de Stuart Gilbert, les allusions ont tendance à être obliques et à ressembler à des logogriphes. Le texte commence par le motif déroutant d'un voyage qui ne peut être décodé qu'en accédant à l'œuvre et à la légende de Joyce :

44. José Lezama Lima, « Muerte de Joyce », *Grafos*, n° 9, février-mars 1941, p. 16. Repris dans *Obras completas*, vol. 2, Madrid, Aguilar, 1972, p. 236-238. [Les citations de ce texte seront traduites d'après l'original en espagnol].

> *Le chemin de ce maître solitaire nous est déjà connu. Il va du bénédictin dans sa tour de Sicile au professeur du cours Berlitz. L'un est résolu à devenir un maître solitaire et l'autre à atteindre l'ataraxie stoïque d'une forme différente de solitude. Le professeur de Berlitz meurt en silence après avoir vécu en odeur de bon scandale : certains le comparaient à Dante, d'autres le considéraient comme une « curiosité ». Ses mixages, la complexité de ses préférences : de la visée et de la manière des élisabéthains à la physique du langage incarnée dans le phonographe de Berlitz. Longtemps, pour augmenter les risques pris, les lecteurs du foisonnant* Ulysse *ont réclamé la scène du bordel, les monologues, abandonnant la polémique sur* Hamlet *dans la bibliothèque de Dublin, ou la superbe page sur la couleur et la vitalité : « The various colours significant of various degrees of vitality (white, yellow, crimson, vermilion, cinnabar) ».* […]

Avec la « tour de Sicile », Lezama fait allusion à la parodie de la messe catholique dans la tour Martello au début du premier chapitre d'*Ulysse* (Lezama commet toutefois une « erreur de citation » caractéristique de son érudition souvent délibérément erratique : le modèle des forteresses défensives britanniques comme la tour Martello fut jadis construit en Corse par les Génois, et non en Sicile). Lezama fait également référence ici aux séjours de Joyce à Paris, Pola et Trieste en tant que professeur de langue chez Berlitz. Ainsi, en une seule phrase, Lezama parle du voyage littéraire de Joyce à travers plusieurs langues européennes (en soulignant un lien particulier avec la langue de Dante), de son voyage d'exil (de l'Irlande à la France, puis de l'Italie à la France) et du roman de « voyage » de Joyce, c'est-à-dire *Ulysse*. Tout aussi énigmatique pour un lecteur hispanique est la mention par Lezama de « la visée et de la manière des élisabéthains » (*el intento y la manera de los isabelinos*) parmi les préférences littéraires de Joyce. Cette allusion ne peut être comprise que si le lecteur est familier avec le style et l'esprit élisabéthains du premier livre de poèmes de Joyce, *Chamber Music* (alors inaccessible en espagnol mais bien résumé dans la biographie d'Herbert Gorman). Pour démêler le sens complet de la prose de Lezama, le lecteur doit consulter les sources critiques de l'écrivain cubain. Si l'on y ajoute la difficulté des références inexpliquées — ce qui n'est pas sans affinité avec le style allusif de la fiction de Joyce — le texte appelle le lecteur à enquêter et à déchiffrer, à pénétrer le sujet de manière engagée. Comme dans le reste de la critique de Lezama, l'érudition oraculaire de « Mort de Joyce » exige de notre part un effort, ce qui implique que, bien que laborieux, l'investissement dans l'interprétation de Joyce sera amplement récompensé. Contrairement à Borges, Lezama ne minimise pas la réussite romanesque de Joyce ; l'ironie du ton pédant de l'essai est dirigée contre certains interprètes de Joyce, mais nullement contre l'œuvre de ce dernier.

Cette prose de Lezama peut donc être lue comme une approche concentrée et révisionniste des principales tendances critiques qui ont surgi en réponse à l'œuvre de Joyce pendant la jeunesse de l'écrivain cubain, et nous pourrions probablement nommer Wyndham Lewis, Ezra Pound, T. S. Eliot, Valery Larbaud, Herbert Gorman, Stuart Gilbert, E. R. Curtius et Borges lui-même parmi les sources de Lezama. L'objectif principal de l'auteur de « Mort de Joyce » est de contredire les critiques de premier plan qui ont imposé leurs propres préférences dans la lecture de Joyce afin d'« augmenter les risques pris » (*para aumentar sus peligros*) dans ses textes. Pour ce faire, ces critiques se sont concentrés sur l'audace expérimentale et technique des pages scandaleuses ou avant-gardistes. Et Lezama poursuit :

> *Un type particulier de lecteurs s'est obstiné à créer un Joyce spécial, le considérant comme le frère aîné du surréalisme, caparaçonné de la connaissance de toutes les langues romanes, du grec et du latin, du babélien, de l'idiome impossible, du babylonien, du rabelaisien, et continuateur des symbolistes mineurs.*

D'un côté, en prenant en compte l'ensemble du roman plutôt que des épisodes techniquement téméraires, Lezama va à l'encontre de l'esthétisation du fragment par Borges. D'un autre côté, Lezama peut tomber d'accord avec Borges lorsqu'il affirme que l'obsession de certains lecteurs pour la nouveauté de la technique joycienne trahit un sens confus de ce qu'est la littérature. Adoptant une approche non avant-gardiste qui n'est pas sans rappeler celle du second Borges, Lezama estime que le mérite et la permanence de l'œuvre de Joyce résident à plus d'un égard dans son caractère « non exceptionnel », quelle que soit par ailleurs la nouveauté de son expérimentation :

> *Nous voyons aujourd'hui que cette œuvre a été faite comme toutes les œuvres : à travers la lutte adolescente entre le sexe et le dogme, le rythme de la voix et une certaine hétérodoxie superficielle en quête d'une orthodoxie centrale. Un nouveau type de lecteur fera immédiatement valoir en faveur de Joyce le délice et la sécurité de ses sources.*

Lezama reconnaît sereinement une cohérence immanente au milieu du chaos de l'œuvre de Joyce, un ordre intemporel enraciné dans les grands systèmes théologiques. Ainsi ne considère-t-il pas nécessairement les éléments baroques présents chez Joyce comme des exemples d'expérimentation moderniste ou avant-gardiste, mais comme des applications nouvelles et actuelles de stratégies narratives, stylistiques et figuratives éprouvées par le temps, toutes choses que Lezama a probablement reconnues aussi dans les grandes œuvres de la littérature espagnole du Siècle d'or, chez des écrivains baroques tels que Cervantès, Quevedo et Góngora.

Comme le dernier Borges, Lezama est sceptique devant les vicissitudes expérimentales de l'avant-garde ; mais contrairement à Borges, il croit que les romans de Joyce transcendent et dépassent ces aléas. Lezama conclut son essai en introduisant le concept semi-mystique et sacrificiel de *l'après-vie* du roman, manipulant à cet endroit de son texte la boutade de Joyce déclarant à Max Eastman qu'il avait écrit pour le lecteur idéal qui consacrerait sa vie à l'interprétation de son œuvre [45]. « Mort de Joyce » se lit, en fait, comme un appel à ce « nouveau type de lecteur » qui « fera immédiatement valoir en faveur de Joyce le délice et la sécurité de ses sources », c'est-à-dire son ancrage dans la tradition.

> *Maintenant que le mouvement de son œuvre a pris fin, requérons le nouveau lecteur qu'elle avait déjà conquis. S'il avait affirmé avoir consacré sa vie à son œuvre et en appelait par conséquent à des lecteurs qui en fassent pareillement don, souhaitons-lui ce troisième lecteur capable de miser sa vie (*jugarse la vida*) dans une lecture et de ne pas suivre avidement ses préférences, mais d'accéder au prix d'une seule lecture à la présence et à l'essence même de toutes ses journées.*

Avec ce « nouveau lecteur », Lezama construit une séquence d'images où la lecture et l'écriture de romans sont considérées comme des activités qui prolongent et perpétuent la vie au-delà de la mort. La lecture de l'œuvre de Joyce est ici un acte qui défie la mort puisque ce lecteur « risque sa vie » dans le processus d'un don de soi au roman en sacrifiant ses « préférences » (ce qui signifie, selon moi, renoncer à la vogue avant-gardiste) pour être absorbé dans un dévouement total et impartial au texte. Dans « Mort de Joyce », la mort est donc considérée comme une étape dans un voyage vers une destination supérieure, puisque c'est après la mort que les romans de Joyce atteindront leur apogée, renaissant et ressuscitant grâce au « nouveau lecteur ». Après une vie entière dans le bruit du scandale, c'est dans la mort de l'auteur que l'œuvre de

45. « The demand that I make of my reader is that he should devote his whole life to reading my works. » Cité par Richard Ellmann, *James Joyce*, Oxford, Oxford University Press, 1982, p. 703.

Joyce trouve « la part de silence qui lui est due », et c'est là que la véritable lecture de ses romans peut commencer.

L'idée selon laquelle les romans de Joyce ont une vie après la mort explique la conclusion énigmatique de cet essai complexe où Lezama dépeint le « *nuevo lector* » sous les traits d'un « lecteur solitaire et mystérieux, aussi résolu qu'un scribe égyptien ». Cette référence au *Livre des Morts* des anciens Égyptiens — un scribe du palais est appelé à écrire un guide qui puisse orienter le pharaon à travers le monde souterrain et le ramener parmi les vivants [46] — ne présente pas la momie du pharaon comme une relique archéologique. Le scribe / lecteur veille sur la momie / roman en étant convaincu de sa résurrection. *Portrait de l'artiste en jeune homme*, *Ulysse*, *Finnegans Wake* — le concept même du roman baroque moderne devient ainsi une figure de la « résurrection » dans l'analyse de Lezama. L'inversion tropologique par Lezama du motif de la mort tel qu'il figure chez Borges et Ortega, imprègne toutes ses références à Joyce et définit sa vision de la finalité du roman contemporain en tant que genre. Lorsque le narrateur, dans la conclusion pince-sans-rire de *Funes ou la Mémoire*, voit enfin le visage de Funes dans la lumière de l'aube après leur conversation nocturne, il lui paraît « monumental comme le bronze, plus ancien que l'Égypte, antérieur aux prophéties et aux pyramides [47] ». Si, selon la logique symbolique du récit de Borges, Funes peut être considéré comme l'incarnation « momifiée » de l'entreprise romanesque de Joyce, une pièce archéologique destinée à l'oubli des musées ou des fondations universitaires, dans « Mort de Joyce » Lezama fait en quelque sorte de Funes le lecteur dévoué du nouveau roman, « *el solo y misterioso lector* » en qui Joyce renaît.

Les pages de Lezama sur Joyce doivent être lues comme une expression significative de sa propre conception de l'eschatologie littéraire. Ici, la mort — la « mort du roman » en particulier — ne peut être assimilée à l'extinction, mais représente au contraire la garantie d'une vie après la mort. Dans « Mort de Joyce », Lezama détourne le trope borgésien de la mort du texte pour introduire, comme à l'état de prémices, ses propres idées sur un

46. Pour une excellente analyse du *Livre des Morts* comme sous-texte de *Finnegans Wake*, voir John Bishop, *Finnegans Wake : Joyce's Book of the Dark* (Madison, University of Wisconsin Press, 1986), en particulier le chapitre 4. Le *Livre des Morts* joue un rôle similaire dans le dernier roman de Lezama, *Oppiano Licario*. Bishop écrit : « Les archéologues ont déduit que chaque individu qui pouvait se le permettre consultait son prêtre et ses scribes au cours de sa vie et commandait plus ou moins [...] la rédaction d'un guide qui répondrait à ses besoins et désirs particuliers dans l'autre monde » (p. 89-90).

47. Jorge Luis Borges, « Funes ou la Mémoire », *op. cit.*, p. 517.

« système poétique du monde » (*sistema poético del mundo*), où l'incarnation de la poésie dans le nouveau roman baroque confirme que la littérature a le pouvoir de résister au temps. Lezama extirpe la littérature de la finitude : la vraie littérature est faite de quelque chose qui survit à l'épuisement. L'écriture et la lecture, le genre et le discours, la contingence et la permanence, la poésie et le roman, sont intimement liés chez Lezama à la notion complexe d'*après-vie*. L'acte de lire Joyce est ainsi une validation de la résurrection par ce que Lezama appelle l'*imagen*[48]. Le bref essai de Lezama sur Joyce doit être lu non seulement comme la réfutation de l'eschatologie nihiliste et non-transcendantale suggérée par Borges, mais aussi comme le prolégomène à son propre projet romanesque. L'œuvre de Joyce ne représente pas un épuisement pour Lezama, mais le début de « l'autre vie » du roman en tant que genre rénové — un nouveau roman qui, à l'instar de la *Commedia* de Dante, est capable de transmettre un sentiment d'immortalité dont la littérature, forte de son aptitude à l'universalité et à la pérennité, est en quelque sorte l'annonce.

Une évaluation aussi positive de Joyce devait, bien sûr, conduire Lezama à une stratégie de reprise et de transformation du projet romanesque joycien. Après des années consacrées à son œuvre poétique si singulière, d'un hermétisme « gongoriste », il décida d'écrire des romans alors que les possibilités du genre semblaient les plus minces, comme il l'écrivit à José Rodríguez Feo[49]. Il composa ainsi *Paradiso* (1966) et *Oppiano Licario* (1977)[50]. Comme Joyce, Lezama cherche à donner essor à une expérience esthétique plus élevée et plus profonde par le biais de stratégies de complication textuelle : de multiples schémas symboliques et mythiques structurent l'intrigue ; un réseau d'allusions oblige le lecteur à chercher des sources en dehors du texte ; le langage littéraire est déployé

48. Il est impossible de résumer ici l'éblouissant « système poétique du monde » de Lezama et ses théories concernant les « ères imaginaires » et le rôle de la métaphore et de l'image poétique dans la construction des cosmologies. Pour les meilleures analyses de la façon dont le système poétique de Lezama explore la possibilité de résurrection, voir Cintio Vitier, « Introducción » aux *Obras completas* de José Lezama Lima (Mexico, Aguilar, 1975) ; Rubén Ríos Ávila, « A Theology of Absence : The Poetic System of José Lezama Lima » (thèse de doctorat, Cornell University, 1983) ; Enrique Márquez, *José Lezama Lima : bases y génesis de un sistema poético* (New York, Peter Lang, 1991) ; et Emilio Bejel, *José Lezama Lima : Poet of the Image* (Gainesville, University of Florida Press, 1990).

49. « Puisque les possibilités du roman deviennent rares, je vais tout de suite commencer à écrire un roman ». Lettre à José Rodríguez Feo datée de juin 1953, *in* José Rodríguez Feo, *Mi correspondencia con Lezama Lima*, La Havane, Unión, 1989, p. 130.

50. *Oppiano Licario*, resté inachevé à la mort de José Lezama Lima en 1976, fut publié à titre posthume.

comme un puzzle sémantique très élaboré que le lecteur doit résoudre. Lezama, comme Joyce, envisage ses textes comme des messagers d'« épiphanies ». Le jeu entre la structure et le détail, le souci d'éviter que la force d'un quelconque schéma narratif ne dilue l'énoncé poétique indépendant, la célébration des vertus de l'excès et de l'obscurité comme véhicules de la gnose littéraire : ces caractéristiques, dans l'œuvre des deux écrivains, problématisent et enrichissent l'expérience esthétique de la lecture en créant une « difficulté » qui nécessite d'atteindre un point proche de la révélation épiphanique. C'est là que l'énigme est résolue, que le nœud sémantique est dénoué et que le labyrinthe livre les mystères de sa construction. Joyce et Lezama considèrent tous deux la lecture de leurs œuvres comme une forme de déchiffrement laborieux mais joyeux, susceptible de produire de nouveaux plaisirs et de nouvelles connaissances : une « esthétique du difficile ». Contrairement à Borges, Lezama partage la conviction de Joyce que ce plaisir complexe trouve son meilleur accomplissement dans l'art du roman.

Le choix du roman par Lezama obéit également à d'autres principes. Comme Joyce, Lezama est issu d'une « culture insulaire » catholique, formée et déformée par le colonialisme. Lezama et Joyce avaient tous deux une vive conscience de l'anomalie de ce *background* dans le contexte de la littérature « continentale » dominante. Lezama tente de s'approprier et de remodeler l'histoire poétique et politique de la langue impériale, comme Joyce l'a fait avec l'anglais, dans l'espace du roman — forme typiquement européenne et « continentale ». Le roman fournit l'architecture qui soutiendra la portée colossale et proto-scolastique des visions de Joyce et de Lezama. *Paradiso* et *Ulysse* se présentent comme des *Sommes* de connaissances culturelles qui épuisent et renouvellent les possibilités du langage littéraire. Lezama emprunte certains éléments de son projet aux paradigmes de Joyce — Homère, Thomas d'Aquin, Dante, Giordano Bruno et Vico. En même temps, le roman en tant que forme littéraire urbaine leur permet de représenter pleinement la physionomie complexe de leurs villes portuaires : *Paradiso* tente de cartographier l'espace et le caractère de La Havane avec autant de lyrisme et de précision qu'*Ulysse* le fait avec Dublin. Enfin, Joyce et Lezama utilisent tous deux le roman pour poursuivre une exploration audacieuse et profonde des sexualités interdites, ce qui leur a valu la double punition de la censure et du scandale.

La réfraction systématique de l'esthétique textuelle de Joyce dans les romans de Lezama Lima devient claire quand on se rend compte que les éléments qui différencient et distinguent *Portrait de l'artiste en jeune homme*, *Ulysse* et *Finnegans Wake* sont soigneusement incorporés et équilibrés dans *Paradiso* et *Oppiano Licario*. De même, si « Mort de Joyce » peut être lu comme un prolégomène aux romans de Lezama, une description anticipée de leurs principaux thèmes et de leur conception, la liste des « préférences » de Lezama dans son bref essai — le motif de la quête, le débat sur *Hamlet*, la poésie stellaire d'Ithaque, la musique des rythmes verbaux de Joyce, la recherche d'une nouvelle orthodoxie — marque les points de contact à partir desquels *Paradiso* et *Oppiano Licario* reflètent (et réfractent) la teneur et la composition de *Portrait de l'artiste en jeune homme*, *Ulysse* et *Finnegans Wake*. *Portrait de l'artiste en jeune homme* et *Paradiso* racontent tous deux la genèse de la conscience poétique chez un jeune artiste, et tous deux développent une théorie esthétique fondée sur l'expérience de l'immobilité dans la contemplation de l'art — Stephen Dedalus appelle cela *stasis* dans *Portrait*, et José Cemí *fijeza* dans *Paradiso*. *Paradiso* et *Ulysse* comportent tous deux des scènes de débat philosophique qui reconstituent le *sumpósion* platonicien, soulignant la pertinence du dialogisme socratique dans la constitution du roman en tant que genre. C'est dans le chapitre « Charybde et Scylla » que figure le débat à la bibliothèque de Dublin concernant la créativité androgyne de Shakespeare dans *Hamlet*. Cette séquence est reprise dans le chapitre 9 de *Paradiso*, où Cemí et ses amis, Foción et Fronesis, débattent de la poésie, de l'homosexualité et des mythes de la procréation androgyne. *Paradiso* comporte des jeux de mots qui rappellent ceux de *Finnegans Wake* — le chapitre 7, avec la lettre de l'oncle Alberto où, selon Cemí, « le langage devient nature », en est le meilleur exemple. Comme le dernier roman de Joyce, *Oppiano Licario* est en partie construit sur des notions cosmologiques tirées de la *Scienza Nuova* de Vico. Tous ces romans explorent de nouveaux rythmes discursifs afin de forger une syntaxe caractéristique qui peut revitaliser le langage du roman contemporain.

Contrairement à Borges, Lezama accorde une grande importance aux schémas symboliques et à l'élément mythopoétique dans le roman joycien. Lezama a prêté une attention particulière à la composante symbolique, comme en témoigne sa proposition, dans « Mort de Joyce », d'une nouvelle interprétation d'*Ulysse* selon les catégories de la démonologie jésuite. Lezama soutient que la classification des démons utilisée par les jésuites pour l'exorcisme des esprits pourrait constituer un ordre symbolique supplémentaire pour *Ulysse*. Le « nouveau code » de Lezama montre que chaque chapitre est construit en tenant compte du « symbole démoniaque » d'un vice particulier.

> *Si Stuart Gilbert a mis en évidence dans le roman de Joyce la parodie des aventures d'Ulysse, on peut également signaler la réminiscence de thèmes de la théologie jésuite parmi les plus usités* (la reminiscencia de la teología jesuítica en sus temas más utilizados). *Asmodée : ancien chérubin, orchestrant le thème de la chair : bordel, parturition, excroissances ; Mammon : les nombreux Juifs qui apparaissent dans son œuvre ; Belzébuth : magie, kabbale, le furieux désir de pénétrer et d'animer le monde extérieur, la parodie de la hiérarchie céleste par la hiérarchie infernale.*

Ainsi, Asmodée peut être considéré comme un symbole supplémentaire — pour la prostitution dans « Circé », la défécation dans « Calypso », l'éjaculation dans « Nausicaa », la menstruation dans « Pénélope » et la parturition dans « Les Bœufs du Soleil ». Le motif de Mammon domine dans « Calypso », « Les Lotophages » et « Charybde et Scylla », chapitres dans lesquels Bloom exerce son métier de démarcheur publicitaire. Belzébuth influence l'utilisation de la magie noire et des transformations ou métamorphoses dans « Circé » et « Le Cyclope ». Ce « nouveau code » pour *Ulysse* est un geste typiquement baroque dans la critique lezamienne : il intensifie la prolifération des symboles et des sens cachés au lieu de la contenir ou de la condamner, comme le ferait Borges.

Il n'est donc pas surprenant que *Paradiso* reprenne avidement l'utilisation des parallèles homériques d'*Ulysse*. Si *Ulysse* est, dans son intrigue, une journée dans la vie de Dublin et si *Paradiso*, en revanche, est une histoire familiale qui s'étend sur les premières décennies du XXe siècle à Cuba, les deux romans partagent la même intrigue archétypale — la « Télémachie » d'Homère. L'intrigue de *Paradiso* pourrait ressembler à une saga familiale dans le style des *Buddenbrook* de Thomas Mann ou au projet mémoriel dans *À la recherche du temps perdu* de Proust ; néanmoins, le sous-texte homérique fait de *Paradiso* une quête épique de transcendance, symbolisée par la recherche d'un Père par le Fils à la manière de l'adaptation par *Ulysse* de la première section de l'*Odyssée*. Ici, José Cemí est le jeune Télémaque / Stephen tandis que le sage et érudit Oppiano Licario incarne Ulysse / Bloom. La rencontre de Licario et de Cemí à la fin du roman parachève la quête par le jeune homme d'un mentor qui puisse lui montrer la voie de la poésie et de l'épanouissement personnel. Les rencontres et les développements qui mènent au rapprochement final entre les avatars de Télémaque et d'Ulysse suivent une chronologie différente en temps réel, mais se produisent tous à des moments équivalents dans l'espace textuel des romans. En fait, Télémaque se révèle être l'*alter ego* de José Cemí à un moment décisif, lors de la « rebaptisation » de Cemí dans un poème écrit par son ami Fronesis. Simplement intitulé « *Portrait* de José Cemí » — je souligne —, le poème de Fronesis utilise une forme onomastique abrégée pour Télémaque : « Son nom c'est aussi *Thelema Semi*, / sa volonté peut chercher un corps / dans l'ombre, l'ombre d'un arbre, / et l'arbre qui est à l'entrée de l'enfer. [51] »

Le jeu complexe entre énigme et déchiffrement, mystère et épiphanie, opacité et transparence, chaos et ordre, *oscuro* et *claro* que Lezama a visualisé dans les romans de Joyce, influence la dynamique sémantique et sémiotique de la textualité de *Paradiso*. La construction soignée de *Paradiso* ne montre pas seulement une attention et une cohérence symboliques comparables à celles que les critiques, de T.S. Eliot à Hugh Kenner, ont trouvées dans *Portrait de l'artiste en jeune homme*, *Ulysse* et *Finnegans Wake* ; elle montre aussi l'adaptation idiosyncrasique de l'*Odyssée* au cœur même d'*Ulysse*. Néanmoins, *Paradiso* ne reproduit pas mécaniquement la méthode mythique d'*Ulysse* ; il la transforme afin de mettre en évidence l'ambitieuse réinterprétation par Lezama des principales sources de la mythologie grecque. Dans *Paradiso*, le cadre homérique d'*Ulysse* s'enrichit en se fondant avec un autre schéma — l'histoire d'Orphée —, configurant ainsi un nouveau système d'allusions, polysémique et distinct, qui fait valoir une origine « orientale » du mythe hellénique. La façon dont *Paradiso* comprend et applique la méthode romanesque de Joyce est unique, puisque des générations de romanciers joyciens latino-américains — l'Argentin Leopoldo Marechal dans *Adán Buenosayres*, le Cubain Guillermo Cabrera Infante dans *Trois tristes tigres*, le Portoricain Luis Rafael Sánchez dans *La guaracha del Macho Camacho* [52], et les Mexicains Fernando del Paso dans *Palinure de Mexico* et Carlos Fuentes dans *Cristóbal Nonato* [53], pour n'en citer que quelques-uns — ont imité les techniques de Joyce sans visualiser pleinement le projet mythographique complexe pour lequel cette méthode est mise en œuvre.

Enfin, les lectures antagonistes des romans joyciens par Lezama et Borges finissent par faire apparaître un Joyce « baroque », non seulement parce qu'elles mettent l'accent sur l'artifice, la complexité et la difficulté

51. José Lezama Lima, *Paradiso*, Paris, Seuil, « Points », 1999, p. 486. [Le traducteur, Didier Coste, précise que « Thelema Semi » signifie « Volonté Signe »].
52. Traduit en français par Dorita Nouhaud sous le titre *La Rengaine qui déchaîne Germaine*, Paris, Gallimard, « La Nouvelle Croix du Sud », 1991.
53. Traduit en français par Céline Zins sous le titre *Christophe et son œuf*, Paris, Gallimard, « Du monde entier », 1990.

sémantique, mais aussi parce qu'elles relient son œuvre aux obsessions spirituelles extrêmes de l'*ethos* baroque : la mort et la résurrection. Le lien établi par Borges entre la fiction joycienne, l'eschatologie du genre romanesque et la « vacuité » ouvragée de Góngora reflète le côté sombre de l'esprit baroque. La célébration par Lezama de « l'après-vie » de l'œuvre de Joyce représente son côté luxuriant et affirmatif.

César A. SALGADO

Traduit de l'anglais par Jean-Baptiste Para

JACK KEROUAC SUR LA ROUTE AVEC JAMES JOYCE

« *How could I like the idea of home?* »
James Joyce, lettre à Nora Barnacle, 29 août 1904

« *There is no home.* »
Jack Kerouac, Journal, 4 juillet 1949

C'est à New York que débute l'histoire éditoriale de *Ulysses*, dès mars 1918, par sa publication en épisodes dans la revue d'avant-garde *The Little Review*. Si, en 1916, la parution américaine de *Dubliners* et d'*A Portrait of the Artist as a Young Man* n'avait pas fait grand bruit, cette fois, il en sera autrement : après la saisie et la destruction par le US Postal Service d'exemplaires de trois numéros, l'édition en deux volets de « Nausicaa », au printemps et à l'été 1920, entraîne des accusations pour obscénités par la New York Society for the Suppression of Vice, suivies de poursuites judiciaires qui aboutiront au jugement de février 1921 prohibant la publication de *Ulysses* aux États-Unis. Il faudra deux autres procès, entre 1932 et 1934, pour que le roman puisse enfin y paraître licitement, douze ans après sa première publication à Paris, le 2 février 1922. Les démêlés judiciaires et la controverse ayant entouré la circulation du texte auront ainsi nourri, pendant près d'une quinzaine d'années, sa notoriété tout en attisant l'intérêt d'un lectorat à l'opinion aussi partagée que polarisée et ne disposant que d'exemplaires clandestins, piratés ou expurgés. La publication de *Finnegans Wake* en 1939, simultanément à Londres et à New York, ainsi que la mort de James Joyce en 1941 conforteront la renommée de l'écrivain en Amérique. Consacré à tire-d'aile au-delà des seuls cercles universitaires, il figurera même à deux reprises sur la couverture du magazine *Time*, une première fois en 1934 puis en 1939 [1].

1. Sur la publication de *Ulysses* aux États-Unis, voir, entre autres : Kevin Birmingham, *The Most Dangerous Book : The Battle for James Joyce's Ulysses*, New York, Penguin Books, 2015.

Jean-Louis « Jack » Kerouac est né dans une famille d'origine canadienne-française à Lowell dans le Massachusetts le 12 mars 1922, un peu plus d'un mois après la parution parisienne de *Ulysses*. Au moment où il conçoit le projet de devenir écrivain, à l'âge de 17 ans, James Joyce occupe déjà une place de choix dans le paysage littéraire américain, ayant marqué certains romanciers, notamment Thomas Wolfe (1900-1938) dont l'œuvre fascinera le jeune Kerouac. Entre temps, Jack London, William Saroyan et Ernest Hemingway colorent ses premiers écrits. En 1944, année où il rencontre Allen Ginsberg et William S. Burroughs qui formeront avec lui le noyau originel de la *Beat Generation*, il estime avoir écrit, depuis 1939, plus d'un demi-million de mots dans des lettres, des articles, des nouvelles, des poèmes et pas moins de neuf romans inachevés [2]. Lecteur vorace, amoureux des bibliothèques, il apprécie alors aussi bien des auteurs américains qu'européens, parmi lesquels Mark Twain, Thoreau, Melville, Whitman, Emily Dickinson, mais aussi Shakespeare, William Blake, Dostoïevski, Thomas Mann, Rimbaud, Proust et Céline. Il est et demeurera un lecteur de la Bible. Dès 1940, lors de son bref passage à l'université Columbia, il lit et relit *Ulysses* pour, en 1942, l'adopter comme un modèle à suivre avec toutefois des résultats mitigés : « *I had just discovered James Joyce and was imitating* Ulysses *I thought (really imitating* Stephen Hero [...]). [3] » Afin d'apparaître masqué dans ses fictions, il invente le patronyme équivoque de Duluoz, auquel il reconnaîtra une assonance avec celui de Stephen Dedalus : « *In those days I was writing a Joyce-like novel in which I was the Dedalus ; and called myself Duluoz.* [4] » Surtout, il s'approprie, pour ne jamais l'abandonner, la notion joycienne d'épiphanie qu'il conçoit comme « des visions involontaires et inconscientes de la vérité suscitées par un style » (« *involuntary unconscious visions of truth elicited through a style* »), ce qu'il illustre dans le texte « Sadness at Six » relatant l'expérience fondatrice, à l'âge précoce de six ans, d'une naissance sensorielle ayant révélé en lui une étrange musicalité joycienne : « *Yes, I was born, and the music began to filter into my being,*

2. On peut lire un choix de textes de cette période (1936-1943) dans *Atop an Underwood : Early Stories and Other Writings*, éd. Paul Marion, New York, Penguin Books, 2000.
3. Jack Kerouac, *Vanity of Duluoz : An Adventurous Education, 1935-46* (1968), London, Penguin Classics, 2012, p. 99-100. « Je venais de découvrir James Joyce et pensais imiter *Ulysses* (en fait, je n'imitais que *Stephen Hero*). » À moins de mentions contraires, c'est toujours moi qui traduis.
4. Lettre à Neal Cassady, le 10 janvier 1951 : Jack Kerouac, *Selected Letters 1940-1956*, éd. Ann Charters, New York, Penguin Books, 1995. Les citations de la correspondance proviennent de cette édition. « À cette époque, j'écrivais un roman à la Joyce dans lequel j'étais Dedalus ; je m'étais attribué le nom de Duluoz. »

and the colors accentuated deeply, and the weird flutings as of Joyce could be heard emanating from my lips [...].[5] » Une note manuscrite datant de cette époque atteste qu'il envisage de lire *Finnegans Wake* de même qu'Homère (« *again* ») et Thomas Wolfe (« *always* »)[6]. Dans une lettre à Allen Ginsberg de l'automne 1944, il expose sa conception élévée de l'art en tant que « potentiel ultime surgi du matériau de l'humanité » (« *art is the potential ultimate out of the humankind materials* »), tout en considérant l'œuvre de Joyce comme étant exemplaire (« *Look at* Finnegans Wake *and* Ulysses »). Par la suite, au cours de la genèse d'*On the Road* (Viking, 1957), alors que s'atténue l'emprise de Thomas Wolfe, l'influence de Joyce sur Kerouac se fera de plus en plus prégnante pour en venir à attiser l'audace de ses recherches narratives comme de ses expérimentations linguistiques. C'est ce cheminement que nous examinerons.

Le 23 août 1948, un an après un premier périple de trois mois à travers le continent américain, Kerouac mentionne le projet d'*On the Road* pour la première fois dans ses journaux de bord : « *I have another novel in mind* — On the Road — *which I keep thinking about : about two guys hitch-hiking to California in search of something they don't* really *find, and losing themselves on the road, and coming all the way back hopeful of something* else. *Also, I'm finding a new principle of writing.*[7] » À l'origine, il a donc le dessein de raconter un voyage aller-retour à travers l'Amérique, lequel prendrait la forme d'une quête dont l'objet indéfini serait sans cesse différé. De plus, il explore une nouvelle manière d'écrire. Ce désir de renouveau s'explique sans doute par le fait qu'il vient d'achever la rédaction de ce qui deviendra son premier roman publié, *The Town and the City* (Harcourt Brace, 1950), après environ deux ans et demi d'un travail scriptural ayant échelonné aussi bien les épisodes poussifs que frénétiques et s'étant déployé dans un manuscrit

5. Jack Kerouac, *Atop an Underwood*, op. cit., p. 181-183. « Je suis né, et la musique commença à imprégner mon être, et les couleurs revêtirent une profonde intensité, et de mes lèvres émanèrent des notes flûtées telles qu'on en rencontre chez Joyce. »

6. Cette note fait partie du fonds Jack Kerouac conservé à la New York Public Library (Berg Collection) où j'ai consulté le dossier rédactionnel d'*On the Road*. À propos de ce dossier, voir : Isaac Gewirtz, *Beatific Soul : Jack Kerouac on the Road*, New York / London, The New York Public Library / Scala Publishers, 2007.

7. Jack Kerouac, *Windblown World : The Journals of Jack Kerouac 1947-1954*, éd. Douglas Brinkley, New York, Penguin Books, 2004. Les citations des journaux proviennent de cette édition. « J'ai en tête un autre projet de roman — *On the Road* — auquel je n'arrête pas de penser : c'est au sujet de deux gars qui font du stop vers la Californie à la recherche de quelque chose qu'ils ne trouvent *vraiment* pas, et qui s'égarent en route, et qui reviennent au point de départ en espérant quelque chose d'*autre*. Je découvre aussi un nouveau principe d'écriture. »

fluvial de plus de 1 000 pages (« *380,000-word monstruosity* »). Débutée au printemps de 1946, au moment de la mort de son père, cette fresque familiale de facture classique est sous-tendue par la fictionnalisation d'un grave et vigoureux substrat autobiographique, Kerouac disséminant des éléments de sa propre histoire dans celles de trois des fils du clan Martin. Ancrant son récit dans l'Amérique du milieu des années trente à celle de l'immédiat après-guerre, entre Galloway, une petite ville imaginaire de la Nouvelle-Angleterre (*the town*), et New York (*the city*), le texte de Kerouac exhibe une prose aux tons mélancoliques et nostalgiques, redevable à une lecture admirative de l'œuvre de Thomas Wolfe : « *[H]e just woke me up to America as a Poem instead of America as a place to struggle around and sweat in.* [8] » Au cours de la rédaction, Kerouac, sous forte influence wolfienne, se fait parfois plus critique face à Joyce ; le 27 janvier 1948, il s'insurge contre son écriture, allant jusqu'à la qualifier de « relâchement psychotique » (« *psychotic sloppiness of Joyce* »). Et pourtant, dans un texte de 1943, « Beauty as a Lasting Truth », cherchant à comparer Joyce et Wolfe, Kerouac avait loué l'intégrité et l'engagement héroïque, voire prométhéen, des deux auteurs, tout en reconnaissant chez chacun d'eux, comme en lui-même, une vision poétique singulière permettant d'accéder à une vérité : « *I see something that the world doesn't* [...]. *I wasn't alone in my vision.* [9] » En outre, dans *The Town and the City*, Kerouac reprend à son propre compte l'entreprise, commune à Joyce et à Wolfe, de fonder son monde fictionnel sur une mythification de soi. Or, au-delà du fait que Kerouac y expose déjà sa vision de l'impermanence et de la fébrilité d'une Amérique en perte de repères spirituels, *The Town and the City* laisse néanmoins à désirer sur le plan stylistique, n'arrivant pas à articuler la langue qui pourrait incarner cette vision tout en étayant un mythe personnel d'errance, d'exil et de déracinement. Il reconnaîtra du reste que « ce premier roman, quoique déterminé dans ses ambitions, pâtissait du style morne de sa prose » (« *first novel, which has guts but has a dreary prose style to it* [10] »).

Kerouac — c'est connu — compose la première version complète d'*On the Road* du 2 au 22 avril 1951, directement à la machine à écrire sur un

---

8. Jack Kerouac, *Vanity of Duluoz*, op. cit., p. 69. « Il m'a tout simplement éveillé à l'Amérique en tant que Poème, au lieu d'une Amérique où l'on ne fait que suer et se tuer au travail. »

9. Jack Kerouac, *Atop an Underwood*, op. cit., p. 227. « Je vois quelque chose que le reste du monde ne voit pas. [...] Je partageais cette vision avec d'autres. »

10. Jack Kerouac, *The Subterraneans*, New York, Grove Press, 1958, p. 73. Kerouac s'exprime par le truchement de son *alter ego* Leo Percepied.

rouleau de papier de trente-six mètres qu'il avait lui-même bricolé [11]. Il y fait le récit à la première personne de quatre voyages à travers l'Amérique, l'ayant conduit de New York à la Californie de même qu'au Mexique ; au total, entre 1947 et 1950, il a parcouru 30 000 kilomètres en autostop, en autocar, mais surtout en voiture. Le texte du tapuscrit (environ 125 000 mots), qui aurait pu se limiter à une chronique de ses voyages, parvient à acquérir un souffle épique dans un registre héroï-comique où le burlesque côtoie le sublime. Car ce qui s'annonce au départ comme un récit de la conquête de l'Ouest prend rapidement l'allure d'une odyssée transcontinentale hyperbolique où tout devient amplifié et accéléré par l'énergie motrice des chevaux-vapeurs. Neal Cassady, ami adulé, principal compagnon de route et conducteur de prédilection est exalté en tant qu'« arnaqueur sanctifié » (« *holy con-man* »), un genre d'Ulysse en « bouffon sacré » (« *Holy Goof* ») et « héros en chef du Far West » (« *chief hero of the Western* »). Les échos homérico-joyciens abondent : le ravissement de l'alcool et des drogues (« Lotus-Eaters »), des odes à la nourriture (« Lestrygonians »), un séjour idyllique dans la Vallée de San Joaquin avec Bea, une migrante Mexicaine (« Calypso »), des courses de pur-sang (« Nestor »), des concerts de jazz envoûtants (« Sirens »), une visite délirante dans un bordel mexicain (« Circe »)… Et s'il s'agit bien d'une quête initiatique, la nature et le but de l'entreprise demeurent insaisissables. Qu'est-ce donc que ce « *IT* » que les jeunes hommes recherchent avec frénésie et qui les remet sans cesse en mouvement ? Des sensations fortes (« *kicks* ») ? L'essence de l'Amérique (« *the raw body of America* ») ? Des experiences sexuelles (« *for him* [*Neal*] *sex was the one and only holy and important thing in life* ») ? L'amour (« *I was looking for the woman I wanted to marry* ») ? Tout cela et plus encore dans une escalade de la démesure avec, aux trousses, la mort, personnifiée par l'Étranger au Suaire (« *the Shrouded Stranger* »). Le mouvement odysséen de la trame narrative — « *odysseac* », écrit Kerouac dans le texte — ne cesse de multiplier les allers-retours pour, dans les tout derniers moments, dévoiler la quête paternelle de ces deux Télémaque, laquelle se révèle être un échec encore plus cuisant que chez Joyce : « [*T*]*he father we never found* ». Il faudrait donc à nouveau quitter New York-Ithaque : « *And he* [*Neal*] *was gone* ». Seulement Jack, le narrateur, a enfin (re)trouvé sa Pénélope : « *If I hadn't been married I would have gone with him again.* »

11. Jack Kerouac, *On the Road : The Original Scroll*, éd. Howard Cunnel, New York, Viking Press, 2007. Je cite toujours la version électronique du texte (Penguin Modern Classics, 2011).

Joan, sa nouvelle épouse, ne prendra pas la parole comme le fait Molly Bloom dans le dernier épisode de *Ulysses*, mais deviendra plutôt la destinataire implicite, donc secrète, du récit [12] ; un récit dans lequel le mot « *yes* » apparaîtra plus d'une centaine de fois : « *Yes, yes at once... we must, we really must !* », « *Yes-yes-yes !* », « *Yes, yass, yes.* », « *Yeah, yeah.* », « *Oh yes man, dear God, yes, yes !* », « *Ey-y-y-y-y-y-es* », « *Yes, zoom !* ».

Le haut fait que constitue la composition du rouleau est loin d'avoir résulté d'une génération spontanée. Les manuscrits, les journaux de bord et la correspondance montrent bien que la route a été longue et tortueuse depuis la toute première mention d'*On the Road* jusqu'à la première version complète du texte. Dans son journal à la date du 18 février 1950, soit plus d'un an et demi depuis qu'il a annoncé le projet à l'été 1948, Kerouac exprime sa frustration d'avoir l'impression de travailler à contre-courant en « se creusant et se recreusant les méninges sur *On the Road* depuis trop d'années » (« *grinding and grinding my mind on* On the Road *for years now* »). Une demi-douzaine de versions partielles, toutes abandonnées comme autant de faux-départs, indiquent effectivement que Kerouac n'arrive pas à trouver une forme, une langue, une voix pour ce qu'il envisage encore comme un roman sur le modèle de *The Town and the City*. Le projet ne « prend » pas et l'écrivain n'a de cesse de sonder les ressorts de l'intrigue, les personnages ou les instances narratives. Au cours de cette période de tâtonnements, l'œuvre de Joyce est évoquée à plusieurs reprises, suggérant une relecture de *Ulysses* à la fin de 1949. Ainsi, le 19 octobre, il mentionne relire l'épisode « Scylla and Charybdis », dans lequel Stephen expose sa théorie sur *Hamlet* : « *Also went back to Joyce's thesis on Shakespeare in* Ulysses [...]. » Quelques semaines plus tard, au milieu de novembre, il s'appuie sur un bref extrait de « Circe » pour amplifier sa propre notion d'épiphanie afin d'englober « non seulement les personnages, mais aussi l'intrigue, les scènes et ce, jusqu'au tourbillon de la prose » (« *epiphany may not only be of character but of plot, of scene, of very swirl* »).

Au début d'octobre 1950, Kerouac travaille à la rédaction d'un texte intitulé *American Times* dont la première section est sous-titrée *On the Road*. Cette version, laissée en plan, cherche à mettre en scène la pluralité des cultures et des classes défavorisées de l'Amérique. Dans une note,

---

12. Kerouac confiera qu'il avait écrit *On the Road* en avril 1951 afin de raconter ses aventures à Joan Haverty, son épouse à l'époque : « *I wrote* On the Road *for my new wife, to tell her what I'd been through. It's directed toward a woman.* » : Ann Charters, *Jack Kerouac : A Bibliography*, New York, Phoenix Bookshop, 1975, p. 19.

Kerouac précise que le texte ferait entendre, par l'entremise de plusieurs narrateurs, les voix distinctes des Noirs, des Mexicains, des Amérindiens, des Canadiens-Français, des Italiens, des gens de l'Ouest, mais aussi des repris de justice, des vagabonds, des *hipsters*, et autres marginaux, tous s'exprimant dans une variante de ce qu'il appelle l'*americanan*, un néologisme désignant la langue américaine telle qu'elle est parlée dans un concert de voix hétérogènes et hors-norme. Ceci n'est pas sans évoquer la polyphonie de *Ulysses*, tout particulièrement l'épisode « Wandering Rocks », dans lequel Joyce fait entendre le chœur des gens de Dublin par le truchement de différents artifices (voix intérieures, articulées, murmurées, proférées, dialoguées, rapportées, pastichées, chantées…). Le 6 octobre 1950, Kerouac écrit à Neal Cassady : « *The modern young writer is now faced with the problem of many voices in America.* [13] » Il avait d'ailleurs conclu la note pour *American Times* en se demandant : « *What is my own voice ?* »

Selon le témoignage de Kerouac, la percée rédactionnelle aurait été déterminée par la réception, en décembre 1950, d'une longue lettre de Neal Cassady (environ 16 000 mots), rédigée d'une seule traite à la machine à écrire [14]. Cassady y raconte, ou plutôt y confesse ses aventures amoureuses et sexuelles, interrompues par un séjour en prison, dans le Denver du milieu des années quarante, le tout dans une langue éruptive, impétueuse et exubérante, faisant défiler le récit avec célérité comme si l'énonçant à haute voix, sans censure, dans une suite de scènes faisant la part belle aux digressions, aux blagues, aux jeux de mots, aux réflexions scripturales et aux allusions littéraires (Baudelaire, Melville, Céline, Wolfe, Dickens…). Kerouac adoptera cette franchise sexuelle lors de la composition du rouleau, qui non seulement mettra en scène des relations hétéro-, bi- et homosexuelles, mais reprendra d'emblée l'image pyrotechnique de la scène masturbatoire de l'épisode « Nausicaa » de *Ulysses*, celui-là même qui avait suscité la fureur des censeurs en 1920 : « *…burn, burn, burn like roman candles across the night* ». Or, un effet plus immédiat de la lettre de Neal sur Kerouac a été de l'inciter à écrire, entre le 28 décembre 1950 et le 10 janvier 1951, une succession rapide de six longues missives dans lesquelles il offre en contrepartie une confession à son ami : « *The time*

13. « Le jeune écrivain américain moderne doit maintenant faire face au problème de la multiplicité des voix en Amérique. »
14. La lettre, qui avait été en partie perdue, a été retrouvée en 2012 pour finalement être publiée dans une édition en fac-similé : Neal Cassady, *The Joan Anderson Letter : The Holy Grail of the Beat Generation*, éd. A. Robert Lee, London, The Black Spring Press, 2020.

has come for me to write a full confession of my life to you. » Kerouac décide alors de tourner le dos à la fiction romanesque pour se concentrer sur ses propres expériences : « *I hereby renounce all fiction.* » C'est la stratégie qu'il retiendra pour le rouleau (« *There is nothing to do but write the truth* »), sans pour autant abandonner — et c'est là un paradoxe à l'origine de maints malentendus — ce que T. S. Eliot a nommé la « méthode mythique » (« *mythic method*[15] »). L'entreprise à teneur autobiographique de Kerouac, *The Duluoz Legend*, énoncée dans des récits à la première personne, se démarquera dès lors de celle de Joyce qui, d'une position impersonnelle, en surplomb, se projette dans ses personnages fictifs, Stephen Dedalus étant le plus saillant. Dans les lettres à Neal, Kerouac raconte plusieurs moments-clés de sa petite enfance (« *soul-memories* »), notamment la mort de son frère aîné Gérard, alors que lui-même n'a que quatre ans, tout en privilégiant la description minutieuse de visions, de rêves, de prophéties ou d'expériences épiphaniques, tous des types de micro-récits qui seront incrustés, telles des gemmes chatoyantes, au sein du récit viatique d'*On the Road*. D'entrée de jeu, il annonce à Cassady l'ambition immodérée d'« utiliser tous les styles possibles tout en désirant éviter les effets littéraires » (« *I aim to employ all the styles and nevertherless I yearn to be non-literary* »). Cette stratégie audacieuse introduit un point de tension, la recherche d'une liberté stylistique pouvant difficilement faire l'économie des habitudes, pour ne pas dire des ambitions littéraires d'un écrivain « qui cherche encore à devenir un artiste vertigineux et prophétique ayant le pouvoir de changer la vie » (« *I still have the ambition to be a tremendous life-changing prophetic artist* »). Dans cette optique, Joyce demeure un modèle et *Ulysses* est loué pour « la puissance de sa structure » (« *the mighty framework of Joyce's* Ulysses »). Car c'est bien sûr une caractéristique éminente du texte de Joyce d'avoir su exploiter, dans le cadre d'une écriture épisodique, une multiplicité de styles allant des plus prosaïques, voire vulgaires, aux plus élevés, sans pour autant les hiérarchiser, ni éluder la littérarité.

Parmi les réminiscences offertes à Neal, émerge celle où Kerouac se souvient d'un moment vécu au sein des membres de sa famille, alors

15. T. S. Eliot utilise ce terme dans sa recension de *Ulysses* : « Ulysses, Order, and Myth », *The Dial* (November 1923), p. 480-483. Il écrit : « *Mr Joyce is pursuing a method which others must pursue after him.* […] *Instead of narrative method, we may now use the mythical method.* » (« M. Joyce adopte une méthode à laquelle d'autres après lui devront recourir. […] La méthode narrative peut aujourd'hui être remplacée par la méthode mythique. », T. S. Eliot, « *Ulysse*, ordre & mythe », trad. Robin Wilkinson, *Europe* n° 1111-1112, novembre-décembre 2021, p. 25).

qu'il n'a que trois ou quatre ans. Le « mélange des voix » (« *medley of voices* ») qui l'entourent se rappelle à lui non pas en tant qu'un langage sémantisé, mais comme un environnement phonique des plus intimes : « *[I]t sounded like "AH-BWAH AH-BWAH-AH-BWAH" ; as you see not quite the usual bla-bla.* » Ces sonorités sont celles de la seule langue que Kerouac ait maîtrisée jusqu'à l'âge de six ans, soit sa langue maternelle, une variante dialectale du français tel que parlé par les immigrants francophones ayant quitté les régions agricoles du Canada pour aller s'installer dans les villes industrielles de la Nouvelle-Angleterre et ce, depuis le milieu du XIXe siècle, tout comme l'avaient fait jadis ses grands-parents maternels et paternels. L'écrivain désignera cette langue vernaculaire par des dénominations aussi variées que « *New England French Canadian* », « patois canadien-français », « français canuck », « canuckois » ou « *Canuckian French* [16] ». Et c'est dans cette langue atypique, cette langue *beat*, terme entendu ici dans ses acceptions de « fatigué, rompu, démuni », que Kerouac, à peine quelques semaines avant de se lancer dans la rédaction du rouleau, compose à l'oreille et à la main, au recto-verso de vingt-cinq feuillets, un texte autofictionnel, *La nuit est ma femme ou les Travaux de Michel Bretagne* [17]. Dès les premières pages, le narrateur Michel Bretagne, aussi appelé Ti-Pousse, l'un des surnoms donnés à l'enfant Kerouac — on pense au « *baby tuckoo* » de Stephen Dedalus —, retrace la complexité de son parcours linguistique fluctuant entre langue matricielle, langue acquise, langue des rues et langue littéraire :

> Je suis Canadien Francais, m'nu au monde a New England. Quand j'fâcher j'sacre souvent en Francais. Quand je brauille je brauille toujours en Francais. Quand j'reve j'reve souvent en Francais [...]. J'ai rêvez trop longtemps que j'était un grand écrivain. J'appri ça dans les livres. [...] D'abords j'ai usé des grands mots « *fancy* », des grosses formes, des « *styles* » qui avait rien a faire avec moi. [...] J'ai jamais eu une langue a moi-même. Le Francais patoi j'usqua-six angts, et après ça l'Anglais des gas du coin. Et après ça — les grosses formes, les grandes expressions, de poète, philosophe, prophète. Avec toute ça aujourd'hui j'toute melangé dans ma gum [dans la confusion]. [18]

16. Les Canadiens-Français de la Nouvelle-Angleterre, qui jouissaient de peu de reconnaissance sociale, étaient souvent désignés par le terme « Canucks ».

17. Jack Kerouac, *La nuit est ma femme ou les Travaux de Michel Bretagne* dans *La vie est d'hommage*, éd. Jean-Christophe Cloutier, Montréal, Éditions du Boréal, 2016, p. 53-111.

18. Jack Kerouac, *La nuit est ma femme*, op. cit., p. 54.

Le choix d'écrire dans sa langue maternelle est une manœuvre radicale, Kerouac ayant jusqu'alors écrit exclusivement en anglais, la langue de la nation américaine dans laquelle il avait fait son apprentissage de l'écriture dans les écoles primaires bilingues logées au sein des paroisses catholiques francophones de Lowell — il dira plus tard avoir étudié chez les Jésuites. Le français des classes ouvrières de la Nouvelle-Angleterre, un dialecte oral sans règles scripturales ni normes établies, fortement anglicisé car pris dans l'engrenage de forces assimilatrices, apparaît sous la plume inventive de Kerouac comme une langue intrépide, aussi déroutante qu'inouïe. Le texte de Kerouac, métissé et impur, recourt au plurilinguisme en intégrant certains morceaux en anglais, mais aussi en mettant en scène la réalité interculturelle des Franco-Américains côtoyant, par l'intermédiaire de l'anglais, des communautés issues de l'immigration européenne, notamment irlandaise, grecque, polonaise, italienne ou juive yiddishophone. Kerouac décrit ainsi la mère de son ami G. J., une veuve d'origine grecque :

> Sa mère l'attenda avec un petite lumiere et sa bible grec. « *Thalatta, Thalatta* », ça sa veut dire la mer, la mer ! […] Sa mere lisa la bible ; a comprena pas l'Anglais. Quand qu'on arrivé a maison apres minuit elle a leuvé sa lampe d'uile dans l'chaussi [la fenêtre] et a dit « *Georva ? Spiti Georva ?* » (Ti-Georges, tu es chez nous Ti-George ?) « Oui, oui, oui », il disa. Il marcha alentour d'la cour avec ses mains ça tête. « *Oh God, why does she wait up for me every night ? Why didn't my old man live ? Why did I have to come into this damned black world ?* » J'ai jamais connu un homme si triste et si grand que G.J. Il était comme un vra descendant d'Oedipus le Roi qui a sorti ses yeux ; moi sht'ainque [je ne suis rien qu'] un cousin de ces choses là. [19]

Rappelons que « *Thalatta ! Thalatta !* », une expression en dialecte attique du grec ancien, a déjà été prononcée par le personnage de Buck Mulligan dans l'ouverture de *Ulysses* et que Joyce l'avait lui-même empruntée à l'*Anabase* de Xénophon (env. 370 av. J.-C.) : « θάλαττα θάλαττα ». Par cette allusion discrète de même que par la mention d'*Œdipe roi* de Sophocle, Kerouac s'inscrit dans une parenté littéraire puisant son origine dans la Grèce antique pour resurgir dans l'Amérique contemporaine, en ayant fait un détour par l'Irlande moderniste [20]. Mais

19. Jack Kerouac, *La nuit est ma femme*, op. cit., p. 72-73.
20. Kerouac reprendra la scène de G. J. et de sa mère dans *Doctor Sax* (1959). Pour une analyse plus détaillée de cette scène, voir : Christopher Gair, « "Thalatta ! Thalatta !" : Xenophon, Joyce, and Kerouac » dans Sheila Murnaghan and Ralph M. Rosen (dir.), *Hip Sublime : Beat Writers and the Classical Tradition*, Columbus, Ohio State University Press, 2018, p. 38-54.

le texte de Joyce avec lequel *La nuit est ma femme* entretient la relation intertextuelle la plus étroite demeure *A Portrait of the Artist as a Young Man*, au point qu'on peut qualifier celui de Kerouac de portrait de l'artiste en jeune Canuck. Le cadre sous-tendant le récit n'est plus le mythe de Dédale et d'Icare comme dans le texte joycien, mais, comme suggéré par le sous-titre, celui d'Héraclès et de ses Douze Travaux : *La nuit est ma femme* détaille, dans une suite de tableaux pittoresques, la succession de petits métiers (« *jobs* ») auxquels semble être condamné le narrateur jusqu'à ce qu'il réalise que l'écriture sera l'œuvre de sa vie. Les deux textes, chacun à sa manière, exploitent des stratégies plurilingues, opérant une brèche dans l'hégémonie de la langue anglaise prévalant aussi bien en Amérique que dans les Îles britanniques — et on connaît les proportions abyssales qu'atteindra cette brèche avec *Finnegans Wake*. Les réflexions linguistiques de Kerouac (« J'ai jamais eu une langue à moi-même ») ne sont pas sans évoquer la scène dans laquelle Stephen Dedalus, confronté à un prêtre venu d'Angleterre, se rend compte que la langue du colonisateur britannique n'est pour lui que de seconde main : « *The language in which we are speaking is his before it is mine.* [...] *His language, so familiar and so foreign, will always be for me an acquired speech.*[21] » De plus, les familles Bretagne et Dedalus connaissent toutes deux des difficultés financières leur infligeant les stigmates de l'appauvrissement et du déclassement social. En des termes moroses et amers, Kerouac raconte un déménagement familial de Lowell à New Haven, à l'été 1941, (« Pourquoi qu'on a pas rester chez nous ?[22] »), alors que Joyce décrit le désordre des déménagements répétés de la famille Dedalus en suggérant qu'il s'agit d'une situation honteuse et humiliante : « *Still another removal ! A boy named Fallon in Belvedere had often asked him with a silly laugh why they moved so often.*[23] » Un détour biographique dévoile de nombreux déplacements pour les deux « pauvres familles nomadiques[24] » : plus

21. James Joyce, *A Portrait of the Artist as a Young Man* (1916), London, Penguin Books, 1960, p. 189. « Le langage que nous parlons lui appartient avant de m'appartenir. [...] Son idiome, si familier et si étranger à la fois, sera toujours pour moi un langage acquis. » (*Portrait de l'artiste en jeune homme*, traduction de Ludmila Savitzky revue par Jacques Aubert, dans James Joyce, *Œuvres*, t. I, Paris, Gallimard, coll. « Bibliothèque de la Pléiade », 1982, p. 717).
22. Jack Kerouac, *La nuit est ma femme*, op. cit., p. 99.
23. James Joyce, *A Portrait of the Artist as a Young Man*, op. cit., p. 163. « Encore un déménagement ! À Belvédère, un garçon du nom de Fallon avait coutume de lui demander, avec un ricanement imbécile, pourquoi sa famille déménageait si souvent. » (*Portrait de l'artiste en jeune homme*, op. cit., p. 691).
24. Jack Kerouac, *La nuit est ma femme*, op. cit., p. 96.

d'une vingtaine d'adresses dublinoises pour l'une et pas moins d'une dizaine d'adresses lowelloises pour l'autre. Les pères de Kerouac et de Joyce, respectivement Alcide-Léon et John Stanislaus, à l'instar de leur homologue littéraire, porteraient une bonne part de responsabilité dans le déclin de leur famille par leur alcoolisme et leur insouciance financière, ce qu'ils semblent tous deux avoir compensé par une fierté généalogique démesurée, transmise à leur fils sous forme de légendes familiales. « *My ancestors were Breton fishermen.* […] Aie pas peur, j't'un Breton [25] ! », rappelle le père Bretagne à son fils Michel, comme un écho aux allusions généalogiques émaillant *A Portrait* (« *I will show you the tree of my family* [26] »). De fait, le nom Kerouac, avec ses nombreuses variations orthographiques (Kirouac, Kirouack, Corrouaque, Kuerouac, K/voach…), est d'origine bretonne et les ancêtres paternels de l'écrivain ont bien quitté la péninsule armoricaine pour venir s'établir en Nouvelle-France au début du XVIIIe siècle [27]. Or, au fil des années, les récits des lignées Kerouac se sont gonflés comme les voiles d'un galion par grands vents : l'écrivain affirmera que « ses ancêtres bretons étaient descendants de Celtes corniques qui, dans des temps éloignés, avaient migré en Cornouailles à partir de l'Irlande » (« *we were descendants of Cornish Celts who had come to Cornwall from Ireland in the olden days long before Jesus and the calendar* [28] »). Kerouac revendique donc une origine irlandaise, ce qui lui permet de créer des liens imaginaires avec Joyce [29]. Il aurait même prétendu que l'Iseult de l'ancienne légende celtique aurait été une Kerouac, projetant ainsi une ascendance fantasmatique au cœur, voire aux sources de *Finnegans Wake* [30]. En accord avec les codes du *Künstlerroman*, les deux

25. *Ibid*, p. 101-102.
26. James Joyce, *A Portrait of the Artist as a Young Man*, op. cit., p. 202. « Je te montrerai mon arbre généalogique. » (*Portrait de l'artiste en jeune homme*, op. cit., p. 729).
27. En 1965, Kerouac entreprendra, sans grand succès, un voyage en France pour faire des recherches sur ses ancêtres. Il racontera cette quête désastreuse dans *Satori in Paris* (Grove Press, 1966). À propos de l'arbre généalogique de l'écrivain, voir : François Kirouac, *Généalogie de l'auteur franco-américain Jack Kerouac*, Association des familles Kirouac, 2016. En ligne, sur le site de BAnQ.
28. Jack Kerouac, *Vanity of Duluoz*, op. cit., p. 171.
29. Sur les liens réels ou imaginaires entre Kerouac, Joyce et l'Irlande, voir : Michael H. Begnal, « "To be an Irishman too" : Jack Kerouac's Irish Connection » *Studies : An Irish Quarterly Review*, vol. 92, n° 368 (Winter 2003), p. 371-377.
30. Les notes originelles et les premiers brouillons du projet de *Finnegans Wake* prennent comme source le mythe de Tristan et Iseult. Voir : James Joyce, *Brouillons d'un baiser. Premiers pas vers Finnegans Wake*, éd. Daniel Ferrer, trad. Marie Darrieussecq, Paris, Gallimard, 2014.

textes se terminent par la décision de Dedalus et de Bretagne de tourner le dos à leurs circonstances pour embrasser la vocation d'écrivain : Stephen ne s'engagera pas dans la prêtrise, alors que Michel abandonne ses études universitaires. Dans les deux cas, la vocation littéraire, vécue comme un appel sacré et envisagée comme un sacerdoce, est révélée dans un épisode épiphanique : pour Stephen, c'est la vision sur la plage de Dollymount d'une jeune femme dans la mer, alors que pour Michel, c'est la rencontre d'un Noir dans un autobus en route pour la Virginie. Le narrateur décrit l'impact insondable qu'a sur lui la langue de cet homme, une langue musicale, surgie du mystère de l'Amérique, une langue qui le prend aux tripes :

> C'était comme une chanson. Si c'homme là yara pas parlez comme ça j'ara ted bien retournée à ecole dans une couple de jour. Mais non — le grand mystère d'lamerique « *socked me in the belly* ». J'voula tout comprendre ça. [...] [J]'eta seulement un pauvre ti-Canuck qu'ava lit trop d'livre. [...] J'éta pour souffrir, j'eta pour etre un écrivain [...].[31]

Au début d'avril 1951, quand Kerouac insère dans sa machine à écrire de longues feuilles de papier à dessin qu'il a lui-même taillées, il s'apprête à se lancer dans une aventure scripturale aussi performante qu'innovante. L'écrivain est un virtuose de la dactylographie, sa vitesse de frappe pouvant atteindre près de cent mots par minute, une compétence qu'il a acquise dès l'adolescence dans l'atelier d'imprimerie de son père, bercé par le martèlement rythmique de la presse, dont Joyce a si bien reproduit les sonorités dans « Aeolus » (« *thumping thump* », « *sllt* »). Une telle dextérité lui permet d'écrire suivant l'allure d'une parole énoncée à haute voix, sans retour, insufflant immédiateté et fluidité à une narration qui n'est pas sans évoquer les pratiques ancestrales des bardes celtiques ou des conteurs « canayens ». La langue du rouleau s'en trouve oralisée par une écriture à l'oreille de ce que Kerouac avait nommé l'*americanan*, démontrant ainsi une sensibilité aiguë aux accents polyglottes et aux parlers vernaculaires ; elle fait aussi un usage décomplexé d'onomatopées, de néologismes et de vocables monosyllabiques du slang américain (*bang, blow, chick, chill, cool, cunt, dick, dig, dope, fag, fix, fling, flip, fuck, fuzz, groove, hip, hot, kicks, man, queer, screw, weed*...). Avec un désir toujours aussi vivace de varier les styles, Kerouac n'hésite pas à ressortir au

31. Jack Kerouac, *La nuit est ma femme*, op. cit., p. 104-107.

lyrisme, tout particulièrement dans les passages descriptifs [32]. Le contraste entre le grandiose et le trivial devient alors saisissant. De plus, cette prose incandescente est innervée par une riche musicalité, sachant varier les tonalités, les registres, les tempos et les rythmes pour inoculer au terme *beat* l'acception de « battement » aussi bien d'un cœur que d'une batterie. Car tout comme Joyce, Kerouac est mélomane : la passion du premier pour l'opéra n'a d'égale que celle du second pour le courant bebop du jazz, dont il avait assisté aux premières fulgurances dans les clubs de Harlem au milieu des années quarante [33].

Dans les semaines qui suivent, il reprend son texte sur des feuilles volantes avant de le soumettre à Robert Giroux de la maison d'édition Harcourt Brace, avec qui il avait collaboré à l'époque de *The Town and the City*. Le manuscrit est rejeté, Harcourt Brace le jugeant trop nouveau dans sa forme et trop sulfureux dans son contenu, ce que Kerouac, exaspéré, explique à Neal dans une lettre du 24 juin : « *I am completely fucked. Giroux didn't take my book* […]. *Harcourt expected me to write* AGAIN *like Town & City and this thing so new and unusual and controversial and censorable (with hipsters, weed, fags…) they won't accept.* [34] » Loin est-il de soupçonner qu'*On the Road* ne sera publié que six ans plus tard dans une version expurgée. Au cours de ces six années, le manuscrit sera refusé par près d'une dizaine de maisons d'édition pour enfin être publié par Viking en 1957. Malcolm Cowley, l'éditeur avec qui Kerouac travaillera, fera montre de peu d'affinités avec la sensibilité esthétique de l'écrivain, une attitude qu'éclaire son dédain affiché envers Joyce, aussi bien l'homme,

32. Au cours de ses voyages, Kerouac avait écrit de nombreuses vignettes descriptives dans un cahier intitulé « Journals 1949-1950 : Rain and Rivers » ; elles deviendront une source pour la composition du roman. Jack Kerouac, *Windblown World : The Journals of Jack Kerouac 1947-1954*, op. cit., p. 281-371.

33. La meilleure manière d'appréhender l'oralité et la musicalité du texte est de l'entendre lu à haute voix. À la fin des années cinquante, Kerouac a enregistré trois albums sur lesquels il lit une sélection de ses textes, le plus souvent accompagné par les improvisations de musiciens de jazz (Steve Allen, Al Cohn et Zoot Sims). Les rééditions de ces albums, *The Jack Kerouac Collection* (1990) et *Jack Kerouac : The Complete Collection* (2012), incluent la lecture que Kerouac a faite d'un fragment d'*On the Road* à l'émission télévisée *The Steve Allen Show* du 16 janvier 1959. Pour une lecture complète du texte du rouleau, on n'hésitera pas à écouter la performance exceptionnelle de John Ventimiglia pour l'édition du livre audio : *On the Road : The Original Scroll* (2007).

34. « Je suis complètement baisé. Giroux n'a pas accepté mon livre, Harcourt ne le publiera pas. […] Harcourt s'attendait à ce que j'écrive ENCORE UNE FOIS dans le style de Town & City et cette chose est tellement nouvelle et inhabituelle et controversée et sujette à être censurée (avec des termes comme *hipsters*, *weed*, *fags*, etc.), ils ne vont pas l'accepter. »

rencontré brièvement à Paris dans les années vingt, que l'œuvre, dont il a une connaissance superficielle, tout en confondant l'un avec l'autre :

> *It seemed that from all* [*Joyce's*] *books three values disengaged themselves, three qualities of the man himself : his pride, his contempt for others, his ambition.* [...] *He had achieved genius, I thought, but there was something about the genius that was as cold as the touch at parting of his long, smooth, cold, wet-marble fingers.* [35]
>
> Il semble que, des livres de Joyce, trois valeurs se dégagent tout comme trois caractéristiques de l'homme lui-même : son orgueil, son mépris pour les autres, son ambition. Je croyais qu'il était devenu un génie, mais il y avait quelque chose dans le génie qui était aussi austère que, au moment de se quitter, le toucher de ses longs doigts lisses, froids comme le marbre humide.

Mais à l'automne de 1951, Kerouac, sans se décourager, poursuit toujours ses explorations. Le 9 octobre, dans une lettre à Neal, il confie travailler sur *On the Road*. Il ne s'agit pas d'une continuation ni même d'une nouvelle version du rouleau, mais d'un nouveau projet renchérissant sur les expérimentations, renommé *Visions of Neal*, puis *Visions of Cody*. Il développe alors la technique de l'esquisse (« *sketching* »), un genre de croquis verbal visant, dans le flot d'un monologue intérieur, un hyperréalisme optique, qui lui permet de prendre ses distances du lyrisme descriptif hérité de Thomas Wolfe pour s'approcher de « l'inéluctable modalité du visible » (« *ineluctable modality of the visible* »), mis en scène par Joyce dans « Proteus ». Pour radicaliser son inscription de l'oralité, il fera usage d'un magnétophone afin d'enregistrer de longues conversations avec Neal, qu'il retranscrit *verbatim* dans le texte, avant d'en réinvestir le flux dans un geste d'imitation improvisé et digressif. Kerouac utilisera l'expression « prose spontanée » (« *spontaneous prose* ») pour qualifier cette écriture libre à la syntaxe déliée, étayée par une forme narrative éclatée et non linéaire [36]. *Visions of Cody*, avec sa multiplicité de voix auctoriales,

35. Malcolm Cowley, *Exile's Return : A Literary Odyssey of the 1920s* (1934 ; éd. révisée, 1951), New York, Viking, 1976, p. 115-119. À propos de la censure au cours de la phase pré-éditoriale, je me permets de mentionner mon article : « Du rouleau au texte. Censure dans la genèse d'*On the Road* de Jack Kerouac », dans Catherine Viollet et Danielle Constantin (dir.), *Genre, sexes, sexualités. Que disent les manuscrits autobiographiques ?* Rouen, PURH, 2016, p. 101-111.

36. Kerouac décrira sa méthode dans « Essentials of Spontaneous Prose », écrit en 1953 et publié dans la *Evergreen Review* vol. 2, n° 5 (Summer 1958), p. 73.

marque donc le moment où Kerouac achève de poser les bases de la méthode qui sous-tendra, au fil des années, tel un véritable *work in progress*, la composition kaléidoscopique des épisodes de *The Duluoz Legend* tout comme celle d'autres pans de son œuvre (poésie, récits de rêve…). Conscient de l'importance des avancées de *Visions of Cody*, qui ne sera jamais publié intégralement de son vivant, Kerouac affirmera à Allen Ginsberg dans une lettre du 18 mai 1952 : « *I can tell you now as I look back on the flood of language. It is like* Ulysses *and should be treated with the same gravity.* [37] » Prenons-en acte.

Danielle CONSTANTIN

37. « Quand je repense au flot du langage, je peux maintenant t'affirmer : c'est comme *Ulysses* et devrait être approché avec la même gravité. »

LE VERTIGE QU'IL NOUS FAUT DEMANDER À L'ART ET À LA VIE

Entretien avec Philippe Forest

Mathieu JUNG. — *Joyce répondait un jour à une de ses tantes rendue perplexe par* Ulysse*, que si ce roman ne mérite pas d'être lu, la vie ne mérite pas davantage d'être vécue. Votre livre,* Beaucoup de jours, d'après *Ulysse* de James Joyce*, initialement paru aux éditions Cécile Defaut en 2011, récemment repris chez Gallimard, place lui aussi la vie et le livre sur le même plan. Le titre de votre ouvrage s'inspire d'ailleurs d'une citation d'*Ulysse *où il est question de la vie : « La vie c'est beaucoup de jours, jour après jour. Nous marchons à travers nous-mêmes, rencontrant des voleurs, des spectres, des géants, des vieillards, des jeunes gens, des épouses, des veuves, et de vilains beaux-frères. Mais toujours nous rencontrant nous-mêmes. » Dans quelle mesure ne peut-il y avoir chez Joyce solution de continuité entre la vie et l'écriture ?*

Philippe FOREST. — Faire apparaître le lien essentiel qui existe entre ce qui se vit, ce qui s'écrit et ce qui se lit était l'objet de *Beaucoup de jours*. L'ouvrage a paru dans une collection dont Isabelle Grell avait eu l'idée (« Le Livre / La Vie ») et qui lui avait été inspirée par une remarque de Roland Barthes. Ce dernier, parmi les possibles projets auxquels il aurait pu se consacrer, avait imaginé de tenir pendant un an le journal de sa relecture d'un grand classique de la littérature. Sur un tel principe, une demi-douzaine de titres ont été publiés jusqu'à ce que Cécile Defaut, qui avait accueilli la collection d'Isabelle Grell, soit injustement dépossédée des éditions qu'elle avait fondées, finalement liquidées par le groupe qui les avait acquises. Je ne désespère toujours pas que, sous une forme ou sous une autre, Cécile Defaut puisse relancer sa maison d'édition où, pendant une dizaine d'années, j'ai fait paraître la plupart de mes essais. Mais, en attendant et en voulant croire peut-être que la réédition de ce titre rendra possible celle de tous les autres, je souhaitais que mon livre sur *Ulysse* soit de nouveau disponible en librairie pour le centenaire. D'où sa reprise récente chez Gallimard — qui fut en France l'éditeur historique de Joyce. L'idée de la collection pour laquelle *Beaucoup de jours* a été écrit m'a immédiatement séduit. Même si je l'ai adaptée : je ne me voyais pas tenir un journal, je ne l'ai jamais fait. J'aurais pu jeter mon dévolu sur d'autres classiques mais je n'ai eu aucune hésitation quant au choix de l'ouvrage. Comme je le raconte, j'ai lu *Ulysse* il y a très longtemps, ce roman n'a jamais cessé de m'accompagner mais je ne me considère pas comme un spécialiste de Joyce. Il s'agit d'un auteur auquel il faut consacrer tout son temps si l'on veut se tenir plus ou moins au courant de ce qui s'écrit sur lui à travers le monde. Je ne pouvais proposer d'*Ulysse*, en amateur, qu'une lecture modestement subjective. Tel était précisément le principe de la collection. Toutes sortes d'idées fausses entourent ce roman et détournent de lui les lecteurs. On le voit comme un ouvrage illisible. Je voulais au contraire montrer, de la manière la plus simple possible, qu'il s'agit d'un roman éminemment lisible et qui parle de la vie, de la vie de celui qui l'a écrit hier, de la vie de celui qui le lit aujourd'hui.

— *Je reprends cette citation, très belle, tirée du neuvième épisode d'*Ulysse *: « Nous marchons à travers nous-mêmes, rencontrant des voleurs, des spectres, des géants, des vieillards, des jeunes gens, des épouses, des veuves, et de vilains beaux-frères. Mais toujours nous rencontrant nous-mêmes. » Lire* Ulysse*, s'engager dans cet extraordinaire périple, ne revient-il pas, justement, à se rencontrer soi-même, en faisant travailler, au besoin, obsessions sinon névrose ? Comme le dit Bloom dans « Nausicaa »: «* Think your escaping and run into yourself. Longest way round is the shortest way home. *» On pense pouvoir s'échapper, mais on ne fait que s'enfoncer en soi. Le plus grand détour, parole d'Ulysse, étant le chemin le plus court vers chez soi… De même, vous le répétez à plusieurs reprises, il faut savoir se perdre dans* Ulysse*. L'égarement, qui est peut-être un bon moyen de rentrer chez soi, est-il le mode de déchiffrage à favoriser pour* Ulysse *?*

— Oui, il faut savoir se perdre — « perdre pied » comme le dit souvent Aragon évoquant le vertige qu'il nous faut demander à l'art et à la vie. Rien n'est plus inutile qu'un livre dont son lecteur devine au bout de quelques pages par où il va le faire passer et vers où il va le conduire — même si, j'en ai bien conscience, ce plaisir un peu infantile et régressif est précisément celui que réclament souvent les lecteurs et qui explique l'hégémonie dont jouit aujourd'hui la littérature de genre avec ses intrigues répétitives et stéréotypées. La première petite chose que j'ai écrite dans ma vie était le mémoire de maîtrise — comme on disait à l'époque — que j'ai consacré, à la Sorbonne et sous la direction de Pierre Brunel, au mythe du labyrinthe dans la littérature du XXe siècle. Il y était principalement question du *Portrait de l'artiste en jeune homme*. Mais la figure du labyrinthe vaut aussi pour *Ulysse* — et pas simplement dans le chapitre dit des « Rochers errants ». Dans un très vieil article (« Le thème de l'entrelacs et du labyrinthe dans l'œuvre de Léonard de Vinci »), Marcel Brion montre comment le motif du labyrinthe naît de la combinaison de deux motifs opposés qui sont ceux de la tresse et de la spirale. Je le cite : « Si nous combinons les deux motifs [...], le motif ouvert de la spirale et le motif fermé de la tresse, nous obtenons ce motif composite qu'est le labyrinthe, la tresse intervenant alors pour apporter au voyageur ces enchevêtrements inextricables en apparence qui lui feront croire à une captivité sans espoir, alors que la spirale au contraire, lui réserve au terme d'une longue errance et d'une constante patience, le réconfort du salut, c'est-à-dire l'arrivée dans la chambre intérieure. »

Le monde et le livre qui lui empruntent semblablement son apparence sont comparables à un labyrinthe où se superposent les motifs de la tresse et de la spirale sans que jamais l'un ne s'impose tout à fait à l'autre. On s'égare alors que l'on s'imagine suivre un chemin que l'on ne retrouve que dans la mesure où on le croyait perdu. À la faveur d'une pareille errance, on croise toutes sortes de personnages dans les traits desquels on reconnaît son propre visage qui se révèle être toujours et aussi celui d'un autre. C'est le sens de la citation à laquelle j'ai emprunté le titre de mon livre, qui concerne Shakespeare mais qui, bien entendu, s'applique aussi à Joyce. Il n'est pas acquis que, pour le héros d'Homère et de Joyce, le retour chez soi constitue le terme du périple. La « chambre intérieure » — qui est ici la chambre conjugale — ouvre sur le grand dehors de l'univers. Dante, déjà, avait imaginé le roi d'Ithaque, rétabli dans sa souveraineté, reprenant la mer pour de nouvelles et fatales aventures. Et *Ulysse* réserve à ses protagonistes une sorte d'apothéose qui leur donne la dimension « des corps célestes, vagabonds comme les étoiles qu'ils contemplent ». Le labyrinthe se présente comme un espace que la topologie peut certainement décrire en des termes plus savants mais qui fait perpétuellement se correspondre l'intérieur et l'extérieur, l'envers et l'endroit, le proche et le lointain, le centre et la périphérie.

— Vous semblez rapprocher Joyce davantage de Céline que de Proust. « Marre de prose ! chansons partout ! » s'exclame Céline dans Féerie pour une autre fois. *Rappelant ce précepte, vous soulignez le côté musical d'*Ulysse, *notamment en parlant de l'épisode des Sirènes. Vous écrivez que, chez Joyce, « la vérité ne se démontre pas, elle ne se déclame même pas, elle se fredonne. » Iriez-vous jusqu'à dire que Joyce est un écrivain du lyrisme ? La musique est, par ailleurs, pour vous indissociable du sentimentalisme chez Joyce. Ce « sentimentalisme » peut surprendre, lorsqu'on pense à un écrivain réputé aussi difficile que Joyce…*

— Céline plutôt que Proust ? Sans doute et pas seulement pour la raison que vous indiquez. Joyce davantage que Proust ? Pour moi, certainement, et en dépit de l'influence plus grande qu'a exercée sur moi, je dois le reconnaître mais mon cas n'a rien d'exceptionnel, la lecture d'*À la recherche du temps perdu.* J'ai toujours éprouvé une certaine forme de réticence face à la manière dont Proust *in fine* semble — mais semble seulement — attribuer à la littérature la faculté triomphale de nous sauver du désastre du temps. Je me suis expliqué sur ce point dans le numéro de la *NRF* que j'ai dirigé et qui était consacré aux cent ans de *Du côté de chez Swann.* Mais je ne faisais que reprendre à mon compte une réserve qu'exprime déjà Bataille dans *L'Expérience intérieure.* Il me semble que l'œuvre de Joyce se prête moins que celle de Proust à une « récupération » qui la verserait totalement au compte d'une conception idéaliste et rédemptrice de l'art. Joyce croit vraisemblablement autant en l'art que Proust mais il manifeste mieux que lui à quel point une pareille foi exige aussi que l'on marque quelques distances à l'égard du culte que les autres célèbrent. Après tout, et je suis convaincu que l'on ne prête pas assez attention à ce point, le personnage principal d'*Ulysse*, son héros, se nomme Bloom et pas Dedalus. En ce sens, la lecture de Joyce vaut aussi à sa manière d'antidote à la lecture de Proust — un antidote qui, correctement appliqué, libère ce qui constitue sans doute le sens vrai de la *Recherche.*

Quand j'écris que la vérité se fredonne chez Joyce, je veux dire qu'elle se dispense des grandes orgues, des tambours et des trompettes au son desquels d'autres écrivains proclament plus tapageusement la « bonne nouvelle » qu'ils destinent à l'humanité. Joyce choisit le camp de la chanson. Au sens le plus populaire du terme comme en témoigne le goût qu'il en avait. Ce qui, en effet, le rapproche de Céline et explique chez l'un comme chez l'autre la manière qu'ils ont eue de mettre de l'oral dans l'écrit. Faire chanter la langue, c'est une définition du lyrisme — qui suppose également l'expression du « Je », un « Je » dont Céline précise qu'avant d'être présenté au lecteur, par politesse, il doit cependant être soigneusement enduit de « merde »…

Dès ma première lecture d'*Ulysse* — pour autant que je me rappelle —, je me suis arrêté devant la fameuse définition du « sentimentalisme » que Joyce, dans le chapitre sur Shakespeare, emprunte à Meredith : « Le sentimental est celui qui voudrait la jouissance sans assumer l'immense dette due pour un acte accompli. » Aucune explication n'est donnée. Ou plutôt : l'explication ne vient que bien plus loin, au chapitre inspiré par le chant des Sirènes. La question compte pour moi dans la mesure où, dans mes propres romans, il m'arrive de faire tantôt l'éloge et tantôt la critique du sentimentalisme. Je me suis expliqué sur ce point dans une longue conférence que j'ai prononcée autrefois devant un parterre de psychanalystes, conférence qui est restée (je crois) inédite mais dont j'ai repris certains éléments dans *Beaucoup de jours*. Il existe, certainement, une sentimentalité de Joyce. Comment et pourquoi le nier ? Cela n'a rien d'incompatible avec l'intelligence dont son œuvre témoigne et la cérébralité supposée dont on lui fait parfois grief. Pour le coup, on rejoint Proust qui, au début du *Contre Sainte-Beuve*, affirme que la sensibilité constitue, pour l'écrivain, une qualité plus haute que l'intelligence mais que seule l'intelligence est en mesure d'attribuer à la sensibilité la place la plus élevée qu'elle occupe dans la hiérarchie des vertus. Le chapitre des Sirènes dit l'essentiel. Le héros s'expose au chant qui lui parle de sa vie et dont sa sensibilité jouit mais il s'en protège également, attaché au mât qui le préserve de se jeter dans les flots. L'épisode a d'ailleurs souvent été commenté, après Joyce, dans ce sens. Il faut à la fois se soumettre et se soustraire au sentimentalisme. Telle est la leçon d'*Ulysse*.

— *Vous proposez une méditation sur le savoir, la vérité et la sagesse, notamment dans le chapitre consacré à « Nestor ». Stephen Dedalus se pose la question d'une « antique sagesse », à quoi vous répondez que « la vérité est bien plus, dont on ne peut que témoigner, dont on doit témoigner. Assumant une parole à la première personne du singulier. Et que la vie vient vérifier. » Cette preuve de la vérité par le vivant s'inscrit-elle en faux contre les tenants de la mort de l'Auteur ? Quelle vision propose-t-elle de la littérature ?*

— Qui croit encore, qui a jamais cru à cette « mort de l'Auteur » ? Certainement pas Joyce. Il confie à Budgen tenir en plus haute estime

Rousseau que Dostoïevski car le plus petit fait vrai a toujours davantage de valeur à ses yeux que la plus spectaculaire des fictions. C'est tout le sens de l'exposé sur Shakespeare que présente Dedalus à la Bibliothèque de Dublin. Contre les symbolistes attardés et les structuralistes avant la lettre devant lesquels il s'exprime, Dedalus défend l'idée qu'il existe un lien entre l'œuvre et la vie. Et au grand scandale de son auditoire distingué de poètes et de philosophes, il n'hésite pas à affirmer qu'on ne peut comprendre *Hamlet* et toutes les autres pièces qu'à la condition d'être attentif à ce que le théâtre de Shakespeare nous dit de l'existence de son auteur, de sa part de deuil et de désir, sans se fermer les yeux ni se pincer les narines devant les histoires de coucheries et de cocuage qui y jouèrent leur rôle. À sa manière, de façon directe ou indirecte, implicite ou explicite, toute l'œuvre de Joyce, quoiqu'elle soit essentiellement romanesque, est pourvue d'une évidente dimension autobiographique. En dépit ou en raison de la multiplicité des voix qu'elle fait entendre, elle s'écrit principalement à la première personne du singulier. Et c'est précisément en quoi elle relève du témoignage et s'oppose à la sagesse falsifiée du savoir impersonnel tel que celui-ci prétend dire le dernier mot du monde, en énoncer la vérité définitive. Contre le vieux Nestor qui débite petitement ses grandes théories, Télémaque refuse de faire usage des mêmes mots majuscules que son pontifiant interlocuteur : Dieu n'est pour lui qu'un cri entendu dans la rue et l'Histoire un cauchemar dont il s'agit de s'éveiller. La vérité du roman n'est pas la vérité de la philosophie. La première parle contre la seconde. La position de Joyce n'est pas moins anti-hégélienne, si l'on veut, que celle de Dostoïevski ou de Kierkegaard avant lui. Comme le disait ce dernier, « la subjectivité est la vérité ».

— Ulysse *est écrit dans une multiplicité de styles. Vous évoquez ce que Beckett nomme chez Joyce le « sweet noo style » (*Home Olga, *1934). Peut-on parler d'un style propre à Joyce ?*

— À condition, précisément, de le définir après Beckett comme « absence de style », comme « style de l'absence de style ». Ce qui, naturellement, n'a rien à voir avec un quelconque « degré zéro de l'écriture ». On est du côté de l'excès et non du côté du défaut. Joyce apporte la preuve qu'il est capable d'user de tous les styles et même d'en passer par tous les états successifs de la langue anglaise dans le chapitre des « Bœufs du Soleil » — en attendant la démonstration de *Finnegans Wake*. Lorsque l'on pense au style d'*Ulysse*, on l'associe en général à la technique du monologue intérieur que le roman, pourtant, n'emploie que dans quelques-uns de ses passages. Il est vrai que ce sont les plus mémorables. Et, contrairement à ce que l'on prétend parfois, ils comptent parmi les plus faciles à lire. La difficulté d'*Ulysse* est réelle mais elle se situe ailleurs. Je n'ai plus bien en tête le texte de Beckett. Il faudrait s'y reporter. Mais l'allusion est assez évidente. Le « sweet noo style » dont Beckett crédite Joyce est aussi un « sweet new style ». Autrement dit : le « doux style nouveau » dont il est question au chant vingt-quatre du *Purgatoire*, dont Dante revendique l'invention en des vers que Joyce, je pense, n'aurait pas désavoués : « Je suis, lui répondis-je, un homme qui écrit / Lorsque m'inspire Amour, et qui m'exprime / De la façon qu'il me dicte en mon cœur. »

— Waki *et* shite *: deux principes japonais à l'œuvre selon vous chez Joyce. Pouvez-vous en dire davantage ?*

Dans *Beaucoup de jours* — qui est d'abord un guide destiné à aider à la lecture d'*Ulysse* et à mieux se perdre en son sein — je commente le livre de Joyce à partir de mes propres livres et je commente mes livres à partir de celui de Joyce. J'ai beaucoup écrit sur le Japon : un roman, *Sarinagara*, et plusieurs essais, après *La Beauté du contresens*, dans la série « Allaphbed » — au titre emprunté à *Finnegans Wake* — qui a paru aux éditions Cécile Defaut. Je mets ainsi un peu de littérature japonaise dans le chapitre consacré à « Charybde et Scylla », celui où il est question de Shakespeare. Cela m'a paru pertinent. Le nô — exemplairement chez Zeami — met en scène la confrontation d'un spectre (le *shite*) avec un personnage (le *waki*) qui convoque ou conjure les ombres et leur permet de trouver le repos auquel elles aspirent. Ce qui constitue, bien entendu, la situation à partir de laquelle se développe *Hamlet*. Mais on peut — et c'est ce que j'ai essayé souvent de faire — donner une portée plus générale, plus universelle à cette répartition des rôles propres au vieux théâtre japonais. Le *shite* et le *waki* sont comme les deux aspects du même personnage, à la fois acteur et spectateur de sa propre existence, victime d'un drame qu'il lui faut perpétuellement revivre et sur lequel il prononce pourtant une parole — même précaire et provisoire — qui lui permet d'en appeler à une forme de délivrance. Primo Levi les nomme le « naufragé » et le « rescapé » et j'ai expliqué dans un petit texte — repris dans *Le Roman, le Réel*, autre livre sinistré, et qui est presque aussi ancien que mon premier roman — quelle signification il fallait donner, selon moi, à ces termes qui, ici, s'appliquent aussi à Hamlet père et à Hamlet fils. Puisque ceux-ci portent chez

Shakespeare le même nom. Et même si toute la lecture de Joyce consiste précisément à affirmer que, en vérité, sur la scène, plutôt que l'inverse, un père vivant s'adresse à son fils mort.

— Au sujet de la connaissance charnelle, vous écrivez : « on n'en a jamais fini de ne pas savoir ». Quelle est la place du sexe et des sexes dans Ulysse *?*

— La proposition me paraît très freudienne. La curiosité est originellement sexuelle. Et elle reste insatiable. D'où la sublimation dont tout procède — et particulièrement la littérature qui n'en finit pas de ne pas savoir ce qu'il en est à ce sujet. D'où viennent les vivants et où s'en vont les morts ? se demande *Ulysse*. Et quel arrangement trouver avec l'expérience du deuil et avec celle du désir qui nous confrontent semblablement à l'inévitable séparation des sexes et à leur nécessaire commerce ? Onanisme, voyeurisme, fétichisme et, pour finir, la fameuse énigme du féminin telle qu'un homme la fantasme, tout cela, avec le reste, est chez Joyce. Mais j'ai surtout envie de souligner, comme je le fais dans *Beaucoup de jours*, qu'*Ulysse* est avant tout un grand roman d'amour. En assumant sentimentalement une pareille affirmation. Elle a au moins le mérite de rappeler qu'à sa manière Joyce, quoi qu'on en dise, est d'abord un réaliste qui, une fois encore, nous parle de la vie, de sa vie, de notre vie. On passe à côté de l'essentiel si on oublie qu'à la manière de Dante, il écrit parce que l'amour l'inspire et selon la manière que lui dicte son cœur.

— Jung comparait Joyce et Lucia à deux personnes dans une rivière. Le père plongeant et remontant à la surface à sa guise, tandis que la fille sombrait irrémédiablement. L'image est très parlante, surtout lorsqu'on pense à Finnegans Wake. *Lacan pose, quant à lui, mais sans y répondre, la question de la folie de Joyce. Vous semblez assez mécontent de la lecture que Lacan propose de Joyce dans* Le Sinthome. *Vous préférez, par exemple, trouver une clef dans la notion de masochisme…*

— Que l'on ne me compte pas au nombre des détracteurs de Lacan — pour lequel, même si j'ai souvent de la peine à le comprendre, j'éprouve la plus grande admiration ! Cela dit, on est en droit de noter, lorsqu'on lit *Le Sinthome*, à quel point Lacan semble peu connaître Joyce — beaucoup moins bien, par exemple, que Butor, Sollers ou Cixous pour citer d'autres contemporains : il se reporte toujours aux mêmes passages comme s'il ignorait tous les autres. On peut même trouver un peu déplaisante la manière très magistrale dont il présente l'écrivain comme un « pauvre hère » « à la queue un peu lâche » qui aurait cherché du côté de la littérature la solution à la « carence » dont il souffrait. Je ne pense pas qu'il y ait lieu de faire la leçon à Joyce — ou d'ailleurs : à qui que ce soit ! — dans un tel domaine. Que l'on trouve chez lui — dans les lettres à Nora ou bien dans *Ulysse* et tout particulièrement dans « Circé » — des signes d'un certain « masochisme » — si l'on veut recourir à une telle catégorie —, me paraît l'évidence. Et après ? Et alors ? Que toute jouissance, sans pour autant exiger le cirque du cuir et des chaînes, soit essentiellement masochiste en ceci qu'elle a partie liée, plutôt qu'avec la simple affirmation phallique, avec une expérience de la perte, on trouve en littérature et même du côté de la psychanalyse des gens pour le dire ou pour le suggérer. Je pense, par exemple, à certains livres de Leo Bersani, de Jean Allouch et, d'une certaine manière, pour en revenir à lui, à Lacan lorsqu'il parle de l'« autre jouissance » dont il est question dans *Encore*. Mais je laisse à d'autres, plus savants que moi, le soin d'expliquer comment, pourquoi et de dire éventuellement si je me trompe. J'ajoute juste que telle me semble être aussi la position de Bataille lorsqu'il compare l'extase mystique à la jouissance érotique et lorsqu'il soutient superbement que la seule chose que l'on doive demander à l'être aimé, c'est de devenir la « proie de l'impossible ».

J'ai oublié la comparaison — très belle en effet — que l'on trouve chez Jung et que vous citez. Pourquoi Jung aurait-il forcément tort ? Et d'ailleurs, la vérité peut même naître de l'erreur. C'est souvent le cas. J'ai toujours défendu cette conviction — et notamment dans *La Beauté du contresens*. Que l'enfant sombre tandis que le père lui survit, que le second porte le témoignage indispensable et cependant impossible, inquiet et même coupable de ce drame auquel succombe la première, correspond tout à fait à ce que Primo Levi explique à propos de ceux qu'il nomme les « naufragés » et les « rescapés » et que, depuis vingt-cinq ans, je n'ai cessé de répéter après lui.

— Vous écrivez à la fin du chapitre que vous consacrez à « Calypso » : « tout comme la vraie poésie se moque de la poésie, le roman vrai se doit aussi de rire du vrai roman ». Votre livre fait rire, et vous évoquez à juste titre l'humour de Joyce qui, décidément, a l'art de se moquer de tout. Ainsi, comme vous le rappelez justement : « Bloom qui se torche avec la littérature, pète littéralement au nez de la musique. » On pense bien entendu à Rabelais, mais quelle est selon vous la nature du rire de Joyce ?

— Que l'œuvre littéraire doive aménager en elle-même une place propice à sa propre négation, est une évidence. Voire : un lieu commun. Il lui faut également saper les prétentions sur lesquelles elle repose et contrarier les aspirations auxquelles elle vise. Concrètement, cela veut dire par exemple tourner en dérision le culte que l'on rend à l'art. Pour le dire vite et avec Rimbaud : injurier la Beauté — que l'on célèbre pourtant. Joyce ne s'en prive pas. Notamment dans les chapitres d'*Ulysse* auxquels se rapportent les remarques que vous citez. Le roman de Joyce est à prendre d'autant plus au sérieux qu'il n'épargne pas l'esprit de sérieux. Je le répète — mais il s'agit de l'une des thèses principales de *Beaucoup de jours* —, il faut lire *Ulysse* en n'oubliant pas que Bloom, Monsieur-tout-le-monde, y prend la relève de Dedalus, le jeune poète. Le dernier mot du livre n'appartient pas au second. D'ailleurs, il n'appartient pas non plus au premier. Joyce le met dans la bouche de Molly. Le « oui » qui retentit à la dernière ligne du livre, et qui constitue peut-être ce « mot que tous les hommes savent » et que chacun cherche en vain, ni l'un ni l'autre ne l'entend.

Le rire constitue l'une des formes de cette négation de lui-même à laquelle se livre le roman. Il revêt souvent, en effet, une dimension scatologique. Comme chez Rabelais — et notamment tel que le lira Bakhtine — mais aussi chez Céline dont nous avons déjà parlé ou bien du côté du « bas-matérialisme » de Bataille et de ce que ce dernier en dit dans *L'Expérience intérieure* où il fait du rire l'une des manifestations de la souveraineté et l'une des voies d'accès à l'impossible. L'humour, je n'apprends rien à personne, est très délicat à définir. Jacques Vaché le présente comme « le sentiment de l'inutilité théâtrale (et sans joie) de tout ». Pourquoi « sans joie » ? Mais « théâtrale », c'est certain. D'ailleurs, « Circé » — le plus long et le plus complexe des chapitres du roman — en témoigne, empruntant la forme d'une pièce de théâtre qui a été portée parfois sur la scène. Comme si le roman accomplissait le drame — ou plutôt : la comédie. Au sens de Dante aussi. Mais pour en revenir à la question de l'humour, dans la définition de Vaché, l'essentiel concerne ce « sentiment de l'inutilité » qu'exprime le rire. Il n'y a pas forcément lieu d'en tirer des conclusions nihilistes. On rit du rien qui se révèle et auquel, ainsi, on ne succombe pas.

— *Vous expliquez qu'il vous a fallu écrire cinq romans pour enfin comprendre celui de Joyce. Est-ce à dire qu'*Ulysse *est placé quelque part sur votre horizon d'écriture ? Faisant signe à la psychanalyse, Barthes* *distingue le texte de jouissance du texte de plaisir. Sans doute* Ulysse *est-il un texte de jouissance davantage que de plaisir. Un texte, écrit Barthes, qui serait « hors-plaisir, hors-critique, sauf à être atteint par un autre texte de jouissance ». Faut-il, pour comprendre* Ulysse, *opposer sa propre jouissance d'écriture à celle de Joyce ?*

— Je vous avouerai que je n'ai jamais très bien compris cette distinction entre « texte de plaisir » et « texte de jouissance ». Je la trouve même plutôt confuse et assez embarrassée : une concession, aujourd'hui très datée, à une certaine idée de la littérature, concession accordée aux lecteurs de l'époque afin de se tirer le moins mal possible des contradictions dont Barthes se sentait encore prisonnier, tiraillé qu'il était entre son allégeance sincère aux modernes et son admiration inavouée pour les anciens. Je doute que l'auteur du *Plaisir du texte* — pour lequel il va sans dire que j'ai par ailleurs la plus grande admiration — nous aide beaucoup à lire Joyce. Je suis convaincu qu'il le connaissait très mal. En tout cas, il ne le cite presque jamais et toujours de seconde main. Je ne vois pas très bien pourquoi on ne pourrait pas prendre autant de plaisir à Joyce qu'à Proust, Tolstoï, Chateaubriand ou Racine — pour citer quelques-uns des auteurs favoris de Barthes. Ce qui ne signifie pas pour autant que l'on ne puisse pas aussi jouir de Joyce et de tous les autres : si la jouissance, d'après ce que je comprends, est ici liée à l'expérience de la perte, du vertige, de l'impossible. Ce qui est toujours le cas dès lors que l'on a affaire à de la littérature authentique — quelle que soit la forme sous laquelle elle se présente et l'époque à laquelle elle appartient. Il n'y a pas lieu, à mon sens, de discriminer ainsi entre les œuvres. Si l'on tient absolument à l'exprimer en ces termes, chacune est à la fois source de plaisir et objet de jouissance : on s'y retrouve autant qu'on s'y perd.

En tout cas, je suis convaincu qu'on a tout intérêt à ne pas verser *Ulysse* — et la même démonstration pourrait être menée à propos de *Finnegans Wake* — au compte exclusif d'une littérature de l'« intransivité », pour reprendre le mot que Barthes associe à la jouissance textuelle, entièrement vouée au saccage du sens, à la mise en pièces de la langue et de la culture, ne valant qu'en raison de la manière dont le texte s'y dit lui-même et expose le petit prodige poétique auquel il se réduit. D'abord, on donne ainsi des arguments à tous ceux — et ils n'en ont pas besoin — qui ont décidé une fois pour toutes qu'*Ulysse* était un livre sans intérêt — aujourd'hui le premier écrivain venu trouve très malin de tenir ce roman pour l'exemple même du faux chef-d'œuvre sous les applaudissements quasi unanimes du public !

Ensuite, on va à l'encontre de l'intention explicite et affirmée de Joyce telle qu'elle s'exprime partout dans son œuvre. Enfin, et surtout, on se prive de la possibilité de lire vraiment ce qui constitue l'un des plus grands romans de la littérature mondiale.

Car il faut lire *Ulysse* tout simplement. Il semble que cela ne soit pas souvent le cas aujourd'hui. C'est pourtant possible. Et c'est même tout à fait nécessaire. Lire ce roman comme on lit les autres romans d'une importance comparable. En sachant qu'il nous parle de la littérature mais aussi de la vie. Et lire signifie bien sûr réécrire. Chacun le fait. Mais cela se voit particulièrement si l'on est soi-même écrivain. On s'identifie si l'on ne se compare pas. Pour le coup, Barthes l'explique très bien à propos de Proust dans son dernier cours au Collège de France. Je ne me prends pas pour Joyce. Je n'oppose pas ce que j'ai écrit à ce qu'il a laissé. Ni ne confonds ce que j'ai fait avec ce qu'il a accompli. Mais je tresse le fil de son roman et celui des miens. Tel était le principe de la collection où *Beaucoup de jours* a d'abord paru. Ainsi, je propose d'*Ulysse* une interprétation peut-être un peu différente car elle se développe en regard du récit que compose la série de mes livres — insistant notamment sur l'expérience du deuil paternel dont procèdent tous mes romans depuis *L'Enfant éternel*. Et, pour le lecteur que cela intéresse, j'ajoute à cette série un nouveau livre qui est aussi un roman de plus.

Philippe FOREST

Entretien réalisé par Mathieu Jung

JACQUES AUBERT (1932-2020)

Jacques Aubert nous a quittés en novembre 2020, à l'âge de 88 ans, alors que commençait à se préparer ce dossier d'*Europe* consacré à *Ulysse*, auquel il avait été tout naturellement convié. Il a été un mentor parfait pour beaucoup d'anglicistes en France et en Europe. En effet, Aubert incarnait un idéal de culture, de discrétion, de générosité et de convivialité. Sa carrière universitaire s'est déroulée à l'Université de Lyon, où il fut d'abord influencé par Gilles Deleuze qui y enseigna entre 1964 et 1969. C'est à cette époque qu'Aubert commença à travailler sur les écrits critiques de Joyce. Il surprit la communauté joycienne en 1973, lorsqu'il annonça dans le *James Joyce Quarterly* qu'il avait découvert le recueil de philosophie thomiste mentionné dans *Un portrait de l'artiste en jeune homme* à la bibliothèque Sainte-Geneviève. C'est là que Joyce l'avait lu en 1902. Ce bref *Synopsis Philosophiae Scholasticae ad Mentem Divi Thomae, ad utilitatem discipulorum redacta*, prouvait que Joyce avait une connaissance moins directe de Thomas d'Aquin qu'on ne le pensait jusqu'alors. Aubert a également pu trouver dans *A History of Aesthetic* (1892) de Bosanquet une source importante pour les théories esthétiques du jeune Joyce, ce qui suggérait des liens avec la philosophie hégélienne. Ces découvertes lui permirent de donner une interprétation radicalement nouvelle de l'esthétique de Joyce. Ce devint le sujet de sa thèse de doctorat, dont la version condensée fut publiée en 1973 sous le titre d'*Introduction à l'Esthétique de James Joyce*. Elle fut révisée et développée en 1992 en anglais sous le titre *The Aesthetics of James Joyce*. Son travail principal s'est ensuite concentré sur l'énorme tâche d'éditer les œuvres de Joyce dans des traductions françaises révisées et annotées. Le résultat fut les deux volumes des *Œuvres* de Joyce dans la prestigieuse collection de la Pléiade publiés en 1982 et 1995 respectivement. C'est aujourd'hui l'une des éditions critiques les plus complètes et les plus fiables des œuvres de Joyce, toutes langues confondues. Hélas, les éditeurs de la Pléiade n'ont pas tenu leur promesse de publier un troisième volume consacré à *Finnegans Wake*.

Je me souviens encore d'une exposition-conférence centenaire qu'Aubert avait organisée avec mon aide au Centre Pompidou à l'automne 1982 dans le cadre de « La Revue parlée ». Avec l'aide du British Council, nous avions choisi douze énormes affiches pleines d'images et de citations célèbres de Joyce. Ces panneaux étaient accrochés aux murs d'une des pièces. Une affiche montrait une photo de Nora sous laquelle on pouvait lire : « … tu es toujours ma splendide fleur sauvage des haies, ma fleur bleu-nuit inondée de pluie ». Le jour de l'ouverture, Stephen Joyce fut le premier invité à entrer dans la salle. Hélas, comme Aubert et moi, Stephen Joyce connaissait le contexte assez obscène de ces mots de la fameuse lettre du 2 décembre 1909 [1]. J'ai vu Stephen Joyce devenir livide. Il m'a demandé de retirer l'affiche. J'ai répondu que je n'avais pas ce pouvoir. Il cria aussitôt : « Appelez le directeur du Centre Pompidou ! » En effet, Jean Maheu, le Directeur, arriva peu de temps après, et il dut s'excuser abondamment. Pendant ce temps, lors de cette dispute, Aubert avait agi, décroché l'affiche incriminée qu'il avait cachée dans un placard. Le grand espace blanc sur le mur ne fut pas comblé lors du mini-colloque qui suivit, au cours duquel Jacques Derrida et Hélène Cixous sont intervenus.

Grâce à ses talents de diplomate, Aubert réussit à ne jamais s'aliéner Stephen Joyce, ce qui lui a permis de diriger une nouvelle traduction française collective d'*Ulysse* en 2004, qui a été rééditée avec l'ajout de nombreuses notes en 2013. On se souvient aussi de lui comme celui qui invita Jacques Lacan à donner le discours inaugural du Symposium Joyce qu'il avait organisé au Centre Pompidou. Cela se passait en juin 1975, et la plupart des débats se sont déroulés dans un Centre encore en construction. Ceux qui y ont assisté se souviendront que Jacques Aubert était partout à la fois, corrigeant les erreurs de dernière minute, réussissant son pari. Ce colloque Joyce fit sensation, car il inaugura une nouvelle vision de Joyce, plus politique, plus féministe, et plus proche de Lacan. Ensuite Aubert devint un participant régulier au séminaire de Lacan. Il édita les actes du Symposium de Paris dans une édition bilingue en deux volumes, ainsi qu'un recueil ultérieur d'essais sur Joyce avec Lacan (1987). Après sa retraite, Aubert se tourna vers Virginia Woolf, éditant deux volumes de ses romans dans la Pléiade. Aubert était connu de tous comme un vrai

1. Voir James Joyce, *Œuvres*, I, J. Aubert éd., Paris, Gallimard, Pléiade, 1982, p. 1275.

gentleman, un homme à la voix douce, astucieux et courtois, qui prenait le temps de vous écouter, que l'on soit un professeur réputé ou un étudiant étranger. Il pouvait parler avec autant d'éloquence du vin du Beaujolais qu'il cultivait lui-même que de philosophie et de psychanalyse. Il manquera beaucoup à tous les chercheurs et lecteurs de Joyce.

Jean-Michel RABATÉ

LES CORRESPONDANCES D'ULYSSE

	TITRE	SCÈNE	HEURE	ORGANE	ART	COULEUR	SYMBOLE	TECHNIQUE
1.	Télémaque	La Tour	8 h		Théologie	Blanc, Or	Héritier	Récit (jeune)
2.	Nestor	L'École	10 h		Histoire	Brun	Cheval	Catéchisme (personnel)
3.	Protée	La Grève	11 h		Philologie	Vert	Marée	Monologue (masculin)
4.	Calypso	La Maison	8 h	Rein	Économie	Orange	Nymphe	Récit (mature)
5.	Lotophages	Le Bain	10 h	Parties génitales	Botanique, chimie		Euchariste	Narcissisme
6.	Hadès	Le Cimetière	11 h	Cœur	Religion	Blanc, Noir	Gardien	Incubisme
7.	Éole	Le Journal	Midi	Poumons	Rhétorique	Rouge	Rédacteur en chef	Enthymémique
8.	Lestrygons	Le Déjeuner	13 h	Œsophage	Architecture		Agents de police	Péristaltique
9.	Charybde et Scylla	La Bibliothèque	14 h	Cerveau	Littérature		Stratford, Londres	Dialectique
10.	Rochers mouvants	Les Rues	15 h	Sang	Mécanique		Citoyens	Labyrinthe
11.	Sirènes	La Salle de Concert	16 h	Oreille	Musique		Serveuses de bar	*Fuga per canonem*
12.	Cyclope	La Taverne	17 h	Muscle	Politique		Fenian	Gigantisme
13.	Nausicaa	Les Rochers	20 h	Œil, Nez	Peinture	Gris, Bleu	Vierge	Tumescence, détumescence
14.	Bœufs du soleil	L'Hôpital	22 h	Matrice	Médecine	Blanc	Mères	Développement embryonnaire
15.	Circé	Le Bordel	Minuit	Appareil locomoteur	Magie		Putain	Hallucination
16.	Eumée	L'Abri	1 h	Nerfs	Navigation		Marins	Récit (vieux)
17.	Ithaque	La Maison	2 h	Squelette	Science		Comètes	Catéchisme (impersonnel)
18.	Pénélope	Le Lit		Chair			Terre	Monologue (féminin)

*Non seulement chaque chapitre d'*Ulysse *reproduit un épisode de l'*Odyssée*, de plus, c'est un tout en soi, un microcosme qui a sa couleur, sa technique narrative, etc. En témoigne le Tableau des Correspondances établi par Stuart Gilbert sur les indications de Joyce lui-même.*

CHRONOLOGIE D'*ULYSSE*

Les jalons proposés ici n'ont pour but que de situer le roman de Joyce, de signaler les grands moments de sa genèse et de son existence en tant que texte. Ce panorama très incomplet [1] *se veut néanmoins une brève histoire d'*Ulysse, *qui pourrait presque s'entendre comme une brève histoire de l'univers.*

2 février 1882 Naissance de James Augustine Aloysius Joyce, à Rathgar, faubourg de Dublin.

Années de formation « J'avais douze ans lorsque nous avons traité de la Guerre de Troie à l'école ; seule l'*Odyssée* est restée fixée dans ma mémoire. Pour être franc, je dois dire qu'à douze ans c'est le mysticisme d'Ulysse

1. La littérature consacrée au seul texte d'*Ulysse* et à sa genèse est vaste et pour le moins intimidante. L'ouvrage d'Arthur Walton Litz, *The Art of James Joyce. Method and Design in Ulysses and Finnegans Wake* (1961), est utile pour une première approche de la genèse d'*Ulysse*. On peut approfondir la question en consultant le *Ulysses in Progress* de Michael Groden (Princeton Legacy Library, 1977), et aussi *Ulysses by Numbers* (Columbia University Press, 2020) d'Éric Bulson. Sam Slote fournit quant à lui une excellente vue d'ensemble pour ce qui est des différentes éditions d'*Ulysse* en langue anglaise avec *Ulysses in the Plural: the Variable Editions of Joyce's Novel* (*Joyce Studies* n° 5, Bibliothèque Nationale d'Irlande, Dublin, 2004). Pour ce qui est de la traduction française de *Ulysses*, la thèse de Blair Robert McMurren reste précieuse : *James Joyce and the Rhetoric of Translation* (Oxford, 2002). En plus du second volume des *Œuvres* de Joyce dans la Pléiade et de la nouvelle édition critique d'*Ulysse* parue dans la collection « Folio classique » en 2013, on peut aussi consulter l'ouvrage de Laure Murat, *Passage de l'Odéon* (2005), qui consacre plusieurs chapitres à la publication de *Ulysses* et de sa première traduction française, ainsi que l'analyse menée par John L. Brown à partir des archives de cette dernière dans « *Ulysses* into French » (*Joyce at Texas: Essays on the James Joyce Materials at the Humanities Research Center*, dir. D. Oliphant & T. Zigal, University of Texas Press, 1983) ou celle de Liliane Rodriguez sur le rôle de l'auteur dans l'entreprise traductive (« Joyce's Hand in the First French Translation of *Ulysses* » in *Renascent Joyce*, dir. D. Ferrer, S. Slote & A. Topia, University of Florida Press, 2013) ; de nombreux articles ont été publiés par les retraducteurs d'*Ulysse*, parmi lesquels la transcription d'une table ronde donnant la parole à cinq d'entre eux à l'occasion de la publication (*Vingt-et-unièmes assises de la traduction littéraire*, Actes Sud, 2004), le journal de bord de Bernard Hœpffner (« Lisser *Ulysse* ? » *TransLittérature* n° 26, 2004), ou encore les réflexions de Jacques Aubert (« On translating *Ulysses* into French », *Papers on Joyce* n° 14, 2008) et de Tiphaine Samoyault sur cette expérience de traduction collaborative (« "Son nom est légion et nous sommes plusieurs" : *Ulysses* de James Joyce et la traduction collective » in *L'Autre de l'œuvre*, dir. Y. Nakaji, Presses Universitaires de Vincennes, 2007).

qui m'a plu. » (James Joyce à Georges Borach, 1917). C'est sans doute à cette époque que Joyce lit Charles et Mary Lamb, notamment *The Adventures of Ulysses* (1808), mais aussi *The Authoress of the Odyssey* (1897) de Samuel Butler. Joyce fait d'Ulysse son « héros préféré » à l'occasion d'un devoir de rédaction. Largement évoquées dans *Portrait de l'artiste en jeune homme*, l'éducation et la culture reçues chez les jésuites transpireront dans *Ulysse*.

1900 Début de la rédaction de proses courtes, les épiphanies. Recyclées dans *Ulysse*, elles seront évoquées ironiquement dans « Protée », troisième épisode du roman : « Te souviens-tu de tes épiphanies écrites sur des feuilles vertes, ovales, profondément profondes, exemplaires à expédier en cas de décès à toutes les grandes bibliothèques du monde, y compris celle d'Alexandrie ? »

1902 Après un passage à Londres, séjour de Joyce à Paris à partir de décembre. Lecture d'Aristote et de saint Thomas d'Aquin à la bibliothèque Sainte-Geneviève. On retrouvera les « rues citron » de la capitale ainsi que les « brumes vert-rainette de l'absinthe, l'encens des matines, fleuretant avec l'atmosphère » dans *Ulysse*.

1903 Découverte du roman d'Édouard Dujardin, *Les lauriers sont coupés* (1887), ouvrage qui, selon ses dires teintés d'ironie, inspirera à Joyce la technique du monologue intérieur. *Courant avril* : retour à Dublin, suite à un télégramme étrangement orthographié de John Joyce (repris dans *Ulysses* : « Nother dying come home father. »). *Août :* décès de la mère de Joyce.

1904 Année cruciale. Joyce signe des lettres « Stephen Daedalus », et emploie ce pseudonyme comme nom de plume pour la publication en magazine des premières nouvelles de *Gens de Dublin*. Le personnage de Stephen Dedalus est développé dans *Stephen le Héros*, ouvrage qui sera remanié pour devenir *Portrait de l'artiste en jeune homme*, roman autobiographique dont *Ulysse* est une sorte de prolongement. Une nuit de juin, Joyce reste sur le pavé à l'issue d'une querelle. Un certain Alfred H. Hunter joue auprès de lui le rôle du Bon Samaritain, tout comme Bloom le fera pour Stephen à la fin d'*Ulysse*. *16 juin* : premier rendez-vous avec Nora Barnacle ; le 16 juin 1904 deviendra le jour où se déroule *Ulysse*. La date sera aussi celle du Bloomsday, jour de la célébration d'*Ulysse* à Dublin et partout ailleurs.

1905 Après diverses pérégrinations, installation avec Nora à Trieste. Début d'une période que John McCourt nomme « The Years of Bloom », les années Bloom où fleurit l'essentiel de l'œuvre de Joyce, *Ulysse* en particulier. *27 juillet* : naissance de Giorgio Joyce.

1906 James, Nora et leur fils Giorgio quittent Trieste pour vivre quelque temps à Rome. Joyce envisage d'ajouter une nouvelle qu'il intitulerait « Ulysse » à son recueil *Gens de Dublin* ; il s'agit d'un récit consacré au « Bon Samaritain » Hunter (voir plus haut), dont il se disait qu'il était juif et que l'épouse était infidèle. C'est à Rome que l'idée d'*Ulysse* prend forme, de « l'ivre-mort au livre-vie » (Jacques Aubert).

1907 *Mars* : retour à Trieste. *Mai* : parution à Londres des poèmes de *Musique de chambre*. *26 juillet* : naissance de Lucia Anna Joyce.

1908 *Août* : fausse-couche de Nora, qui trouve un écho notable dans *Ulysse*. Rencontre d'Italo Svevo, un des modèles de Bloom.

1913 La rédaction de *Portrait de l'artiste en jeune homme* est terminée. Début du travail sur la pièce *Les Exilés*, dont les thématiques annoncent celles d'*Ulysse*.

1914 *Mars* : Joyce commence à travailler à *Ulysses*. Au courant du printemps, la composition du roman est interrompue à la faveur de celle des *Exilés*. *Juin* : parution à Londres, chez Grant Richards, de *Gens de Dublin*, après neuf années d'atermoiements éditoriaux. *Ulysse* est évoqué dans le poème en prose *Giacomo Joyce*, à l'occasion d'un récit de rêve.

1915 Installation à Zurich. *Avril* : le dactylogramme des *Exilés* est achevé. *2 juin* : une première version de « Télémaque » et de « Nestor » (les deux premiers épisodes d'*Ulysse*) est rédigée. Un plan en vingt-deux épisodes est envisagé. « J'ai écrit quelque chose. Le premier épisode de mon nouveau roman, *Ulysses*, est écrit. La première partie, la Télémachie, se compose de quatre épisodes, la seconde, de quinze, c'est-à-dire les errances d'Ulysse ; et la troisième, le retour d'Ulysse chez lui, de trois autres épisodes. » (James Joyce à son frère Stanislaus, le 16 juin).

1916 « J'écris par ailleurs un livre intitulé *Ulysses* qui ne sera cependant pas publié avant plusieurs années. » (James Joyce à W. B. Yeats,

14 septembre). Une partie du neuvième épisode (« Charybde et Scylla ») est à l'état de brouillon. *29 décembre* : parution de *Portrait de l'artiste en jeune homme*.

1917 De novembre à décembre : « Télémaque », « Nestor » et « Protée » sont achevés. Joyce les fait parvenir à Ezra Pound, qui est très enthousiaste. Harriet Shaw Weaver s'engage à publier ces trois chapitres en livraisons dans *The Egoist* (revue basée à Londres, qui avait déjà publié *Portrait*).

1918 *Mars* : « Calypso » est achevé. Parution mensuelle, de mars à octobre, des sept premiers épisodes (de « Télémaque » à « Éole ») dans la revue américaine *The Little Review* (dirigée par Margaret Anderson et Jane Heap). *Avril* : l'épisode des Lotophages est achevé. *Mai* : « Hadès » est achevé. Il est à noter que Pound édulcore quelque peu le texte de Joyce qu'il fait parvenir à *The Little Review*. *18 mai* : « Il est impossible de dire quelle proportion du livre est vraiment écrite. Plusieurs autres épisodes en sont au second brouillon, j'ai passé dessus environ deux cents heures avant d'aboutir à la version finale. […] Je crains d'avoir peu d'imagination. Si tout se passe bien, le livre devrait être achevé à l'été de 1919 » (James Joyce à Harriet Shaw Weaver). *Août* : « Éole » est achevé. *Octobre* : « Les Lestrygons » est achevé. Au 31 décembre, ayant rédigé « Charybde et Scylla », Joyce estime avoir écrit la première moitié de son roman. Il s'agit en effet du neuvième épisode d'un livre qui en comprendra dix-huit.

1919 La parution mensuelle continue dans *The Little Review* (épisodes 8 à 12). Parallèlement, *The Egoist* publie certains épisodes à un rythme moins régulier au fil de l'année (« Nestor », « Protée », « Hadès », « Les Rochers errants »). *Vers le mois de juin* : « Les Rochers errants » et « Les Sirènes » sont à l'état de brouillon. *Août* : Joyce prévoit de finir son roman pour la fin 1920. *Septembre* : l'épisode du Cyclope est achevé. Joyce esquisse « Nausicaa », avant de retourner à Trieste le mois suivant. *Octobre* : envoi de la première version des « Bœufs du Soleil » à Pound.

1920 La parution continue dans *The Little Review* (épisodes 12 et 13 et une partie de l'épisode 14). *Février ou mars* : Joyce envoie une version achevée de « Nausicaa » (commencé à l'automne 1919) à Budgen. *Juin* : Joyce commence à travailler sur « Circé », épisode qui sera terminé en décembre. *Mai* : réécriture des « Bœufs du

Soleil ». *Mars* : l'avocat et mécène américain John Quinn propose d'acheter une copie au propre du manuscrit de *Ulysses* (ce manuscrit deviendra plus tard le manuscrit Rosenbach). *Juillet* : arrivée de la famille Joyce à Paris. *21 septembre* : Joyce fait parvenir au critique italien Carlo Linati un schéma du roman, et il explique : « C'est l'épopée de deux races (israélite-irlandaise) en même temps que le cycle du corps humain et la petite histoire d'un jour (vie). [...] C'est aussi une sorte d'encyclopédie. Mon intention est de transposer le mythe *sub specie temporis nostri.* Chaque aventure (c'est-à-dire chaque heure, chaque organe, chaque art intimement lié et en étroite corrélation avec le schéma structurel du tout) ne doit pas seulement conditionner, mais même créer sa propre technique. » *Décembre* : « Circé » est terminé après avoir connu neuf brouillons. Première rencontre entre Valery Larbaud et Joyce par l'entremise de Sylvia Beach.

1921 *Février :* « Eumée » est terminé. *21 février* : procès de Margaret Anderson et Jane Heap pour obscénité à New York. La parution en livraisons dans *The Little Review* cesse, au début de l'épisode des « Bœufs du Soleil », environ au milieu du roman. *Fin mars* : Sylvia Beach propose de publier *Ulysses*. Le financement se fera par souscriptions préalables. Joyce accepte. Les épisodes sont envoyés un à un à l'imprimeur Maurice Darantiere, qui a établi ses presses à Dijon. *10 juin* : Joyce reçoit de Darantiere les premières épreuves de *Ulysses*, placards aux très larges marges qu'il corrige et surcharge abondamment (Eric Bulson estime à environ 25 % les ajouts de Joyce sur épreuves). Joyce dit avoir passé 20 000 heures à écrire *Ulysses* (lettre à Harriet Shaw Weaver, 24 juin). *Octobre* : « Pénélope » est achevé, avant « Ithaque », qui est terminé le même mois. « *Ulysses*, énorme livre d'environ 800 pages, d'à peu près trente centimètres sur vingt, devrait paraître dans trois semaines. Les exemplaires les moins chers coûtent 3 livres chacun, les plus chers 7 livres. Je vous en enverrai un. J'en ai très peu pour moi, vu leur prix » (James Joyce à Mme William Murrey, 10 octobre). *29 octobre* : le dactylogramme de l'épisode de Circé (ainsi qu'une partie du manuscrit) est jeté au feu par le mari de la sténographe chargée de les saisir à la machine. Il s'agit de la neuvième dactylographe attitrée de « Circé », les huit précédentes ayant abandonné. « *Ulysses* est terminé » (James Joyce à Frank Budgen, 6 novembre). *7 décembre 1921* : conférence de Valery Larbaud à la Maison des Amis des Livres, 7 rue de l'Odéon, librairie tenue par Adrienne Monnier. Larbaud s'appuie sur une grille de correspondances différente de celle de Linati. Lecture à cette occasion de passages de l'épisode des Sirènes et de celui de Pénélope traduits par Jacques Benoist-Méchin. Selon Régis Salado, furent lus en traduction des extraits de la « Télémachie », des « Sirènes », d'« Ithaque » et de « Pénélope » (traduits par Jacques Benoist-Méchin, Léon-Paul Fargue, et revus par Larbaud), et en anglais des passages des « Sirènes » et du « Cyclope ». La conférence de Larbaud sera publiée dans la *N.R.F.* en avril 1922.

1922 « J'ai corrigé les dernières épreuves jusqu'à ce matin et suis épuisé » (James Joyce à Frank Budgen, 31 janvier). *2 février* : publication à Paris de *Ulysses*, par les bons soins de Sylvia Beach, à l'enseigne de Shakespeare and Company (12, rue de l'Odéon). Deux exemplaires arrivent en gare de Lyon par le train-express de 7 heures. L'ouvrage fait 732 pages, l'auteur et l'éditrice se portent bien. Ce premier tirage se compose de 1 000 exemplaires numérotés, avec la mention suivante : « L'éditrice s'en remet à l'indulgence du lecteur pour les erreurs typographiques, inévitables en de pareilles circonstances. » Il sera épuisé en juillet. *Octobre* : parution de *Ulysses* à Londres, chez Egoist Press (édition réalisée par Darantiere), avec une première liste d'*errata* ajoutée en fin de volume. 2 000 exemplaires numérotés, dont 500 sont saisis et détruits par les postes américaines.

1923 *Janvier* : nouvelle édition de *Ulysses* chez Egoist Press. 500 exemplaires numérotés, dont 499 exemplaires sont saisis par les douanes de Folkestone, dans le Kent. *Mars* : Joyce s'attaque à « Work in Progress », qui deviendra *Finnegans Wake* — nouvelle aventure dans la langue, harassante et durable ; Joyce se désintéresse de son roman, de ses corrections (plus tard, Joyce dira d'*Ulysse* et du *Wake* que ces livres sont comme le jour et la nuit).

1924 *1er janvier* : édition non numérotée de *Ulysses* chez Shakespeare and Company, qui sera recomposée en 1926 sans être complètement relue. 16 janvier 1924 : John Quinn vend le manuscrit de *Ulysses* à A. S. W. Rosenbach. *Juillet* : établissement du contrat entre Auguste Morel et Adrienne Monnier pour la traduction de *Ulysses* en français. *Août* : fragments d'*Ulysse* (extraits de « Télémaque », « Ithaque » et « Pénélope ») traduits par Auguste Morel et Valery Larbaud dans le numéro 1 de la revue *Commerce*. *Septembre* : 5e tirage de *Ulysses* (Shakespeare and Co).

1925 6e tirage de *Ulysses* en août et 7e tirage en octobre (Shakespeare and Co).

1926 *Mai* : 8e tirage de *Ulysses* (Shakespeare and Co), ouvrage entièrement recomposé, avec des corrections. *À partir de juillet* : le *Two Worlds Monthly*, magazine à grand tirage basé à New York, dirigé par Samuel Roth, publie des passages de *Ulysses* (jusqu'en octobre 1927). *Septembre* : parution à Rome d'une traduction française par Auguste Morel de « Calypso » dans *900 : Cahiers d'Europe et d'Italie*, I, n° 1.

1927 *2 février* : « Déclaration concernant l'atteinte aux droits d'auteur d'*Ulysse* », réaction à la réédition pirate dans la revue de Samuel Roth aux États-Unis, qui réunit 167 signataires, parmi lesquels Benedetto Croce, Ernst Robert Curtius, Albert Einstein, T. S. Eliot, André Gide, Knut Hamsun, Ernest Hemingway, Thomas Mann, Luigi Pirandello, Virginia Woolf et W. B. Yeats. *Mai* : Stuart Gilbert écrit à Joyce afin de proposer son aide et participer à la révision de la traduction de Morel, et rejoint par la suite le duo composé alors par Morel et Larbaud. 9e tirage de *Ulysses* (Shakespeare and Co). *Juin* : parution d'extraits de la traduction de « Charybde et Scylla » et du « Cyclope » par Valery Larbaud et Auguste Morel dans *Les Feuilles Libres : Lettres et Arts*, 8, n° 45-46, en l'honneur de Léon-Paul Fargue. *Juillet* : Valery Larbaud commence la révision des épisodes traduits par Auguste Morel.

1928 *1er août* : parution de « Protée » dans le n° 179 de *La Nouvelle Revue française*, « traduit de l'anglais par MM. Auguste Morel et Stuart Gilbert, et revu par M. Valery Larbaud », avec une introduction de Stuart Gilbert. *Novembre* : 10e tirage de *Ulysses* (Shakespeare and Co) ; Stuart Gilbert et Adrienne Monnier corrigent les épreuves de la traduction jusqu'en janvier 1929, en présence notamment de Paul Valéry.

1929 *Février* : parution chez Adrienne Monier (à la Maison des Amis des Livres) d'*Ulysse*, « Traduit de l'anglais par M. Auguste Morel, assisté par M. Stuart Gilbert. Traduction entièrement revue par M. Valery Larbaud avec la collaboration de l'auteur ». *27 juin 1929* : Déjeuner *Ulysse* organisé par Adrienne Monnier à l'hôtel Léopold des Vaux-de-Cernay pour célébrer la publication de la traduction française.

1930 Publication de l'étude de Stuart Gilbert, *James Joyce's « Ulysses »*, ouvrage ayant largement bénéficié des lumières de Joyce. On y trouve une nouvelle grille de correspondances symboliques. *Janvier* : 2e tirage de la traduction, collaboration entre la Maison des Amis des Livres et J.O. Fourcade. *Mai* : onzième impression de *Ulysses* par Shakespeare and Co. *Octobre* : 3e tirage de la traduction (La Maison des Amis des Livres).

1931 Création de la collection de la Pléiade chez Gallimard : selon Blair R. McMurren, Jean Paulhan aurait milité en faveur de l'inclusion de l'œuvre de Joyce en traduction, qu'André Gide aurait bloquée de son veto. *Mai* : circulation d'une édition piratée de *Ulysses* par Samuel Roth à partir du 9e tirage de Shakespeare and Company.

1932 Parution d'une édition de *Ulysses* chez The Odyssey Press (enseigne créée pour l'occasion), révisée par Stuart Gilbert, selon le souhait de Joyce. L'impression se fait à Hambourg, pour contourner l'interdiction du livre qui sévit en Grande-Bretagne et aux États-Unis. Il y aura quatre impressions de *Ulysses* chez The Odyssey Press jusqu'en 1939. On prendra par la suite souvent le parti de s'appuyer sur la leçon du texte fournie par The Odyssey Press.

1933 *6 décembre* : le Juge Woolsey décrète que *Ulysses* peut être publié aux États-Unis : « Mon opinion, après mûre réflexion, est que, même si en bien des endroits l'effet de *Ulysses* sur le lecteur paraîtra incontestablement émétique, ce livre ne tend aucunement à être un aphrodisiaque. *Ulysses* peut donc être accepté sur le sol des États-Unis. »

1934 *Janvier* : édition américaine de *Ulysses*, chez Random House (New York). Parution à Londres du livre de Frank Budgen, *James Joyce and the Making of « Ulysses »*.

1935 Henri Matisse, qui n'a pas lu le livre, illustre *Ulysses* avec des estampes inspirées de l'*Odyssée*, pour le compte des éditions bibliophiliques The Limited Edition Club (New York) ; parution le 22 octobre, édition accompagnée d'une préface de Stuart Gilbert. 500 exemplaires signés par Matisse. Les 250 premiers le sont de la main de Joyce également.

1936 The Bodley Head : édition anglaise limitée de *Ulysses* sur différents papiers (1 000 exemplaires, dont 100 signés par l'auteur), à partir de l'édition fournie par The Odyssey Press en 1935. Des exemplaires non-numérotés ont également été publiés. Il s'agit du texte de 1933, avec quelques corrections. Cette édition a longtemps fait foi (une réimpression en 1937 de The Bodley Head allait ajouter quelques nouvelles erreurs au texte). C'est à partir de la version de The Bodley Head que sera refondue l'édition américaine de Random House en 1961.

1937 *Avril* : Adrienne Monnier cède les droits de la traduction française à Gallimard. Parution de la traduction française d'*Ulysse* chez cet éditeur. *Septembre* : édition courante de *Ulysses* chez The Bodley Head, à partir des plaques réduites de l'édition de 1936, avec des corrections de Joyce. Ce texte est réimprimé en 1941, 1947, 1949, 1952, 1954, 1955, et 1958. Il est à noter que l'édition de 1955 se fit à partir de la composition de 1936, et une liste d'errata lui fut donc ajoutée.

1939 Parution de *Finnegans Wake*. *Ulysses* y est évoqué, notamment en ces termes : « his usylessly unreadable Blue Book of Eccles, *édition de ténèbres* » (179.25-26).

1941 *13 janvier* : mort de Joyce à Zurich.

1960 *Avril* : l'édition The Bodley Head est recomposée. Il s'agit d'un texte entièrement révisé, dont la leçon s'appuie sur l'édition de 1958. Il y aura dix réimpressions de ce texte en 1969, et la dixième comprendra quelques corrections qui se trouvaient dans l'édition de 1968. Cette version du texte donne lieu à l'édition courante britannique qui sera réimprimée à de multiples reprises (quelques corrections en 1971 et en 1982).

1961 L'édition Random House est recomposée à partir de la leçon de The Bodley Head. Cette édition donne lieu à l'édition courante américaine, réimprimée à de multiples reprises avec, quelquefois, des émendations du texte.

1965 En France, *Ulysse* paraît en volume triple au Livre de Poche (n° 1435-1436-1437).

1968 Édition courante de *Ulysses* chez Penguin, recomposée pour l'occasion.

1972 Le chercheur indépendant Jack Dalton fait paraître « The Text of *Ulysses* » (*Éire-Ireland*, été 1972) où il détecte de nombreuses erreurs dans le texte de *Ulysses* et propose d'y remédier. En France, édition d'*Ulysse* en deux volumes dans la collection « Folio » (Gallimard).

1975 *Ulysses. A Facsimile of the Manuscript*, sous la direction de Clive Driver, Londres, Faber & Faber. Édition fac-similaire en 3 volumes du manuscrit Rosenbach correspondant à un état du texte de Joyce bien avant le travail de correction-création sur épreuves et placards. Le troisième volume reproduit l'édition de 1922, et signale à cette occasion les variations entre le manuscrit et la première version imprimée du roman de Joyce.

1976-1979 Trois éditions de *Ulysses* paraissent chez Franklin Library (New York), illustrées par Kenneth Francis Dewey.

1977 Début des travaux d'édition scientifique de *Ulysses* dirigés par Hans Walter Gabler, menés en concurrence des travaux de Dalton, grâce au recours à l'informatique.

1980 « The Computerized *Ulysses* », article de Hugh Kenner dans *Harper's Magazine*, en faveur de l'édition que Gabler est en train de procurer. Les « Joyce wars », les guerres joyciennes autour de l'établissement du texte d'*Ulysse* qui mettront Gabler face à John Kidd, sont d'ores et déjà en germe.

1984 *16 juin* : *Ulysses: A Critical and Synoptic Edition.* Édition critique de *Ulysses* parue en trois volumes chez Garland (New York) ; on y voit les différentes phases de l'élaboration textuelle de Joyce, par le biais d'un système de diacritiques ajoutés au texte. Hans Walter Gabler, qui a dirigé cette édition en collaboration avec Wolfhard Steppe et Claus Melchior, prétend avoir corrigé 8 000 erreurs dans le texte de Joyce, majoritairement dans la ponctuation. On reprochera à Gabler, et à fort juste titre, de s'être appuyé sur un manuscrit que Joyce avait achevé de recopier en 1920 (le manuscrit Rosenbach), bien avant que *Ulysses* ne soit terminé. Mais l'édition de Gabler restaure cependant, entre autres éléments de moindre importance, un passage sur l'amour accompagné d'une citation (ou plutôt d'un assemblage de citations) de la *Summa contra gentiles* dans « Charybde et Scylla » : « Sais-tu de quoi tu parles ? L'amour, oui. Mot connu de tous les hommes. *Amor vero aliquid alicui bonum* *vult unde et ea quae concupiscimus.* » Ce passage ne figure pas dans la traduction française de 1929 mais est rétabli dans celle de 2004.

1985 *16 juin* : Parution de *Ulysses: The Corrected Text*, version courante de la grande édition synoptique de Gabler. *1er septembre* : John Kidd fait paraître dans *The Irish Literary Supplement* un article cinglant : « Gaelic in the new *Ulysses* ». Il y dénonce les transcriptions du gaélique établies par Gabler. La polémique fait désormais rage.

1986 Réédition révisée de *Ulysses* de l'édition en un volume de Gabler, chez The Bodley Head (Londres) et Random House (New York). Réédition également de l'édition synoptique de Gabler (3 volumes chez Garland).

1988 *30 juin* : dans un article intitulé « The Scandal of *Ulysses* » paru dans *The New York Review of Books*, John Kidd démontre que l'édition Gabler, sur laquelle on s'appuie alors généralement, est assez largement fautive. Kidd ne se contente pas de révéler au monde que le nom d'un coureur cycliste ainsi que d'un joueur de cricket ont mal été orthographiés par Gabler, mais il débusque quelque deux mille erreurs dans cette édition, qu'il classe en treize catégories allant de simples coquilles à l'emploi des majuscules, en passant par des erreurs de transcription pour ce qui est des passages en langues étrangères. Toujours en 1988, paraît une volumineuse édition de *Ulysses* chez Arion Press (San Francisco), avec 40 illustrations de Robert Motherwell, tirée à 175 exemplaires. Complètement recomposé, le texte a bénéficié de l'apport de John Kidd qui, avec l'aide de David Hayman, a apporté près de 900 corrections au texte (version de Random House 1961).

1992 *Ulysses* est réédité chez Penguin et d'autres éditeurs (selon l'édition refondue en 1968).

1993 *Ulysses: the 1922 Text* (Oxford University Press), réédition courante de la première version du roman, avec un appareil critique de Jeri Johnson comprenant notamment les différents *addenda* de Joyce. Cette édition a connu de multiples réimpressions par la suite et constitue un document irremplaçable. L'édition Gabler de 1986 est reprise (et légèrement corrigée) pour The Bodley Head, avec une postface de Michael Groden.

1995 Parution d'*Ulysse* (traduction de 1929) dans la Bibliothèque de la Pléiade (Gallimard), sous la direction de Jacques Aubert (notices et notes par Jacques Aubert, Michel Cusin, Daniel Ferrer, Jean-Michel Rabaté, André Topia et Marie-Danièle Vors). Cette édition tient compte des apports de Gabler, tout en restant critique vis-à-vis de cette leçon du texte.

1996 *Ulysse* paraît en un seul volume de 1 135 pages dans la collection « Folio » (Gallimard).

1997 *16 juin* : *Ulysses. A Reader's Edition* (Picador), édition de Danis Rose. Cette édition, très peu usitée, se présente comme une version corrigée et restaurée du texte de Joyce, à des fins de lisibilité accrue ; elle se veut une alternative autant à Kidd qu'à Gabler. De fait, la leçon du texte que propose Rose diffère assez singulièrement de toutes les éditions de *Ulysses*… Rééditions en 1998 et 2004, avec quelques corrections.

1998 Édition fac-similaire du numéro 784 de l'édition originale de *Ulysses* (Alexandria, Virginie, Orchises Press).

2000 Sous l'impulsion de Stephen Joyce, petit-fils de l'écrivain, les éditions Gallimard lancent le projet d'une nouvelle traduction collective d'*Ulysse*, dirigée par Jacques Aubert et dont la publication est prévue pour le centenaire du Bloomsday, en juin 2004. La composition finale de l'équipe et la répartition des épisodes entre les huit traducteurs sera connue et arrêtée à l'été 2001 ; le travail collectif de retraduction d'*Ulysse* débutera véritablement à l'automne de cette même année.

2002 *Ulysses: A Reproduction of the 1922 First Edition* (Mineola, New York, Dover Press).

2003 L'équipe de retraducteurs français œuvre à l'harmonisation des échos entre leurs différents épisodes. Le manuscrit est remis à l'éditeur à la mi-décembre 2003.

2004 Les traducteurs travaillent à la correction des épreuves et rédigent la postface. *10 juin* : parution chez Gallimard d'une nouvelle traduction dans la collection « Du monde entier », sous la direction de Jacques Aubert, réunissant un collège de huit traducteurs (Jacques Aubert, Pascal Bataillard, Michel Cusin, Sylvie Doizelet, Patrick Drevet, Bernard Hœpffner, Tiphaine Samoyault, Marie-Danièle Vors). L'ensemble de l'ouvrage a été retraduit, à l'exception du quatorzième épisode (« Les Bœufs du Soleil »), maintenu dans la version de 1929 : « il nous a paru intéressant de conserver l'un des épisodes de cette traduction, celui dont le style est constitué par une série de pastiches d'œuvres littéraires allant du Moyen Âge à nos jours. »

2006 *11 novembre* : parution de la nouvelle traduction d'*Ulysse* dans la collection « Folio » de Gallimard (n° 4457).

2012 *1er janvier* : l'œuvre de Joyce entre dans le domaine public en Europe (sauf en Espagne). Édition de *Ulysses* fort recommandable chez Alma Books (Richmond, Grande-Bretagne), nantie d'un important appareil critique que l'on doit à Sam Slote, Marc A. Mamigonian et John Turner, révisée en 2015 et 2017. Le texte est, à de minimes détails près, identique à celui de la quatrième édition parue chez The Odyssey Press en 1939.

2013 *24 octobre* : Refonte de la traduction de 2004 dans la collection « Folio classique » (n° 5641), avec adjonction d'un appareil critique adaptant celui de la Pléiade. L'ouvrage est une version légèrement révisée de la nouvelle traduction (« Nous lui avons apporté quelques modifications de détail visant à mieux faire apparaître des échos ou résonances stylistiques. »)

2018 Mise en ligne de l'édition synoptique de Gabler, par les soins de Ronan Crowley et Joshua Schäuble (http://ulysses.online).

2022 *Ulysse. Épisode XIV, « Les Bœufs du Soleil »*, nouvelle traduction par Jean-Paul Auxeméry (Le Corridor Bleu, Saint-Pierre, La Réunion). *Ulysses*, réédition du centenaire prévue chez Penguin, sous la direction d'Andrew Gibson.

Mathieu JUNG

avec la collaboration de Flavie ÉPIÉ

CAHIER DE CRÉATION

ÉRIC AUZOUX

L'homme aux alephs

Heureusement que je me devais de terminer un roman poisseux autour des années d'Occupation à Bordeaux, offert un an plus tôt par un ami afficionado du genre, car le belliqueux propriétaire du premier étage qui m'avait fixé rendez-vous « au Balto à 8 heures si cela vous *conviendrait* [1] » se faisait attendre.

La fin du livre aussi, pour être franc. J'atteignais enfin l'épilogue lorsque s'entama dans mon dos un dialogue entre un homme d'âge indéfinissable et une femme dont le timbre de voix évoquait une septuagénaire.

Lui : J'ai réussi à construire Ω, Ω^2, Ω^3, maintenant je vise Ω^n.

Elle : Ah, voilà qui fait plaisir à entendre, dis donc.

Lui : Comme je n'ai rien fait entre 1985 et 2017, j'ai eu un peu de mal à reprendre le fil. À Orsay, je ne sais pas si tu te rappelles, l'assistant ne m'avait pas pris au sérieux, mais quand il a vu un aleph dans la démonstration, comme tout matheux qui se respecte, il y a jeté un œil plus attentif.

Elle : Bien sûr que je me rappelle.

Lui : Q égale cardinal de Q pour un cardinal de Q… (*grondement de la Cimbali du Balto*).

Elle : Toute une époque. On habitait encore Vaucresson.

Lui : J'ai été convoqué par… (*suit un nom trisyllabique dont l'absence de mention ici n'est pas due aux borborygmes de la Cimbali, mais à l'incapacité du transcripteur de le saisir au vol*). C'est grâce à cette démonstration que le prof a accepté de me prendre en thèse, mais je n'ai pas eu l'impression qu'il en comprenait les enjeux. Il est vrai que pour un spécialiste des variétés symplectiques, les nombres transfinis ça ne vaut pas une colline de haricots, comme on dit aux US.

---

1. Il était également en guerre avec la grammaire.

Elle : Tu t'y es plu, hein aux US !

Lui : Mais construire la suite croissante des alephs, je veux dire au-delà d'un ensemble F à *n* éléments, ça a quand même une autre allure que d'aller tripatouiller l'espace vectoriel. Sinon, je voulais te dire que j'ai effectué un virement de 100 euros sur mon compte.

Elle : Tu as très bien fait.

Lui : Je reviens.

L'homme qui passe devant moi pour se diriger vers les toilettes est de petite taille et fluet, sa démarche est vive ; il est vêtu d'un blue-jean basique et d'une veste de tweed dont les manches lui recouvrent totalement les mains lorsqu'il est en mouvement. Ma curiosité se porte sur son interlocutrice. Me retournant, je découvre une femme probablement septuagénaire, en pantalon de jogging noir à doubles rayures parallèles blanches et anorak assorti. Elle a activé son smartphone et écoute une musique psychédélique sur un microscopique ersatz des fonds d'écran — de scène — que des groupes comme le Jefferson Airplane ou le Grateful Dead projetaient lors de leurs concerts à la fin des années soixante.

La durée du morceau semble calibrée sur le temps pris par l'homme pour se délester car, à son retour, le dialogue reprend illico :

Lui : J'ai vu qu'ils ont été réapprovisionnés en oreillons d'abricots chez Franprix.

Elle : Il était grand temps, ceux de Carrefour sont vraiment un cran en-dessous.

Lui : Tu as besoin de quelque chose mis à part les yaourts bifidus ?

Elle : Une ou deux conserves de sardines, peut-être.

Lui : Pour leurs oméga 3. Les bienfaits ne sont pas démontrés, alors que les alephs, même puissance 2…

Elle : C'est bon de t'entendre plaisanter à nouveau.

Vincent Poupard, propriétaire de deux appartements dans la copropriété, fait son entrée. Après des excuses minimalistes pour son retard, nous nous penchons sur la comparaison des trois devis de pose des compteurs d'eau individuels. Vincent Poupard est un commercial, il a un sens inné du rapport qualité / prix, ça ne se discute pas, surtout avec un « intellectuel », proche de la retraite qui plus est. Ça tombe bien car je n'ai qu'une envie : filer en bibliothèque pour tenter d'éclaircir cette histoire d'alephs.

L'ignorance crasse, n'ayons pas peur de cet adjectif périmé, dont nous autres « littéraires » de ma génération faisons preuve en matière scientifique est sous-estimée. Si François Le Lionnais n'avait pas été résistant et n'avait pas cofondé l'Oulipo, je n'aurais jamais eu son nom à l'esprit et le site des bibliothèques de la ville de Paris ne m'aurait jamais fait savoir que *Les Grands Courants de la pensée mathématique*, dirigé par lui, était en rayon dans l'une de celles du 13e arrondissement. Le temps d'extraire *L'Aleph* de Borges de mon rayon littérature étrangère personnel et je saute dans un train pour Paris. Juste avant l'entrée en gare Montparnasse, j'atteins le post-scriptum de la nouvelle éponyme, daté du 1er mars 1953. Après avoir indiqué que pour la Kabbale, l'aleph « signifie le En Soph, la divinité illimitée et pure », Borges précise : « pour la Mengenlebre, c'est le symbole des nombres transfinis, dans lesquels le tout n'est pas plus grand que l'une des parties ». L'excitation produite par la lecture de cette dernière phrase [2] me propulse sur le tapis roulant menant, suivant l'ordre numérique, aux lignes 4, 12 et 13, au lieu de prendre la tangente vers la 6 comme je l'aurais dû. Cette petite erreur vectorielle réparée, je me retrouve à la bibliothèque Italie où, à la cote 510, *Les Grands Courants de la pensée mathématique* m'attend. En I., B., 1., p.114-121, se trouve « Le Problème de l'infini, transfinis et alephs », écrit par un mathématicien lyonnais, Henri Eyraud, à la fin des années 1940. L'article, dédié à Georg Cantor porte en épigraphe cette strophe de son auteur :

Après toi, pèlerin, nous irons sur les cimes
D'où, pieux et tremblants, nous verrons l'Éternel
Ordonner et compter dans l'alphabet du Ciel
Les feux du firmament, les germes des abîmes.

Une strophe que Borges aurait pu attribuer à Carlos Argentino Daneri, celui qui lui fit découvrir l'aleph dans une fente de marche de sa cave et tâtait de l'alexandrin. L'aleph de la rue Garay à Buenos Aires était une « petite sphère aux couleurs chatoyantes » d'un « diamètre [...] de deux à trois centimètres », tandis que celui d'une rue inconnue de Halle découvert par Cantor était un nombre. Mais tous deux avaient un rapport étroit, si l'on peut dire, avec l'infini. Borges y perçut « l'espace cosmique sans diminution de volume », quant à Cantor, ce « nombre cardinal » lui servit « à dénombrer les collections infinies ». Avant de voir lui-même l'aleph, Borges s'était étonné « de ne pas avoir compris jusque-là que Carlos Argentino était un

2. Je ne tarderai pas à m'apercevoir que René L. F. Durand (1910-2010), traducteur de Borges, de Carpentier et d'Asturias et / ou ses correcteurs n'étaient pas dans leur meilleur jour lorsqu'ils l'ont transcrite car en fait de Mengenlebre il s'agit de la *Mengenlehre*, terme désignant en allemand la théorie des ensembles. Quelques lignes plus loin, confirmant cette petite forme, le texte déforme Ibn Khaldoun (ou Khaldûn), méconnaissable en Abenjaldun, curieuse dérivation de l'espagnol Ibn Jaldún. (Note d'*un* traducteur).

fou » ; de son côté, Cantor fut considéré comme tel par son ancien professeur berlinois, Kronecker, qui y ajouta le qualificatif breveté de « corrupteur de la jeunesse » et s'employa avec succès à lui barrer la route des universités de Berlin et Göttingen. Cantor connut de nombreuses crises dépressives et finit dans un asile psychiatrique. Mais la génération de mathématiciens suivante reconnut le champ ouvert par ses travaux, et c'est un élève de Cantor au nom borgésien de Zemeto, qui énonça un théorème les prolongeant en droite ligne : « Il est possible de bien ordonner n'importe quel ensemble fini ». David Hilbert (1862-1943), l'homme des 23 problèmes, se chargera quant à lui de prononcer la phrase devenue célèbre au-delà même du cercle des mathématiciens : « Personne ne nous chassera du paradis que Cantor a créé à notre intention. »

La lecture de l'article des *Grands Courants de la pensée mathématique* ne suffisait pas à résoudre la question de savoir si l'homme aux alephs du Balto appartenait à la classe des mathématiciens ou à celle des dérangés, ou plus précisément au sous-ensemble des matheux dérangés, évoquant des problèmes existants mais en des termes délirants. Or, je n'étais pas le seul à avoir remarqué que cette ville de la banlieue ouest affichait une surreprésentation de cabinets et de maisons de repos psychiatriques. L'ébéniste voisin m'avait un jour raconté que depuis des années il recevait la visite, généralement au début de l'hiver, de deux personnages en proie à des délires : un homme qui se présentait comme le descendant de Charles Topino (1725-1789), dont il affirmait détenir outre deux tables à écrire semblables à celle présente dans les collections du château de Versailles, le poinçon servant à estampiller les meubles de l'artisan ; et une femme qui venait éplorée lui réclamer une paire de fauteuils offerts par Rodin à ses parents en remerciement de leur soutien durant des années difficiles. L'ébéniste avait beau lui faire faire le tour de son atelier, elle n'en démordait pas et s'en allait parfois vaguement menaçante, ne manquant jamais de revenir l'année suivante porteuse de la même demande.

❖

« Hors de question que la copropriété paye la réfection du chéneau des lesbiennes du bâtiment B, ce sera pose de résine ou rien, que d'ailleurs si elles sont pas heureuses elles z'ont qu'à se mettre au… » s'emporta au téléphone Vincent Poupard qui voulait me voir à ce sujet au Balto sans tarder.

Lorsque je longeai la baie vitrée de l'établissement, l'homme aux alephs était assis, seul, à une table de deux, les mains posées à plat sur un livre de grand format à la couverture rouge toilée. Une fois à l'intérieur du café, où, sans surprise, ne se trouvaient pas encore Vincent Poupard, ses devis comparatifs et sa vulgarité, je cherchai aussi discrètement que possible à lire le titre ou le nom de l'auteur du gros livre rouge. Une discrétion insuffisante manifestement.

— Cent vingt dollars sur AbeBooks. Une affaire. La première édition, 1940, Simon and Schuster. Difficile de résister. Et puis la traduction française n'est vraiment pas à la hauteur, je soupçonne d'ailleurs Le Lionnais de l'avoir parrainée plus que réalisée, car elle est bourrée de coquilles. Ils méritaient mieux. Ce sont quand même eux les premiers à avoir proposé une valeur limite à R.

— Simon et ... ?

— Schuster. Mais il s'agit des éditeurs, ce sont les auteurs qui m'intéressent : Kasner et Newman. La constante de Kasner et Newman, ça ne vous dit rien du tout ? Si vous avez une minute ou deux... Bon, comme vous l'avez peut-être remarqué, les mathématiciens, pas seulement les géomètres, aiment bien jouer avec le cercle et les polygones, en imaginant par exemple de les imbriquer. On commence par construire un cercle de rayon *r*, ensuite le triangle équilatéral circonscrit à ce cercle, ensuite le cercle circonscrit au triangle équilatéral, ensuite le carré circonscrit au dernier cercle et ainsi de suite en rajoutant à chaque fois un côté. Vous suivez ou voulez que je vous fasse un crobard ?... Bien sûr le rayon croît en taille au fur et à mesure, mais l'étonnant c'est que le taux de croissance diminue. Il tend vers une valeur limite, qu'on appelle R. Comme vous n'avez pas une tête à apprécier les formules mathématiques, je passe et j'en viens au point nodal : l'ensemble — j'ai bien dit l'ensemble — des cercles et polygones imbriqués n'atteindra jamais non seulement la taille de la terre mais même pas celle de la roue d'un vélo adulte. Très contre-intuitif j'en conviens, un peu comme le nombre de grains de blé sur les 64 cases de l'échiquier de Sissa ben Dahir, mais c'est souvent comme ça en mathématiques, sinon d'ailleurs les mathématiciens ne serviraient à rien. C'est Leibniz qui a raison contre Descartes : *Aliud est autem scire aliqui de re, aliud rem comprehendere, hoc est quicquid in ea latet in potestate habere.*

— Mais encore ?

— Traduction : autre chose est de connaître quelque propriété d'un objet, autre chose est de le comprendre, c'est-à-dire d'en tenir sous nos prises tout le contenu caché.

C'est alors qu'une main virile m'agrippe l'épaule droite.

— Ne vous excusez pas Monsieur Poupard, j'étais en bonne compagnie, Monsieur... ?

— Cantor, Georges Cantor.

— Monsieur Cantor, qui est mathématicien, était en train de m'expliquer des choses pas si éloignées qu'elles le paraissent de nos affaires de compteurs d'eau, sinon de chéneau.

Éric Auzoux est né en 1952. Après avoir dirigé des établissements culturels français à Thessalonique, Jérusalem, Madras et Amman, il est devenu traducteur littéraire. Plusieurs de ses nouvelles ont été publiées dans Europe. *Il a également contribué à la revue par des traductions de Dinos Christianòpoulos (Grèce), Ashokamitran, Anantanarayanan et Rohan Chhetri (Inde).*

RALPH SCHOCK

Le raccourci

Un récit yougoslave

pour Arnfrid Astel

« You have a better road map than I have ». Quelques jours auparavant, ce furent ses premières paroles, au bord d'une petite route de campagne entre Split et Dubrovnik. Aucune voiture ne s'était arrêtée, bien que nous fussions les seuls auto-stoppeurs. Comme elle voulait savoir par où j'étais passé jusque-là, j'avais indiqué du doigt l'itinéraire le long de la côte adriatique sur la carte routière dépliée. Comme par mégarde, elle avait alors posé son index sur le mien.

Elle s'appelait Barbara, environ vingt-cinq ans et enseignait dans une école en Pennsylvanie. Et pour la première fois en Europe. Après quelques jours passés ensemble à Cavtat, nous voulions continuer vers la Grèce. Au début ça s'était bien passé. Mais maintenant, à Ulcinj, nous n'avancions plus.

Au bout de presque trois heures dans la chaleur accablante de l'été, un minibus Volkswagen s'est arrêté. Quatre jeunes gens de Cologne, deux hommes et deux femmes, qui voulaient aller en Turquie. Le chemin le plus rapide du sud de la Yougoslavie vers la Turquie eût passé à travers l'Albanie, mais à l'époque, au début des années soixante-dix, il fallait un visa.

La quatre voies qui contournait l'Albanie eût été un sacré détour. En recherchant un autre itinéraire, nous découvrîmes une petite route à un embranchement derrière Podgorica, juste un mince trait noir sur la carte. Elle contournait de très près, à travers les Alpes albanaises, la pointe nord du pays interdit. Et elle était signalée comme non goudronnée. Au bout d'environ 80 kilomètres, elle aboutissait sur l'autoroute qui relie Peć à Skopje.

Il s'avéra bientôt qu'elle n'était non seulement pas asphaltée mais qu'elle présentait d'autres inconvénients. Car plus la route du col montait en serpentant dans la montagne, moins elle devenait carrossable. Au bout de quelques kilomètres déjà, elle ressemblait plutôt à un chemin de campagne, apparemment rarement emprunté par les voitures, mais la plupart du temps par des tracteurs et des charrettes tirées par des ânes, comme l'indiquaient les profonds sillons desséchés.

Le chemin était raboteux et parsemé de pierrailles. Les nids de poule alternaient avec les cassis et rigoles creusés par les eaux. Le minibus ne cessait de toucher le sol, râclant les pierres dans un affreux crissement. Avec des branches arrachées et des chutes de pierres le long de la piste. La plupart du temps on ne roulait qu'en première, n'avançant qu'à peine de dix kilomètres en une heure. Le chemin de plus en plus étroit montait presque sans interruption, nous ne croisions aucun véhicule, même pas une charrette tirée par un âne. Et nulle âme à l'horizon.

Quand vint le crépuscule, nous cherchâmes un espace le long du chemin pour garer le bus et nous dépliâmes sur un pré nos sacs de couchage qui furent trempés et alourdis par la rosée le lendemain matin.

Une bouteille de slivovitz qui passa de main en main contribua à la bonne humeur. Sur un petit feu nous avons préparé des spaghettis avec de la sauce tomate. À cause du froid nous avions gardé nos jeans dans le sac de couchage et enfilé un gros pull-over. La voie lactée étirait son ruban lumineux dans le ciel limpide de la nuit. Quelque part dans les hauteurs, l'appel aigu d'un oiseau de proie. J'ai offert à Barbara l'étoile au milieu des deux cuisses de Cassiopée.

Le lendemain matin, une des deux femmes, qui avait participé à l'achat du minibus et qui allait bientôt passer son permis de conduire, demanda à prendre le volant pendant quelques kilomètres, puisqu'on était loin de tout, qu'un contrôle de police était peu probable et que de toute façon on n'avançait qu'à petite vitesse. Et que personne ne venait en sens inverse.

Les autres furent d'accord. Son ami, qui avait conduit la plupart du temps jusque-là, s'assit à côté d'elle. Nous quatre avons pris place face à face sur les banquettes arrière.

Il n'y eut aucun problème. Elle conduisait effectivement lentement et très prudemment. La route continuait de monter. La végétation se faisait de plus en plus rare. Depuis longtemps on avait dépassé les quelques bois de hêtres et de sapins, de rares pins à crochets bordaient le chemin. Finalement il n'y eut plus que des buissons épineux, ébouriffés par le vent, accrochés aux fentes des rochers.

À gauche, juste le long du bus, s'élevaient les parois rocheuses. De l'autre côté, c'était le précipice. Devant nous, au-dessus des champs d'éboulis, aux flancs ombreux des montagnes, la neige. D'une entaille de la roche jaillissait une gerbe d'écume blanche provenant de la fonte des neiges.

Sur tout le trajet, pas le moindre dispositif de protection. Même les endroits les plus dangereux n'étaient pas sécurisés par des glissières de sécurité, des chaînes ou des poteaux. Souvent, quand le bus prenait un virage étroit, on voyait dans le fond de vertes vallées où serpentaient des petits ruisseaux.

Soudain, à quelques mètres devant nous, survint une voiture contournant le bord du rocher. Celui qui était à côté de la conductrice s'écria : Hé, regardez, il vient de Cologne ! Incroyable ! Et ça ici !

La conductrice ralentit encore. Nous n'avancions en cahotant qu'au pas de marche. L'autre voiture, une Ford vert foncé, freina et se rapprocha le plus près possible de la paroi rocheuse. Mais ce n'était pas suffisant, la piste était trop étroite pour laisser le passage aux deux véhicules. C'est pourquoi notre conductrice obliqua un peu plus à droite. Avec d'infinies précautions, les deux véhicules roulèrent alors l'un vers l'autre.

Dans l'autre voiture il y avait aussi des jeunes gens, ils nous ont adressé des signes. Grande clameur dans le bus. De Cologne ! T'as vu ? Et ici, au bout du monde !

Appels de klaxon des deux voitures. Fallait-il s'arrêter ? Boire une slivovitz avec eux ? Peut-être avait-on des connaissances communes ?

Lentement et avec précaution, les deux véhicules s'avancèrent l'un vers l'autre. Tous, y compris la femme au volant, observaient l'autre voiture qui ne semblait pas vouloir s'arrêter. Tout en klaxonnant, elle continuait d'avancer. Et disparut quelques mètres plus loin derrière le prochain tournant.

Entre temps, la roue avant droite du minibus avait légèrement débordé du talus. Un bref cri d'effroi de celui assis à droite de la conductrice, qui saisit le volant, braqua à gauche et actionna le frein à main. L'arrière du véhicule fit un petit bond vers la droite, si bien que la roue arrière se retrouva sur le rebord disloqué et non stabilisé de la route. La conductrice se figea. Un moment de silence et d'effroi.

Comme au ralenti, le minibus se pencha légèrement sur le côté. Un instant il sembla — ou bien était-ce un vain espoir ? — que le véhicule resterait ainsi, deux roues au-dessus du précipice.

Mais c'est alors que tout se mit à glisser vers la droite, puis tomber : sacs, sacs à dos, vêtements, livres, bouteilles, sacs de couchage, réchaud à gaz, boîtes de conserve, caisse à outils. Et en dépit de nos tentatives pour nous cramponner, nous glissions nous aussi vers la droite, à l'époque il n'y avait pas de ceinture de sécurité.

Lentement, très lentement, le minibus continua de s'incliner, se renversa sur le côté droit en un choc violent et dérapa lentement dans le vide. Occupant auparavant le siège arrière à côté de la porte coulissante, je me retrouvais à présent enfoui sous un incroyable foutoir. J'avais peine à respirer, je cognais du bras vers l'avant, ma main saisit la poignée du siège auquel je me cramponnais.

Nous glissions vers le bas, ma tête plaquée contre la paroi latérale du minibus. Tout près de mon oreille, le bruit du métal râpant les pierres. Le ravin dans lequel nous commencions à glisser était profond de plusieurs centaines de mètres.

Soudain un choc violent, le minibus avait dû heurter une arête rocheuse et il se renversa en avant sur le toit. Tous les objets et les passagers furent précipités les uns sur les autres, aucun cri, mais de violents craquements, des raclements aigus, des bris de verre. Soudain devant moi, un visage aux yeux écarquillés, qui disparut aussitôt. Où était le haut, où était le bas ?

Puis à nouveau un choc mais un peu moins violent que le précédent. Puis un bruit bizarre. Comme si le minibus était secoué par un poing gigantesque. Enfin un curieux silence, presque menaçant, irréel et incompréhensible.

Toujours aucun sens du haut et du bas, de la gauche et de la droite. Et de ce qui vient de se produire.

Mais plus coincé, soudain. Je tente de remuer bras et jambes, de tourner la tête. Encore aucun bruit dans le minibus. Sauf que la chute fut bloquée de manière inexplicable. Et après quelques instants de surprise et d'orientation, malgré le chaos autour de nous, tout est à nouveau normal. Le toit de la voiture était en haut, là où il avait toujours été. Ou était-ce une illusion ? Non, le minibus avait apparemment repris sa bonne position habituelle. Mais qu'était-il donc arrivé ? Personne encore ne parlait.

Devant la vitre encore intacte de la porte glissière, un épais mur de végétation. Feuillage et branches aussi devant le pare-brise.

Je commence à comprendre que nous sommes en plein milieu d'un arbre. Le minibus doit être accroché dans sa couronne, les roues vers le bas. Il se balance doucement.

Je tire la porte coulissante, elle est coincée. Mais d'un coup sec je parviens à la tirer en arrière. Des branches me fouettent le visage. Je tâte une branche un peu plus épaisse, m'y accroche, cherche une autre branche pour mon pied — je m'extrais du minibus.

Un silence terrifiant, plus aucun bruit de moteur. Je crie, c'est le premier son depuis la chute : coupe le contact ! Car je crains que l'essence puisse couler sur le moteur brûlant.

Les autres commencent aussi à se libérer un à un du chaos et à s'extraire. Par la porte coulissante, d'abord Barbara, puis les deux qui étaient assis derrière. Les autres s'extraient par la portière de droite. Nous bougeons avec une extrême prudence car dès que quelqu'un s'extrait du minibus, il commence à tanguer.

Finalement nous sommes juchés tous les six au sommet de l'arbre, les quatre qui sont sortis en dernier à la même hauteur que le minibus, Barbara et moi quelques branches plus bas. Autour de nous, des branches arrachées ou coincées par le minibus. Tout en bas, le ruban vert d'une petite rivière.

Un premier entreprend une désescalade, les autres suivent. Nous nous arrêtons sur les branches les plus basses, deux bons mètres au-dessus de la pente. Une des femmes commence à pleurer. Une autre, d'une voix paniquée, ce sont les premières paroles depuis l'accident, gémit qu'elle n'arrivera jamais à sauter en bas, ses jambes sont saisies d'un terrible tremblement. Barbara a le visage livide, sa main gauche saigne.

Je crie qu'il faut qu'on s'éloigne tout de suite de dessous le minibus. Il peut tomber sur nous. Ou prendre feu. Et je saute. Plus bas, je me cale, m'adosse au tronc et aide les autres à descendre. Même la femme dont les jambes tremblent encore y parvient également, avec l'aide de tous les autres.

Nous remontons la pente à quatre pattes, en nous agrippant aux racines et aux roches. Une fois en haut, sur le chemin, nous nous regardons déconcertés, nous nous embrassons. Celui qui était assis à côté de la conductrice saigne un peu d'une petite blessure au-dessus des sourcils. Presque tous ont des éraflures et des hématomes causés par la chute des bagages.

Nous prenons alors toute la mesure de notre désastre — et de notre chance. Car il n'y a aucun autre arbre sur la pente. Un seul. Le nôtre. Un érable d'une quinzaine de mètres de hauteur avec un tronc épais. Un solitaire, solidement enraciné dans la pierraille. Et dans sa cime, vingt mètres environ en-dessous du chemin, le côté gauche du véhicule écarté de l'arbre, la partie avant recouverte de feuillage et de branches, les deux roues arrière en l'air, notre minibus.

Perdus dans la montagne. Sans bagages. Sans rien à manger. Sans sac de couchage.

Je propose qu'on laisse refroidir le moteur avant de tenter d'aller récupérer le strict nécessaire. Un quart d'heure plus tard environ, deux d'entre nous grimpent jusqu'au minibus sans pourtant oser y pénétrer car il commence à tanguer à chaque modification du poids. Nous saisissons prudemment tout ce qu'il est possible d'atteindre par la porte coulissante.

Le soir on mange des raviolis en conserve. L'atmosphère est tendue, balançant entre désespoir et euphorie. Pour nous réchauffer, nous allumons un feu, contemplons les flammes en silence. La conductrice se reproche sans cesse son manque de vigilance. Elle se serait conduite avec une incroyable légèreté. Ce qui est totalement impardonnable.

À plusieurs reprises elle se met à pleurer. Nous la prenons alors dans les bras pour la consoler. L'essentiel, répétons-nous, c'est que nous soyons sains et saufs. Et que personne ne soit gravement blessé.

Mais imaginez tout ce qui aurait pu arriver !, objecte-t-elle. Si notre arbre n'avait pas été justement à cet endroit ! Le minibus aurait fait des dizaines de tonneaux avant de se fracasser au fond de la vallée. Personne n'en aurait réchappé.

Son pilote se fait également des reproches, pour avoir laissé le volant à son amie. Mais le soulagement finit par l'emporter d'avoir survécu à cet accident d'une manière si invraisemblable.

Nous songeons à faire venir un service de dépannage. Mais sur les premiers kilomètres du col nous n'avions vu que de rares maisons isolées. Il n'est guère pensable que nous trouvions en montant plus loin une station-service ou un atelier de réparation. Rien d'autre à faire qu'attendre que quelqu'un vienne. Et passer une deuxième nuit dans la montagne, sur une étroite prairie, quelques mètres au-dessus du chemin.

Il fait nettement plus froid que la nuit précédente. Un vent glacé souffle des montagnes. Barbara et moi relions nos sacs de couchage par les fermetures éclair et tentons de nous réchauffer l'un contre l'autre. Le matin on est tout engourdi.

L'un d'entre nous se tient en bas sur le chemin pour voir si quelqu'un arrive. Et vrai : vers la fin de l'après-midi, une pétarade, d'abord éloignée puis s'approchant du haut. Un homme assez âgé sur son vélomoteur. Nous nous précipitons sur le chemin et lui faisons signe. Il s'arrête et nous lui montrons le minibus dans l'arbre. Et tentons de lui expliquer que nous avons besoin d'un remorquage. Il opine, jette encore un coup d'œil vers le minibus avant de repartir, est pris d'un fou rire, hoche la tête et continue sa route.

Nous attendons. Prêtons l'oreille. Et guettons la dépanneuse. Mais la journée s'écoule. Rien ne se passe. Et plus personne n'arrive. Le soir, nous doutons que le motocycliste ait informé qui que ce soit. Troisième nuit en plein air. Hurlement d'une bête au loin. Peut-être un loup.

Vers midi du jour suivant, un bruit de moteur au loin. Puis une voiture apparaît au tournant. Une jeep, avec un treuil à l'arrière. Le jeune homme, un paysan du coin, à en juger par ses vêtements, se met à rire en voyant le minibus dans l'arbre. Et devient de plus en plus aimable en voyant les trois femmes.

Il fait une élégante marche arrière, stoppe juste avant le précipice. Déplie deux étais métalliques à côté des roues arrière et, tout en continuant à sourire aux femmes, déroule le câble d'acier du cylindre. Il descend prestement, nous l'aidons à monter sur l'arbre et il fixe le crochet sous le minibus. Puis il met en route le moteur du treuil. Le câble se tend mais le minibus ne bouge pas d'un millimètre. Craignant que le câble se rompe, je mets en garde les autres.

Tout le monde regarde le minibus mais soudain c'est la jeep qui se déplace. Par-dessus ses deux étais, elle fait un petit bond vers l'arrière. Et se retrouve suspendue avec ses roues arrière et les étais au-dessus du vide. Le jeune homme blêmit aussitôt.

Nous l'aidons à ôter le crochet du minibus. Puis il gare sa jeep un peu plus loin du précipice. Nous passons le câble autour du tronc d'un petit pin noueux au-dessus du chemin et le fixons à nouveau au minibus. Il remet en marche le treuil, cette fois prudent et concentré. Et voilà que le minibus bouge.

Il glisse en arrière de l'arbre, se retourne quand il touche le sol et retombe, son côté droit sur la pente. C'est dans cette position que le treuil le remonte. Et, à nouveau, crissement et chocs métalliques contre la roche. Mais on parvient à le faire remonter sur le chemin où il reste couché sur son flanc droit.

On s'y met tous à présent, y compris le conducteur de la jeep, et nous parvenons à remettre le minibus sur ses roues. Il tangue un peu, chaque fois dans le sourd gémissement de ses amortisseurs. Puis il finit par tenir sur ses quatre roues.

Étonnamment peu de dommages. Un des rétroviseurs extérieurs est arraché, un phare est brisé, une fissure d'environ vingt centimètres sur le pare-brise. La portière avant droit a du mal à s'ouvrir. Le côté droit et le toit sont très cabossés et l'ensemble de la carrosserie est plein d'éraflures. Entre les deux axes et sous le tuyau d'échappement, des branches restent attachées.

À la troisième tentative, le moteur démarre. Nous partageons la somme assez modeste que demande le jeune homme. Puis nous faisons du rangement à l'intérieur, entassons nos bagages — et poursuivons notre route.

L'accident s'est produit, comme nous le remarquons maintenant, presque à l'endroit le plus élevé du col. Au bout de quelques kilomètres, nous atteignîmes une route goudronnée menant à l'autoroute pour Skopje.

Quelques heures plus tard, sur un arrêt de Thessalonique, Barbara et moi avons pris congé des quatre autres. Ils voulaient faire réparer le minibus dans un atelier Volkswagen à Istanbul.

Pendant l'accident dans la montagne, un gamin d'environ douze ans nous avait observés de loin, difficile de savoir d'où il venait. Il portait sur la tête le bonnet de feutre blanc typique de la région, chaussait des bottes de caoutchouc et les deux trop grands pullovers enfilés l'un sur l'autre étaient pleins de trous.

On n'arrivait pas à se faire comprendre de lui. Il ne quittait pas des yeux le couteau suisse qui était toujours accroché dans son fourreau à ma ceinture et m'avait accompagné dans tous mes voyages. Je le lui ai montré. Il déplia prudemment toutes les parties en les observant attentivement. Puis il disparut à nouveau.

Lorsque nous eûmes chargé tous les bagages et que nous nous apprêtions à repartir, nous le vîmes juché à l'écart sur un rocher. J'ai hésité un peu puis je suis allé vers lui, ai ouvert ma ceinture, en ai sorti le couteau avec son étui, le lui ai tendu et lui ai dit, tout en sachant qu'il ne me comprenait pas : « Prends-en bien soin ! ». Il eut un sourire radieux, empocha le couteau, nous adressa un signe et disparut.

À l'automne, Barbara et moi revînmes de Grèce en Allemagne. Elle déposa une demande auprès des forces armées américaines à Ramstein, dans le Palatinat, pour être engagée comme enseignante. Mais ne fut pas acceptée. Fin novembre 1972, je la conduisis à Francfort d'où elle prit l'avion pour les États-Unis. C'était quelques jours après la victoire de Willy Brandt aux élections du Bundestag, un résultat que nous avions encore attendu.

Le 3 janvier 1973, j'ai entamé mon service civil dans une maison de retraite. Je lui ai écrit que je n'arrivais toujours pas à monter dans la voiture de quelqu'un d'autre. « Even I still can not get into a car to strange people » lus-je dans l'une de ses lettres qui, pendant des mois encore, arrivaient dans ma boîte aux lettres du service civil.

Traduit de l'allemand par Alain Lance
et Renate Lance-Otterbein

JEAN-LUC ESCOUBAS
Sitz im Leben

à Jean-Claude Pinson

dimanche à la périphérie de l'empire. Quand je découvris ce titre d'un ouvrage exposé dans la vitrine d'une librairie, j'eus aussitôt envie de le lire. C'était un dimanche. La librairie était fermée. Ma déception fut aussi grande que mon impatience. Je songeai à la bibliothèque municipale qui avait très certainement le livre. Je me dirigeai d'un pas rapide vers l'imposant édifice situé sur la place principale de la ville, juste en face du Palais de Justice. Deux bâtiments si semblables qu'il arrive à certains lecteurs distraits d'entrer par erreur dans le Palais de Justice.

Dans mon empressement, j'avais oublié que le dimanche est le jour de fermeture. Dépité, je retournai revoir le livre en vitrine. En marchant, je m'interrogeais sur ma soudaine envie de lecture. Je suis un lecteur régulier mais il est rare que je ressente une telle envie. Lire est plus pour moi une occupation qu'un besoin. Mes lectures sont éclectiques et souvent le résultat du hasard : découverte sur une table de librairie ou dans un rayonnage de bibliothèque, émission radiophonique ou critique dans la presse. Il est très rare que j'évoque mes lectures, considérant que cette occupation relève du domaine privé. Les évoquer est selon moi une forme de dévoilement. Je suis un homme pudique. J'ai toutefois du plaisir à écouter certains de mes amis, brillants discoureurs, quand ils font part de leurs dernières découvertes et je suis admiratif de leurs joutes oratoires. Mais en même temps, cela m'attriste, mesurant tout ce qui nous sépare, eux les lecteurs esthètes, moi le lecteur consommateur. Nous ne lisons pas les mêmes ouvrages. J'aime les romans d'aventure qui me permettent de m'identifier au héros, eux prennent plaisir à lire des ouvrages difficiles comme si un livre grand public était à leurs yeux la preuve irréfutable d'une moindre qualité littéraire. Mon identification au héros est d'abord physique. Je suis non seulement un homme pudique — un trait de caractère considéré par mes amis comme un handicap — mais également un homme chétif qui compense sa faiblesse corporelle en s'identifiant aux héros des romans d'aventure. Pour mes amis cultivés, un livre abscons est un trésor au même titre que la découverte d'une pièce insolite dans un champ de fouilles pour un archéologue. Je les admire mais je ne suis pas certain que j'aimerais leur ressembler. En les connaissant mieux à force de les fréquenter, il me semble que le but principal de leurs lectures est la possibilité de se distinguer. La singularité de l'écriture, la difficulté de compréhension sont pour eux des qualités majeures. La difficulté de compréhension leur offre en outre l'opportunité de brillantes exégèses aussi abstruses que le livre commenté. Au fil du temps, j'ai pris l'habitude quand je les écoute de les voir en suspension, légèrement au-dessus de moi, simple lecteur dont la qualité la plus appréciée par eux, et peut-être la seule, est ma capacité d'écoute.

Je me tenais les bras ballants face au livre. Parmi tous ceux exposés, il m'apparaissait unique. Il n'avait pourtant aucun signe distinctif. Ni bandeau rouge barrant la couverture pour annoncer l'obtention d'un prix inconnu ni critique laudatrice ni photo aguicheuse. C'est la plus grande librairie de la ville qui en compte peu. Le libraire est un vieux monsieur qui aura passé toute sa vie dans cette librairie héritée de ses parents mais qui, à son grand regret, ne lui survivra pas, son fils, contrairement à la tradition familiale, n'ayant que peu d'appétence pour le monde des livres qui lui apparaît étriqué et suranné. La vaste devanture du magasin dont l'encadrement en bois vernis contraste avec les parements en aluminium des autres boutiques alentour, permet de proposer au chaland un grand nombre de titres. Chaland, un terme qui déplairait à mes amis, le commerce du livre sonnant à leurs oreilles raffinées comme une expression oxymorique. L'offre suscite l'envie a l'habitude de répondre le vieux monsieur à ceux qui lui reprochent l'entassement de sa vitrine, ajoutant qu'un livre n'en chasse pas un autre mais au contraire en attire un autre. Bien entendu mes amis se récrient, estimant que chaque livre, plus précisément chaque livre digne d'être lu par eux, est unique et qu'à ce titre, il mérite une place de choix. Le mélanger à l'immense production de livres qu'ils assimilent à une chaîne de fabrication, est une faute de goût. Certains n'hésitent pas à parler d'une atteinte à l'esprit, au sens du *Witz* précisent-ils en fronçant les sourcils.

En ce dimanche de début d'été, encore frais à cette heure matinale, j'étais seul à regarder la devanture mais contrairement à mes habitudes, je ne parcourais pas des yeux l'ensemble des titres proposés, un choix le plus souvent judicieux et l'expression manifeste d'un goût personnel. Je restais comme hypnotisé devant ce livre dont je venais de découvrir le titre. Le nom de son auteur m'était inconnu. Trois noms communs et leurs mots de liaison retenaient seuls mon attention : *dimanche à la périphérie de l'empire.* Je remarquai l'absence de majuscule. Ce titre me fascinait et je maudissais le hasard du calendrier. Je n'aime pas le dimanche. Une journée où je ressens encore plus nettement, encore plus douloureusement l'inanité de ma vie. Le septième jour est habituellement pour moi un jour de marche. Je marche comme je lis : au hasard des rues, de leur perspective. Je marche de préférence dans les artères secondaires bien qu'aucune rue ou boulevard de la ville où je vis ne soit très fréquenté. Ma ville de naissance a plus un passé qu'un présent et nombre d'analystes considèrent son avenir avec pessimisme. Je déteste marcher à la campagne que je connais mal il est vrai, ayant passé l'essentiel de ma vie ici. Je ne marche jamais pendant la semaine sauf parfois très tôt le matin quand l'insomnie me pousse hors de chez moi.

Ce dimanche, ma promenade qui avait à peine commencé prit fin devant cette vitrine. Je me répétais plusieurs fois le titre : *dimanche à la périphérie de l'empire*. Dimanche, pas un dimanche comme si l'histoire racontée dans ce livre se répétait chaque dimanche comme je pourrais écrire « dimanche de marche » pour raconter dans un carnet les observations ou faits mineurs intervenus au cours de la promenade. Toutefois l'absence d'article défini ou indéfini laissait place au doute : un dimanche aurait signifié qu'un certain jour qui était, hasard ou pas, un dimanche, il s'était passé ou se passait quelque chose de différent, d'inhabituel. Le dimanche à la périphérie de l'empire au contraire laisserait entendre la répétitivité de l'événement évoqué. L'indication de jour sans article me fit penser à un début de lettre : dimanche, à la périphérie de l'empire comme on écrirait dimanche, à la campagne. La date est omise car le destinataire par la proximité de l'envoi saura de quel dimanche il s'agit. Pourtant, l'absence de virgule après dimanche contredisait la possibilité que le titre du livre fût le début d'une lettre. Le mot dimanche, sans majuscule, n'était pas le seul à m'intriguer. Si le dimanche est un jour que je vois approcher avec appréhension, le mot périphérie au contraire me plaît. C'est un terme qui m'est familier. C'est souvent à la périphérie de la ville que ma promenade dominicale me conduit. C'est aussi un mot fréquent de ma vie. Involontairement ou parfois à dessein, je me suis souvent retrouvé à la périphérie : à la marge de mon époque, à distance de mes congénères. Plus jeune, il m'est arrivé de le regretter mais avec l'âge, me tenir en retrait me convient. Même avec mes amis, je reste le plus souvent un peu à l'écart au point qu'il est arrivé qu'on oublie ma présence. *Et alors de moi qui passe personne n'aura remarqué l'absence.* J'aime me répéter cette phrase qu'un jour l'un d'eux cita. Il me semble légitime de la murmurer. Murmurer plutôt que déclamer comme le fit cet ami.

Le titre ne m'était d'aucune aide pour deviner le sujet du livre, pas même le genre. Était-ce une fiction ou bien un livre d'histoire ? De quel empire s'agissait-il ? Le pays où je vis — qu'on a l'habitude d'appeler mon pays quand il s'agit du pays de naissance, mais j'ai toujours eu une certaine réticence à utiliser le possessif, n'étant attaché ni à la ville ni au pays où je suis né et où je vis — est considéré comme une république. Certes une république autoritaire où le résultat d'une élection est connu par avance, même si le rituel avec sa campagne électorale et ses bureaux de vote, sans oublier les isoloirs, est respecté. Le dépouillement est effectué avec rigueur et sous le contrôle de représentants du gouvernement. L'électeur, comme dans toute démocratie, a le choix entre plusieurs listes. Toutefois la même liste présente d'élection en élection depuis la fondation, encore récente, de la république a jusqu'à présent toujours été proclamée victorieuse. Bien entendu, la constitution a prévu d'éventuels recours devant les tribunaux mais l'écart est chaque fois si important qu'il décourage toute contestation. On ne peut donc pas qualifier ce pays d'empire. Il le fut autrefois. Un empire puissant tant à l'extérieur qu'à l'intérieur. Il l'est resté à l'intérieur mais il n'en est pas de même sur le plan extérieur. Ses frontières dans une sorte d'implosion se sont contractées au point de dangereusement se rapprocher, lui faisant perdre l'essentiel des territoires qu'autrefois il contrôlait. Il reste le contrôle de la population qui, lui, n'a pas faibli. C'est à cette époque que le pays devint une république. Ces bouleversements toutefois n'affectèrent pas la classe dirigeante qui, à quelques exceptions près, est demeurée la même, démontrant en cette occasion sa grande faculté d'adaptation.

La singularité du titre n'était pas seulement temporelle ; elle était aussi spatiale. Que pouvait signifier *à la périphérie de l'empire* ? On a coutume d'utiliser le mot confins pour évoquer les limites d'un empire. Ainsi apprend-on dans les manuels d'histoire qu'Ovide fut relégué par Auguste dans le Pont-Euxin, alors aux confins de l'empire romain. À ma connaissance, nul n'a écrit qu'Ovide a fini ses jours à la périphérie de l'empire romain. Le mot confins évoque l'extrême lointain, ce qui renforce ipso facto le prestige d'un empire par la vastitude que le terme sous-entend. La périphérie au contraire est un mot qui suggère l'encerclement. La périphérie d'une ville est ce qui l'entoure et bien souvent l'enserre, donnant parfois l'impression qu'il n'y a pas d'issue, pas d'échappatoire. Quel était ce lieu dominical situé quelque part en limite ? Qui s'y tenait ? Et pour quelles raisons ce titre, imprécis, m'attirait, moi qui aime la précision ? Que peut-il se passer dans un tel endroit qui justifie la rédaction d'un livre ? Je demeurais immobile face au livre. À l'est, au bout de la rue rectiligne et nue depuis que la municipalité, pour des raisons de propreté, avait fait abattre les arbres centenaires qui la bordaient, le ciel rosissait. Aucune présence humaine n'était visible. J'eus soudain la sensation d'être loin. C'est moi qui me tenais à la marge, à la périphérie mais de quoi ? C'était dimanche et j'eus l'impression diffuse de me tenir devant un empire. Mais quel empire ? Comment peut-on croire être face à un empire en regardant la vitrine d'une librairie ? Tout cela n'a pas de sens.

Agacé, je secouais la tête. Il fallait que j'échappe à la fascination maléfique que cette phrase exerçait sur moi. Je me mis à lire les titres des autres livres exposés. Pour la plupart des titres banals et pour quelques-uns des titres qui annonçaient la complexité du livre. Des ouvrages qui intéresseront mes amis pensais-je en souriant, mais sans doute avaient-ils déjà lu certains d'entre eux. Soudain, je sursautai. J'avais la réponse à la question. Je savais devant quel empire je me tenais. L'empire, c'étaient eux ! Eux, c'est-à-dire tous ces livres qui me faisaient face en rangs serrés. Entre eux et moi, un verre épais qui m'empêchait de les rejoindre. Une frontière impossible à franchir nous séparait. Je comprenais que c'était moi qui étais relégué, moi qui étais banni. Intrigué par le livre au titre mystérieux, je n'avais pas prêté attention à un autre livre, plus petit, posé en équilibre sur la tranche. Son titre, allemand, fut une seconde secousse, une seconde injonction : *Sitz im Leben* que je comprenais comme « tiens-toi dans la vie », sous-entendu « dans ta vie ». Tiens-toi dans ta vie, n'essaie pas d'aller là où ce n'est pas pour toi et donc demeure à la périphérie. Là est ta place, là est ton utilité. Tu peux de là admirer ceux qui se tiennent de l'autre côté. Ceux qui confèrent prestige et importance à cet empire de l'écrit et du signe. Ceux qui prospèrent en lui grâce à toi. Tu peux aussi les acclamer. Il y a tant d'impératrices et d'empereurs à honorer dans cet empire. Mais malheur à toi si tu penses pouvoir le rejoindre. Malheur à toi si tu tentes de franchir la frontière. Y penser est déjà une faute.

Demain lundi, je ne viendrai pas à la librairie. Je n'irai pas non plus à la bibliothèque. Ce livre demeurera un titre et l'empire un monde inconnu. Je resterai à sa périphérie quel que soit le jour. Une de mes connaissances plutôt qu'ami, quand il entre dans une bibliothèque aime se répéter, suffisamment fort pour qu'on l'entende, un vers d'un poète anglais, bien entendu dans la langue originelle. *Receive me, hide me, quench me, take me home.* Je suis l'exact contraire. Je ne cherche pas à être reçu, je n'ai pas besoin de me cacher puisqu'on ne me remarque pas, je n'ai pas soif de reconnaissance et la culture n'est pas ma demeure.

Sauve-toi. Ne pénètre pas dans l'empire. Demeure dans l'ombre. Ta vie est ailleurs me susurre une voix.

Jean-Luc Escoubas est pilote de ligne. Il est notamment l'auteur de Survol — Essai sur le voyage *(L'Harmattan, 2016).*

DIRES & DÉBATS

UNE RENCONTRE AVEC FRANÇOIS JULLIEN

Patricia DESROCHES. — *François Jullien, vous êtes philosophe, helléniste, sinologue, et vos travaux portent sur la façon dont la pensée / langue chinoise et européenne se « dévisagent ». L'examen de ce « vis-à-vis » traverse toute votre œuvre, mais pouvez-vous nous dire quel cheminement vous a conduit à votre dernier ouvrage,* Ce point obscur d'où tout a basculé [1] *? Comment avez-vous prolongé et fécondé (autrement) ce qui vous avait jusqu'ici soutenu ?*

François JULLIEN. — Pourquoi j'en suis venu là ? Au fond, mon chantier s'est ouvert dans un écart de la langue / pensée chinoise par rapport à la langue / pensée européenne. Étant helléniste, j'ai eu le sentiment que nous étions les héritiers des Grecs sans avoir vraiment sondé cet héritage, que nous n'en étions pas sortis, et je me suis demandé comment s'en extraire. Dans ce *Point obscur d'où tout a basculé*, on voit bien comment je circule entre les deux pensées, chinoise et européenne. J'essaie de montrer comment les langues européennes — dont la langue grecque — se sont articulées dans les termes de l'Être, non seulement parce qu'il y a le verbe « être » au sens d'existence — je suis ou je ne suis pas — mais aussi parce qu'« être » est un prédicat. Il s'agit de catégories métaphysiques, Être et Néant, mais aussi de tout ce qui est articulé dans la langue de l'Être, à savoir la pensée du commencement, l'idée de la fin (*télos*) et, tout autant, l'idée de causalité : en fait, ce qui a été marquant

1. Éditions de l'Observatoire, 2021.

pour la pensée européenne et qu'elle n'a pas soupçonné, tout à l'évidence de ses propres concepts. C'est une question qui a été évoquée en France par Derrida et par Levinas, notamment, qui s'interrogent sur la possibilité de s'émanciper de la langue de l'Être. Ma stratégie a été de voir si une autre langue que la langue européenne, une langue qui ne dit pas l'Être en tant qu'Être ni sa prédication, peut introduire un écart, déloger une telle évidence, en la réinterrogeant de dehors. Dans cet ouvrage, je suis très proche de mes débuts, je mets en soupçon la langue dans laquelle je pense, puisque l'on pense « en langue(s) », et qu'on peut entendre ce « en langue(s) » en tant que *ressource* de la langue. Je tente donc de rendre compte de ce point de basculement, de ce qui nous échappe en termes de causalité, d'explication, point de basculement d'ailleurs « imagé » : quelque chose s'inverse, dont on peut difficilement penser l'origine. À preuve, les romanciers qui, souvent, ne parviennent pas à pointer ce moment où tout a basculé, bref, à en faire un point explicatif de leur récit. Cette question-là, unanime — et qui souligne le caractère énigmatique de la philosophie — ce point obscur, est un point-limite, par exemple, entre maladie et « normalité », entre attachement et détachement, dans cette situation où cela penche soit d'un côté soit de l'autre. Les concepts de commencement, de fin, sont-ils dès lors suffisants ? Le sentiment que j'avais était qu'il y avait un intérêt à transiter par une autre langue, la chinoise, qui pense plutôt en termes de nervures, de filets, *i. e.* de cohérences qui se déploient selon des processus, et qui traquent l'existence : ressource qui se rapporte d'ailleurs à une expression chinoise, qui signifie « panier de jade », clivé de jade. Notre vie est faite tout autant de clivages et d'implications, de propensions, de nervures vitales — qui ne cessent de cheminer entre amorcer et avorter — que de conduites « explicables » et soumises à la causalité.

— Il me semble que vous avez dit, dans certains de vos travaux, qu'il ne fallait pas assimiler structure de la pensée et structure de la langue.

— En effet, la langue ne détermine pas la pensée, mais la langue est la *ressource* de la pensée, elle *exploite* les ressources de la pensée. La langue est structurante, c'est vrai, dans la mesure où elle possède une morphologie, des déclinaisons, des conjugaisons, des relatifs, etc. Or la langue chinoise n'a quasiment pas de syntaxe, ce sont donc d'autres effets qui l'organisent, et son paysage linguistique est hétérotopique. Au fond, pour moi, c'est cette étrangeté qui est importante, elle permet de passer d'une langue structurante par construction (comme on construit des cas) — la langue européenne — pour aller dans une langue qui n'a pas cet outillage-là. Il y a donc une ressource à mettre en regard les deux, puisque dès qu'on pense européen, on met en jeu de l'actif et du passif, des déclinaisons, des temps, alors que la langue chinoise ne conjugue pas : la pensée du commencement ne s'écrit donc pas. Je trouve que ce bain d'étrangeté fait réagir la pensée européenne, l'ouvre à d'autres possibles. C'est une langue qui ne met pas en situation d'avoir à choisir, puisqu'elle n'introduit pas de temps, pas de cas de déclinaison. Parler du réel, c'est donc prendre des couples, et les faire travailler.

— *La langue chinoise n'est pas organisée syntaxiquement, mais comment l'écriture, en particulier, peut-elle alors exprimer les « veinures », le clivage (au sens de ramifications) de la pensée et de la langue ?*

— La langue chinoise ne construisant pas, sa formulation est essentiellement corrélative, *i. e.* elle met en corrélation des opposés complémentaires. Elle « apparaît », elle met en (co)relation : pour un paysage, je dis « montagne-eau », pour dire chose, je dis « est-ouest ». Comme le lien au tracé est fondamental et que les écritures idéographiques sont multiples, la Chine fait s'effondrer le logocentrisme européen.

— *Et actuellement ? Comment les Chinois parlent-ils et écrivent-ils ?*

— Il y a une histoire de cette langue, évidemment, puisque jusqu'au début du XXe siècle, la langue écrite prédominait. Cette écriture se manifestait dans la littérature à travers le conte, le roman, le théâtre, et dans tous les modes populaires d'expression. Mais à la Révolution chinoise, décision fut prise d'abandonner la langue classique (même si les lettrés l'utilisent encore) pour adopter une langue vernaculaire ; langue vernaculaire qui ne conjugue toujours pas, ne décline toujours pas, mais qui a davantage de syntaxe, sur le modèle de l'Occident. De nos jours, quand l'on parle bien chinois, on ne rompt pas avec la logique corrélative, mais l'on ajoute, disons, des indications grammaticales, empruntées aux langues européennes. Mais l'écart par rapport à ces langues, dans tous les cas, se maintient.

— *Un peu difficile à penser, pour un Européen, mais nous-mêmes, avons-nous emprunté à leur pensée et à leur langue ?*

— Pour ce qui est des langues, très peu, puisque si les Européens — lors de la conquête de la Chine au XIXe siècle — ont pratiqué la traduction d'une langue à l'autre (de la chinoise vers les langues européennes et inversement), ce sont les Chinois qui ont dû apprendre les éléments de pensée de l'Europe, d'un point de vue scientifique, politique, révolutionniste, etc. : le rapport entre les cultures se réalise dans un rapport de forces. Le constat, c'est que le basculement, l'inversion de cette situation, sont apparus très tôt. Les Chinois ont senti rapidement la domination européenne, et se sont emparés de la culture européenne pour mieux en triompher.

— J'aimerais à présent que vous vous prononciez sur la « vraie vie », sur le syntagme « nourrir sa vie », proposition qui, selon vous, n'a rien de vitaliste. De quoi la vraie vie se nourrit-elle ? Est-elle pure immanence ? La « seconde vie », enfin, est-ce la vraie vie ?

— La question du « vivre », je l'ai tirée d'abord du plan chinois : *nourrir sa vie*, c'est une expression chinoise qui m'a intéressé parce que nourrir sa vie ne signifie pas restrictivement nourrir son corps, mais ne signifie pas non plus nourrir son âme. Chez les Grecs, « nourrir » est un verbe pris au sens propre comme au sens figuré : nourrir son corps avec des aliments, nourrir son âme par la philosophie (la vérité) ou par la musique, représentations accompagnées d'images insistantes, comme la « Manne ». Or ce dualisme — présent dans la métaphysique platonicienne et, plus tard, chez les Pères de l'Église *via* l'idée de « nourriture spirituelle » — met en rapport, dans la pensée chinoise, le vital et le vivant. L'idée, au fond, est qu'il faut préserver, « entretenir » son vital comme on entretient un champ, un capital d'énergie, de souffle, de respiration, pour pouvoir vivre plus longtemps ; ce qui revient à abolir ce désir européen d'immortalité, d'éternité, pour penser la *longévité*. Il y a donc une singularité forte de la pensée chinoise, puisqu'en Occident, on pense en général la mort à travers le souhait d'immortalité, voire d'éternité. Or en Chine, l'on parle de *chang sheng* (« long vivre »), de longue vie, longévité qui peut être acquise par une forme de « dé-préoccupation », non pas au sens moral habituel, mais de façon à maintenir son vivre à son meilleur régime : ce qui situe ce processus entre le vital et le moral, entre le vital et l'idéal. La pensée et la langue chinoise, ainsi, nous font re-penser nos dualismes, puisque « nourrir sa vie » relève de l'entre-deux : c'est un vital qui se déploie par la « capacité morale » à préserver son unité. La pensée chinoise, qu'il faut se garder d'appréhender sur un mode mystique ou comme incarnant une attitude « zen », fournit une transition entre le souci du vital et l'idéalité. Au fond, la logorrhée actuelle sur le « développement personnel » — ce marché du bonheur qui encombre les esprits — vient sans doute combler un manque. La Chine nous indique que j'ai un capital de vie, que je suis une actualisation d'énergie (*xing*). Au point extrême, je n'ai pas un corps, je n'ai pas non plus une âme, mais je suis une « individuation », et la naissance est la concentration de ce souffle et de cette respiration, tandis que la mort est sa dissolution (« désindividuation »), mais non sa disparition ; actualisation d'énergie, donc, avec un facteur plus lourd, plus opaque, qui se « corporéfie » et, par corrélation, un facteur plus souple, plus léger, qui va s'animer. Nous sommes dans une tension « concentrante », « réifiante », qui forme le corps et son visible, et une tension inverse, allégée, décantée, dégagée.

— *Mais là, vous avez des présupposés, malgré tout ...*

— Je parle de la Chine, qui défait les dualismes, ici celui du corps et de l' « âme ».

— *Mais jusqu'à quel point la dualité est-elle défaite, y compris dans l'entre-deux ? La pensée chinoise résorbe-t-elle le dualisme dans l'unité ?*

— Voyez-vous, en Chine, on ne dit pas que l'on a cinq sens (*guan*, c'est-à-dire « fonction ») mais six — ce qui veut dire quelque chose — et que *l'esprit* en est un, plus précieux que les autres, certes, mais qui en fait partie. Il n'existe pas de terme propre pour dire le corps ou l'esprit, il existe des binômes, et la langue chinoise parle de tensions réifiantes ou animantes. La vie ne cesse de se transformer au gré de ces opposés complémentaires, composés de facteurs actifs, le *ying* tendant à la concentration, et le *yang* tendant à la décantation. Nous sommes ici à la transition du vital et de l'idéal.

— *Précisément, quel est le retentissement de cette bipolarité sur la sphère morale ?*

— L'entretien du vital, de sa santé, est proprement moral, d'autant plus que je ne suis pas tout seul, et que l'obligation morale vise la société tout entière. Excepté dans le bouddhisme — qui a maintenu une forme d'ascétisme —, être moral, c'est cultiver son potentiel vital, comme on le fait d'un champ. Mais l'abandon du « vivre », en fait, est à rapporter à la société grecque qui, dès l'origine, a fait le choix de le laisser en friche, au profit de la connaissance. Lorsque l'on demande à Socrate, dans le *Théétète*, ce qu'il en est de la *sophia*, il répond : *épistémè*, c'est-à-dire que la sagesse, c'est le savoir. Les Grecs, il est vrai, ne sont pas indifférents aux exercices du corps ou de l'esprit, mais tant de textes grecs, par ailleurs, n'affirment-ils pas : « mieux vaut mourir » ? La pensée « athlétique » des Grecs — selon l'expression de Nietzsche — a le sens privilégié par Pierre Hadot, à savoir celui d'« exercice », mais traduit tout autant une hostilité à la vie. S'il existe un « souci de soi », dans la pensée grecque, la littérature grecque (Empédocle, Hérodote, etc.) n'en revendique pas moins l'idée selon laquelle l'homme aurait dû ne pas naître. Les Grecs se préoccupent de la mort et de l'immortalité, là où la pensée chinoise ne manifeste qu'indifférence.

— *La morale chinoise, pour y revenir, est donc faite d'interaction(s), de flux, de tensions ?*

— La morale chinoise est faite de flux qui résonnent entre eux, ce qui advient de mauvais à l'autre inter-agit avec moi. Il s'agit d'interactivité et non d'intersubjectivité, concept surtout significatif pour la pensée européenne, qui se représente le sujet sur le mode de l'autonomie, de la liberté. Kant dénonce par exemple l'« illogisme » de la pitié, qui est pourtant la racine de la morale, son « foncier ». J'ai d'ailleurs choisi de faire dialoguer Rousseau et Mencius [2] — penseur confucéen du IVe siècle avant notre ère — parce qu'ils comprennent la morale comme la réaction universelle à l'insupportable. La « preuve de la moralité » n'est autre que la pitié éprouvée pour l'autre. Selon Mencius, tout homme qui ne réagit pas en voyant tomber un enfant dans un puits n'est pas un homme. Tout ce qu'il y a d'humain dans l'homme est foncièrement sensible, ouvert à cette transmission de « pathos ». Rousseau fera de l'imagination la faculté rendant possible ce transport vers l'autre : élément pathétique immédiat, mais élément médiateur cependant.

— *Mais lorsque l'on sait ce que l'homme fait à l'homme, ne peut-on concevoir quelques doutes sur la propension de l'homme à ressentir spontanément de la pitié ?*

---

2. François Jullien, *Fonder la morale. Dialogue de Mencius avec un philosophe des Lumières*, Grasset, 1996.

— Parce que nous pensons les rapports inter-individuels en termes de « sujets séparés », alors que l'universalité de la réaction de pitié atteste en l'homme de son humanité. Je précise qu'il s'agit bien d'interactivité, et non d'intersubjectivité, concept forgé par la pensée européenne. Le « mystère » de la pitié permet de s'extraire du monadisme, du solipsisme, de « toucher » l'autre, d'être touché par lui. Il est vrai que cette capacité de l'homme à être ému immédiatement par l'autre est entravée par la société, qui brise la propension de l'homme à éprouver de la pitié. Mais peut-on ne pas être humain ? Être « inhumain », c'est encore être humain, soit, mais est-il pour autant possible de remettre en question l'humain, qui résonne, envers et contre tout, avec la souffrance d'autrui ? Il est tout simplement difficile d'affirmer le contraire, à savoir que la réaction spontanée face à l'insupportable n'est pas universelle. La tradition chinoise cultive, il est vrai, une morale « opératoire », qui épouse le cours des choses, mais cette « régulation » ne contredit pas l'injonction rousseauiste « Hommes, soyez humains ». S'exclure de l'humanité est toujours possible, mais ce recouvrement est à attribuer aux intérêts sociaux et politiques, à l'utilitarisme.

— *Parleriez-vous, dans la tradition chinoise, d'une pensée de l'existence ?*

— Non, mais d'une pensée du vivre, de la nécessité de nourrir le vivre : pensons à tout l'intérêt que les Chinois ont pour la nourriture, pour la pharmacopée, qui se « déclinent » en une gamme plus ou moins substantielle, plus ou moins « quintessenciée » (« de vent et de rosée ») mais toujours en termes de nourrir, reliés entre eux par une interaction.

— *Cette interaction est le lieu d'un processus d'individuation, à partir d'un fond matriciel indifférencié. Comment décririez-vous l'« action » de ce fond sans fond et l'individuation elle-même ?*

— Le fond indifférencié est travaillé lui-même par cette *tension*, si je m'en tiens à ce texte canonique du *Classique du changement* (*Yi king*). La voie (*tao*) est elle-même le vide indifférencié : déjà-là, sans commencement ni fin. Le *un* premier, néanmoins, c'est déjà le *deux* de la corrélation. Ce n'est pas un vide de néant, du non-être, mais un vide de « désindividuation », de « dés-opacification », un vide traversé par une tension bipolaire. Aucun être transcendant ne le met en mouvement, aucune modalité explicative ne peut en rendre compte, et le langage de l'Être est ici inopérant. La tension en question existe donc potentiellement, ce vide est un vide de « désactualisation », mais c'est un vide « actif », un fond prégnant, un lieu de passage : il faut *évider* pour communiquer, et le *tao* fait communiquer dans l'unité.

Pour vous préciser à présent ce que j'entends par *seconde vie*, je dirais qu'il s'agit de voir quels possibles, au cours d'une vie, peuvent se dégager. Le fil chinois est saisissable, et l'on peut tirer l'idée de « seconde vie » non sur le mode de la rupture, mais sur le mode du « dégagement ». La seconde vie, c'est se dégager du passé d'abord inconsciemment puis, progressivement, de façon consciente. « Seconde vie » veut dire *ce qui suit*, à l'aune de ce qui a précédé, mais aussi ce qui s'en sépare, pour être « relancé ». Par exemple, l'Europe a eu une première vie, et une seconde vie s'y préfigure, y compris dans la distance prise envers la situation initiale. Il s'agit de faire un sort au vécu antérieur, mais, tout autant, de le « capitaliser », pour pouvoir ouvrir des possibles. La pensée européenne, en revanche, cultive une mythologie de la rupture, de la coupure, mais le nouveau ne surgit pas de façon aussi irruptive, comme s'il venait d'un *deus ex machina.* C'est du dedans même que s'effectuent les *transformations silencieuses*, que se réorientent les possibles, sans qu'intervienne le moindre déterminisme, que j'assimile, pour ma part, à une « causalité morte ». Si je passe du grec au chinois, c'est notoirement pour déclore, si j'essaie de penser la « décoïncidence », c'est pour ouvrir des possibles. La « reprise » — la seconde vie — c'est une secondarité, fruit d'un décalage, afin de « penser plus loin », non une répétition stérile. Quelque chose d'éthique se joue ici (à distinguer du religieux), et cette problématique m'intéresse de plus en plus. Dans l'Antiquité grecque, la philosophie construisait la vérité et la religion prenait en charge la vie. Mais cet attelage entre philosophie (avec ses retombées dans la morale) et religion (pensée du vivre) ne fait pas de place, finalement, à la dimension proprement éthique. Les penseurs de l'éthique, tels Levinas et Ricœur, par exemple, la pensent encore dans le prolongement du religieux. Que la philosophie soit et ait été en rapport au religieux, c'est certain, et c'est l'objet de mon prochain ouvrage sur Moïse et la pensée chinoise. La mort de Dieu, annoncée par Nietzsche, n'est pas consommée, parce que renverser Dieu, c'est encore le reconnaître. Mais la société, elle, connaît un retrait du religieux, et Marcel Gauchet, dans *Le Désenchantement du monde*, le montre bien.

— Pour changer de registre et aborder le domaine de l'esthétique — inséparable de l'ensemble de votre pensée, faut-il le préciser ? —, pouvez-

vous nous dire pourquoi la peinture chinoise est sans objet, pourquoi peindre n'est pas dépeindre, mais dé-peindre ?

— En Chine, est apparue très tôt la nécessité d'abandonner la ressemblance, et Su Dongpo, peintre et poète du XIe siècle dira : « Discuter de peinture d'un point de vue de ressemblance formelle, c'est de l'enfantillage ». La peinture chinoise « archaïque » imite, mais la peinture des lettrés — grâce à son usage de l'encre, du tracé — a pour vocation de « peindre » le souffle, la respiration, ce qui anime en général. Le peintre ne peint plus la forme des choses mais *ce par quoi* il y a transformation. Quel que soit le domaine invoqué, d'ailleurs — stratégique, esthétique ou éthique — la Chine ne privilégie pas la forme-modèle (pas d'*eidos*, lié à la vision). En esthétique, en particulier, elle ne pense pas la beauté en soi, à la façon platonicienne, et ne peut donc qu'être indifférente à l'imitation, qui présuppose l'Être. Pour la pensée et la peinture chinoise, il est question de flux en gestation — par corrélation —, et le peintre tente de capter ces configurations : le rocher, en peinture, est un « noyau d'énergie », pas un élément imitatif de la nature.

— *La peinture chinoise est pourtant très épurée, éthérée, « fade », et ne semble pas être traversée de tensions aussi visibles. Le rapport entre matérialisation et spiritualisation est-il aussi immédiat qu'il le paraît ?*

— En fait, il n'y a pas forme, et donc, il n'y a pas matière, mais matérialisation, actualisation, opacification, toutes opérations traversées par l'« animation » (qui produit ce que vous appelez des effets « éthérés »). Le peintre cherche à saisir la *transformation* des choses — non les formes modélisables — ou encore la partie animante, traversant le visible ou le sensible. La peinture occidentale re-présente, alors que la peinture chinoise ne porte pas d'intérêt — comme durant l'âge classique, par exemple — aux traits, mais à l'« en-cours ». Cela met en question l'« objet » de la peinture, puisque l'on peint des processus : la vérité n'est plus par ressemblance, mais par animation. La vérité est ce qui capte la vitalité, ce qui rend vital et anime les formes. En ce sens, on peut dire que la peinture européenne entretient une affinité avec la peinture chinoise dès qu'elle renonce ostensiblement à la ressemblance, comme Kandinsky, par exemple. Lorsque Braque dit « peindre n'est pas dépeindre » (mais dé-peindre), comme dé-crire n'est pas décrire, cela veut dire que l'Europe, à un moment de son histoire, a effacé le statut objectif de l'œuvre, et c'est le cas de l'art abstrait. Si quelque chose consonne entre la peinture chinoise et la peinture abstraite européenne — qui a brisé, rappelons-le, les canons de la peinture classique —, l'analogie, néanmoins, s'arrête là : la Chine n'a jamais développé l'abstraction. Ce que nous apprend la peinture chinoise, c'est à retirer ce qu'il y a de « dépeindre » dans peindre : je tiens à ces verbes-là, qui signifient « décanter » toute action, tout art, de l'opacité qui les menace, décantation qui traverse le sensible et le fait déborder.

— *Les peintres chinois travaillent-ils quasiment de la même façon depuis des millénaires ?*

— Depuis que la peinture chinoise n'est plus une peinture d'artisans, mais de lettrés (au Ve siècle après notre ère), elle peint le souffle, la sonorité, la vie, le mouvement (*qi*, *yun*, *shen*, *dong*), autrement dit la vibration. Le savoir-faire consiste à capter la tension intime, la « sonorité » de ce souffle-énergie, qui se déploie en vitalité. Il existe ainsi une très grande continuité dans la façon de peindre, malgré l'originalité et la singularité qui spécifient chaque peintre.

— *La notion de style peut-elle être maintenue ?*

— Les productions chinoises sont très variées, mais l'on y décèle aussi une unité picturale, puisque toutes les œuvres se réalisent avec de l'encre, de la couleur à l'eau, matériaux qui évoluent du plus opaque au plus translucide. Là encore, le pinceau est en interaction, il transmet le flux des choses, et selon les mots de Fang Xun, le pinceau « écrit le vivant ».

— *Que diriez-vous, François Jullien, pour conclure ?*

— Je dirais que l'intérêt, c'est de se dépayser. Je ne dis pas que la Chine est autre, mais qu'elle est *ailleurs*, hétérotopique, pour employer le langage de Foucault. Ce dépaysement de la pensée est une mise à l'épreuve : perdre ses catégories et ce qui organise sa pensée, c'est un processus toujours « en acte », jamais épuisé. Dès que je traduis un texte chinois, la contrainte linguistique m'incite à éviter le piège de la conjugaison, à mettre les verbes à l'infinitif, bref, à ne pas céder à la tentation du narratif et du descriptif, dimensions inconnues de la langue et de la pensée chinoise. Défaire ces catégories est donc essentiel, et je n'ai pas voulu me priver de ces possibilités. Défaire l'ontologie est une démarche philosophique déjà revendiquée par Derrida et par Levinas, mais dont le débat a pris forme à l'intérieur de traditions européennes, bercées entre Athènes et Jérusalem, entre Socrate et Abraham, entre le *logos* et la révélation. Or la Chine nous fait entendre un autre son, et c'est ce qui m'intéresse.

François JULLIEN,

Patricia DESROCHES

CHRONIQUES

DES EXTRÉMISTES DISCRETS

Phantomas 1953-1980

à Philippe Dewolf

À l'écart (mais non dans l'ignorance) des grands courants de la vie littéraire française, plusieurs cercles simultanés ou successifs se sont constitués en Belgique au cours du XXe siècle, ouvrant à tour de rôle des portes insoupçonnées et produisant un certain nombre d'œuvres qui, en tout état de cause, n'auraient jamais pu voir le jour dans l'Hexagone. Que cela soit dû à l'excentricité du pays, davantage tourné vers le nord de l'Europe, au refus de suivre les mots d'ordre des cénacles parisiens ou au simple désir d'imaginer une page, un poème, un livre — fussent-ils les plus sidérants — sans se soucier d'une éventuelle audience (et moins encore des ombres de la renommée), le fait demeure, aussi mystérieux aujourd'hui qu'hier : ces confréries d'extrémistes et de conspirateurs discrets ont fini par écrire une histoire parallèle, fascinante à plus d'un titre, bien qu'elle soit restée quasiment invisible dans leur propre pays. Et qu'à de rares exceptions près ses échos n'aient évidemment pas atteint la France.

Nés de la rencontre de quelques individus partageant le même refus de la bienséance et des académismes de leur époque, ces petits groupements n'auront cessé d'inventer des revues et des manifestations éphémères, pour ne pas dire clandestines, visiblement plus pressés de s'effacer que de s'inscrire dans le temps — quitte à se recomposer quelques années plus tard autrement. Ainsi le cercle initial de *Correspondance*, imaginé par Paul Nougé au milieu des années vingt et presque aussitôt révoqué, prendra-t-il tout son sens au bout de plusieurs décennies grâce aux efforts de Marcel Mariën, autour des *Lèvres nues* (Magritte, Scutenaire, Dotremont étaient apparus entre-temps). De la même façon, la rencontre de Paul Colinet et des frères Piqueray juste avant la prétendue dernière guerre donnera-t-elle naissance dix ans plus tard à l'hebdomadaire manuscrit *Vendredi* (diffusé à un seul exemplaire...), qui préfigure lui-même la naissance de *Phantomas*. Plusieurs groupes voisins se constituent d'ailleurs au cours de ces années cinquante et forment une constellation dont les orbes distincts se recoupent souvent : outre *Les Lèvres nues* et *Phantomas* à Bruxelles, il y aura ainsi le *Daily Bul* à La Louvière (autour d'André Balthazar et Pol Bury), les *Temps mêlés* à Verviers sous la houlette d'André Blavier (la seule de ces revues qui ait de vagues liens avec la France, à travers Raymond Queneau et le Collège de Pataphysique). Il faudrait également évoquer *Distances* en 1928, *L'Invention collective* en 1940, *Le Ciel bleu* en 1945... Sans parler du *Surréalisme révolutionnaire* et de Cobra, de 1948 à 1951 — ni du rôle souvent méconnu d'Henri Parisot, le seul à avoir accueilli ces dissidents belges dans la France de l'après-guerre, aux éditions Fontaine et dans sa revue *Les Quatre Vents*.

Je résume à gros traits cette histoire collective pour indiquer en préambule que par-delà sa singularité et ses caractéristiques propres, l'aventure de *Phantomas* s'inscrit dans un réseau plus vaste qui ne saurait se réduire à un improbable *surréalisme belge* — terme que tous ses protagonistes ou presque ont réfuté (à commencer par Nougé lui-même : « Exégètes, pour y voir clair, rayez le mot surréalisme ») et à l'égard duquel *Phantomas* n'aura cessé de proclamer son indépendance — même si tous ont en commun le rejet de la littérature « officielle » et de la poésie de bon ton que la grande révolution moderne du début du XXe siècle s'était donné pour tâche d'abolir, avant de se lancer dans de plus amples explorations. À bien des égards, *Phantomas* va prolonger ce salubre effort de réinvention et lui apporter une contribution essentielle, excédant le seul registre belge et ouvrant à la poésie de langue française des espaces que rien ne permettait jusqu'alors d'imaginer, prenant parfois de vitesse les injonctions ou les trouvailles des salons parisiens. Ces pages, donc, non seulement pour combler une lacune mais pour remettre une fois encore *au centre* le travail essentiel qui se fait le plus souvent *dans les marges* de la littérature, telle qu'on l'entend d'ordinaire.

Ce n'est pas un hasard si *Phantomas* voit le jour à l'automne 1953 sous les auspices de la revue qu'André Blavier avait lancée l'année précédente : cette première livraison constitue de fait le n° 6 de *Temps mêlés*, soulignant dès l'origine malgré leur dialogue parfois animé la complicité réelle des diverses factions de cette « Belgique sauvage » que la revue va contribuer à promouvoir, si ce n'est à inventer. Elle se distingue en cela de la ligne plus intransigeante, plus suspicieuse aussi à l'endroit de la poésie, que Marcel Mariën illustre à la même époque à l'enseigne des *Lèvres nues*. Par ailleurs, les animateurs de *Phantomas* témoigneront très vite d'un intérêt marqué pour les littératures étrangères (y compris française...), ce qui les distingue de la position un peu autarcique des cercles bruxellois d'avant-guerre.

La revue est née de la rencontre de trois hommes : Théodore Koenig (qui en sera du début à la fin l'infatigable chef d'orchestre), Joseph Noiret — l'un des six fondateurs de Cobra, resté proche de Christian Dotremont, figure dès alors solitaire — et Marcel Havrenne, lui aussi lié à Cobra, qui est sans doute l'instigateur du projet mais que sa disparition prématurée en 1957 empêchera de prendre vraiment part à l'aventure : son œuvre éparse et fragmentaire n'a d'ailleurs jamais été rassemblée, malgré un volume longtemps annoncé et son éloge inattendu, dans le n° 9 de la revue, sous la plume de Jorge Luis Borges [1]. Gabriel et Marcel Piqueray lui succèderont en 1960, rejoignant Koenig et Noiret à partir du n° 15-16 : dès lors, l'équipe dirigeante ne changera plus, soutenue dès le départ par la présence régulière et impliquée de François Jacqmin, Paul Bourgoignie et Pierre Puttemans (avec lesquels se formera la confrérie des *sept types en or*) et de nombreux collaborateurs tant belges qu'étrangers qui participeront de manière plus épisodique à cette longue aventure collective.

Mais la revue préservera jalousement son enracinement local et portera toujours l'empreinte (moins uniforme du reste qu'on ne pourrait le croire) des premières avant-gardes bruxelloises. On peut ainsi estimer que la naissance de *Phantomas* est une manière de réponse à la dissolution de Cobra, tout en héritant de l'esprit propre au cercle de Nougé — notamment à travers Paul Colinet, qui se présente par-delà sa mort prématurée en 1957 comme la figure tutélaire de cette aventure : à bien des égards ses écrits saugrenus et caustiques préfigurent cette approche gravement ludique ; et les frères Piqueray, à leur manière ravageuse, s'avèrent ses dignes successeurs. Sans parler d'un héritage spécifiquement dadaïste, qui ne cessera d'inspirer

1. Texte qui à ma connaissance n'a jamais été reproduit, sinon dans un numéro confidentiel de *L'Estaminet* à la fin du siècle dernier : il ne figure pas, en tout cas, dans l'édition des œuvres complètes de la Pléiade (laquelle ignore d'ailleurs, malgré leur importance, l'ensemble des ouvrages en collaboration de Jorge Luis Borges).

Koenig et ses complices — et de l'influence plus souterraine du jazz, qui a marqué toute la génération de l'après-guerre.

Pendant ses premières années, *Phantomas* se préoccupe avant tout de publier les poètes belges les plus inclassables, apparus depuis 1945. La revue se présente ainsi comme un espace de création ouvert à tous ceux qui, en Belgique, s'efforcent de poursuivre l'aventure moderne : les auteurs des générations antérieures s'y succèdent régulièrement — de Paul Nougé, Paul Neuhuys, Achille Chavée ou Marcel Lecomte à Dotremont et Mariën, Scutenaire et Colinet — aux côtés de la plus jeune garde, qui va y faire ses premières armes, et de quelques figures marginales comme le peintre Armand Permantier. Ce qui ne l'empêche pas d'accueillir des invités plus inattendus (tel que Kurt Schwitters), d'imaginer un ensemble écossais ni de consacrer un dossier à l'art naïf, avant de rendre hommage à Marcel Havrenne. Mais ces premières livraisons sont encore de dimensions modestes, l'espace dévoué à chacun est restreint et il faudra attendre 1959 pour que paraisse un numéro plus conséquent (le n° 13, ironiquement intitulé « La Littérature ») où s'affirme plus nettement l'orientation internationale de la revue. On y remarque entre autres la présence assez surprenante d'Etiemble, de Samuel Beckett et du jeune Roland Barthes, mais aussi un texte lucide et cinglant de Georges Perros qui s'insère à merveille dans cet orphéon belge. Le n° 15-16 (« climatique ») s'avère encore plus étonnant, en particulier grâce à la participation d'un inconnu, Pierre Zékéli, qui propose de remarquables traductions de Wallace Stevens, Jorge Luis Borges, Muriel Rukeyser, e. e. cummings, Tomas Tranströmer, Gottfried Benn et Ezra Pound (excusez du peu !). Outre un indéniable don des langues, le moins qu'on puisse dire est que cela témoignait d'une curiosité peu banale, en 1960... Au même sommaire, on trouve le dadaïste flamand Paul Van Ostaijen, Gaston Chaissac, Marcel Broodthaers, un important dossier sur la musique (avec John Cage, André Souris, Luciano Berio, Henri Pousseur...), une pièce de théâtre aussi injouable qu'hilarante des frères Piqueray et bien d'autres contributions locales. Un ensemble superbe, qui n'a rien perdu de son tranchant, soixante ans plus tard...[2]

2. Notons que la couverture de ce numéro *climatique* est en feutrine, inaugurant une série de maquettes plus originales les unes que les autres : celle du n° 23 sera ainsi imprimée sur une ouate de cellulose destinée aux boîtes de confiserie et aux doublures de cercueils, nous est-il précisé. D'autres seront en papier-peint, en imitation d'osier tressé... Il paraît même qu'une couverture en fonte avait été sérieusement envisagée mais qu'il fallut y renoncer, en raison du surcoût qu'aurait occasionné l'envoi d'un tel volume...

À partir de là (c'est-à-dire au seuil des années soixante), la revue qui a pris son essor va poursuivre son aventure sur un rythme d'une irrégularité exemplaire, tant au niveau de la périodicité que de la pagination (certains numéros ne font qu'une dizaine de pages, les plus copieux plus de 350…). La logique toutefois ne changera guère, il s'agit à la fois d'affirmer l'existence d'un cercle local (mais parfaitement indifférent, pour ne pas dire hostile au reste des écrivains belges) tout en cherchant au-delà des frontières des complices animés d'une volonté identique : le principe est d'ouvrir des pistes et d'accueillir ceux qui, dans un état d'esprit voisin, remettent en cause l'usage courant des arts du langage et ne se contentent pas « de reproduire le monde sur son vieux modèle ».

Il n'est évidemment pas question, dans le cadre de cette brève présentation, de dresser un catalogue exhaustif et forcément fastidieux de ces publications (d'autant que la revue s'est très vite accompagnée d'une « Bibliothèque Phantomas », où une trentaine d'ouvrages verront le jour au fil des ans), mais plutôt d'évoquer quelques moments forts d'une trajectoire collective dont la cohérence n'a jamais fait obstacle à la diversité des approches. De souligner aussi la précocité dont la revue a fait preuve, dans certaines de ses recherches : ainsi le n° 38-40, consacré à ce qu'on n'appelait pas encore la poésie sonore (ou concrète), au sommaire duquel figurent Ghérasim Luca, Bernard Heidsieck, François Dufrêne, Jean-Clarence Lambert, Bryon Gysin et Robert Filliou (qui composera ensuite à lui seul le n° 50) ; le n° 68-72, en grande partie dédié à Raoul Hausmann, peu de temps avant la mort de l'ancien dadaïste autrichien ; le n° 62, entièrement fabriqué par Marcel Broodthaers (et dont la valeur marchande a singulièrement grimpé entre-temps…) ; ou encore le n° 45-49 (« Italie ») qui publie dès 1964 un panorama significatif de la néo-avant-garde transalpine (et où figure une photo que je n'ai jamais vue reproduite ailleurs, prise lors de l'arrivée d'Ezra Pound à Gênes en 1958).

Il faut s'attarder un instant, parce qu'il concerne plus directement l'histoire secrète de la poésie française, sur le singulier n° 63-67, baptisé « Apparatus », dont le réalisateur était Alain Jouffroy : *Phantomas* lui avait donné carte blanche pour la composition de ce volume de 230 pages paru fin 1966, juste après la mort de Breton. Jouffroy s'y livre en effet à une tentative surprenante — et restée sans lendemain — de rapprochement entre le surréalisme tardif (représenté ici par Joyce Mansour, Stanislas Rodanski, Jean-Pierre Duprey, Ghérasim Luca) et l'avant-garde parisienne d'alors (Robbe-Grillet, Butor, Faye, Denis Roche, Le Clézio, Du Bouchet…). On y trouve aussi quelques étrangers (Burroughs, Paz, Lowry), des peintres amis (Monory, Adami, Matta…) et des figures plus marginales comme Michel Vachey ou le tandem Sautreau / Velter, qui venaient de publier *Aïsha*. On y croise même Jean-Luc Godard, qui paraît bien peu sûr de lui à la sortie de *Pierrot le fou*. Les Belges sont peu présents dans cet ensemble, comme si la problématique ne les concernait guère. Mais la tentative est d'autant plus intéressante qu'un tel rassemblement, impensable en France à l'époque, illustre au détour de ce volume collectif un rêve probablement illusoire : celui d'un recommencement de l'insurrection surréaliste sur des bases nouvelles, enrichies de la réflexion formaliste qui travaillait alors le paysage littéraire. Que l'opération ait été menée depuis Bruxelles — c'est-à-dire *du dehors* — n'est pas dénué de signification [3].

Une dizaine d'années plus tard, dans un esprit d'ouverture identique, *Phantomas* confiera la direction de son avant-dernier numéro (152-157) à Alain Borer, qui composera à son tour en terre étrangère une fresque transversale de la poésie française des années soixante-dix, où se croisent (parmi beaucoup d'autres) les figures alors inconciliables de Christian Prigent et Gérard Macé, James Sacré et Huguette Champroux, Michel Deguy et Jean-Luc Parant, Roger Munier et Valère Novarina… On peut y percevoir comme un hommage que *Phantomas* aura *tout de même* rendu à la contrée voisine, avec laquelle les divers cercles bruxellois auront toujours eu des relations complexes, entre écoute critique et rejet de principe.

Ce décloisonnement des frontières est particulièrement sensible dans les copieux dossiers que la revue a périodiquement réunis autour de thèmes *a priori* très vagues, ou trop généraux (la Littérature, l'Amour, la Nature, la Mémoire, le Cœur, les Chiens…) qui s'imposent néanmoins par leur belle désinvolture et l'éclectisme des contributions, sollicitées bien au-delà du cercle bruxellois. La liberté d'esprit (et de ton) dont *Phantomas* a fait sa ligne de conduite lui permet de réunir au sein d'un même sommaire des auteurs d'ordinaire peu enclins à se côtoyer. Qui aurait osé associer à la même époque Jean Follain et Marcelin Pleynet, Roger Caillois et Lawrence Ferlinghetti, Jacques Roubaud et Michel Vachey (lequel, soit dit en passant, fut un collaborateur régulier de la revue et l'un des seuls poètes français à avoir publié un volume dans la « Bibliothèque Phantomas » (l'autre étant Gui Rosey, surréaliste on ne peut plus discret auquel personne à ma connaissance ne s'est jamais intéressé, hormis Roberto Bolaño (ce qui n'est évidemment pas un hasard)).

3. De manière significative, Jouffroy refera une tentative du même ordre au début des années soixante-dix dans le cadre de la revue *Change*, sans plus de résultats : exquis ou non, le cadavre était sans doute encore trop chaud…

Cette attention constante aux domaines étrangers — il y eut même, ô scandale ! une livraison entièrement consacrée aux jeunes poètes flamands, Hugo Claus en tête… — n'empêchera pas la revue de proposer régulièrement des numéros plus exclusivement bruxellois, réunissant ses dirigeants et leurs plus fidèles complices : citons le n° 18, le n° 43 (« hypotendu ») ou plus tardivement le n° 133-139 qui propose un ultime et éblouissant tour de piste, en 1974. Entre-temps, chacun des animateurs de la revue aura eu droit à un fascicule personnel [4]. Il faut enfin rappeler le merveilleux *best of* de *Vendredi*, la revue manuscrite de Paul Colinet (« L'humour vert », n° 31-34), ainsi que le dossier historique de *La Belgique sauvage*, inséré dans l'énorme n° 100-111 (« La Mémoire », 1971) qui tentait pour la première fois une synthèse rétrospective des avant-gardes belges, de Dada au *Daily Bul* en passant par le cercle de Nougé, Cobra, *Les Lèvres nues*, *Temps mêlés* et… *Phantomas*. Ce tour d'horizon effectué si l'on peut dire à chaud — et par les intéressés eux-mêmes, avant la mainmise si ce n'est la mise au pas des universitaires — reste aujourd'hui encore un document précieux pour comprendre la logique et l'originalité de ces groupements successifs, aussi déterminés qu'irréductibles.

Contrairement à ce que pourrait laisser croirc cc rapide survol historique, l'aventure de *Phantomas* a témoigné durant plus d'un quart de siècle d'une profonde unité — je dirais même d'une forme d'obstination, visant à la remise en cause voire au bouleversement du champ poétique, dans ses approches les plus variées. Et cela — il convient de le souligner — sans l'ombre d'un manifeste [5] ni la moindre revendication théorique, à une époque où des discours pléthoriques envahissaient le champ littéraire français (ce dont la revue ne manquera pas de se gausser, au détour des chroniques souvent savoureuses qui ponctuent la plupart de ses numéros). Ce travail de réinvention aura surtout pris l'apparence d'une défense & illustration des écritures les mieux aptes à redéfinir les contours de ce nouveau paysage — et à capter l'ombre portée du réel dans la sphère du langage.

---

4. Les numéros 83 à 90, successivement consacrés à Paul Bourgoignie, François Jacqmin, Théodore Koenig, Joseph Noiret, les frères Piqueray et Pierre Puttemans, seront d'ailleurs réunis en 1969 dans un volume intitulé *Sept types en or*, avec une lettre-préface d'Alain Jouffroy : « Introduction à la grève des poètes belges ». D'autres numéros spécifiques se verront consacrés par la suite à Jean Raine (92-93), Paul Neuhuys (113-114) et Louis Scutenaire (115-117) ainsi qu'au dadaïste Clément Pansaers.

5. Il y eut bien un *manifeste en service commandé* (de deux pages) en 1961, mais il était visiblement à lire au deuxième degré…

Les poètes regroupés autour de *Phantomas* se sont toujours méfiés des grandes déclarations d'intentions. Conservant en cela leur conviction dans les vertus de la chose écrite, ils cherchaient d'abord à mettre au jour *autrement* la beauté cachée du présent, quitte à en souligner sur un plan différent le ridicule et les travers : ce qui passait par le rejet des conventions littéraires de leur temps — et donc de la rhétorique surréaliste, déjà dépassée dans les années d'après-guerre. Face à cela, le recours à une forme d'ironie décalée, étayée par le nonsense, l'humour noir et l'esthétique un peu kitsch du Pop Art, n'était pas sans présenter quelques avantages. Tout comme cette calme et inquiétante étrangeté propre à un certain imaginaire belge, dans la lignée de Khnopff ou de Delvaux, dont les brefs poèmes en prose de Pierre Puttemans (par exemple) témoignèrent sans défaillir au fil des années. Il faut également souligner la retenue formelle, l'élagage du langage poétique à l'œuvre chez François Jacqmin — et la recherche généralisée d'une prose « objective », éblouie mais sans emphase, dont le bouleversant *Tantra de Juan Bellarmin* de Scutenaire (paru dans le n° 51-61 puis repris dans la « Bibliothèque Phantomas ») fournit une illustration parfaite.

Au fil des années — et sans dévier de sa ligne directrice — la revue aura fait preuve d'une remarquable ouverture, accueillant les écritures les plus diverses du moment qu'elles contribuaient d'une manière ou d'une autre à cette *subversion joyeuse* qui paraît bien avoir été son objectif (et son ressort secret). Il faut reconnaître en revanche que l'œuvre personnelle de ses fondateurs ne se sera pas toujours avérée aussi convaincante. Théodore Koenig a surtout été un formidable catalyseur d'énergies et son élan créateur s'est davantage incarné dans son activité éditoriale que dans ses propres écrits. Quant à Joseph Noiret, s'il se montre plus rigoureux dans ses interventions critiques — défendant notamment l'héritage pictural et littéraire de Cobra — sa poésie nous paraît aujourd'hui un peu datée. Il n'en va pas de même, loin de là, pour l'œuvre des frères Piqueray, qui constitue sans doute la réussite la plus inattendue et l'aboutissement exemplaire de ce long travail en commun.

Gabriel et Marcel Piqueray sont nés en 1920. Frères jumeaux, ils ont cosigné dès les années quarante la plupart des textes et les très rares livres qu'ils ont publiés, le plus souvent de manière confidentielle. Il semblerait pourtant qu'ils les aient écrits séparément et que Marcel ait été le plus prolifique (ce que tendrait à confirmer le rôle essentiel qu'il a joué en 1949-1951 dans la rédaction de *Vendredi*, aux côtés de Paul Colinet). Quoi qu'il en soit, l'œuvre parue sous leurs deux prénoms est suffisamment cohérente pour que cela s'avère secondaire. Ce qui s'impose, c'est la profonde originalité de leur entreprise, le caractère à la fois méthodique et rigoureusement déchaîné d'une écriture qui dynamite les conventions, le bon goût, le sens commun — et jusqu'aux règles du langage, sans rien perdre de sa logique ni d'ailleurs de sa tendresse pour les perdants magnifiques dont elle multiplie les portraits. Avec une remarquable économie de moyens — des poèmes souvent verticaux aux vers brefs, saccadés, et un lexique largement emprunté à la langue parlée, oscillant du banal à l'ordurier — les textes des frères Piqueray apparaissent comme un véritable ovni dans le paysage littéraire belge. On aurait d'ailleurs de la peine à leur trouver un quelconque équivalent en France, sauf à chercher du côté de la Grande Picardie Mentale d'Ivar Ch'Vavar ou dans les pages les plus déjantées de Benjamin Péret… C'est à un saccage systématique de tout ce qui est censé faire la « grandeur » de la poésie qu'ils se livrent avec une allégresse contagieuse, entremêlant le français au flamand, à l'anglais, à l'allemand et au parler populaire bruxellois — au point que certains textes (à l'image du titre d'un de leurs livres : *Een lovely Badjou*) semblent composés dans une langue inconnue, jouant avec les sonorités les plus incongrues et les plus désopilantes, même quand une partie de leur sens échappe au lecteur français. Ce qui n'enlève rien à la connotation « réaliste » de la plupart de ces poèmes, qui déroulent une fresque hagarde et débraillée de la vie ordinaire, évoquant les destins sans gloire des individus dont ils rapportent les aventures grotesques, absurdes ou simplement touchantes.

Cousin
Georges
Disait
Adorer
Aller se promener
Par une chaude
Journée
D'été
Et revenir
Le soir
Crevé
Pour échouer
Aux abords
Des faubourgs
Près d'une baraque
À frites
En feu

Mais c'est bien la dimension satirique qui l'emporte, le plus souvent — la volonté surtout de bouleverser les valeurs admises de l'écriture poétique en insistant sur les aspects les plus concrets, les détails les plus triviaux de la vie réelle — la fatalité des matières, la pesanteur du corps et de ses déjections — sans se soucier un seul instant des méditations éthérées ni des noblesses supposées de l'âme. À cet égard, le sommet de leur art aura été atteint dès les *Non Inhibited Poems*, rédigés au début des années cinquante mais qui attendirent 1971 pour paraître au grand jour, dans le n° 94-98 de *Phantomas* : l'ouvrage se présente comme une anthologie de poètes inconnus (évidemment fictifs) plus improbables les uns que les autres, dont les œuvres rivalisent de mauvais goût, quand ce n'est pas d'une franche obscénité, sans jamais perdre (le miracle est là) une forme de grâce par le biais d'un humour décapant et d'une visible affection pour cette cohorte d'imbéciles ou d'abrutis dont les existences le plus souvent navrantes s'étalent sous nos yeux.

Gabriel et Marcel Piqueray sont morts l'un après l'autre à la fin du siècle dernier, quasiment inconnus dans leur pays en dehors d'un petit cercle de lecteurs, et leurs livres sont désormais introuvables : inutile de préciser qu'ils n'ont jamais atteint la France. C'est pourtant leur œuvre inventive, incongrue, d'une irrévérence parfaite et d'une irrésistible drôlerie, qui représente le mieux selon moi l'état d'esprit qui a présidé à l'aventure de *Phantomas* : ce refus de se prendre au sérieux et *a fortiori* de faire carrière (dans les lettres, pensez donc !) tout en maintenant la gravité de cette activité suspecte qu'est l'écriture — prise au sérieux *quant à elle* et poussée dans ses derniers retranchements. Nous sommes, on l'aura compris, aux antipodes de l'image la plus convenue de la poésie que le XXe siècle n'aura pas réussi à éradiquer et qui repousse périodiquement comme une mauvaise herbe, entravant l'esprit d'insoumission et la découverte d'autres manières d'écrire qui ont accompagné l'effort moderne. Dans le cas de la Belgique « sauvage » dont *Phantomas* aura été l'un des fleurons, il faut bien avouer toutefois que l'indifférence manifestée par l'ensemble de ces poètes concernant la circulation de leurs écrits n'aura guère participé à leur reconnaissance…

On se demandera peut-être ce qui nous pousse aujourd'hui à nous intéresser d'aussi près à des textes relevant d'une histoire que d'aucuns jugeront sans doute fort lointaine, pour ne pas dire périmée. Je ne vois pas les choses ainsi. L'ignorance dans laquelle la France est restée à son égard mérite certes d'être combattue, mais l'essentiel n'est pas là : il ne s'agit pas d'être le simple arpenteur d'un domaine qui relèverait déjà du passé. À mes yeux, ces œuvres ont conservé leurs vertus profondément subversives et pourraient encore nous être d'un grand secours, au moins à titre préventif, dans la période de régression esthétique que nous traversons. Sans considérer que l'humour ou l'absurde soient les seuls outils dont nous disposions, une certaine dose de suspicion à l'endroit du monde des lettres me paraît en effet toujours de mise, ne serait-ce que pour résister à l'emphase ou à la niaiserie qui caractérisent trop souvent les défenseurs d'une littérature nourrie de bons sentiments. Je pense pour ma part que le principal mérite de la poésie, depuis les grands soubresauts modernes, aura été de nous amener à considérer le monde autrement, à l'extérieur comme à l'intérieur de nous : aussi bien par le biais d'un langage détourné de ses fonctions ordinaires qu'à travers l'invention de formes nouvelles, de nouveaux modes d'inscription (narratifs, prosodiques) débouchant sur des paysages que rien, sans de tels déplacements, n'aurait permis d'entrevoir.

D'où l'intérêt porté à ces *extrémistes discrets*, à cette poignée d'inventeurs, d'agitateurs et de dynamiteurs méthodiques pour qui la poésie, loin de se cantonner aux pages qu'ils livraient à l'impression, était l'occasion d'un vaste carnaval — une fête sans fin donnée en l'honneur du langage et visant, malgré tout, à la métamorphose du réel.

Yves DI MANNO

Les œuvres évoquées dans cette chronique, on l'aura compris, sont pour l'essentiel indisponibles en librairie. Les 163 numéros de *Phantomas* (en 61 livraisons) sont épuisés de longue date et il est malaisé, même en Belgique, de se les procurer. Le projet d'une anthologie de la revue dans la collection « 10/18 » à la fin des années soixante-dix, dont la copie était prête et qui aurait permis à certains de ces textes de circuler un peu mieux en France, a malheureusement tourné court. Patrick Beurard-Valdoye m'a récemment signalé que Théodore Koenig avait fait don d'une collection complète à la Bibliothèque Municipale de Lyon, dans les années quatre-vingt : sans doute y est-elle encore consultable. Un excellent choix de textes des frères Piqueray (*Au-delà des gestes*, comprenant notamment l'intégralité des *Non Inhibited Poems*) avait été publié en 1993 chez Labor, dans la collection « Espace Nord ». Et il y a eu en 2020 chez Ludion l'édition en fac-similé de *Vendredi* que j'ai eu l'occasion d'évoquer dans une précédente chronique. Mais pour le reste… Il faut chiner, notamment à Bruxelles où l'on peut encore faire des trouvailles dans les librairies de seconde main. En attendant (espérons-le) de futures rééditions…

LA MACHINE À ÉCRIRE

UN ART DU REGARD

Édith de La Héronnière

Pour amener quelques lecteurs vers certains auteurs, du moins essayer, il me semble qu'il faut parfois insister, en particulier pour ceux qui n'écrivent pas de romans et qui de ce fait restent dans une sorte de marge vaporeuse pour le plus grand nombre, alors que ce sont toujours de merveilleux écrivains. C'est le cas de Claude Dourguin, de Joël Cornuault, de Gilles Ortlieb… C'est aussi le cas d'Édith de La Héronnière. Dans les divergences d'écriture, ou de style — mais il faudrait ici rappeler ce que disait Henri Michaux dans *Poteaux d'angle* : « Va suffisamment loin en toi pour que ton style ne puisse plus suivre » —, ils ont des points communs, et déjà une certaine curiosité : c'est Gilles Ortlieb visitant les villes sinistrées d'une Lorraine autrefois sidérurgique dans *Tombeau des anges* [1], ou bien suivant les traces d'un poète portugais ayant longtemps vécu dans un asile dans *Ângelo* [2], ou celles d'un peintre gallois dans *Et tout le tremblement* [3] qui ne se limite pas à cela, étant composé de plusieurs sujets. C'est Édith de La Héronnière explorant les jardins de Sicile dans *La sagesse vient de l'ombre* [4], parcourant Rome et une part de la littérature qui concerne la ville dans *Fugue romaine* [5], tenant un journal lors d'un séjour en Sicile : *Du volcan au chaos* [6]. C'est Claude Dourguin explorant les régions de la Baltique dans *Parages du Nord* [7], New York, Dublin et Naples dans *Escales* [8],

1. Gallimard, collection « L'un et l'autre », 2011.
2. Finitude, 2018.
3. Le Bruit du temps, 2016.
4. Klincksieck, 2017.
5. Desclée de Brouwer, 2018.
6. Éditions Nous, 2017.
7. Isolato, 2014.
8. Champ Vallon, 2002.

ou bien se confrontant aux éléments dans un chalet de haute montagne : *Journal de Bréona*[9]. C'est Joël Cornuault composant des ouvrages où se mêlent observations et réflexions, rêveries et souvenirs (*Ce qui fait oiseau*[10] ou *Le Sentiment des rues*[11]). Ils sont, à leur façon, des explorateurs ; même si tout a été découvert, tout n'a pas été *vu* de ce qui nous entoure et leur art est un art du regard d'où l'intériorité de chacun n'est pas absente. Ce qui les réunit, c'est une attention aiguisée, acérée parfois. Ils sont aussi, tous, des lecteurs perspicaces et sensibles. Gilles Ortlieb peut parler d'Emmanuel Bove, de Cavafy, de Jean Forton ou d'Henri Thomas dans *Sept petites études*[12], ou de Baudelaire à Bruxelles dans *Au Grand Miroir*[13]. Dans *Ce qui fait oiseau*, Joël Cornuault peut évoquer John Muir ou Malcom de Chazal, Simone Weil ou Walt Whitman, sans parler de ses ouvrages sur Élisée Reclus ; il peut aussi parler plus spécifiquement d'André Breton dans *André Breton et sa malle d'aurores*[14]. Dans ses carnets (*Ciels de traîne*[15] ou *Points de feu*[16]), Claude Dourguin peut évoquer un certain nombre d'écrivains, de poètes ou de peintres : « Les œuvres qui attirent, celles qui séduisent, celles qui convainquent, celles pour lesquelles on donnerait tout. » Dans *Mais la mer dit non*[17], Édith de La Héronnière se penche sur les personnages de roman qui ont dit non (le Bartleby de Melville, le Côme d'Italo Calvino…) ; dans *Promenade parmi les tons voisins*[18], elle évoque Cristina Campo ou Gustav Herling, les artistes Nicolas de Staël ou Étienne Hajdu... À ces noms peut-être aurais-je pu ajouter celui de Jean-Christophe Bailly, mais il me semble être un peu moins dans l'ombre aujourd'hui. Certains d'entre eux sont aussi des marcheurs et l'on pourrait établir un parallèle entre la marche et la lecture, ou l'écriture. Un chemin aspire, car l'on se demande toujours ce qu'il va nous découvrir du paysage au tournant suivant ou en haut de la côte. De même, la lecture aspire, dans la mesure où l'on ne sait pas encore ce que va nous découvrir la page suivante. Quant au propre de l'écriture, c'est d'être un cheminement, dont l'auteur ne sait pas forcément où il le mènera, c'est ce que disait

9. Isolato, 2014.
10. Isolato, 2011.
11. Le Temps qu'il fait, 2017.
12. Le Temps qu'il fait, 2002.
13. Gallimard, collection « L'un et l'autre », 2005.
14. Éditions Pierre Mainard, 2021.
15. Corti, 2011.
16. Corti, 2016.
17. Isolato, 2011.
18. Isolato, 2007.

Lichtenberg dans *Le Miroir de l'âme*[19] : « L'écriture est un moyen excellent pour réveiller le système qui dort en tout homme, et quiconque a jamais écrit a bien vu que l'écriture éveille toujours ce dont nous n'avions pas une claire conscience bien que ce fût en notre sein. » C'est ce que disait aussi Armel Guerne d'une autre façon dans ses *Fragments*[20] : « S'ils retrouvent leur trace, il est sûr que les mots, quand ils flairent la piste, vont plus loin que ne vont les personnes. Certainement sans eux, personne n'eût jamais même approché ce qu'il a pu atteindre. Leur chasse est à la fois plus légère et plus prompte, avertie de plus haut ; mais quelle légèreté de pied ne faut-il pas, et quelle prudence du regard s'il s'agit de les suivre sans s'y perdre ni les perdre de vue. »

❖

Le dernier ouvrage d'Édith de La Héronnière, *Chemins de traverse*[21] (le titre en dit beaucoup), traite de divers sujets, comme le font souvent ces écrivains que l'on peut qualifier de buissonniers. Il s'agit parfois de promenades, mais ce mot n'est pas toujours adéquat, par exemple lors de l'ascension nocturne d'un volcan en activité, où l'on peut sentir un certain désarroi : « Ce serait si facile de faire un pas en avant dans l'abîme, cela résoudrait tant de difficultés. Est-ce ainsi qu'Empédocle le comprit ? A-t-il glissé par mégarde ou par vouloir délibéré ? » Il sera question de l'enfance, de ses fuites dans la campagne et de ses jeux (avec une belle évocation des bouses de vache ou de tombes très anciennes) : « Le grand jeu ne connaît pas de répit en ces jours bénis de l'enfance. Ce qu'ils ne savent pas encore, c'est qu'il y aura de multiples répliques tout au long de leur vie. Il est une façon d'être au monde. Peut-être la plus sage qui soit : en apportant un écart par rapport au quotidien, en y glissant cet espace tangent, il ouvre une fenêtre dans la pesanteur des jours. En cela, il rejoint l'humour, la poésie, l'inutile, tout ce qui fait, en somme, le sel de la vie. » Un chapitre va parler d'un train qui n'existe plus, pour constater : « La vitesse fait la loi dans nos transports. D'un point à un autre, il s'agit de se dépêcher, même si la vitesse gomme les impressions, amortit les perceptions et bousille les sensations ou les altère définitivement. » En train, va-t-il être précisé, « Étonnant comme la pensée travaille lorsqu'elle

19. Corti, 1999.
20. Éditions Solaire / Fédérop, 1985. Édition revue et augmentée, Fédérop, 2019.
21. Klincksieck, collection « *De Natura Rerum* » dirigée par Patrick Reumaux (dhôtélien s'il en est !) et Xavier Carteret (qui illustre l'ouvrage).

est au repos, mais elle le fait avec nonchalance, avec une sorte de désinvolture dont la conscience est absente. […] Un rien paresseux, délicieux, facétieux, en lequel le quotidien se défait de ses nodosités, évacue ses scrupules et s'allège, momentanément, de ses charges. » Il sera aussi question de la recherche des champignons où des passages en italique sont comme une autre voix dans le récit, plus introspective : « Ce que je cherche est simple et, par son évidence, devrait résoudre toute impatience. Ce que je cherche annulera les doutes et les myopies inhérentes à ma nature. » À propos de ce chapitre l'on pourrait se souvenir du *Vrai mystère des champignons* d'André Dhôtel dans *Rhétorique fabuleuse* [22]. Un autre chapitre évoque l'attrait de certains papiers : « La feuille blanche, pour celui qui aime écrire, est un appel à la liberté comme la porte qui s'ouvre sur la campagne pour celui qui aime marcher. » Mais il y a aussi la feuille froissée et jetée à la corbeille, chiffonnée comme l'auteure mécontente de son texte. Il va être question des routes de la Sicile lors d'un trajet en voiture plutôt risqué, certaines restées à jamais inachevées quand d'autres sont rendues impraticables par les intempéries, occasion d'évoquer Pirandello ou Leonardo Sciascia. Édith de La Héronnière va errer dans un village ruiné par un tremblement de terre, celui où le jeune Lampedusa passait tous ses étés : « Le tremblement de terre, en bouleversant les géologies, ramène à la conscience aiguë de la nécessité de l'agir, de cette “urgence mystérieuse” dont parle le poète Henri Thomas à propos de l'écriture poétique : bâtir, écrire, peindre, chanter, danser, en sachant bien qu'à l'horizon attend la grande mutation : celle des architectures en ruine, celle des livres en pâte à papier, celle des corps en semences nouvelles, celle des chants en échos dans la rivière, en murmures du vent dans les branches. » Un autre chapitre va parler du pilonnage des livres : « le livre démultiplie l'espace dans lequel nous vivons et respirons. Il rapproche les consciences les unes des autres. Il est “le plus court chemin d'un homme jusqu'à un autre” disait Paul Valéry. Il nous donne mille vies en une seule. […] Il contient toutes les émotions et toutes les passions possibles et imaginables, et même les inimaginables ; il contient la vie pour ceux qui ne savent pas trop comment vivre. » Mais le pilon « est un lieu dissimulé, interdit au public, comme les abattoirs — un abattoir à livres », et qui, dérisoirement, égalise tous les ouvrages : romans et recueils avec livres pratiques ou magazines. Il sera aussi question du Nevada des chercheurs d'or et de villes fantômes mangées par le sable. Un autre

22. Le Temps qu'il fait, 1990.

chapitre va évoquer le mariage de l'eau et du verre en une sorte de rêverie bachelardienne : « Derrière la vitre mouillée, l'extérieur se métamorphose comme si une fée l'avait touché de sa baguette de verre. Le temps s'immobilise dans une intensité cotonneuse. Le charme (*carmen*), la formule magique, agit soudain, et dangereusement, sur nos sens et notre imagination. » Il va être question du doigt mouillé que l'on fait glisser sur le rebord d'un verre en cristal et de ce qu'ont pu en faire des musiciens. Un instrument imitant cela était censé réveiller les morts ou provoquer des disputes maritales : « Sans doute n'est-il pas indispensable de réveiller les morts de leur éternel repos, ni de provoquer des disputes maritales. Il est toujours bon, en revanche, de réveiller certains alliages, tant physiques que poétiques, de les refondre au creuset de notre imagination afin de leur faire rendre cet or qu'est pour nous la songerie. » Le dernier chapitre, une promenade dans la neige après une mauvaise annonce dont nous ne saurons rien (la discrétion et le tact d'Édith de La Héronnière) évoque le *Voyage d'hiver* de Schubert, et le long périple à pied de Werner Herzog pour rendre visite à une amie mourante, qui l'attendra, qui survivra. Et c'est soudain l'envie de se rouler dans la neige, « en espérant ainsi me débarrasser de toutes scories, de toutes pensées, de toutes peines, de tous les deuils survenus en cascade. » Dans la plupart des textes, précisons-le tout de même, géologie et botanique pointent leurs efflorescences de pierres, de fleurs ou de plantes dans leurs couleurs respectives. En Sicile, c'est d'abord les couleurs qui auront retenu Édith de La Héronnière : « C'est la couleur de la terre qui fascine ici, cette fusion organique, mélange de crème fraîche et de caramel au beurre salé, une douceur exquise, comme un *dolce*, surgie du sol tout apprêtée. » Dans le chapitre inaugural nous avons la description d'un champignon où pointe cet humour léger, ce discret sourire en coin propre à l'auteure : « C'est là qu'il se montre dans son rouge "coccinea" — un rouge de coccinelle, un rouge de peintre. Il aime les zones tranquilles, peu fréquentées. De là à dire qu'il est timide… mais si l'on tourne le dos, il reste rouge. »

Le mot *promenade* ne convient pas systématiquement, ainsi lors de l'ascension nocturne du Stromboli, en l'occurrence il s'agit d'une fuite [23] : « Là-haut, la puissance du feu absorbe tout et remet en place les aléas terrestres. En bas, régnaient les complications et les angoisses, encore accentuées par le vent : une pénibilité secrétée par de vains affrontements, des conflits de personnes, des susceptibilités parties en vrille. Ces peines

23. Voir *Femme en fuite* dans *La sagesse vient de l'ombre*.

s'éloignent. L'ascension les a décantées. Dans la magie de cette nuit, la pleine lune jette une lumière extralucide sur ces pentes et, comme en radiologie, fait apparaître les zones malades en noir, et les zones saines en blanc, remettant en place les priorités — celles de la dignité et celles de l'amitié — qui devront prévaloir à l'avenir. […] Je ne renierai pas cette violence. Les extrêmes ont une vertu cathartique, ils séparent les alliages des scories. » Lors d'une promenade plus paisible aux environs de son domicile, va nous dire Édith de La Héronnière (je ne respecte pas l'ordre chronologique des textes), « Le chemin glisse sous les chaussures, et il se passe un phénomène étrange : comme s'il oubliait sa condition, il devient piste d'envol pour les pensées, l'habitude conditionnant cette échappée vers les contrées de la rêverie ou des réminiscences. Mais il est bien rare qu'au cours du processus il ne ménage pas quelque surprise chassant d'un coup d'aile la nostalgie pour induire une attention nouvelle. » Et le rapport entre l'écriture et la marche (souvenir aussi d'un pèlerinage [24]) arrive assez vite : « Prendre la plume chaque matin et la faire courir allègrement sur le papier crème comme jadis couraient deux jambes sur une Voie lactée parsemée d'étoiles et de piquants. Cela reste un rapport étroit avec le chemin, celui de terre qui filait vers le Morvan, celui de l'esprit qui vous attend dans le silence et le recueillement de l'écriture et vous conduit là où vous n'auriez jamais imaginé pouvoir aller. » Mais c'est dès le premier texte, lors d'une promenade (elle passera près d'une chapelle qu'aimait Romain Rolland) que va être évoquée une quête qui ne saurait avoir de fin, ni même sans doute aboutir : « J'irai donc sur les chemins, cahin-caha, du cercle le plus étroit ou le plus intime, jusqu'au plus large, celui des horizons lointains, pour finir par revenir provisoirement à mon point de départ, sans nécessairement avoir rencontré, ou avoir su reconnaître, ce qui se tenait au centre et autour duquel le périple déroulait son fil mystérieux. »

Jacques LÈBRE

24. *La Ballade des pèlerins*, Le Bruit du temps, 2020.

LES QUATRE VENTS DE LA POÉSIE

UN ÉCLAIR ROUGE DANS L'ESPRIT AFFAMÉ...

STEPHEN ROMER, *LE FAUTEUIL JAUNE*

C'est, à réception du livre, la beauté de l'objet qui m'a retenu : le grain du papier, l'image occupant toute la couverture de ses gris et jaune, l'écho du titre, *Le Fauteuil jaune*, et de ce que l'œil voyait en même temps qu'il lisait (une table de salon d'un noir de charbon, des fruits presque de la même teinte — mais pas tout à fait — que le fauteuil en arrière-plan, légèrement coupé par la tranche du livre...). Le Bruit du temps qui a publié ce volume, comme Fata Morgana ou les éditions Cheyne, et tant d'autres au fond, offrent à la poésie des impressions qui la servent, même pour qui comme moi n'aurait guère de goût pour la bibliophilie. C'est l'un des honneurs de l'édition que de voir ainsi, le plus souvent dans les maisons indépendantes, une telle attention à la qualité matérielle d'ouvrages presque toujours inversement proportionnelle à leur enjeu commercial. Sur la couverture, l'huile sur toile de Caroline Romer met délicatement en contact le gris-bleu du fond et le jaune éclatant porté par les fruits, et avec un peu plus d'ombre par le fauteuil, si bien que la sereine sévérité de l'image prépare aussi une lecture : elle amortit ce que l'adjectif « jaune » peut avoir de grinçant (au sens où l'on parle d'un rire jaune, ou des *Amours jaunes*) … Ce jaune-là, de quoi sera-t-il la couleur dans les poèmes ? De la splendeur lumineuse, comme dans les vues d'été des peintres de Provence, ou des rictus de l'ironie ? Signe de soleil, ou de désillusion ? La découverte de certains poèmes, à commencer par « L'atelier jaune » (*Yellow Studio*) exploré en premier pour son titre, permet de répondre : ce seront justement les deux, et ce mélange d'attention à la lumière des choses et de lucidité devant la vie ne sera pas la moindre qualité des poèmes de Stephen Romer.

Ainsi par exemple d'« Éducation artistique au MOMA » : « De tous côtés, des fenêtres / de Bonnard avec leurs vues / si belles, habilement cadrées, / donnent sur une vie rêvée […] / mais maintenant désenchantée / par ton enfance rugueuse / dans un faubourg à Leningrad ». Vêtue d'un « ensemble / jaune vif et gris », Masha, dédicataire du texte, accompagnera plus tard la formation picturale du poète de confidences amoureuses aussi amères pour l'interlocuteur que la « salade de roquette » dévorée après la visite au musée, en insistant sur le fait que « l'un de tes ex / te comparait, jusqu'à en devenir lassant / aux nus de Modigliani ». Le vers libre et tendu de Stephen Romer, qui passe la frontière de la traduction depuis l'anglais que l'édition bilingue donne à savourer à qui saura le faire, le recours fréquent aux parenthèses, tirets et points de suspension offrent aux textes une variété de niveaux permettant de conjoindre, dans le format bref de chaque poème, les complexités de la vie, les adhésions et réticences de la conscience devant les faits cueillis dans le fragile tissu des jours. Fin déceleur des harmonies du monde visible, sensible au tracé des cygnes sur un lac ou à la tiédeur d'un « grand soleil de septembre » place de la Sorbonne, Stephen Romer est aussi attentif à leur fugacité, au piège d'un « surplus de tendresse », au « vide central / dans la lumière du soleil » révélant, sous le « vert tendre et la rouille / des feuilles du Luxembourg », un manque, une blessure sous-jacente, qui peut être d'abord l'usure du temps. Une redoutable intelligence (ce n'est pas si fréquent chez les poètes, et je le dis en parlant d'abord pour moi-même…) permet ainsi d'explorer toutes les facettes du jaune, et avec lui des autres couleurs. À peine l'éclat lumineux a-t-il posé sa douceur qu'un écart, une réticence, une question en montrent la fugacité, ou le possible piège : l'abandon au monde (source probable de tout lyrisme) est présent, mais la conscience vient compliquer l'instant heureux, l'accompagne au moins autant dans sa retombée que dans son surgissement.

Ce mouvement peut d'ailleurs agir en sens inverse, de la prose des jours à l'emportement, comme lorsqu'apparaît, « sur l'autoroute à travers champs », en raison même de la platitude des surfaces, la vision d'une « île surgissant / du grand bleu qui brouille le regard », ou quand les retrouvailles avec les cigarettes indiennes, à Delhi, et leur teneur « en nicotine / valant cinq fois celle d'une cigarette ordinaire », élargissent le plaisir de s'arrêter et de s'intoxiquer au « soleil de midi » viré « à l'orangé » : « Laissez-moi / fumer et inhaler à fond ces particules, seize fois / la dose recommandée en Occident // aux rouages silencieux et bien huilés ; / et laissez-moi contempler, en *semi-samadhi*, / les circonvolutions d'un milan royal, et les corbeaux d'Asie ». À la lecture de presque chaque poème s'expérimente ainsi pour le lecteur un jeu de réduction ou d'élargissement des focales, d'adhésion ou de légère distance, dont les régulations font la respiration du vers, et avec elle du poète. Ainsi de l'émouvant « Taking the Edge off », traduit par Antoine Jaccottet et Gilles Ortlieb en « Adoucir les choses », premier poème retenu dans l'anthologie confectionnée par le poète lui-même de la section « Lares familiares », tout entière consacrée aux deuils des parents. « Essayer le soufflet / sur un éclat de braise / tôt le matin » ouvre sur une belle image d'obstination à survivre au deuil, dont la fluidité tonale se crispe un peu sitôt que le petit jour est décrit comme « vérolé de neige », ou que la « lune basse » se fait « porter pâle » (« a low moon malingering ») : la tristesse ne produit pas de bercement réconciliateur, elle se heurte et se cogne, comme « chaque cellule de ton corps » qui « se rétracte [...] / sur un sol de béton », si bien que « le seul moyen / de se garder du froid, / de la solitude et du reste » est « de trouver un angle de vue / sur la chose, comme : tout est provisoire, sinon / providentiel [...] / ou n'importe quelle autre ruse / pour tromper l'esprit / de cet animal plein de ressources / s'essayant à souffler / sur un éclat de braises / afin qu'il puisse s'enflammer / en un bonheur irrationnel / ou, tout du moins, / adoucir les choses ».

Cette tension entre le quotidien et la grâce ou le désespoir qui y peuvent affleurer par miroitements furtifs, par clignotements, la défaillance presque infime entre l'élan et la retombée, sans doute les vivons-nous tous et toutes au point qu'elles constituent peut-être les enjeux principaux de tout art, depuis que les temps modernes ont décidé de ne plus croire du tout aux dieux dont on peuplait les peintures, les récits et les poèmes. C'est dans tous les cas, depuis plus d'un demi-siècle, ce qui préoccupe la poésie contemporaine, et que condense à jamais pour moi l'admirable titre de Wisława Szymborska, *De la mort sans exagérer*... Stephen Romer, né en 1957, anglais francophile et installé sur les bords de la Loire, n'est pas tant remarquable par le partage d'une question devenue universelle que par le traitement poétique qu'il lui réserve. Pour beaucoup d'écritures, la crainte de parler trop fort, d'accorder trop de crédit à l'une ou l'autre face de la vie, conduit à un parler de cendres, à des voix étouffées, d'un même ronron qui prend son gris pour celui de Verlaine, alors qu'il y manque toutes les nuances de rose, de mauve, de bleu qui chez lui (un peu comme le noir chez Soulages) viennent fournir de la complexité. D'autres, plus rares, parient sur le contraste, et finissent comme ces toiles bariolées, à ne rien dire de notre destinée que l'incapacité à la restituer sans grandiloquence. Surtout, la plupart des écritures ne compensent que dans un seul sens, en partant de ce qui réveille l'œil ou soulève un instant la poitrine, pour mieux l'écraser, comme un mégot sa braise brûlée, contre l'ordinaire trottoir. Chez Stephen Romer, c'est la fluidité et la rapidité du vacillement entre les deux dimensions qui retiennent, et finalement saisissent, soit que le poème bascule à coups de parenthèses d'une contemplation à une considération soudain distanciée, avant de laisser à nouveau l'œil s'égarer, soit que de la banalité d'une situation première se détache, sous forme de clausule, quelque chose d'une petite éternité, d'un éblouissement, comme pour tel souvenir du festival de « Ravello » en compagnie d'une femme aimée, dont les « lumineux détails » passent par le « T-shirt informe » que reproche au poète son « sévère amour », l'orchestre « posé sur les eaux » accompagnant un « Pogorelich chauve et replet, / lui jadis si ardent, / exécutant un deuxième de Rach. bien plan-plan » d'ailleurs, mais où sinue, sous les différentes formes de dégradation, l'éblouissement d'être et d'aimer : « Toi à mes côtés / tous les bleus de tous les Maîtres / sont venus se mêler / et je ne voyais plus ». La question esthétique, décisive, de la tonalité passe ainsi par un travail de montage de souvenirs, de citations, d'émotions souvent culturelles, picturales ou littéraires, qui viennent s'interposer chez un Occidental lettré de notre temps, et se retrouvent tout naturellement dans le poème, mais aussi par une subtile pesée de l'implicite, un art de l'esquisse et de l'allusion.

Là se trouve sans doute l'une des clés des poèmes les plus bouleversants de l'anthologie, dans la section « Lares familiares », par leur capacité à demeurer dans le plus quotidien pour ressaisir les chers disparus à travers « La Grange » enfin débarrassée, malheureusement post-mortem quand le projet en était porté depuis longtemps, ou dans les pommes du verger qui n'ont pas été récoltées, ce qui ne devrait pas inciter à la culpabilité habituelle au vieillard de son vivant : « Maintenant, dans les froidures / un bec orange / met au jour, dans la neige, / des taches rouges de chérubin ; / tu as dressé un festin / pour ceux qui ont faim ». Le dispositif est parfois très simple, mais non moins profond et efficace : « Fais taire les voix / (elles reviennent) / brise les images / (elles reviennent) ». Je ne connais pour ma part aucun poème disant plus justement ce qui se joue dans l'amour silencieux entre proches que « D'autres rencontres », par sa capacité à restituer, sans explications excessives, sans développements sentimentaux, l'instant partagé : « Jamais nous ne fûmes aussi proches / qu'assis en silence face à face / de part et d'autre du salon / dans l'arc strict des fauteuils […] / avec le flux et le reflux de Bach l'évangéliste / et à la fenêtre, dans mon dos, la foule d'épines // raides tous les deux, incapables de rien dire / ni même de faire le moindre geste / et encore moins de se regarder dans les yeux / je ne sais plus qui le premier / les baissa, ni pourquoi ».

La section « Âpretés pour après », qui clôt le volume, use des mêmes instruments précis, mais pour batailler plus frontalement contre l'ordre du monde actuel, avec une ironie considérablement plus noire, et combien libératrice : « Les experts auront leur mot à dire », la « Chanson de l'hôte d'Air BnB » contraint de noter et de rédiger un avis sous peine de perdre son « statut de Super Hôte », l'imbécile « Panneau de vertu » demandant, à la sortie d'une exposition de Picasso, si « Les Hommes ont […] le droit de peindre les Femmes » sont la cible cette fois des flèches que peut aussi décocher l'œil précis de Stephen Romer. Les règlements de comptes avec l'inepte logorrhée de nos sociétés industrialisant même le langage voisinent avec quelques études de cas admirables de lucidité. Toute la pénible tonitruance d'Apollinaire dans la guerre est ainsi expliquée en neuf vers, dès lors qu'on découvre qu'il n'« avait en tête » aucune grande idée ou valeur, mais qu'« il s'est lancé à l'assaut / en rugissant, / droit sur la croupe de sa maîtresse ». C'est en effet l'érotisation systématique, et totalement aveuglée, de la violence guerrière qui seule peut éclairer chez l'auteur d'*Alcools* la frénésie décorative et la célébration de la boucherie. À la tendresse demeurée cependant pour le *Guetteur mélancolique* s'oppose la remarquable démolition d'Albert Mérat, dans « Métamorphose », qui demanda à ne pas figurer dans le fameux « coin de table » de Fantin-Latour aux côtés de Verlaine et de Rimbaud, pour ne pas se compromettre : « Bel esprit, mauvaise langue, zutiste à ses heures, / homme à femmes, cancanier, poète, poseur. / Et pourtant d'Albert Mérat, / qui prit peur, / il ne reste rien / qu'un pot de fleurs ».

Les six sections de l'anthologie permettent ainsi de faire plus ample connaissance, après *Tribut* publié en 2007 [1], avec une œuvre importante, dans la variété de ses domaines de prédilection et de son beau témoignage d'une intelligence sensible aux prises avec le temps comme avec notre époque. Qu'il affronte des tableaux, s'interroge sur ses tentations d'homme vieillissant, arpente un paysage avec dans le regard le tremblement de l'émotion ou l'acuité que lui fournit la mémoire culturelle, Stephen Romer saisit la vie dans sa capacité à conjoindre émotions et pensées, à tordre et détordre des éléments épars qui se cristallisent dans la moindre sensation, alors même qu'un arrêt sur image ne stabilise que rarement la chose vue, et risque au contraire d'iriser encore davantage les rayons d'un moment ainsi *étoilé* : « Dans la pièce rose (saumon ?) baignée de lumière et haute de plafond / la conversation porte sur le mot juste // et à coup sûr, le mot

1. Stephen Romer, *Tribut*, traduit par Paul de Roux, Valérie Rouzeau et Gilles Ortlieb, Le Temps qu'il fait.

juste présuppose / qu'il existe *quelque chose* à quoi justice puisse être rendue ? » Mais le poème aussitôt se détourne de la question poétique et renoue avec « la nuance de jaune » qui « entortille, disons, et désentortille en ce début d'automne // (septembre) une lumière solaire (un rayon de soleil) / au-dessus de la tête de mon savant interlocuteur ». Dans ce petit salon ou petit bureau d'Oxford chatoient ainsi ensemble la pensée, incertaine, et les nuances du jour palpitant depuis une fenêtre… « Entortiller » est le verbe choisi par Antoine Jaccottet et Gilles Ortlieb, les traducteurs, pour « to twine », verbe récurrent de la première section de l'anthologie, intitulée « Les yeux mi-clos » (titre expliquant aussi le papillotement de lumières et de pensées qui me paraît au cœur de l'écriture du poète). Je dois reconnaître qu'il est le seul mot qui m'ait un peu arrêté, comme un caillou dans la chaussure de l'oreille, si j'ose dire de manière à mon tour bien « entortillée ». Le verbe anglais condense certes les vrilles du monde et les volutes de mots qui tentent de les dire et d'y mettre parfois un peu d'ordre ; il me paraît cependant en français connoté d'un peu trop d'artificialité, de composition, pour tout dire de fioritures. Les « vrilles de la vigne », vues par Colette, ne sont pas exactement les entortillements des affiches de la Belle Époque, même si elles entretiennent évidemment une profonde connivence. J'aurais plaidé pour « *tisse et détisse* » — mais sans doute est-ce tirer un peu trop vers moi Stephen Romer, et lui ôter de son citron, pour des verbes plus sages et plus spontanément majestueux ?

Il arrive pourtant que plus rien ne se torde, que le cœur. « Jeune homme », en quinze vers, contient toute l'émotion qui saisit devant les élans et les fêlures de la jeunesse, restitue à la perfection le regard amusé et embué que l'on peut porter devant la première installation d'un étudiant dans sa thurne. Notre tendresse, notre connaissance des plaies à venir, font que ce poème est d'emblée à placer, à côté de « La beauté du diable » d'Aragon, comme l'un des plus beaux témoignages de l'amour porté d'une génération à l'autre, alors même que cette tendresse devient désormais, dans la brutalité du récent millénaire, chose aussi politique qu'intime : « Jeune homme, avec une table et une étagère / et l'*Anatomie* de Gray, s'apprêtant / à empoigner le tronc du savoir // à mener une vie réflexive / à l'aplomb de la Cité Inique / dans ses neuf mètres carrés, // s'émerveillant devant Spinoza / ou bataillant tel un canif ouvert / au milieu de la foule servile // tenue en laisse par l'implacable : / nous prêtons l'oreille à son discours / comme si nous caressions le museau // d'un daim ramuré en quête / d'un fruit à cueillir sur le pommier immémorial / — et si prompt à s'effaroucher. »

Olivier BARBARANT

LE THÉÂTRE

TRANSPARENCE DES CŒURS, OPACITÉ DU LANGAGE

La Seconde Surprise de l'amour de Marivaux

La première partie de cette saison aura été marquée par quelques beaux spectacles. Mais l'un d'entre eux se signale par sa qualité proprement exceptionnelle. Créé le 22 septembre dernier au Théâtre du Nord, à Lille, la mise en scène par Alain Françon de l'une des plus belles et subtiles pièces de Marivaux, *La Seconde Surprise de l'amour*, est un modèle du genre. Je n'exagère pas en écrivant que tout est réussi dans ce spectacle que le public parisien a pu découvrir du 5 novembre au 4 décembre au Théâtre national de l'Odéon, dans la salle des Ateliers Berthier, et qui sera encore au moins jusqu'à fin avril en tournée dans toute la France. On sait qu'Alain Françon est un des grands metteurs en scène de notre temps, mais c'était la deuxième fois seulement qu'il travaillait un texte de Marivaux, auteur d'une subtilité, d'une complexité, d'une finesse que d'autres metteurs en scène, et parfois expérimentés, ont échoué à porter à la scène.

La Seconde Surprise de l'amour est une œuvre délicate, fragile, qui ne pardonne aucune fantaisie, rien qui soit gratuit ou dénué de sens. L'intrigue en est d'une grande simplicité et l'unité d'action y est rigoureusement respectée. La Marquise est veuve depuis six mois. Son voisin à la campagne, le Chevalier, est désespéré qu'on refuse de lui accorder la jeune fille pour laquelle il soupire depuis des mois. Tous deux plongés dans une mélancolie profonde, ils décident de se soutenir dans cette double épreuve. Ils prennent donc le parti de se voir le plus possible. Le spectateur assiste durant les trois actes de la comédie à l'évolution du sentiment qui les lie — et qui ne tarde pas à être de l'amour —, sans que les deux protagonistes veuillent se l'avouer. Le comique, comme souvent dans ces sortes de pièces de Marivaux, naît du décalage entre la nature des sentiments qui animent les personnages et la façon dont ils les identifient et les nomment. Car durant toute la pièce, le Chevalier et la Marquise agissent en fonction de ce qu'ils croient ressentir l'un envers l'autre et pas selon ce qu'ils éprouvent en réalité. Comique d'ailleurs souligné par les domestiques des deux aristocrates, Lisette, suivante de la Marquise, et Lubin, valet du Chevalier, qui, eux, savent très vite de quoi il retourne. Un rival du Chevalier, le Comte viendra finalement précipiter la prise de conscience par les deux amoureux de la nature véritable de leurs sentiments.

Pour permettre à cette intrigue de se dérouler sans que rien ne vienne distraire le spectateur de ce passionnant exercice d'élucidation des sentiments humains, il faut, d'une part des comédiens à la hauteur, capables de percevoir et d'exprimer tous les méandres par lesquels passent les personnages, et que rien, d'autre part, ne vienne détourner l'attention de l'essentiel, c'est-à-dire du jeu des comédiens. Trop de metteurs en scène, face à une intrigue aussi pure, sont tentés de céder au spectaculaire, et alourdissent ce qu'ils voient comme une trop grande simplicité de l'œuvre — et qui est en fait sa plus grande qualité sans doute — par des éléments ajoutés, extérieurs, et qui, au lieu de rendre la pièce plus efficace, l'abîment irrémédiablement. J'ai le souvenir, ainsi, de la mise en scène de la même œuvre par Luc Bondy, il y a une quinzaine d'années, où les fantaisies hors de propos tuaient littéralement la pièce et la rendaient inécoutable, alors même que la distribution était remarquable (Micha Lescot et Marie Vialle dans les rôles principaux). Rien de tel ici. Tout, au contraire, contribue à servir la pièce et à rendre le spectateur attentif à la plus subtile péripétie.

La scénographie a été réalisée par Jacques Gabel, admirable artiste, qui a su trouver le décor parfait. Côté cour, la maison de la Marquise, côté jardin, celle du Chevalier. La facture en est assez réaliste, mais la simple proportion et le fait que les maisons sont trop rapprochées donne à ce dispositif une valeur immédiatement symbolique. Le Chevalier vit ici et la Marquise, là. On n'a pas besoin d'en savoir ni d'en voir plus. De la même manière, en fond de scène, une gigantesque toile sur laquelle l'artiste a dessiné une esquisse d'arbres et d'arbustes. On est dans un jardin et voilà tout. L'essentiel est dit, ou plutôt montré. C'est sur les comédiens que le spectateur doit avoir les yeux fixés, c'est par eux que l'histoire va se dire. On retrouve cette même qualité du côté des lumières, très subtiles, créant sans ostentation des atmosphères particulières. Elles sont le fait de Joël Hourbeigt, talentueux éclairagiste qui a admirablement servi ici la mise en scène, et la pièce par la même occasion. On peut d'ailleurs en dire autant de Marie-Jeanne Séréro, qui a composé une musique accompagnant l'action avec autant de discrétion que de pertinence. Tout comme des beaux costumes, plus début de XXe siècle que de XVIIIe, imaginés par Marie La Rocca.

Tout concourt donc dans cette intelligente, pertinente, remarquable mise en scène, à placer les comédiens dans les meilleures conditions pour interpréter cette histoire. Encore faut-il qu'ils soient assez talentueux pour suivre leurs personnages dans leur perpétuelle évolution. Chacun doit montrer au spectateur à tout moment où il en est de ses relations avec les autres et rendre vraisemblable, le cas échéant, qu'il puisse se leurrer sur ce qui est évident pour le public. On sait que le plus grand talent d'Alain Françon est sans doute sa direction d'acteurs, toujours impeccable. Il s'est ici surpassé et l'on ne peut que faire l'éloge de la manière dont il a accompagné chacun des comédiens. Thomas Blanchard interprète Lubin, le valet, avec beaucoup de subtilité, sans en faire jamais trop, mais sans que le spectateur puisse jamais l'oublier. Il est présent pleinement, dès qu'il apparaît sur scène. Tout comme Monsieur Hortensius, le pédant engagé par la Marquise pour la distraire décemment de son deuil, et qui est interprété avec mesure et intelligence par un Rodolphe Congé parfait dans ce rôle. Alexandre Ruby, le Comte, est mieux qu'un faire-valoir. Il ne se contente pas de donner la réplique aux protagonistes, il joue sa propre partition et se montre un rival crédible pour le Chevalier. On a pu souvent juger de l'art de Georgia Scalliet, en particulier pendant la décennie où elle a fait partie de la troupe du Français. Elle est parfaite dans le rôle de la Marquise, créé par Adrienne Lecouvreur et qu'ont illustré les plus grandes comédiennes (Mademoiselle Mars, Madeleine Brohan, Julia Bartet, Madeleine Renaud…). Georgia Scalliet sait déployer pour composer ce personnage magnifique un jeu d'une grande finesse. Il faut reconnaître la même délicatesse, le même talent à Pierre-François Garel dans le rôle du Chevalier. Je le suis depuis le Conservatoire et il arrive à chaque nouvelle prestation à me surprendre. Il est admirable d'un bout à l'autre de la pièce. J'avais déjà vu jouer tous ces comédiens, mais la révélation aura été, pour moi comme pour d'autres, la jeune Suzanne De Baecque, extraordinaire dans le rôle de Lisette, la suivante de la Marquise. Elle a une remarquable fibre comique en particulier, mais on sent que sa palette est plus large que cela et on ne prend pas un grand risque à lui prédire un riche avenir sur les planches. Elle complète une distribution impeccable et impeccablement dirigée par un des grands hommes de théâtre de notre temps.

Karim HAOUADEG

LE CINÉMA

UNE MONSTRUOSITÉ INTIME

MADELEINE COLLINS D'ANTOINE BARRAUD

Comme Bertrand Mandico, Antoine Barraud s'intéresse au cinéma fantastique et expérimental [1]. Sans s'inscrire vraiment dans ces « genres », il en tire parti pour ciseler des fictions troublantes et singulières. Le fantastique est très présent dans ses premiers films, notamment *Monstre numéro 2* (2008) où mal-être et vampirisme se répondent. Il s'affirme avec le long métrage *Le Dos rouge* (2014), portrait fantasmé de Bertrand Bonello, un cinéaste proche de son univers qui recherche dans des musées la peinture d'un monstre pour un film qu'il prépare. On remarque une autre constante chez l'auteur : l'imprévisibilité d'événements humains ou naturels. Dans le court métrage *Déluge* (2005), la psyché des protagonistes enfermés dans une maison se modifie au fur et à mesure qu'une pluie torrentielle met en péril l'intégrité de la demeure.

Avec *Madeleine Collins*, Antoine Barraud a manifestement métabolisé toutes ces influences. Il les retravaille subtilement dans un film cossu pour lequel il a fait appel à de grands acteurs. Virginie Efira interprète le rôle principal, celui d'une traductrice pour de grands organismes internationaux. Elle vit avec deux familles distinctes et sous deux identités différentes, en Suisse et en France. *Madeleine Collins* s'ouvre par une séquence apparemment déconnectée du reste du film : une jeune femme

1. Il a notamment réalisé un portrait de Kenneth Anger (2008) et produit *Age is*… de Steve Dwoskin (2012).

essaie une robe dans un grand magasin et s'évanouit. Métaphore express du film lui-même ? On ne reverra pas cette cliente mais la robe circulera, d'abord sur les épaules de Virginie Efira dans le rôle de Judith Fauvet, puis sur celles de son amie Madeleine Reynal, interprétée par l'actrice et réalisatrice Valérie Donzelli. Le cinéaste israélien Nadav Lapid, dont Barraud admire le travail, tient pour sa part le rôle d'un trafiquant de fausses cartes d'identité, clin d'œil à son exil volontaire en France.

Le scénario aurait pu servir à déployer un mélodrame. Judith Fauvet évolue dans un milieu citadin aux côtés de son époux Melvil, chef d'orchestre (Bruno Salomone). Ils ont deux enfants adolescents et vivent en France. Mais Judith a une autre famille en Suisse. Sous le nom de Margot Soriano, elle partage la vie du jeune Abdel (Quim Guttiérrez) et de sa fille Ninon. Pour justifier ses absences alternées auprès de chacune de ses deux familles, la jeune femme évoque des déplacements en Espagne et dans d'autres pays pour motifs professionnels. « Mentir est un travail à plein temps, dit Antoine Barraud, cela exige une architecture mentale complexe ».

Ce qui fait de Judith autre chose qu'une femme infidèle, c'est la mécanique fictionnelle implacable qu'elle invente et ajuste à chaque étape de l'évolution de la situation. Parce qu'elle ne peut pas agir autrement. Elle a du mal à se fixer avec l'un ou l'autre groupe. « J'ai pensé, dit l'auteur, à une femme qui utilisait sa profession pour cacher sa double vie. Je pensais au mouvement que cela engendre. Une femme qui bouge, qui fait des allers-retours. Des lignes de fuite. La double vie, on l'a vue de nombreuses fois pour les hommes, mais quasiment jamais avec une femme. »

À peine a-t-elle quitté Melvil et ses garçons qu'elle leur téléphone de son bureau, mais également de l'appartement d'Abdel. Elle veut vivre l'impossible : être avec tous, dans deux espaces différents. Melvil ignore la double vie de son épouse. Abdel non. Lorsque les compagnons de Judith et leurs enfants réagissent différemment de ce qu'elle prévoyait, la jeune femme trouve toujours le mensonge adéquat pour déjouer l'emprise de la réalité par une fiction.

Comme dans les films précédents de Barraud, les décors et l'environnement au sein desquels évoluent les personnages tendent à devenir des protagonistes à part entière : cadres d'intérieurs chargés, maisons et scènes de théâtre intrigantes, voire inquiétantes. Les figures centrales des œuvres de Barraud cultivent toujours des rapports ambigus avec leurs proches. Dans *Monstre* (2004), le jeune hypocondriaque, interprété par Barraud lui-même, voulait habiter sans raison apparente chez son médecin. Malgré les sentiments qu'elle éprouve pour son mari et ses fils, pour Abdel et la petite Ninon, Judith ne peut et ne veut choisir. Sa psyché défie les normes. C'est cet éclatement ou cette plasticité qui en même temps la porte et la met en péril. La réalité la rattrape souvent, mais elle n'a de cesse de ne pas se laisser arraisonner.

La validité de sa fausse carte d'identité au nom de Margot Soriano a expiré. Un inspecteur de police, qui l'a appréhendée, l'oriente vers un psychologue. De drame intimiste, le film glisse vers le thriller. L'infidélité de Judith n'est qu'un McGuffin pour tenter d'approcher un état mental trouble dont une fiction déductive ne saurait rendre compte. Dans un entretien télévisé datant des années 2000, Barraud soutenait que quand une idée de film lui venait et qu'il n'arrivait pas à en tirer un scénario logique, déductif, il faisait confiance au langage cinématographique pour en matérialiser les apories. Certes, *Madeleine Collins* est un film très écrit, scénarisé avec une extrême précision, mais la personnalité de Judith fait éclater les cadres. Elle souffre de son état, de ses choix (comme les personnages des courts métrages de l'auteur) mais ne peut y échapper. Elle revoit, à la fin, le faussaire et lui demande une autre carte d'identité ; elle deviendra alors Madeleine Collins et s'en ira, abandonnant ses deux familles. Vers où ? Le film ne le dira pas. Le cinéaste reste ici fidèle à son appréhension de personnages hors normes qu'aucune chute finale ne vient recadrer, « normaliser ».

Antoine Barraud se situe dans une constellation particulière de la modernité cinématographique française où l'on trouve Bertrand Bonello qui cultive un cinéma insolite (*Tiresia*, 2003, variations surréalisantes sur l'univers d'un transsexuel), Bertrand Mandico (*Les Garçons sauvages*, 2017, une adaptation très graphique et baroque d'un livre de William Burroughs) et Yann Gonzalez (*Un couteau dans le cœur*, 2018, qui cherche à retrouver l'esprit des films de série B des années 1970). Tous quatre, qui ne forment pas une école, s'écartent du naturalisme du cinéma français, comme avant eux Leos Carax ou Virginie Thévenet, pour s'orienter vers un cinéma où la part du fantasme est essentielle. Sous cet aspect, Antoine Barraud apparaît comme le plus discret dans ses longs métrages. Mais c'est un leurre, ses films sont d'autant plus troublants qu'on ne s'attend pas à affronter de tels pièges mentaux.

Raphaël BASSAN

LA MUSIQUE

PRÉSENCE DE FANTÔMES

L'Opéra Bastille ressuscite et retrouve son public en ce début de la saison théâtrale, en nous donnant à voir un *Vaisseau fantôme* de qualité. Un des problèmes que pose cette œuvre, c'est la représentation du fantastique sur la scène. Il semblerait que la tâche du romancier soit moins ardue, dans la mesure où il ne fait que suggérer, et s'en remet au lecteur pour voir en son for intérieur ce qu'il imaginera. Mais au cinéma, au théâtre, à l'opéra, comment montrer et ne pas montrer l'irreprésentable ? Comment faire voir sans dévoiler « l'inquiétante étrangeté » ? Les nombreuses mises en scène du *Vaisseau fantôme* ont exploré toutes sortes de possibilités. Le choix de la sobriété qui laisse davantage de liberté au spectateur, davantage de force à la musique, semblera la meilleure solution, et c'est elle qu'a adoptée Willy Decker, maintenant comme en 2000. D'abord un plateau nu, un grand écran au fond, une porte gigantesque à droite qui ouvre sur le mystère. Peu d'objets interviendront : des cordages, des tables, des chaises quand nécessaires pour les travaux de couture, et surtout un portrait qui serait celui du Hollandais. Les costumes (Wolfgang Gussmann) sont sobres aussi, intemporels, en majorité noirs, et toute la représentation se déroule dans une atmosphère de brumes et d'orages. Les éclairages (Hans Toelstede) et le jeu des ombres sont essentiels. Le metteur en scène, peut-être justement parce que la littérature se heurte à moins de difficultés, a voulu faire sentir tout ce drame comme un récit, une ballade et s'en explique très clairement : « Comme au théâtre on ne peut pas représenter la vraie mer dans son infinité — on ne peut même pas y faire figurer un vrai bateau —, le Hollandais doit rester image, récit, ballade. » En quoi Willy Decker est parfaitement fidèle à la genèse et à l'esprit de l'œuvre. En effet, il semble que la ballade de Senta ait été composée avant que s'organise le *Vaisseau fantôme*. De même la *Chanson du roi de Thulé* aurait joué pour Berlioz un rôle d'impulsion première dans la création de la *Damnation de Faust*.

Avec le *Vaisseau fantôme* (1843), Wagner refuse ce qui a été longtemps la source de l'opéra : la mythologie classique, mais il refuse aussi ce qui est la conquête de l'opéra romantique : les grands sujets d'Histoire. On a trop tendance, en musique comme dans les autres arts, à toujours voir dans une œuvre un chaînon qui fait le lien avec le passé et annonce le développement futur. Certes le *Vaisseau* est encore formé de « morceaux », aria, duo, etc. Bientôt Wagner réalisera un tissu musical continu, donnant plus d'importance à l'orchestre, tout au long du « drame ». On sent apparaître le futur développement du leitmotiv ; on voit aussi le musicien devenir poète en étant son propre librettiste : tout cela annonce les « grands opéras » wagnériens. Certes, mais laissons *Le Hollandais volant* nous charmer par sa spécificité, parce qu'il fait autre chose qu'annoncer le développement futur, parce qu'il est beaucoup plus qu'une « œuvre de jeunesse » : une grande œuvre où l'influence de Weber n'exclut pas celle de Bellini, et où Wagner est entièrement lui-même.

Il a connu la tempête et des plus terrifiantes, lorsque voulant aller en Angleterre, il monte sur le *Thétys* qui a bien failli sombrer avant de trouver refuge dans un petit port norvégien. Mais surtout il a lu, en particulier Heine et ses *Mémoires de Monsieur von Schnabelewopski* (1833) qui contiennent l'histoire du navigateur fantastique. Il l'adapte à sa propre histoire en la situant non plus en Écosse, mais sur les côtes de Norvège. Les accents pathétiques du Hollandais font échos aux moments d'angoisse et de découragement qu'il a connus lors de ses échecs répétés, devant l'indifférence de Meyerbeer et du monde musical parisien. Il connaît, bien sûr, l'histoire du Juif errant. Et de tout cet entrecroisement de la vie et de la lecture, il crée une œuvre profondément originale, un grand mythe romantique et moderne de l'errance ; alors les événements deviennent une « prémonition » de l'œuvre à venir, comme l'écrit Wagner dans *Ma vie*.

Combien son Hollandais diffère d'Ulysse ! Ulysse sait où il va : à Ithaque. S'il est parfois frappé par la colère d'un dieu, il ne se sent pas coupable, alors que sur le malheureux Hollandais pèse le poids d'une faute. Quelle faute ? Ce n'est pas très clair et la culpabilité est d'autant plus angoissante qu'elle est diffuse. Il aurait fait preuve d'orgueil, et il aurait été pris au mot après avoir formulé un vœu funeste — là on retrouve aussi bien *Idoménée* que les contes populaires. Profondément malheureux et déchiré, il pourrait être sauvé de son éternelle errance, s'il était aimé par une femme fidèle. Et l'on retrouve là encore un grand mythe romantique de l'amour salvateur, de la femme qui se sacrifie pour sauver l'homme qu'elle aime. Donna Anna (ce fut le nom primitivement de Senta) sauverait Don Juan, au risque de se perdre elle-même. George Sand en 1839 imagine Lélia devenue abbesse qui met en garde les novices contre ce mythe sacrificiel : elles ne sauveront pas Don Juan, elles se perdront en vain.

Le metteur en scène en décide : montrera-t-il le couple du Hollandais et de Senta, après une brève méprise (ressort théâtral bien conventionnel) réalisant une union parfaite ? Ainsi, un peu naïvement, une mise en scène au Lyceum Theater de Londres, en 1870, s'autorisant d'ailleurs d'une didascalie de Wagner, représentait le couple idéal s'envolant au-dessus d'un nuage. Plus sobre, la mise en scène de Willy Decker me semble laisser une part d'incertitude, ce qui, rappelons-le, est indispensable dans la conclusion d'un récit fantastique.

Pas d'incertitude, en tout cas, sur la réussite musicale de cette représentation. La direction musicale est assurée par un chef d'une énergie et d'une passion communicatives. Hannu Lintu, directeur de l'Orchestre radio-symphonique de Finlande, a récemment dirigé la *Damnation de Faust* et nous promet le cycle du *Ring* pour 2022. Les chœurs, dirigés par Ching-Lien Wu sont bien mis en valeur ; on sait combien le romantisme a contribué à cette redécouverte de la force des chœurs tandis que Grimm dans l'*Encyclopédie* avait déploré leur affadissement au XVIIIe siècle — un peu injustement d'ailleurs, car il veut ignorer *Dardanus* de Rameau.

Les partitions vocales sont très difficiles et réclament de la puissance et de l'étendue, inaugurant les difficultés célèbres des opéras wagnériens. Senta (Ricarda Merbeth) est une grande tragédienne qui peut aller du si bémol grave au si naturel aigu, mais plus que cette prouesse nous touche la profondeur de son interprétation. Le Hollandais doit assumer une partition si difficile qu'un de ses interprètes avait prétendu qu'aucune voix au monde n'était faite pour chanter ce rôle : Tomasz Konieczny apporte un démenti impressionnant. Daland (Günther Groissböck), grande basse, affirme avec fermeté son rôle de marchand, soucieux de son argent et prêt à vendre sa fille, en homme qui vit dans la réalité de la matière. Erik (Michael Weinius) tient bien le rôle toujours délicat du fiancé évincé ; c'est le rôle d'Ottavio dans *Don Giovanni*. Il est solide, c'est l'homme de la terre, il est chasseur. Non seulement les voix sont remarquables, mais ces chanteurs, malgré la difficulté de leurs partitions, savent être aussi des acteurs. Des notes de Wagner figurant sur la partition des éditions Peters, prouvent à quel point il était attentif à la gestuelle, à l'expressivité des chanteurs, à leur apparence physique : « je dois mettre en garde contre une erreur : que la nature rêveuse [de Senta] ne soit comprise comme une sentimentalité moderne, maladive. Au contraire, Senta est une jeune fille nordique, saine. » Il recommande de ne pas donner une allure comique à Daland ; de ne pas faire d'Erik un faible : c'est un homme « courageux », mal-aimé. Donc pas de sensiblerie, des personnages vigoureux par leurs capacités vocales, par leurs attitudes, par leur jeu comme par leurs voix. Wagner serait content de l'interprétation donnée à la Bastille.

Béatrice DIDIER

LES ARTS

ILYA RÉPINE À PARIS

Ilya Répine est le plus illustre représentant de l'école réaliste russe de la seconde moitié du XIXe siècle. La force de son art et l'ampleur de son approche des réalités humaines lui ont valu de son vivant une notoriété comparable à celle de Léon Tolstoï dans le monde de la littérature. Sa carrière de peintre fut longue et prolifique. La rétrospective que lui consacre le Petit Palais comporte de nombreux chefs-d'œuvre, aussi bien dans le domaine du portrait, qu'il s'agisse de ceux de ses proches ou de personnalités de son temps, que dans ses toiles où se manifeste un intérêt constant et passionné pour l'histoire de la Russie de son époque et des siècles passés.

En 1883, alors qu'il approche de la quarantaine, Répine déclare dans une lettre au peintre ukrainien Nikolaï Mourachko : « La beauté est une question de goût ; pour moi, elle se trouve dans la vérité… De toutes mes faibles forces, j'aspire à incarner mes idées dans la vérité ; la vie contemporaine m'affecte profondément, elle ne me laisse pas en paix, elle demande à être représentée sur la toile… »

Les Haleurs de la Volga (1870-1873) est le tableau qui a lancé la carrière de Répine. De proportions épiques, on y voit un groupe de onze ouvriers saisonniers tirer une lourde barge à contre-courant du fleuve. Attelés par des lanières de cuir, vêtus de haillons, courbés dans l'effort, cheminant péniblement sur le sable de la berge où se devinent les empreintes de pas des haleurs qui les ont précédés, ces hommes de tous âges travaillent comme des bêtes de somme. Lorsque la toile fut exposée pour la première fois à Saint-Pétersbourg en mars 1873, le critique Vladimir Stassov observa qu'aucun peintre russe n'avait encore osé aborder un tel sujet et que Répine avait peint cette scène poignante sans la surcharger de pathos, son intention n'étant pas de « provoquer la commisération et les soupirs civiques ». Si l'œuvre fut saluée avec enthousiasme par les peintres regroupés à l'enseigne des Ambulants, le peintre académique Fiodor Bruni la rejeta comme « la plus grande profanation de l'art ». La toile fut achetée pour 3000 roubles par le grand-duc Vladimir Alexandrovitch, fils du tsar Alexandre II, et fut accrochée dans la salle de billard de son palais.

Dostoïevski n'eut de cesse de contrecarrer toute vision socialement progressiste du tableau. C'est dans le *Journal d'un écrivain* que se donne à lire son opération de déminage : « Dès que j'ai vu ce que les journaux disaient des *Haleurs de la Volga*, j'ai été pris d'effroi. À lui seul le sujet fait peur : il est admis chez nous comme une espèce de dogme que les haleurs sont ce qu'il y a de plus apte à représenter une certaine idée sociale, celle de la dette à jamais contractée par les classes supérieures envers le peuple. […] À ma grande joie mes craintes se sont révélées vaines : ces haleurs sont de vrais haleurs et rien de plus. Pas un d'entre eux ne crie au spectateur, du haut de la cimaise : "Regarde comme je suis malheureux, et quelle est l'étendue de ta dette au peuple !" Rien que cela peut déjà être compté à très grand mérite à l'artiste. Ce sont de magnifiques silhouettes que nous connaissons bien : les deux haleurs de tête sont presque riants, du moins ne se lamentent-ils pas et ne méditent-ils nullement sur leur situation sociale. » Dostoïevski relève ce qu'il appelle des « outrances », en particulier dans les vêtements : « De pareils haillons, ce n'est même pas possible. Cette chemise, par exemple, a dû tomber par inadvertance dans le bac où l'on hachait la viande. » Quant au malheur des haleurs, selon Dostoïevski, leur intempérance alimentaire en serait la cause première : « Tout le monde sait comment se recrute cette humanité : des gens qui chez eux, sur la fin de l'hiver — du moins est-ce ce qu'on nous a maintes fois appris — se nourrissent d'écorce, et qui quand vient le printemps vont chez un patron pour traîner la péniche, sans autre salaire — du moins certains — que la *kacha* et pratiquement sans aucun contrat. On a vu des haleurs mourir dès les premiers jours à leur *kacha* : ils se jettent de faim dessus, s'en bourrent à étouffer, en crèvent ; les médecins qui, dit-on, ont fait l'autopsie de ces hommes les ont trouvés bourrés de *kacha* jusqu'au gosier. Voilà le genre d'individus que c'est parfois. » Ilya Répine avait peu de sympathie pour Dostoïevski, comme en témoigne une lettre du 16 février 1881 à Vladimir Stassov : « Tout en reconnaissant son talent… je déteste ses opinions. Quel sophisme patriarcal. Quelle inhibition et quel rétrécissement de notre vie déjà pas si large et pleine de préjugés… Et pourquoi cette charge immonde contre l'intelligentsia ? Et cette haine grossière des Polonais ; cette philosophie maison sur la putréfaction de l'Occident et cette glorification sacerdotale de l'orthodoxie... »

On a pu dire d'*Eugène Onéguine* qu'il s'agissait d'une « encyclopédie de la vie russe ». C'est un panorama complet de la société russe du début des années 1880 qui apparaît dans la *Procession religieuse dans la province de Koursk*. Le tableau fut achevé en 1883. On y voit une foule grouillante prendre part à une procession pascale où une icône de la Vierge est transportée de la ville de Koursk au monastère de Korennaïa Pustin, à vingt-sept verstes de là. Dans un paysage déboisé, poudroyant de soleil et de poussière, s'avancent des prêtres orthodoxes, des paysans, des mendiants, des personnalités de l'élite provinciale, des policiers et des militaires. L'un de ces derniers, juché sur son cheval, repousse brutalement la foule à coups de cravache. Derrière l'icône transportée dans une lourde châsse enrubannée, le flot d'une foule composite déferle lentement, une grande vague humaine animée par des remous internes et par mille détails sur lesquels notre regard pourrait s'attarder sans fin. Mais le personnage qui aimante l'œil et vers lequel on est toujours reconduit est celui d'un jeune éclopé qui avance résolument, soutenu par sa béquille, alors qu'un homme brandit sa férule pour le contraindre à se tenir en retrait. Répine saisit toute la disparité de la société russe de son temps, la puissante unité de sa fresque intégrant la variété des conditions sociales signalées par les vêtements, les gestes, la physionomie. Le tableau fut acheté par le collectionneur Pavel Tretiakov qui déboursa la somme considérable de 10 000 roubles. Il demanda à Répine de remplacer la jeune femme qui transporte un écrin à icône vide par une « belle jeune fille dont le visage rayonnerait de ravissement spirituel ». Le peintre refusa. On le comprend d'autant mieux que son tableau donne à voir certains traits de piété hypocrite parmi la noblesse. La réception de l'œuvre fut pour le moins contrastée. Tolstoï en fit l'éloge. La revue qui publia un article favorable de Stassov se dissocia de ses vues dans sa livraison suivante. Alors que l'on tendait à voir dans la *Procession* une critique de l'ordre social établi, un plumitif nota avec réprobation que des indésirables se pressaient autour de lui pendant l'exposition, signalant « la présence de jeunes nihilistes et d'un fort élément juif ».

Le 1er mars 1881, le tsar Alexandre II fut tué à Saint-Pétersbourg dans un attentat perpétré par l'organisation Narodnaïa Volia dont le programme se résumait dans un mot d'ordre : « Substituer à la volonté despotique d'un seul la volonté du peuple ». Le lanceur de bombe succomba quelques heures plus tard à ses blessures et ses complices furent condamnés à la pendaison. Ilya Répine assista à leur exécution le 1er avril. Le régicide et ses suites conduisirent toute une frange de l'intelligentsia russe à réfléchir aux implications de son opposition à l'autocratie. Cette situation inspira au peintre deux œuvres majeures : *Ils ne l'attendaient plus* et *Ivan le Terrible et son fils Ivan*. Dans le premier tableau, Répine choisit un contexte immédiatement contemporain, dans le second il opère un détour par le XVIe siècle et s'appuie principalement sur les travaux de l'historien Nikolaï Karamzine. La scène représentée dans *Ils ne l'attendaient plus* est consécutive à l'amnistie accordée à certains condamnés par le nouveau tsar, Alexandre III, à l'occasion de son couronnement en 1883. Après les tribulations d'un exil en Sibérie, un homme aux joues décharnées, au manteau en lambeaux, est de retour au foyer familial. Dans la demeure saisie à travers une perspective en enfilade, sous un éclairage latéral venu des fenêtres à gauche de la toile, Répine discerne les réactions d'étonnement, de joie ou de stupeur des jeunes membres de la maisonnée, laissant en revanche au spectateur le soin d'imaginer l'expression du visage de la mère soudain levée de son fauteuil et vue de dos. L'historien Alain Besançon l'avait noté jadis dans les *Annales* : « L'habileté de Répine consiste à resserrer, sur la scène suggérée par la perspective classique, les éléments d'un drame qui sur une vraie scène théâtrale ou dans un roman, sont avancés successivement et qui, ici, sont présentés simultanément. » On remarque des portraits accrochés au mur : le Christ au Golgotha, Alexandre II sur son lit de mort, Nikolaï Nekrassov, athée notoire et dénonciateur dans ses œuvres des plaies de la société russe, ou encore Taras Chevtchenko, poète et peintre ukrainien sévèrement puni pour avoir prôné l'abolition du servage et l'établissement de l'égalité sociale. Ces gravures forment un faisceau symbolique qui éclaire l'interrogation de Répine et sa position éthique et politique.

Ivan le Terrible et son fils Ivan, dans sa version finale, ne met pas l'accent sur le moment de la violence du crime — le meurtre du tsarévitch —, mais se focalise sur l'agonie de l'enfant en larmes qui pardonne à son père ravagé par le remords et qui étreint son fils dans ses bras. Pour le portrait du tsarévitch, Répine avait pris pour modèle son ami Vsevolod Garchine, un écrivain qu'il considérait comme une incarnation de la bonté. Il a repeint plusieurs fois le visage de l'exilé de retour de Sibérie dans *Ils ne l'attendaient plus*, mais dans l'une des variantes, qui avait la préférence de Tretiakov et de Tolstoï, les traits du personnage rappelaient ceux de Garchine.

Parmi les œuvres de Répine réunies au Petit Palais, il aurait fallu s'attarder sur nombre de portraits, ceux de Tolstoï, celui de Moussorgski réalisé peu de jours avant la mort du musicien, ceux des enfants du peintre, tant d'autres encore. Mais dans l'espace imparti, c'est aux *Cosaques zaporogues écrivant une lettre au sultan de Turquie* que nous consacrerons pour finir quelques mots. Cette grande toile occupa le peintre pendant onze ans, de 1880 à 1891. Répine était né à Tchouhouïv, sur les bords du Donets, et s'était toujours passionné pour l'héroïsme et l'amour de la liberté des Zaporogues qui avaient fondé une communauté des égaux. Les enfants du peintre, nourris de l'œuvre de Gogol, jouaient dans leur jeune âge à Taras Boulba. Le tableau de Répine s'inspire d'événements historiques remontant aux alentours de 1675 et d'une lettre illustre mais apocryphe dans laquelle les Zaporogues adressent une bordée d'injures à Mehmed IV qui a exigé leur soumission. L'épisode nous est bien connu à travers Apollinaire et sa *Chanson du mal-aimé* : « Ta mère fit un pet foireux / Et tu naquis de sa colique / Bourreau de Podolie Amant / Des plaies des ulcères des croûtes / Groin de cochon cul de jument… » Igor Grabar a pu dire des *Cosaques zaporogues* qu'ils offraient une « physiologie du rire ». Dans le saisissant tourbillon de cette toile, ce sont en effet tous les aspects du rire, du plus tonitruant au plus sarcastique, du plus gouailleur au plus étranglé, qui se manifestent chez les cosaques dictant des formules que le scribe, au centre du tableau, se délecte d'inscrire dans la missive au sultan. Le style assez prodigieux de Répine unit ici des souvenirs de sa première formation comme peintre d'icônes, une construction puissante et un art du détail qui tirent parti de l'apport néo-classique, mais aussi des coups de pinceau rapides et gestuels qui s'inspirent manifestcment de Manet dont il avait pu admirer certaines œuvres lors de son premier séjour à Paris, de 1873 à 1876. Pendant les longues années de gestation des *Cosaques zaporogues*, Répine modifia sans cesse sa toile, travaillant parfois jusqu'à l'épuisement pour conquérir une harmonie générale. « Quelle tâche ! Chaque touche, chaque couleur, chaque ligne est nécessaire pour exprimer l'atmosphère d'ensemble du tableau, et pour accorder et caractériser chacun de ses personnages... » Au terme de toutes les métamorphoses, *Les Cosaques zaporogues* sont une œuvre où l'on croit entrer comme dans une foule humaine, c'est-à-dire, selon la formule de Baudelaire, « comme dans un immense réservoir d'électricité ».

Jean-Baptiste PARA

Ilya Répine (1844-1930). Peindre l'âme russe, Petit Palais, Paris, jusqu'au 23 janvier 2022.

NOTES DE LECTURE

POÉSIE

Bernard NOËL & Bernard MONINOT : *Un toucher aérien* (Artgo & Cie, 30 €).

Une préface de Renaud Ego nous présente le livre, un ouvrage grand format bien particulier car il doit son existence au premier confinement. Bernard Moninot parle de performance lorsqu'il écrit à Renaud Ego : « Performance dessinée. Dessiner un arbre par jour, le temps que durera le temps du confinement, mais je crains de manquer d'encre si cela dure ». En effet, les dessins sont réalisés à l'encre de Chine. Onze arbres d'hiver s'offrent au lecteur en silence. Nous sommes seul à seul devant l'arbre, admirable de précision, tourmenté et pourtant respectueux du silence. Dessiner ces arbres noueux n'était pas une échappatoire pour aller en forêt dans le Jura. Non, Bernard Moninot dessinait ces arbres dans son atelier à partir de photographies.

Le face à face avec l'arbre nu cesse le douzième jour, lorsque Bernard Moninot a l'idée d'envoyer chaque jour l'arbre dessiné à son ami Bernard Noël, qui, quant à lui, est confiné dans l'Aisne. De ses fenêtres, il peut certes contempler les arbres de son verger de Mauregny, mais le dialogue entre les deux artistes symbolise le dépassement du confinement grâce à l'art. À côté de l'« Arbre n° 12 », Bernard Noël a écrit ces premiers vers : « Voir, c'est distinguer une forme. / La nommer fait appel à notre mémoire / et bien vite à notre pensée ». Les dessins de Bernard Moninot donnent donc à penser dès lors que celui qui les voit les nomme. Or, tel est le travail du poète : nommer. « Quoi de plus simple cependant que le mot "arbre" ? », écrit le poète. Et l'on se souvient peut-être que c'est à partir du mot arbre que Saussure a présenté sa théorie linguistique en dessinant le signe renvoyant au référent indicible et en distinguant le signifié du signifiant. Nous avons vu onze arbres sans les nommer et voilà que soudain, le poème les rapproche de nous par ses vers, car seul le langage les rend humains.

L'arbre n° 14 annonce l'approche du printemps : la couleur d'un magnolia bourgeonnant vient étonner Bernard Noël qui note : « il arrive que la vue d'un arbre en fleurs soit une révélation ! » Et quelques jours plus tard devant un nouveau dessin de cet arbre, le poète accueille l'émerveillement : « Et soudain, les mots manquent mais l'exaltation visuelle dissimule cette brusque absence de vocabulaire... ». Il est en présence de l'arbre et voudrait pouvoir échanger avec lui. Il engage alors le dialogue : « Bonsoir, mon très cher Arbre » et s'adressera désormais à l'arbre comme à un ami silencieux, le personnifiant : « Tu frémis un peu, on dirait même que tu respires, et cela te donne une vitalité, une présence, mais si discrètes que je ne suis sûr de rien ». Mais bientôt, il s'aperçoit qu'il est impossible de comprendre l'arbre, il le voussoie, marquant la distance et le respect que lui inspire cet arbre rougeoyant et devant l'Arbre n° 34, le poète interroge : « Mon regard vous aime, mais qui êtes-vous ? ». Puis face à l'Arbre n° 39, ce constat : « Nous partageons le même espace, mais pas la même langue ». L'arbre rappelle l'origine de la langue au poète : « la trace en moi d'une pensée sans mots, celle qui n'articulait que des sensations, celle qui a précédé le langage ! » Le vert de l'Arbre n° 41 va inspirer à Bernard Noël ce qui deviendra le titre du livre : « Tu ne verdis pas, tu pousses du vert au bout de tes branches, et ma vue te respire et l'espace verdoie. C'est notre échange : il m'apprend un toucher aérien. » La rencontre du poète et de l'arbre a lieu dans cet espace verdoyant, c'est la « grâce » du partage, un moment sacré.

Les arbres que Bernard Moninot dessine portent désormais des fruits, si bien que le poète évoque la Genèse : « Que peut vouloir cacher un arbre sinon son rapport avec la Genèse et, bien sûr, avec le paradis perdu... ». Puis, le poète ironise avec quelques arbres au sujet du pouvoir : « Jupiter », la « force tranquille » et le poète suggère à l'arbre : « Tu devrais être candidat à la Présidence et prouver devant tous que la réalité existe encore... » Puis Bernard Moninot envoie au poète quelques arbres perçus depuis une fenêtre ouverte. Celui-ci perçoit l'avantage de l'arbre sur nous : « Les humains aiment vivre dans des cages et cela ne les empêche pas de prétendre qu'ils ont inventé la liberté ». Le poète semble penser en arbre et non plus en être humain. Et l'arbre mène l'homme à l'infini.

Le livre s'achève sur les onze poèmes que Bernard Noël a consacrés aux onze premiers arbres peints par Bernard Moninot avant qu'il n'ait eu l'heureuse idée d'adresser un arbre par jour à Bernard Noël. Et la dernière page du livre nous fait découvrir une photo du poète écrivant à la plume, une page d'un arbre dessiné à l'encre de Chine près de lui. « Un arbre peut-il être en deuil ? », interroge le poète dans le poème juxtaposé à la photo. Sans doute ne le peut-il pas puisque, chaque année, il connaît un nouveau printemps, alors le poète lui suggère : « J'aimerais un sourire, que je ne peux mimer, alors un petit geste d'adieu et que, tendrement, il parcoure l'espace vers mon visage, sans fin... ». Moins d'un an après la fin du premier confinement, le 13 avril 2021, Bernard Noël s'est endormi pour ne jamais se réveiller. Puissent les arbres de Mauregny-en-Haye où il repose lui accorder ce sourire comme un dernier hommage à lui qui, toute sa vie durant, a préféré la présence des arbres à la vie citadine.

Chantal COLOMB

Gérard MACÉ : *Ici on consulte le destin* (Le Bruit du temps, 16 €).

La poésie de Gérard Macé s'écrit entre veille et sommeil : non qu'elle s'égare dans une rêverie loin du monde, dans une parole qui s'enchante d'elle-même, mais précisément parce qu'elle s'invente dans cet espace frontalier que chacun franchit soir et matin. De là, une poésie qui tourne le dos à un assemblage composite de réalités inconciliables, pour le seul plaisir du choc des images, mais se compose précisément dans cette lisière où la pensée se métamorphose, devient étrangère à elle-même, se tord pour faire retour comme dans une autre langue et nous en dire davantage. Tel est sans doute le plaisir de plus en plus vif ressenti à la lecture d'une poésie qui prend ses distances avec les obscurités feintes, pour dire dans une langue limpide l'opacité de nos pensées.

C'est cette alliance entre pensée et songe, entre familiarité et étrangeté, entre lucidité et opacité que l'on retrouve dans le recueil de Gérard Macé, *Ici on consulte le destin*. Le livre est orchestré en trois parties, comme souvent, non pour retrouver la progression d'une dialectique, mais pour composer un équilibre fragile en mouvement, une forme en devenir. La première section, intitulée « Mots de passe », permet précisément d'entrer dans ce territoire où les images s'épousent, et au lieu d'exciter les contradictions du réel, tentent de les résoudre ou du moins de les marier et de les maintenir ensemble le temps de quarante quatrains. Mots de passe donc, car il faut lire ces quatrains comme autant de sésames, autant de manière de franchir la frontière, dans un sens comme dans l'autre, pour ramener au jour les images du rêve, et donner au poème cette teneur de lisière :

Le passage de la ligne
Au milieu du sommeil

Une heure d'insomnie
Entre deux hémisphères

La deuxième section, « Tous mes souvenirs sont des souvenirs de rêve », s'intitulait dans une première parution aux éditions Le Temps qu'il fait *Images de la caverne* : le dialogue avec Platon était alors évident, pour dire que malgré leur danger trompeur — « Certains soirs je me noie dans les images » —, images et fantasmes ont le charme de l'enchantement. Le changement de titre déplace l'attention vers la teneur discrètement intime, pour dire, loin de tout lyrisme, comment l'enfance s'invente à partir d'images nourricières, par combinaison et recomposition de fantasmes premiers, par bricolage à partir d'erreurs de compréhension ou de mirages. La section redessine en filigrane à la fois ce parcours d'une conscience d'enfance et la tentative tardive pour en rejouer l'expérience. C'est là presque une expérience de poésie, refaisant à plusieurs décennies d'écart les gestes inventifs d'autrefois : « Avec trois fois rien je construis un décor ». Ce trajet d'anamnèse est aussi un exercice de soi, par lequel on fait siens des souvenirs devenus presque lettre morte, quitte à intégrer chemin faisant des bribes de mémoire venues d'ailleurs :

Je me souviens de ces souvenirs
qui sont devenus les miens

La dernière section, « Sous les nuages de Magellan », est la transcription poétique d'un ouvrage consacré aux grandes explorations, précédemment paru en 1995 dans la collection de Jean-Bertrand Pontalis « L'un et l'autre ». Au « cours d'une nuit d'octobre », Gérard Macé a en effet rêvé avoir mis en vers ce livre et les pages donnent à lire le « souvenir de ce rêve ». Une telle entreprise ne consiste pas à « poétiser » un texte de prose, mais au contraire à mettre en évidence sa teneur poétique, qui apparaît comme dans un bain révélateur. Le lecteur de longue date de Gérard Macé reconnaîtra la phrase et l'allure de *L'Autre Hémisphère du temps*, mais qui revient comme transfiguré par un savant travail de mise en vers, pour rendre plus sensible encore un rythme intérieur. Ce qui enchante, au-delà de la continuité et de la cohérence d'une œuvre, c'est bien sûr cette revenance d'un texte antérieur, cette alliance de souvenir et d'oubli, en un mot de retrouvailles : ce terme qui est au cœur de la poétique de Gérard Macé est sans doute un sésame pour comprendre aussi ce qui se joue dans ce recueil. Car c'est le langage poétique qui permet de retrouver le monde et sa pensée la plus intime, non tels qu'ils furent, mais transposés, transformés, rendus à leur évidence obscure.

Sans doute cette figure de la lisière, ou du pli, est un chemin d'accès privilégié pour entrer dans l'œuvre :

Le village que nous cherchons sur la carte
est toujours dans un pli, comme un souvenir
appartenant à deux époques.

Deux époques certainement, mais deux époques mêlant le mythe (le destin) et l'histoire, deux époques intimes aussi, conjuguant les ressouvenirs de l'enfance et les expériences adultes. Plus profondément, l'œuvre de Gérard Macé sait se loger dans ce pli des cartes, celles de la littérature et celles des genres : à la croisée de la prose rêveuse et des retrouvailles avec le poème, à la croisée aussi de la pensée et de la poésie, comme le montre également à merveille une anthologie composée pour Gallimard, qu'il a choisi d'intituler *La Pensée des poètes.*

Laurent DEMANZE

Louis ZUKOFSKY : « A ». Traduit de l'anglais (États-Unis) par François Dominique et Serge Gavronsky (Nous, 35 €).

C'est peu dire que la traduction de ce livre mythique était attendue. Selon Jacques Roubaud, Louis Zukofsky (1904-1978) est peut-être le plus grand poète américain du XXe siècle. On aime à voir en lui le père de l'objectivisme, « famille » littéraire américaine reprenant au vol le « *No ideas but in things* » [1] de William Carlos Williams. Né dans le numéro de février 1931 de *Poetry* piloté par Zukofsky et au sommaire duquel figuraient notamment George Oppen, Carl Rakozi et Charles Reznikoff, le groupe fut rejoint un peu plus tard par Lorine Niedecker.

« A », « poème d'une vie », 24 mouvements numérotés de A 1 à A 24, près de 800 pages, a été écrit entre 1928 et 1974. Sa traduction par François Dominique et Serge Gavronsky, commencée en 1987, a été achevée trente-trois ans plus tard.

On peut décrire ce poème comme fait de vers (réguliers ou non), de toutes sortes de formes poétiques, de dialogues théâtraux, de lettres, de conversations, multipliant les références à Shakespeare, Spinoza, Marx, Homère, Catulle... Il oscille entre la vie quotidienne et familiale (Celia, la femme de Zukofsky, musicienne, et Paul, son fils, violoniste prodige, y sont très présents) et l'Histoire (des États-Unis, du XXe siècle…).

Impossible à résumer ? Zukofsky s'y risque, sous la forme d'une intégrale (« Voici ma poétique / Intégrale de parole à musique / Une intégrale / Limite inférieure parole / Limite supérieure musique », A 12, p. 192). C'est l'aspect mathématique du poème, qui se développe *more algebrico.* La légende dit qu'il y avait toujours un couvert pour Spinoza à la table des Zukofsky…

Mais le « modèle » de la poésie de Zukofsky n'est pas que mathématique, il est aussi et peut-être plus profondément musical. Pas au sens où Zukofsky courrait après une musicalité de la langue, mais au sens où, à travers une référence récurrente et structurante à Bach, il organise la polyphonie de *« A »* comme une fugue. « Peut-on transposer le dessin d'une fugue en poésie ? » (A 6, p. 70). Oui, répond *« A »*. Le poème « commence » le jeudi 5 avril 1928 après un concert (*La Passion selon saint Matthieu*) et se « termine » en 1974 par la partition d'un canon composé par Celia Zukofsky sur des thèmes de Haendel (*L. Z. Divertissement*). « Je » sort du Carnegie Hall : « J'allumais une cigarette et sortis / Libre, par la porte éclairée de rouge. / L'ouvreuse se perd dans la fumée d'une "Camel" ; / Le prochain vu à travers : / Une face de clochard, / Grasse, quémandeuse, l'œil aussitôt souriant, / De la barbe sortent des lèvres / Du froc troué sortent des hanches / et soudain / Rien » (A 1, p. 18). Un rien que les événements, petits et grands vont venir remplir, s'ordonnant point contre point. Les événements ou du moins ce qu'en entend et restitue Zukofsky qui estime que « [le poète] regarde dans son oreille tout en regardant dans son cœur et dans sa pensée » (« Déclaration pour

1. « Pas d'idées sinon dans les choses ».

la poésie », dans *Un objectif et deux autres essais*, Héros-Limite, Genève, 2019, p. 55). « L'œil cherche la voix / La voix incite l'œil » (A 13, p. 350). Cette phénoménologie poétique ordonne le monde au son : le monde est d'abord un monde de voix, une polyphonie vocale. On entend, puis on voit, on voit ce qu'on entend, puis on parle pour donner à entendre, dans une langue regardée comme matière à musique, à partir d'un plurilinguisme — le yiddish (la langue maternelle) et l'anglais (la langue du pays natal), l'anglais (des États-Unis) et l'anglais (d'Angleterre)… — qui débouche, entre autres, sur une pratique constante de la traduction homophonique, jusque dans ses traductions de Catulle (où, par exemple, « Miser Catulle, desinas ineptire, et quod vides perisse perditum ducas » devient « Miss her, Catullus ? don't be so inept to rail at what you see perish when perished is the case »).

Cette façon de recueillir et d'organiser les phénomènes sonores produit une « musique » complexe qui a pu faire passer Zukofsky pour un poète hermétique alors que, comme le conseillent ses traducteurs français, on peut aussi lire *« A »* — si possible « à voix haute » — et se laisser emporter. Il y a donc deux façons de lire Zukofsky. Si on le suppose hermétique, on le lit en érudit (on a écrit et on écrit encore beaucoup sur son œuvre) ; si l'on suppose qu'il est dans le rapport acoustique au monde que l'on a dit plus haut, on le lit en « mélomane ». Il est probable que l'érudit et le « mélomane » possèdent chacun une partie de la vérité sur la poésie de Zukofsky.

Zukofsky, c'est cette intégration des événements privés et publics d'une vie dans une nécessité musicale mais, juif et marxiste, il a aussi contribué à donner, conjointement avec George Oppen et Charles Reznikoff, une conscience politique à la modernité poétique américaine, incarnée à son époque par Pound et Eliot.

Après la traduction de *80 fleurs*, le dernier livre de Zukofsky (Nous, 2018), cette traduction de *« A »* continue à faire découvrir cette voix pour laquelle l'intérêt de Jacques Roubaud, Claude Royet-Journoud, Emmanuel Hocquard, Jean-Marie Gleize, Dominique Fourcade, Pierre Alferi, Olivier Cadiot et quelques autres, a fait naître en France un désir.

Christophe DAVID

François LESCUN : *Graines de tilleul* (Caractères, 30 €).

Parmi les poètes contemporains François Lescun est de ceux qui font usage des strophes, mais c'est un usage singulier en ce que les strophes ne composent pas des poèmes mais se rassemblent en séquences, qui sont comme les chapitres de ce qu'on pourrait appeler un livre de poésie, bien plus qu'un recueil de poèmes. Il faut ajouter que depuis quelques années la strophe de prédilection est, pour Lescun, le tercet, forme brève sans doute qui favorise la vision instantanée, parfois même la définition. Mais forme impaire aussi, en déséquilibre, capable de donner au troisième vers une valeur différente, retour critique sur les deux premiers, ouverture, autre horizon.

Et peut-être cette composition de tercets, « mosaïque » dit l'auteur, a-t-elle aidé à l'ampleur du livre. C'est que la lecture nous fait parcourir au moins deux grandes courbes, l'une va d'un monde clos, sous-bois et jardins, à l'univers infini (« vaste monde » ou « voie lactée »), l'autre de l'intimité du corps à la caricature de « paradis terrestre » qu'offre la société aujourd'hui dominante.

La première courbe conduit, avec aisance et vitesse, des « étangs fumeux » aux « lacs de cratère », du « fricfrac du bouvreuil » aux « paons royaux sur les toits ». Mais ce que la vie propose dans un ordre de succession — les jardins de l'enfance précèdent l'exploration du « vaste monde » —, le poème peut aussi bien le réunir :

Silence la queue du chat balance
Se prend-il pour un écureuil
Va-t-il bondir comme un kangourou

L'autre courbe est plus tendue encore, elle remarque le corps vieillissant, note les sévères cauchemars nocturnes et, presque aussitôt, laisse éclater sa colère devant les puissants : « les GAFA mènent la ronde » comme jadis un autre conduisait le bal, et celui-là se pavane « con / content de soi ».

La mort, ici, se tient en embuscade (les morts proches sont évoqués, plus encore, ils sont nommés), mais elle est vigoureusement affrontée avec, me semble-t-il, quelques armes efficaces, la lucidité qui contredit La Rochefoucauld : « regardez le soleil et la mort », la musique, l'amour, largement présent dans le livre, et les amis.

À cette liste il faut absolument ajouter la poésie, comme un bonheur d'écriture qui se réjouit aux vers courts, aux allitérations, aux mots « choyés », et montre bien qu'on peut tout à la fois « explorer l'immédiat » et forger un livre pérenne.

Vincent METZGER

Abdellatif LÂABI : *Presque riens* (Le Castor astral, 14 €).

Ce n'est certes pas un hasard si le dernier recueil du poète Laâbi s'ouvre sur ces mots d'Abu-l-Ala al-Ma'ari : « L'éternité a parlé avec laconisme / Jusqu'à faire du silence / Le sommet de la concision. » Alors que le monde se délite jour après jour, que les conflits éclatent aux quatre coins du monde, que l'incompréhension foncière entre les hommes ne s'est jamais aussi bien portée, mais aussi que le corps du poète s'épuise, peine à ranimer les sources de plaisir et de bien-être, qu'est-ce que l'écriture peut encore engranger, déposer, laisser croître ? Le poète arabe du Xe siècle après J.-C., qui a fait du pessimisme une ligne de conduite au quotidien et le point d'origine d'une réflexion philosophique sans concession, donne le *la* des poèmes qui égrènent le parcours qui se déploie tout au long des cent cinquante pages de ce dernier opus. À l'heure des comptes, la vanité de l'écriture résonne pleinement, quand bien même ce jeu périlleux a fini par se confondre avec les moindres pulsions de type organique : « Ma voix / ne cesse de me répéter : / tu n'es pas obligé d'écrire / Je lui donne entièrement raison / mais voilà / ma main continue / à s'activer sur la page ». Cependant cette activité futile mais entêtante, entêtée, ne peut se résoudre à rejoindre le néant, le vide guettant le poète ; ces « presque riens », ainsi qu'il les qualifie, ne parviennent certes pas à capter le bonheur — mot trop vaste au soir de l'existence ! — mais se révèlent aptes à traduire l'instant d'émerveillement, la seconde durant laquelle l'esprit, le corps, sont transpercés de part en part par la grâce d'un moment nous redonnant le monde : « Tant pis pour le bonheur ! / Je nage mieux / dans l'onde / de l'éblouissement furtif ».

Alors que les grandes espérances de l'humanité ont fait long feu, que les idéologies du siècle ont fait faillite, quel témoin peut-il encore advenir ? Quelle voie, quel espace aménager pour la trace ? « Dans cet enfer / il n'y a plus comme témoins / que les rats, les chiens / les pierres, le vent / et là-haut / les astres en fin de vie ». Le poète ne se résigne pourtant pas à renoncer à tout appel, toute apostrophe, toute interrogation clôturant le poème, afin que l'entreprise puisse se poursuivre. Mais dès lors, qu'importe la rime, la régularité du vers, le moule de la contrainte formelle ? La prosodie du poème court, dénudée, libre, détachée, taillée jusqu'à l'os, sur la page, et les mètres, exposant leur concision, leur densité, pourraient apparaître comme les expirations du poète, souffle court, inspirant après chaque vers : « Quelqu'un est-il là / pour émettre un soupir / et tourner la page ? » C'est précisément ce détachement du poète qui lui permet, au terme d'un long parcours d'épreuves, de combats, mais aussi de jouissances, de victoires, de tenir à distance l'érosion des temps actuels. Tel un leitmotiv, un mantra, la même formule scande le poème éponyme en chacune de ses strophes : « J'ai un mal de chien / à écrire / et me contente de regarder / méditer / la plupart du temps à perte / de lire / comme un dément / mais je ne m'en fais pas ». La lucidité étreint pourtant le poète et manque remporter le dernier mot ; néanmoins, le mantra, tuteur, tient debout — le poète lui-même tout comme le poème : « Tout cela / — sentimentalisme effréné ou excès de lucidité ? — / finira mal / très mal / selon le bruit qui court / mais je ne m'en fais pas ». La ligne de partage entre un hier s'accordant au sens recherché, conférant son visage plein et serein au réel, et un aujourd'hui désemparé, exsangue, dont l'absence de signification emplit l'existence quotidienne, se fait jour dans les « presque riens » que compose Laâbi : « Jusqu'à maintenant / la poésie m'a sauvé / Mais je comprends / qu'elle puisse se lasser / des appels au secours / même de ses fidèles serviteurs ».

Le délitement du corps, l'apprivoisement progressif de la mort rôdeuse, rebattent les cartes de l'identité, troublent l'ipséité du sujet : « Je ne suis plus / la personne ou l'être / d'avant / Je suis qui alors ? » Le constat sans fard du nouvel état amène le poète à faire force de faiblesse apparente : l'action, l'engagement physique de la jeunesse, ont laissé place à l'art de l'écoute, de l'observation (« De ma faiblesse / au plus bas de l'échelle / j'ai fait un observatoire »).

Que faire d'un corps que l'on ne *reconnaît* plus ? que l'on a perdu et qui nous a perdu ? En vis-à-vis de ce poème intitulé « Corps ouvert », le poète enregistre une autre révolution, et non des moindres : la dilution de la maîtrise du langage, la dissonance advenue entre l'artisan chevronné qu'est le poète et les mots qui fuient la préhension, qui rendent à présent un son quelque peu fêlé (« Derrière le mur / dans le monde d'â côté / je crois savoir ce qui se passe : / je suis en train d'assister / à l'extinction de la langue »).

Ainsi : *Presque riens* ? C'est dans cette proximité affichée avec le néant, cette assomption des lèvres du vertige, que le prix de la poésie de Laâbi nous parvient à présent : dans le battement que conserve la vie, qui mène son train jusqu'au bout, entêtée, entêtante, un grain d'humour subsiste (et dans cet écart préservé toute la valeur — *encore* — de l'instant), mais aussi le culte du poème, malgré sa défaillance, l'initiation royale qu'il recouvre : « Bon voyage à cette destination / que tu as choisie / NULLEPART, l'appelles-tu / ni pays ni planète ni galaxie / une chose, un espace / un désir de ton invention / et sur lesquels / tu n'as pas cessé d'entretenir le mystère ».

Les *presque riens* de Laâbi sont encore un pied-de-nez lancé au sort : en une antiphrase hésitant à s'avouer, ils demeurent au bord du gouffre cet effort acharné du poète pour faire *plus que vivre* : « Vivre / Un sacré cran / au-dessus de la vie / hors du chaos ». Et un élan, une impulsion, tout autant qu'une adresse.

Hervé SANSON

Judith CHAVANNE : *L'Empreinte d'un instant* (Potentille, 7 €).

Les plaquettes sont un domaine non négligeable de la sphère poétique. On peut penser aux éditions Alidades qui défrichent beaucoup le continent étranger. Par le passé il y a eu les plaquettes de Wigwam que dirigeait Jacques Josse ; ou celle des Cahiers du Confluent (dirigés par Yves Bergeret) où j'avais découvert le poète Paul de Roux avec *Traversées matinales* ; plus près de nous les plaquettes du phare du cousseix du regretté Julien Bosc. Les éditions Potentille (elles gèrent maintenant le stock du phare du cousseix) ont dernièrement publié une plaquette de Judith Chavanne.

La poésie de Judith Chavanne a beaucoup à voir avec le temps, non pas qu'il s'arrête, c'est impossible, mais il s'étire, s'étale ; il s'épaissit et c'est dans cette épaisseur que viennent les émotions et l'attention portée aux choses comme aux sentiments. *L'Empreinte d'un instant* n'y déroge pas, les occurrences, même dans cette mince plaquette, en font foi : « et le temps s'est un peu alangui » ; « Quitter le temps long, mesurable » ; « avec le temps à contempler ». Dans ce temps long, les moments, les instants prennent alors toute leur saveur profonde, et il est question de « la prodigalité infinie des heures où l'on a été ». Mais aussi, hélas, « le temps se disperse, et il fuit. Qu'est-ce qui le ramènera à l'ancre ? Donnera à l'instant sa réalité ? Son achèvement et sa durée — peut-être son éternité. »

Temps et instant chez Judith Chavanne, on le voit (c'était aussi sensible dans les recueils précédents), ne s'opposent pas. Ils s'inscrivent dans une dialectique : il faut juste que le temps s'étire assez pour que l'instant ait une chance d'exister et de laisser son empreinte. Il faut qu'il y ait une certaine durée pour que les choses existent autrement qu'en passant : « Quitter le temps long, mesurable / au carré d'ombre grandissant / tandis qu'on se réfugie / dans ce qu'il reste de soleil contre le mur. / Quitter la maison d'été, les regards / faussement perdus qui s'attardent / sur la rouille et le grès, sur le lézard, / détaillant matières vivantes et inertes, / la grappe de raisins, le tas des roses fanées. » Ce que l'on sent, c'est que le poème de Judith Chavanne participe de ce même temps long, qu'il est une lente maturation. Elle le dit ainsi dans le numéro 73 de la revue *Nu(e)* (en ligne sur le site Poezibao) : « La durée, à la faveur des notes régulières qui précèdent un poème, est en somme une façon pour moi d'apprivoiser la parole, de la favoriser. » Le rythme lent du poème de Judith Chavanne est favorisé par une syntaxe aussi subtile que ferme dans ses formulations ; ce poème est fait de mesure, d'attention et d'observation : « Ici, entre les murs d'une cour ancienne que l'herbe a gagnée, comme devant ou peut-être à l'intérieur même d'un tableau : avec le temps à contempler. / Car sur la toile, c'est le temps que le peintre a rendu sensible, celui qu'il a pris pour sentir et observer, puis pour accomplir, d'un geste peut-être patient, peut-être fébrile — amoureux. C'est, offert à nos regards, le temps coloré, nuancé. / Et ici, sur la pierre, le fruit, la porte ou la rose : le temps qui mûrit, effrite, rouille, dore, fane, ou envahit. »

Jacques LÈBRE

James SACRÉ : *Broussaille de bleus*. Dessins de Jacquie Barral (Le Réalgar, 12 €).

Broussaille de bleus pourrait être considéré comme la quête du point de convergence, aussi bien pour le poème que pour la peinture, soit cet espace intérieur, situé en pays imaginaire et imaginatif, né d'une déficience mémorielle ou du brouillage qu'opère l'esprit sur le souvenir d'un paysage. Ainsi se comprend le sous-titre du recueil, « *(relation paysages)* » : en effet, l'image d'un paysage apparaît toujours dans le poème comme colonisée par d'autres paysages qui viennent s'y inscrire en superposition ; et tout semble débuter à partir de la perception d'un motif, qui devient alors pouvoir énergétique. Comme l'a déjà écrit James Sacré dans *Les mots longtemps, qu'est-ce que le poème attend ?*, le motif est « au bord de l'imagination ».

Cette nouvelle « broussaille », note Jacquie Barral dans le texte liminaire, le dit clairement. C'est à partir d'un paysage observé, contemplé, aimé, qui « part en fuite, toujours » et « s'ouvre grand » que l'esprit enfourche l'imaginaire et entre, à partir de certain motif enregistré par la mémoire, dans un processus de conglomération. Le poème (comme la peinture) condense une somme de paysages réunis en un seul lieu énergétique comme source de l'art, et ce sédiment, ce « dépôt affectueux » animé d'une « énergie vitale » devient « la matière brute de [la création] ». Parfois le seul nom d'un paysage traversé peut ouvrir l'espace secret où le motif fait son œuvre. Ce qui fait retour dans le paysage, le « point de captage sensible », devient foyer lumineux du poème ou du tableau.

Un des poèmes du recueil dit particulièrement bien cette fusion. Un motif aperçu, retenu, tel alignement de peupliers par exemple, renvoie à un autre alignement, ailleurs, différent parce que d'un autre temps, et vient se substituer au premier tout en l'intégrant jusqu'à brouiller l'image première. Ce brouillage comme broussaille de mots est dû au fait que tout « s'en va / Disparaît comme / À l'horizon du temps », « La couleur du vivant / N'en finit pas de mourir ».

Une rangée d'arbres te donne le mot peuplier
À l'extrémité de cette brocante en plein air
Mais n'as-tu pas aussi bien pensé
Aux peupliers d'une fontaine en Vendée
À ceux mouvementés de vent
D'un bord de camping dans le Colorado
Aux peupliers qui brillaient
Au fond d'une étroite vallée marocaine ?
C'est tout le concret du monde
Accumulé perdu dans ta mémoire et tu n'as plus
Que ce nœud d'encre et de lettres
Comme un signe abstrait de peinture
Pour n'en pas parler. Pour en parler.

Au bout du compte, « Écrire un paysage, on ne sait pas trop / Ce que cela veut dire » : le poète ne sait plus très bien ce qu'il regarde, ni ce qu'il écrit, ni si ce qu'il écrit est ce qu'il voit ou ce qu'il entend. Aussi, dans ce mouvement qui « s'ouvre en creusant l'infini », le paysage né d'un motif s'oublie, s'en va et ce « motif à la fin / Échappe » au plaisir du poète. En conséquence, le poème ne peut dire le concret du paysage, il « ne peut plus que penser dans l'abstrait » avec le rythme et la sonorité, avec le sens des mots et sans lui. Parfois, la relation entretenue « n'est plus qu'avec les formes » — comme les branches d'un saule qui « s'ouvrent en sorte de main ouverte » — et le mot « ne raconte plus rien » de ce qu'il désigne. La broussaille de bleus fait alors autant référence au bleu des peintures de Jacquie Barral qu'à la broussaille de mots qui, les faisant se frotter, dans leur irréalité, à leur sens incertain, dira les bleus de tel paysage — « Le poème comme un bleu à mon désir d'écrire ? » ou comme un bleu à l'enfance ? La traverse du temps aura déformé ce que l'œil croit avoir gardé de réalité ou l'aura fait disparaître complètement : « L'œil peut perdre un paysage comme on perd dans la mort / Le visage de quelqu'un ».

Ainsi, le « bleu fougereuse » du premier poème, où « fougereuse » établit une relation entre une couleur et une forme diffractée comme celle de la feuille de fougère, n'existe peut-être pas dans la réalité du paysage mais tout a contribué à le faire naître dans le chaos langagier du poème, « rêverie d'on sait pas quoi », « désir qui emporte ». Le poème n'est que cela, désir, ce désir dont Spinoza fait le centre névralgique de tout être vivant. Alors, « Si vous regardez bien / Vous pourrez savoir / Que la broussaille ça peut être / Aussi bleu que des oranges / Sans être obligés de le croire. »

Cette dynamique du paysage dans la broussaille de bleus n'est pas sans rappeler *Broussaille de prose et de vers (où se trouve pris le mot paysage)*, publié en 2006, et semble s'inscrire dans son prolongement. Du « rapport » en 2006, à la « relation » au paysage en 2021, le poème gagne en liberté et accepte, dans son emblématique défiance, le travers des mots. Le poète ne montre plus « l'espace éblouissant » de tel paysage mais « l'énigme [qu'il] ne comprend pas : Peut-être, ou peut-être pas. » James Sacré dit ici ce qu'est un poème : l'impossible arrêt d'un monde en mouvement.

Régis LEFORT

José Carlos BECERRA : ***Comment retarder l'apparition des fourmis***. Traduction de l'espagnol (Mexique), notes & postfaces de Bruno Grégoire & Jean-François Hatchondo. Édition bilingue (La Barque, 21 €).

C'est en 1969, lors de son premier et ultime voyage en Europe, que José Carlos Becerra rédigea, en partie, ce recueil dont le manuscrit fut découvert dans la voiture où il trouva la mort au sud de l'Italie au printemps 1970. Inutile de gloser sur les prémonitions hasardeuses d'une fin pressentie dont on pourrait voir des traces dans les poèmes. Il s'agit du troisième volume traduit en français (par les mêmes traducteurs) d'une œuvre bien trop brève, reconnue par les plus grands, en particulier Octavio Paz, dès ses débuts. Après avoir magnifiquement orchestré ses premiers poèmes selon de longues laisses qui évoquent Claudel ou Saint-John Perse (*Récit des événements*, 1967 [1]), l'auteur, dans ce recueil posthume, sans abandonner son « lyrisme » se fait plus sobre, plus percutant. Âpreté et douceur se mêlent, s'échangent dans des poèmes pétris par le désir de célébrer et de prendre ses distances. Répétitions, reprises, redites scandent ces vers, créant l'espace de poèmes obsédés par un quotidien riche et passé sous silence la plupart du temps.

nous rencontrer là-bas,
à l'endroit où la poussière et la pitié
se lavent les dents

je le répète, nous rencontrer là-bas
échangeant des sourires

Les poèmes se concluent non par un point final rituel, mais par une virgule, petit signe que ça continue, doit continuer, jamais finir.

bonnes affaires au Paradis
soyez à l'affût   ne les ratez pas,

Ironie mordante, empathie envers les autres — mais inextinguible « envie d'être seul ». Solitude du poète, certes, mais avant tout du poème qui pourrait avoir l'heur improbable de rencontrer dans le silence des pages un lecteur égaré dans les mots. Qui évoquent, disent, donnent à penser, rêver parfois.

Il faut savoir gré non seulement aux traducteurs mais aussi à l'éditeur qui sait ne pas faire fortune en publiant un tel livre (et en bilingue !), mais a le courage de faire connaître ce qu'il aime, ce dont nous avons besoin.

Francis WYBRANDS

Hannah SULLIVAN : ***Trois poèmes***. Traduit de l'anglais par Patrick Hersant. Édition bilingue (La Table Ronde, 16 €).

Trois poèmes est le premier recueil de poèmes de Hannah Sullivan, publié à l'origine par l'éditeur londonien Faber et récompensé en 2018 par le prix T. S. Eliot. Les trois poèmes, écrits en vers libres, sont subdivisés en parties dont certaines peuvent être considérées comme des poèmes se tenant par eux-mêmes.

La poésie de ce recueil tire son énergie singulière de quantités de sources : littéraires, mais aussi philosophiques et scientifiques. Le premier des trois poèmes, « Toi, très jeune à

1. Traduit aux éditions Belin en 2002.

New York », est narratif et raconte le séjour à New York d'une jeune femme qui travaille dans une société où elle est « censée remédier aux inefficacités des processus en ligne, // Gérer le multicanal, veiller à la gestion des petites entreprises ». La narration se centre bientôt sur l'épisode des retrouvailles avec un amant, qui seront finalement ratées. Le deuxième poème, intitulé « En boucle avant l'instant *t* » et sous-titré « Un poème pour Héraclite » est traversé par une méditation au ton à la fois humoristique et tragique sur l'histoire, la forme et l'informe, et sur certaines théories physiques (cosmologiques en particulier). Il se termine par l'évocation de Trinity, le premier essai d'une bombe atomique, réalisé le 16 juillet 1945 dans le désert du Nouveau-Mexique. Le troisième poème, « Le bac à sable après la pluie », évoque en les juxtaposant la mort du père et la naissance du premier enfant de Hannah Sullivan. Il comporte des parties narratives, en particulier le récit d'un accouchement laborieux, et se termine par une méditation sur la mort.

La poésie de Hannah Sullivan est ample, capable de percevoir le monde par l'intermédiaire des voix les plus diverses, et de l'accueillir dans son espace. Elle est aussi merveilleusement fraîche, dépoussiérée des convenances littéraires et des lieux communs. Les toponymes, les noms de personnes ou de types humains, les noms de spécialités culinaires, ceux de marques, d'enseignes de café ou de restaurant, abondent. Ces noms évoquent une époque, et un espace géographique mais aussi social déterminés, en particulier des lieux et des sociétés urbains.

Oui, les hipsters picorent leur kouign-amann à San Francisco,
la brume se lève comme une porte de garage, les MacBooks se mettent en route.
Une fille en manque se balance devant un studio de Bikram embué.

On est loin de l'aridité et de « l'hygiène » d'une certaine poésie contemporaine où l'évocation de la moindre circonstance ou la mention d'un nom de marque, parce qu'elles porteraient prétendument atteinte à la qualité universelle assignée à la poésie, sont considérées comme impures et par suite exclues. Les références à des lieux, à un temps, à des circonstances particuliers ancrent dans une réalité circonstanciée, mais cet ancrage ne compromet en rien le caractère universel de ce qui est vécu, voire le souligne.

Les notations sont précises, parfois presque cinématographiques dans leur exactitude. Associées à la diversité de ce qu'elles désignent, elles créent un imaginaire singulier, vaste et composé d'objets et d'êtres originaux. Cette poésie narrative à certains moments, méditative voire spéculative à d'autres, est de bout en bout imprégnée d'un lyrisme bouleversant. Le choix des notations et leur accumulation lui confèrent ce lyrisme, et aussi l'apparition au sein de ces évocation du « je » ou de son miroir le « tu », qui rappellent que tout cela est la vision d'une personne singulière.

La nuit, tu songes à l'immeuble d'en face, à ses lumières qui l'une
Après l'autre s'éteignent, Mondrian appauvri, un carré d'ocre
Où une femme se dévêt pour la ville, caressant ses cuisses bouffies.
Tu l'entends parler au téléphone, de toi, sa « petite innocente ».
Tout l'été tu as mangé des pêches du marché fermier.

Dans le corps d'une méditation où la poétesse tourne en ridicule l'idée de « l'amour vrai » proposée par Shelley, le développement des idées est déchiré par l'évocation de circonstances qui pourraient appartenir au récit d'amours malheureuses : « Pour finir nous voilà sur un quai désolé / Guettant avec un maladroit bouquet de lys / Celle ou celui qu'on aime avancer sous la pluie/ Tête penchée, avec son rire de toujours, / Tenant une autre main. »

Poésie urbaine, créée par une habitante de la grande ville, qui décrit les lieux et les personnes d'une manière transparente, en leur donnant les noms sous lesquels ils sont connus de tous. En ce sens, et bien que les références littéraires abondent par ailleurs, poésie populaire qui évoque la ville sans le filtrage d'une « clé » ou d'un code qui seraient nécessaires pour accéder au sens : « Personne pour t'attendre dans le hall des arrivées, / Sinon le vide et la lumière de cathédrale du Terminal 5, / L'éclat d'une enseigne Krispy Kreme et le fauve embonpoint / Des bouteilles de Scotch à caresser après la douane : seul moyen / Après un tel voyage de retarder le retour. »

L'humour affleure partout, de même que le sentiment tragique auquel il est souvent mêlé, dans un mélange qui exprime une tristesse lucide et sereine, davantage que l'ironie. Les automatismes d'un certain langage professionnel sont tournés en dérision : « L'associé principal appelle de Newark, "Bravo à l'équipe (ronron / De sa voix mince, il sirote quelque chose), on vise le gagnant-gagnant". »

Dans un poème qui aboutit à une méditation sur le langage, les modèles cosmologiques concernant l'origine de l'univers sont évoqués avec un sourire en coin : « Au début, tout était rien / Et il n'y avait pas grand-chose, et pas de début. » Une certaine situation est perçue avec un point de vue légèrement décalé. Dans cette mise à distance, un caractère dérisoire ou absurde apparaît, souvent relié à l'impermanence de l'existence humaine. Ainsi, évoquant la nuit qui a suivi l'accouchement, et parlant d'elle et de son bébé (« Ni lui ni moi, cette première nuit, n'étions au mieux de notre forme »), et comparant la relation qui s'établit entre elle et le bébé à celle qui existait entre elle et son père mort peu de temps auparavant : « Le bébé ne ressemblait nullement à mon père, / Mais il y avait quelque chose de commun : / De part et d'autre, une gêne maladroite. [...] / Chacun de nous timidement réjoui par l'autre, / Avec un rien de snobisme dans le soulagement, l'acceptation. »

La force de ces poèmes et leur beauté viennent aussi de leur merveilleuse limpidité. Évocation, développement narratif ou argumentatif, tout est exprimé de manière transparente, touchant le lecteur directement. Une magie propre à l'expression poétique opère cependant, et cette impression directe pénètre en profondeur et est rémanente.

Dans le cours du dernier des trois poèmes, une anguille de mer en instance de mourir apparaît comme un exemple de l'indifférence que la poétesse suggère de prendre en exemple : « Elle voudrait quitter l'aquarium, le cri des langoustes, / La vision monotone des banquettes de skaï, / Les gens du métier venus saliver en collègues : / "Moitié en sashimi, moitié en friture épicée", / Mais voudrait aussi ne pas quitter l'aquarium, être à jamais / Choisie et non choisie, ni vivante ni morte, / À tourbillonner entre deux murs de bulles et de verre. » L'anguille aperçoit le monde extérieur à travers la transparence de l'eau et du verre, et cependant en est séparée, et est comme emprisonnée dans la transparence. C'est à cette transparence que Hannah Sullivan s'en remet finalement, par ce constat qui conclut l'ensemble du recueil : « Tu as deux fois été du nombre des vivants, / Et par deux fois aimée. / Te voilà retombée dans la clarté de l'air. »

Arnaud TALHOUARN

Debasish LAHIRI : *Paysages sans verbes / Landscapes without verbs*. Traduit de l'anglais (Inde) par Geetha Ganapathy-Doré et Cécile Oumhani (Alger, Apic Éditions).

Paysages sans verbes est une magnifique ode aux paysages de l'écriture et à la puissance du verbe poétique. Les poèmes se répondent de Delhi à Madurai, de Hyderabad à Kolkata, de Paris à Amsterdam. Le tout premier vers du recueil donne le ton : « Changez les taches du léopard », nous disent les traductrices. Mais les « taches» ce sont aussi, au fil des poèmes, tous ces lieux de l'expérience et de l'imagination. La première note de ce chant du monde ancré dans la terre des hommes ouvre la voie : changez de lieux et c'est le dessin de l'univers qui s'en trouve altéré, comme retourné par un simple mouvement du kaléidoscope — le rêve est dehors, le soleil est dedans.

Ce principe du retournement est au cœur du recueil qui donne à voir l'envers des villes, les dessous des tableaux, la face cachée du temps. Les villes ne sont pas des espaces mais des lieux incarnés : ce sont des villes « aux étranges mensurations » (« Crépuscule à Delhi ») qui absorbent le lecteur dans une forêt de sensations. L'espace s'y mesure « Dans un mètre de lait », le temps, au poids du sable.

Déroutant notre regard, Debasish Lahiri renverse le verbe dans une écriture de la négation. « La chute silencieuse des verbes » dans « Bow Barracks » se traduit dans le foisonnement des images en négatif qu'annonce « Ceci n'est pas un poème sur les rivières : Madurai ». C'est, paradoxalement, dans la biffure de l'image que l'image survient, entraînant à sa suite tout un réseau de correspondances poétiques — littéraires, musicales, picturales. Ainsi, « les fenêtres s'ouvrent comme des oranges », dévoilant une multitude de présences surréalistes où « la rivière est une rue » à Madurai, où les horloges jouent à « des jeux de patience » avec Dalí et Chirico. Cette lecture en creux du monde est à la source de l'étrangeté qui habite le recueil : le poète « devenu bizarre avec la vie », et se surprenant comme à rebours dans le miroir du temps (« C'était moi / Qui rentrait / Il y a une demi-heure », dans « À la sortie de la clinique ») est aussi celui qui s'ouvre « Au frisson d'étrangeté » dans « Café la nuit » avec Van Gogh.

La richesse et la puissance évocatrice de la poésie de Debasish Lahiri mériteraient une exploration bien plus détaillée. Mais la force première de ce recueil, merveilleusement servi par une traduction attentive et précise, réside dans cet élan qui nous détourne de ce que le poète nomme « l'anxiété [...] du temps », nous invitant à « chercher l'horizon » (« Journaux de Yellow Lane ») pour y déceler les vibrations poétiques qui nous libèrent, un temps, de « la finitude du verbe » (« Minerve nocturne »).

Isabelle KELLER-PRIVAT

Gerrit ACHTERBERG : *L'Ovaire noir de la poésie*. Traduit du néerlandais par Daniel Cunin (Éditions de Corlevour, 18 €).

Voici un livre dont la couverture, le titre et le format accrochent durablement, et en premier lieu le visage de Gerrit Achterberg, conforme à l'élégante raideur de son nordique patronyme. Une impression compacte liée au visage tranchant du poète, à ses crimes, en l'occurrence un meurtre et une tentative de viol, aussi au titre saisissant sous lequel ce choix de poèmes a été rassemblé, voilà qui sentait le soufre et peut-être même la houle imprévisible du neuf. Heureusement pour ce livre, je ne lis plus de poésie depuis presque trois ans, si bien que les poèmes d'Achterberg ont bénéficié, dans ma mire de lecteur, d'un effet de reprise et de contraste. Né en 1905, mort en 1962, Achterberg m'a offert ma rentrée poétique. D'abord, la structure du livre est abrupte. J'aime cette partition très nette, presque dure, entre la section des figures et celle des matières. Ces tiroirs ou rubriques offrent aux poèmes un espace de franche découpure. On ne sait que trop à quelle enchère solennelle se livrent d'innombrables poètes et éditeurs de poésie en s'efforçant de jucher les vers sur leur trône de blancheur, comme en un centre secret de la page, à l'emplacement magique duquel les mots assemblés seraient voués au resplendissement tout-puissant de leur dignité de poèmes, mais ici, l'ambition tendue semble « d'origine » ; les textes arborent la massivité trempée d'une matière, d'un format et d'un effort vénérables. Au fil des poèmes, j'ai retrouvé une vieille maladie d'homme seul, lentement terrorisé d'être en vie. Je ne sais comment Achterberg pouvait tenir dans cet état où sans doute il voguait, suspendu à un « vous » ou un « tu » lestement doté d'identités de rechanges, d'identités indéterminées, peu ou prou revenantes, polissant un espoir d'amour ou plutôt des instantanés de désir, comme autant de tentatives d'amadouer un Éros tout-puissant avec des soins de banni. La lecture des poèmes nous conditionne à des limbes soudain domptés par un coup de stylet lexical. Le poète y déclenche ses fastes. Dans sa postface, Willem Jan Otten parle du primat du vers sur le poème chez Achterberg, il touche juste, mais le mot isolé, le mot enclavé à sa place de mot sonnant et rutilant me paraît l'unité d'emprise de ces poèmes conçus pour graviter autour d'un titre, mieux encore autour d'un mot saillant dans le corps du texte et fonctionnant tel un noyau-titre. Les poèmes du Néerlandais ont quelque chose d'une collection d'aimants. Ils attirent à eux une limaille, un corps de garde, un pourtour immédiat qui fait leur écrin, leur aspect d'horlogerie, leur mise altière et maniaque. Mots précieux ou coupants élancés dans un verbe sobre y répètent un geste acéré et le plaisir de ce geste ; un soin orfèvre de l'agencement et de la disposition. Achterberg ne verse pas, heureusement — et cela se joue parfois à peu de chose — dans la tétanie insolite où se réfugient un grand nombre, non de poètes mais d'englués perplexes ; il manie l'effraction du Mystère avec ce qu'il faut d'abordage franc dans l'évocation, s'en tient à des images préhensibles physiquement. Il donne de quoi le suivre au moment de cette accélération dans le poème, dilatation ou bouffée, qui est sa raison d'être. L'élan du poème « Distillation » par exemple, est solidement amarré au premier vers : « Une nouvelle matière née de votre mort ». Les images qui suivent et leur volte déboussolante y trouvent une rampe éclairante qui par surcroît en préserve la complexité. Avec leur note camphrée ou leur flottement de réséda, les poèmes exhalent une majesté embuée de cimetière sous la lune. Il n'y manque, mais le lecteur en recompose la silhouette, que le cyprès tutélaire des tombeaux ; car Achterberg suggère le décor d'arbre noir et de pierre d'un sépulcre idyllique, d'une douce nécropole, propre à lever la perpétuelle imminence d'une maîtresse non revenante mais frôleuse de mort, pâle et caressante, évanescence migrant d'une sculpture à une statue, dans une « lithosphère générale » esquissée dans le poème liminaire. Moins sensible à la tension mystique des poèmes dont l'expérience m'est étrangère, j'ai lu *L'Ovaire noir* dans l'impression d'un sillage trouble liée aux crimes du poète. Je n'ai su me départir de l'ombre portée du meurtre et de la tentative de viol. La violence se tait dans les poèmes et leur froideur apparente. L'impression glacée, récurrente dans le vocabulaire, n'est que le scintillement, le fil scintillant, à la surface des matières, des finitions. En revanche, passant d'un poème à l'autre, je composais machinalement, à l'arrière-plan de la voix, de cette buée murmurée, un décor d'herbes folles où le poète ruminait ses fantasmes, ou, plus informes encore, ses ruminations, ses absences, de celles dont on ne sait rien, marottes qui ont partie liée à la morbidité, à un détraquement fondamental. Au risque d'extrapoler, un calme suspect, une latence de fait-divers et de préparatifs, me semble poisser au revers des poèmes. Une atmosphère de clairière et de lumière basse telle qu'elle affleure dans « Lithosphère », « Fumée » ou « Pierre » ; dans la continuité de ce décor et du tutoiement, quelque chose de la main réversible qui, à la pointe de sa pression confuse, caresse et étrangle. Une rêverie, fusionnelle plus qu'androgyne, hante des socles ou des dalles noyés dans le brouillard : « Nous voici deux en une sculpture / Je ne suis plus seul en vie ». Des portraits héraldiques se forment en transparence des tutoiements marmoréens à la fois martelés et murmurés dans un climat d'épigraphe. Des étreintes différées, ressouvenues, surtout un effort pour établir, mieux qu'une revanche amoureuse dans la pierre, un état de brandissement minéral, sûr comme une étrave d'immortalité. Le décorum des matières, chez Achterberg agit comme une tropicalité sévère, un raffinement agressif qui affûte l'atmosphère des poèmes. Le son et plus généralement la portée évocatoire des mots désignant des matières transformées, « linoléum », « bakélite » s'élèvent, dans la poésie d'Achterberg, à une sophistication élémentaire, une majesté composite qui embue ou rend plus limpide, éclaire d'un jour singulier les saynètes ou éclosions de forces dans les poèmes. Les matières recèlent toutes plus ou moins la luminescence du radium et sa gloire toxique. Achterberg anime l'hostilité séduisante des matières, fards venimeux d'une dimension en cours d'invention. « Densité » en porte la marque, presque la poétique : « Maison hermétique. / Sous zéro / à travers la résistance des dents et du temps / je fore jusqu'à vous / un conduit d'événements : / gel des sens et sentiments / en un cristal lexical / — l'objectif de toujours — / à présent coagulé en mille chants / dépourvu d'ailes : / la mélodie / roulée / enroulée. » Il y a, dans cet « objectif de toujours », la recherche d'une splendeur métamorphique qui se ressemble, un miroir électif dans lequel Achterberg ne plonge que pour mieux se reconnaître, de préférence dans l'éclat unifié avec l'être tutoyé. Je retrouve chez le poète néerlandais quelque chose de la minéralité explosive à l'œuvre chez le poète suisse Francis Giauque. Le même soufre claustral où l'homme-poète consacre sa lucidité et son obscurité à s'exhumer vivant, sous la forme de poèmes strangulés, corsetés dans leur royauté concise. La bizarrerie d'un mal inconnu s'y commue en geste d'art, et l'on sent, à chaque passe, que l'art et la souffrance échangent d'aveugles propriétés, aveugles mais éclatantes. Cependant, chez le Néerlandais, la détresse se tait dans son monument, se calme dans une dépense énigmatique qui la détourne, au point d'y ressembler à de l'apaisement, de la patience éperdue. Daniel Cunin, le traducteur, a su ne pas transformer les poèmes d'Achterberg en poèmes français. Nous croyons lire les poèmes dans leur langue d'origine à travers une lentille française qui la restitue sans distorsion. Le lecteur oublie dès les premiers vers l'opération subtile, avance sans buter sur ces menues opérations de négoce et d'orthopédie linguistique où viennent à grincer, parfois, les manœuvres de la traduction. Nul passage en force ou concession visible ne parasite l'unité du massif imaginaire servi par un impeccable « fini ».

Nicolas ROZIER

Gérard LE GOUIC : *Exercices d'incroyance* (Gallimard, 12 €).

L'exergue emprunté à Cioran exprime parfaitement le projet du recueil et sa tonalité cynique : « Dieu me paraît inconcevable ordinairement, mais à certains moments, je puis concevoir que je m'adresse à lui, sans que j'y croie réellement. » Le poète explique, dans un « Prétexte », le sens de sa démarche : ni explication ni justification. Seule la parenté poème / prière en autorise la forme. La jouissance éprouvée à l'écriture en rachète la « tentation ». L'auteur minimise la portée de son livre avec autodérision. Il s'agit, selon lui, d'une « mise en condition afin d'aborder ensuite mon chantier en cours ». L'honneur est sauf : ni blasphème ni culpabilité. Pas même une caution laïque : juste, celle, littéraire, d'un méditatif devancier, Max Jacob...

Le recueil est fondé tout entier sur l'utilisation systématique du paradoxe. L'entreprise n'est pas nouvelle (voir l'aporie paulinienne : *nous proclamons la mort du Seigneur*, qu'on décrypte ainsi : le Seigneur, étant Dieu vivant pour Paul, forme opposition avec *mort*, s'il est mort il a dû ressusciter, d'où la *proclamation*). Le Gouic écrit : « mon incroyance / Vous crée ». Il construit un dialogue imaginaire avec un interlocuteur absent (recours à la prosopopée) pour mieux s'y opposer : « Ce dialogue qui se poursuit / avec Vous qui n'existez pas / [...]

me dirige vers vous ». Il ajoute ceci : « Vous existeriez, je vous combattrais ». Avant de s'apercevoir que cette lutte « contre Vous » peut avoir des effets contreproductifs. En effet, elle « Vous octroie une présence supérieure / à celle que je voulais détruire ». Paradoxe des paradoxes : le blasphème se retourne contre le blasphémateur.

Cependant, le bénéfice n'est pas nul : ne pas croire n'empêche pas de célébrer le monde. L'*orant* poète retrouve, « grâce à Vous » (*i.e.* le Créateur), sa généalogie, son histoire personnelle. On peut, en effet, concevoir Dieu comme un guide de voyage conduisant à des découvertes vers « les champs de l'histoire ». Le poète a donc tout loisir de « [s'] attarder / aux futilités de [son] caractère ». La prière (*i.e.* le poème) matinale inscrite à « l'emploi du temps / des prochaines heures » révèle ainsi son état d'esprit. En outre, elle lui sert de refuge : « Je me blottis dans la prière / tel un chien qui se sent menacé / rejoint son panier » — attitude cynique appropriée et assumée. Si bien que Dieu finit par prendre une importance inattendue, non dépourvue d'utilité : « Vous êtes l'errant de mon destin ».

Ce jeu n'est pas sans dérision. Ces « prières minuscules » et quotidiennes sont comparées à « une liste de commissions » (remerciements, reconnaissance, éloges, pénitence) dont il faut s'assurer de « Bien lire le détail des ingrédients, / vérifier les dates de péremption ». Le livre est émaillé de métaphores rapprochant le poète d'un marin naufragé : « J'ai sombré en Vous / comme un navire qui heurte / une île approximative / dans des mers sans contours. » Métaphore filée par l'ambiguïté de l'emploi de l'homophonie (pécheur / pêcheur) : « Je suis Votre pêcheur désespéré / prêt à toutes les passions, à tous les crimes ». Autre exemple : « Vous êtes mon chant / qui s'inscrit dans ma poitrine », « Vous êtes aussi mon champ / de labours, de céréales, d'herbes drues / où je cultive mon amour, / où je conduis le troupeau de mes songes. » Le recueil finit par devenir le « cahier de mes révoltes, / de mes résistances et soumissions, / je l'organise comme un missel. »

Ces « exercices » parodiant Cioran (cf. *Exercices d'admiration*) finissent par fatiguer le poète. Il souhaiterait « disparaître sans aucune trace », si la fuite n'était inutile, puisque « Vous étiez ma cellule et mon évasion ». Reste, pour le poète, à tirer enfin sa révérence au « maître de philosophie, père éphémère, frère temporaire », Dieu en trois personnes, avec cette pirouette : « Je ne crois pas en Vous / mais d'amour. » Le grand mot est lâché.

Passionné de mystique, Cioran a construit son œuvre sur une révolte contre le Dieu de Job : « Impossible d'aimer Dieu autrement qu'en le haïssant » (*Entretiens*, Corti). Rien de semblable ici. Il s'agit bien d'un « exercice », de gammes, d'une pochade. Le poète jouit de ne pas se prendre au sérieux. Il en rajoute, grossit le trait. Nulle extase mystique, évidemment, comme chez Cioran, mais, bien plutôt, la *confession* d'un sujet menacé de sécheresse spirituelle. Cette poésie exprime la tentation / tentative de ne pas sombrer dans le désespoir. Dieu devient le seul interlocuteur possible face à un vide qui nous menace tous. Il n'est pas indifférent de souligner que l'ouvrage est dédié aux « amis et poètes en allés »...

Un recueil bienvenu en une période qui nous confronte, de façon quasi moyenâgeuse, au Néant. Misère de l'homme sans Dieu ? Certes, on en sourit ! Sauf que la poésie peut aussi, parfois, ressortir au *divertissement*...

Michel LAMART

Jean-François AGOSTINI : *En 20 & 20. Courtes proses et photographies* (Les Presses littéraires, 15 €).

En 20 & 20 de Jean-François Agostini est composé comme son sous-titre l'indique de *courtes proses* et de *photographies*. Cette architecture n'est pas inédite pour l'auteur qui est coutumier des livres d'images et de mots. Il inscrit donc ce nouveau recueil dans le sillage de *Transes digitales* (2012) et de *Chemin des petits hôtels* (2015).

Ancré au sud de l'île de Beauté, Jean-François Agostini rayonne, à vrai dire, bien au-delà. Il élabore, au fil de ses livres, une poésie à partir de ce que lui offre son environnement immédiat au sud-est de la Corse, d'où il dégage une forte amplitude poétique. C'est un poète « terrien » tourné vers la mer, qui trouve le grandiose aussi bien à ras de terre que projeté vers le large.

Qu'il braque son objectif photographique au cœur d'un lys ou qu'il plonge dans les vagues brisées de la Tyrrhénienne, l'attitude semble la même et rappelle quelque peu celle du *Voyageur contemplant une mer de nuages* de Caspar David Friedrich. Il y a cette même sensation ambivalente de sérénité et de vertige. Vertige aussi produit par les zooms, faisant faire par exemple au lecteur la trajectoire d'un nœud dans le bois jusqu'à l'astre lunaire.

« Jour 157, an 20 — Le cœur d'une fleur brille plus fort que celui d'un astre ». Chaque prose s'ouvre par l'énoncé d'un décompte journalier. Comme un jour nouveau se lève sur « l'an 20 ». Un jour nouveau... peut-être en « pure perte » ? Le jour se lève donc et met la lumière au cœur de ce livre. Il existe par la lumière et la reflète en guise de célébration : « de toutes les beautés l'initiale est lumière ».

Néanmoins Jean-François Agostini ne se satisfait pas du seul émerveillement. Au-delà du spectacle qu'offre la lumière, s'ouvrent d'autres dimensions. La dimension de mystère s'épaissit par contraste, dans l'aveuglement. Au-delà des images et des mots, perdure « le mystère du monde indistinct ».

> *Jour 80, an 20 — Cette fleur des champs, d'un mauve translucide, n'est pas que surgissement de beauté (un peu de lumière s'y ajoute), elle est aussi la part d'un mystère plus grand que celui des mots pour le dire.*

Seul face à ce mystère, le poète ne peut que tenter de saisir les jaillissements de lumière pour en faire l'émulsion. Ondes et particules sont retranscrites sur des pages « photo-sensibles ». L'alchimie n'est d'ailleurs qu'à peine voilée : « Jour 315, an 20 — Je ne chercherai pas la formule des fleurs ailleurs que dans la complicité tacite de la lumière, des nuages, de la terre, de mes yeux. »

Les références à l'histoire de l'art et aux artistes de l'art pictural sont particulièrement nombreuses dans *En 20 & 20*. Apparaissent des peintres (Monet, Kandinsky, Rothko, Vermeer) et des acteurs de la photographie humaniste comme Jean Mohr ou Cartier-Bresson dont le poète cite ceci : « Vous n'avez qu'à vivre et la vie vous donnera des images ». Jean-François Agostini « collecte des images » dans son propre « boîtier neuronal » en utilisant les outils de ces maîtres : la lumière, le regard, le cadrage, etc. qui sont autant de portes d'entrée vers d'autres « chambres noires ».

> *Une chaise en fer oxydé semblait m'attendre. Je ne m'assis pas. Je relevai le portillon comme l'aura fait le dernier jour, et ne le sachant, le dernier jardinier, son panier de consolations au bras.*

L'évocation de surgissements « paréidoliques » (en tant que visions de figures humaines dans les éléments) est peut-être l'indice du questionnement profond de la place de l'humain dans cet univers. Se traquant lui-même, Jean-François Agostini, rôde aux environs de ses frères humains avec un regard sauvage et mordant.

> *Je longeai un de ces hameaux artificiels gardiennés (tout droit issus du fantasme californien, à l'architecture de conteneurs high-tech superposés (dont l'été fera des fours réfrigérés)).*

Et puis, elle étonne cette image d'un cheval harnaché, caressé par une main humaine. Toute la fougue animale semble maîtrisée par l'homme. La domestication émerge là furtivement au beau milieu des vagues indomptables qui ruent et se jettent au grand galop sur les rochers. Autre récurrence remarquable : le poète s'empare comme de deux bobines de fils de « Nature » et « Culture », et tisse, non sans humour, une seule et même représentation.

La brièveté de l'ensemble est à rapporter à l'instantané du vécu. La mécanique du haïku s'invite dans la prose comme de vifs éclats de lumière, des « coruscations » évoquées savamment par le poète. Il paraît presque inconvenant, dès lors, de distinguer proses et photographies. Entre les deux, rien de descriptif ou d'illustratif. C'est un tout, un tout qui fait langue. La langue singulière de Jean-François Agostini questionne le sublime et l'insignifiance de la destinée humaine. À l'heure de l'anthropocène, cette question teintée de romantisme s'actualise et prend un relief particulier. Jean-François Agostini est de plain-pied dans le souci de son époque. La temporalité particulière, avec laquelle il joue dans le titre, permet en effet de saisir l'intérêt du propos de *En 20 & 20*. Le recueil a germé en temps de pandémie mondiale. Il n'y fait cependant pas directement référence. Il préfère le pas de côté, pour échapper au commentaire convenu de l'actualité.

Les préoccupations de *En 20 & 20* poursuivent, de ce point de vue, celles de recueils antérieurs comme par exemple *Généalogie de l'algue* (Éditions Jacques Brémond, 2011) : « Réservoirs à larves / aérés par un siècle de pics épeiches / Les termites creuseront des puits / grusineront racines et câbles mêlés / fragmenteront l'e-monde à petits coups d'écorche ».

Déjà présente aussi dans de précédents ouvrages, la critique du positionnement humain dans un monde de plus en plus marchand, où plus rien ne semble avoir de sens. À l'inverse, ici, le moindre signe fait sens et voici pour exemple ce que Jean-François Agostini confie à Philippe Jammes à propos du titre *En 20 & 20* : « L'esperluette est un signe typographique que l'on appelle aussi "et commercial". Vous aurez noté que le commerce, notamment en ligne, a prospéré durant cette période, il me fallait souligner cette contradiction : d'un côté les malades, les morts, les privations, le confinement, de l'autre le triomphe du commerce en ligne et du virtuel, j'ai symbolisé cela avec l'esperluette. »

Parmi les beautés que lui offre le jour, apparaissent toujours des « traces », comme des vanités, de ce monde marchand « dans la coulée adverse parfaitement visible entre deux palettes ruinées ». En cherchant à « comprendre un peu la valse des univers », Jean-François Agostini révèle, peut-être « en vain » mais non sans pertinence, l'humaine présence au monde dans la beauté de la lumière et l'éblouissement de son mystère.

Xavier MAKOWSKI

Antoni DESCHAMPS : *La Divine Comédie traduite en vers français*. Édition présentée par Franco Piva (Rosenberg & Sellier, Turin, « Biblioteca di Studi francesi », 31 €).

« Il n'y a pas de plus éminent service à rendre à une littérature que de transporter d'une langue à l'autre les chefs-d'œuvre de l'esprit humain », écrivait Mme de Staël [1], et l'histoire des traductions des textes fondamentaux — Homère, la Bible, Shakespeare, Goethe entre autres — est un élément essentiel de l'histoire des idées. *La Divine Comédie* fait partie de ces textes maintes fois traduits, y compris de nos jours. À l'époque romantique la figure

1. Dans un bel article, « De l'esprit des traductions » (1816).

« du » Dante est une de celles qui sollicita le plus l'imagination des artistes, des écrivains, des peintres. Mais comment traduire en français la *Divine Comédie* ?

Antoni Deschamps est moins connu que son aîné Émile ; il a à la fois souffert et bénéficié du fait d'être son frère [2] ; il est bien introduit dans les groupes littéraires de son temps, ami d'Alfred de Vigny, apprécié par Chateaubriand (pourtant en général sévère pour la génération qui le suit), très réputé vers 1830, puis injustement oublié. C'est à lui, Antoni Deschamps, que l'on doit la grande traduction romantique de la *Divine Comédie* (Paris, Gosselin, 1829), traduction qu'il ne put achever pour des raisons de santé : il dut recourir aux soins du docteur Blanche, peu de temps avant Nerval ; cet inachèvement même est très romantique.

Franco Piva, de l'Université de Vérone, dont on connaît les remarquables études sur le romantisme français, a eu l'heureuse idée de donner une édition de cette traduction devenue introuvable. Il l'accompagne d'une ample préface qui dévoile l'étrange personnalité d'Antoni et qui, en analysant les réussites et les échecs de son entreprise, nous livre une vaste problématique s'appuyant sur l'histoire, au XVIIIe et au XIXe siècle, de ce genre d'écrits, trop longtemps et bien à tort considérés comme mineurs ; il ajoute à son étude un substantiel dossier de presse « Autour de la traduction ».

La folie d'Antoni, son foudroiement devant l'étonnant génie de Dante, si romantique que soit cette explication, ne sauraient être seuls invoqués. Ce sont davantage les difficultés intrinsèques de l'entreprise qu'il s'agit d'analyser. L'époque des « belles infidèles » est finie ; il faut désormais une traduction fidèle, mais cette exigence ne doit pas amener à la sécheresse érudite qui serait une autre forme d'infidélité. Une traduction en vers, comme c'est le cas de celle d'Antoni, rendra-t-elle mieux l'élan poétique du texte premier ? Une traduction doit-elle mettre un texte au niveau de ses lecteurs, en le « modernisant », ou, au contraire, permettre aux lecteurs de se hisser à l'époque parfois éloignée où le chef-d'œuvre a été conçu — question ardue qui s'est posée de façon particulièrement aiguë aux traducteurs d'Homère. Mais les difficultés ne sont pas moins grandes pour Dante. Rivarol déjà faisait remarquer qu'il n'est point de poète qui tende plus de pièges à son traducteur. Les problèmes du traducteur sont-ils comparables à ceux du peintre ? Deschamps a souvent conversé avec Delacroix qui est infidèle à la lettre, mais le plus dantesque qui soit lorsqu'il représente Dante et Virgile aux Enfers. Au total, cette traduction en vers d'Antoni Deschamps pose plus de problèmes qu'elle n'en résout, et c'est là son intérêt.

La belle étude de Franco Piva a donc une portée théorique et générale incontestable. Elle repose sur une documentation historique impressionnante où figurent les prédécesseurs de Deschamps, ses instruments de travail, ses sources et, ce qui est fort intéressant, sa réception : comptes rendus dans la presse, ainsi de Charles Nodier au *Journal des débats*, articles dont certains fort peu connus et pourtant très riches, ainsi les articles de ce critique au nom disgracieux de Trognon qui se montre fort perspicace [3]. Franco Piva, à partir de l'analyse du texte de Deschamps, nous donne une magnifique démonstration de ce que peuvent, de ce que doivent être les études littéraires alliant réflexion théorique de haut niveau et solide ancrage d'histoire littéraire. Modèle aussi de style, cette étude d'un universitaire italien de grande classe, est écrite tout entière dans un français impeccable et élégant, et se lit avec plaisir.

« Si j'osais ajouter un mot à l'interprète », comme dit La Fontaine, je ferais l'éloge des études françaises en Italie, des « Studi francesi », et de la vitalité des éditeurs italiens. Bel

2. Voir l'essai très suggestif de J.-B. Pontalis, *Frère du précédent*, Gallimard, 2006.
3. Deux longs articles parus dans les *Archives philosophiques, politiques et littéraires.*

exemple pour la France qui devrait veiller à ce que ne soit pas sans cesse rognée la place faite à l'italien dans les lycées et, partant, à l'Université.

Béatrice DIDIER

ROMANS, RÉCITS, THÉÂTRE

Jonathan BARANGER : *Le Legs psycho-batave* (Champ Vallon, 23 €).

Le Legs psycho-batave de Jonathan Baranger est le deuxième volet d'un cycle inauguré l'an dernier avec *Don Creux est mort*, sans en être vraiment la suite. Il y est question d'un mystérieux mouvement, éthique et esthétique, le « psycho-batave », nouvelle « ligue de gentlemen extraordinaires ». Sorte de franc-maçonnerie ? Secte un peu sataniste, comme le suggèrent les titres des chapitres ? La doctrine de ce groupe d'amis est d'autant plus obscure qu'elle s'efface avec le temps, et que ses fidèles s'efforcent d'en conserver le souvenir. On pourrait définir celle-ci comme la nostalgie d'un paradis perdu, et retenir comme sa manifestation la plus claire le culte des disques soul et rock garage des années soixante. *Le Legs psycho-batave* se déroule ainsi dans des États-Unis rêvés, parcourus au fil d'un *road movie* en voiture américaine, convoquant, comme dans la série *Twin Peaks*, toute une mythologie pop et cinématographique, entre fantasme et dérision, toujours de façon détournée. Comme chez David Lynch, la démarche est volontiers absurde, des patronymes burlesques des personnages (le « héros » Jean-Pierre Paul-Poire, son mentor Jean Pop II, mais encore Grand'Pa Wolf ou White Zulu) à certains épisodes extravagants, tels ces Témoins de Jéhovah adeptes de la transfusion sanguine, l'écoute d'un 45 tours sur un gramophone en ralentissant manuellement le disque, ou encore l'invention d'une étrange machine à révéler la virginité de son utilisateur. C'est cette fantaisie sans limites qui fait du *Legs psycho-batave* un pur objet littéraire à la façon du Jarry de *Gestes et opinions du docteur Faustroll*.

Ce roman d'apparence farfelue est paradoxalement très écrit. Comme dans le premier livre de Baranger, *Chokolov City*, on pense même parfois à Henry James. Voici la description de la clinique dans laquelle se repose Sred Sweign, l'un des gardiens de la doctrine : « Leur pépiement [celui des oiseaux] se mêlait aux conversations des pensionnaires, au tintement de porcelaine du thé que l'on prenait à l'ombre des ormes, au carillon d'une boîte à musique dont la mélodie coulait d'une fenêtre, et tout se nimbait d'une délicatesse ouvragée de clavecin. » Ce souci du style est à mettre en relation avec le sujet profond du livre : une aventure spirituelle et morale. Dans *Don Creux est mort*, le jeune Jeremiah, au terme de son périple, devenait un homme nouveau, Jean Pop II ; ici, dix ans plus tard, c'est au tour de l'excentrique Jean Pop II de transmettre le flambeau du psycho-batave à un jeune disciple, Jean-Pierre Paul-Poire, marqué au début par le mauvais goût du monde contemporain, de ses tenues criardes à son intérêt pour les films d'action des années quatre-vingt, voire les « films pour adultes ». Aidé du vénérable Sred Sweign, Jean Pop II, « le bavard », saura le remettre dans la bonne voie, notamment par l'alchimie du verbe.

Roman d'apprentissage, *Le Legs psycho-batave* emprunte au roman policier son motif de la quête. Ainsi Jean-Pierre Paul-Poire se donne-t-il pour mission de reconstituer le mystère d'un petit théâtre de poupées représentant tous les membres du mouvement psycho-batave auquel il manque une figurine. De même, il détient une photo du groupe mais elle est si délavée que l'on ne peut plus identifier les visages. C'est muni de ces faibles indices que Paul-Poire va commencer une enquête sur la pièce manquante qui le mènera de l'Indiana jusqu'en

Nouvelle-Angleterre au cours d'un jeu de piste dans un monde flottant, où les personnages changent volontiers de nom, tel Sred Sweign qui souhaite se faire appeler « Tom » ou le dessinateur Solomon qui prend pour pseudonyme « Regulus ». Le récit lui-même semble réversible, les nombreuses scènes de rêves se confondant parfois avec l'intrigue. D'autres passages sont littéralement mis en scène au cours de saynètes théâtrales qui dupent observateur et lecteur avant la révélation ultime, comme celle où Jean Pop II, nouveau Mr Hyde, semble frapper gratuitement un vieillard. Mais surtout, le récit lui-même se fractionne en mini-récits comme dans *La Vie mode d'emploi* : le gardien de phare féminicide, la ferme fouriériste de Carnaby Fletcher (« le Témoin de Jéhovah le plus riche du monde »), ou enfin le joueur d'échecs en sauna Hagenberg. Cette construction savante culmine dans le chapitre X, résumé de l'histoire des États-Unis, qui voit Carnaby Fletcher jouer au « Ministerious », un jeu de société mettant en scène les différentes sectes des Puritains au XVIIe siècle et leur volonté de s'étendre, transformant non sans une certaine ironie blasphématoire un apostolat religieux en conquête militaire. Dans cet univers en incessante mutation, on ne s'étonnera pas que Jean-Pierre Paul-Poire découvre que le mystère de la poupée manquante n'en est pas un. À moins que ce ne soit elle qui refasse surface au dernier chapitre, dans un ultime retournement ?

L'humour fantasque de Baranger s'accompagne d'une réflexion très contemporaine sur la culture et la sous-culture. « J'aime un certain folklore, explique Jean Pop II à son élève, et à vrai dire je suis même plus attiré par ce folklore que par la culture traditionnelle. Mais j'aime que mon folklore reste à sa place ». Si l'on trouve de nombreuses références à la pop culture, et notamment à la *blaxploitation*, comme chez un Quentin Tarentino, les sources littéraires de Baranger sont plutôt à chercher du côté de Chesterton ou de Theodore Francis Powys. À travers sa galerie de personnages pittoresques, et avec son ton pince-sans-rire, l'auteur nous invite à une réflexion sur la vérité en art à son ère industrielle. Ainsi de ce passage dans lequel Jean Pop II, dont le fétichisme pour les disques a longuement été décrit, raye volontairement son 45 tours préféré pour qu'il demeure en lui comme un mythe immortel, paraphrasant Oscar Wilde et révélant tout ce que le psycho-batave doit au dandysme : « Regardez ces larmes coulant sur mon visage, alors que je détruis ce que j'ai de plus cher ».

François SOUVAY

Ahmet ALTAN : *Madame Hayat*. Traduit du turc par Julien Lapeyre de Cabanes (Actes Sud, 22 €).

Ahmet Altan, victime d'une incarcération arbitraire comme nombre de démocrates et opposants au régime d'Erdoğan, a continué d'écrire sous les verrous. Condamné à perpétuité en 2018, il est provisoirement libre aujourd'hui. Son dernier roman, *Madame Hayat*, décrit un pays gagné par la peur, vu par Fazıl, un jeune étudiant en littérature, qui découvre l'amour avec une femme d'âge mûr, libre et indépendante, rencontrée dans les studios de télévision où ils font de la figuration pour survivre. Par le regard et le témoignage de son narrateur, l'auteur confronte la littérature au monde réel en livrant à travers des dialogues d'une grande finesse, une analyse de la société turque d'aujourd'hui, en état de guerre civile, la police, les milices religieuses et *loups gris* frappant les derniers espaces de liberté : la culture, la presse et l'université…

Fazıl vient de perdre son père, mort après avoir été poussé à la faillite. Il étudie loin de chez lui, à Istanbul, et réside dans une pension minable où il côtoie des êtres déclassés, en semi-clandestinité, ou socialement marginalisés. Il se voit sans père ni repères : « je ressemblais à un bébé tortue à qui on a retiré sa carapace… » Dans cet univers glauque et parfois sinistre, sa rencontre avec Mme Hayat sera un éblouissement solaire : « Elle se comportait comme si elle était dotée du droit de tout vouloir et douée de la force de tout abandonner. » Elle est pourtant très distante de sa vocation pour la littérature, nourrie et éclairée par deux professeurs courageux et non-conformistes — qui seront arrêtés avec d'autres enseignants pour avoir signé une déclaration commune concernant la liberté d'enseigner. Il veut lui faire partager les préceptes de Spinoza, lui donner le goût de ses auteurs tutélaires. Mme Hayat se fie à la science et, loin des livres, apprend le monde en regardant des documentaires à la télévision. Elle lui fait aussi observer la nature, décrivant l'organisation d'une fourmilière, le ballet amoureux des libellules ; elle en tire des leçons de vie et, en jouissant de tous les possibles, elle prend au présent sa revanche sur la mort.

À l'université, Fazıl fait aussi la connaissance de Sıla, belle étudiante, dont la famille aisée, totalement spoliée de ses biens et privée de ses passeports, a dû fuir la maison familiale en pleine nuit. Sıla, douce-amère, au matin, sous le choc, conclut : « Comme Cendrillon, à minuit toute notre vie était changée en citrouille. » La relation avec Mme Hayat est très différente de celle avec Sıla, pourtant plus proche de lui par les affinités multiples qui les relient. Il ne peut trancher : « Je me sentais profondément attaché à ces deux femmes, et en même temps, rien n'était officiellement nommé entre nous, j'éprouvais de la culpabilité. Je me sentais coupable de cacher à chacune la part de l'autre dans mon existence. » Plus explicitement, à propos de sa passion fervente pour Mme Hayat, il confie : « c'était toujours elle la meneuse, et moi je courais derrière elle, avec un temps de retard [...] toujours un peu éberlué [...] nous n'entrions dans aucun moule. » Leur complicité joyeuse s'établissait comme un jeu de rôles. Elle était Cléopâtre bousculant et ensorcelant Marc-Antoine. Paradoxalement, c'est Fazıl qui est jaloux quand Mme Hayat disparaît quelques jours ou prend du champ, s'absentant des studios de télévision où ils se retrouvent. Sa colère se métamorphose alors en désir sexuel, à assouvir dans une volupté accrue : « Moi aussi je me demandais pourquoi le monde n'explose pas quand on baise, mais puisque [comme les atomes] on n'est pas complètement en contact, ça explique qu'on ne s'envoie pas en l'air pour de bon. »

L'arrestation du père de Sıla donne lieu à une attente de quatre jours aux terrasses des cafés devant la Direction générale de la Sécurité où mères, filles et épouses des détenus attendent des nouvelles, espèrent leur libération. Autre signe de la déstabilisation, de la peur qui partout s'insinue et grandit, d'anciens employés de maison des riches opposants deviennent de farouches partisans du régime. Les plus opportunistes profitent de la situation, dénoncent leurs anciens maîtres, voire deviennent des édiles ou des « entrepreneurs », comme Yakoub, l'ancien chauffeur du père de Sıla : « Ici, les Yakoub vont nous pourrir la vie », déplore-t-elle. Parmi les habitants de la pension où réside Fazıl, un intellectuel de gauche, surnommé « le Poète » dirige une revue à laquelle il lui propose de collaborer en qualité de correcteur. Mais le jour même où devait commencer cette collaboration, une descente de police vise la chambre du « Poète ». Celui-ci se jette du balcon, et meurt sous le regard effaré de Fazıl, alerté par le vacarme, plein du remords de n'avoir rien pu faire. D'un balcon à l'autre : « j'ai tendu la main, il était trop loin ». Partout l'absurdité et le malheur gagnent, la répression aussi se fait plus dure.

Sıla, de plus en plus impatiente de fuir le pays, alerte Fazıl. Elle a récupéré son passeport grâce à la complicité d'un ancien policier. Une université canadienne l'attend. Fazıl tergiverse, tarde à rallier ce départ malgré les pressions qui s'exercent sur lui. Rien pour lui ne va de soi, de l'imbroglio amoureux à l'enracinement primordial dans la terre-mère qu'incarne Mme Hayat. La perception du temps n'est plus la même. Sıla court contre la montre, Fazıl retient les aiguilles. Comme l'auteur, son personnage de jeune homme en miroir ne parvient pas à déserter le pays en flammes...

De l'écartèlement au vide… Mme Hayat, n'est plus chez elle : « Parfois, il vaut mieux être une jument qu'une reine », disait-elle. Dans le registre inépuisable de ce grand roman d'initiation, Altan donne à voir par les yeux effarés de Fazıl l'ampleur des ravages individuels et collectifs dans son pays, sans sombrer dans le désespoir absolu. Il convient particulièrement de saluer l'excellente version française que Julien Lapeyre de Cabanes construit dans la compréhension subtile des partis pris de l'auteur, alors en état de détention.

Dernière touche, transparente. L'appartement de Mme Hayat est inoccupé : « Je rêve qu'un jour je verrai une lumière couleur d'ambre à cette fenêtre. […] Je suis là. J'attends. »

Michel MÉNACHÉ

Jean-Yves CASANOVA : *L'Enfuie* (Éditions Aqua Aura, 15 €).

Avec son roman *L'Enfuie*, que publient les jeunes éditions Aqua Aura, Jean-Yves Casanova, poète, romancier, essayiste, prouve que le XXIe siècle n'en a pas fini, et heureusement, avec l'une des grandes ombres tutélaires du siècle précédent, William Faulkner, envers lequel il reconnaît sa dette en lui empruntant une épigraphe à valeur programmatique : « Maybe nothing ever happens once and is finished ». Et en effet, son beau roman, réécriture en français de *L'Enfugida*, publié en occitan en 2014 chez Trabucaire, est tout entier hanté par des événements passés qui n'émergent que peu à peu d'un récit choral s'attachant à sauver de l'oubli ce qui avait vocation à y sombrer, comme il est dit vers la fin du récit : « Ce que nous avons su, nous aurions pu tout aussi bien l'ignorer, et toute cette histoire se serait éparpillée dans l'oubli, et personne n'aurait trouvé cela important, combien de vies furent ainsi dispersées dans la fumée du temps sans que l'on eût dit quelque chose pour ressusciter ce que nous avons su à peine, ce que nous avons deviné : tout va à l'égout du temps sans se déposer dans la mémoire. »

Cependant, du passé remontent les bribes d'une destinée tragique, celle de Marthe, une jeune femme originaire du haut pays provençal, qui autrefois s'est enfuie de sa ferme avec un ouvrier agricole dangereusement séduisant. L'histoire mêle des éléments comme surgis du XIXe siècle (un assassinat de grand chemin, une évasion du bagne) et des éléments plus modernes (les exactions de la Gestapo à Marseille, la liquidation des collaborateurs à la Libération), que les deux amants traversent en couple à la fois passionnel et maudit. Mais ce qui compte ici n'est pas tant l'histoire racontée que la manière dont elle résonne à travers le temps et la parole d'un narrateur représentant la communauté, qui n'a connu qu'une vieille femme revenue vivre en marge du village, dont le fascine le passé troué d'éclats et d'ombres. Une parole relayée parfois par celle de Marthe elle-même ressassant ses souvenirs, une parole adressée aussi régulièrement, en italiques et en contrepoint, à une mystérieuse Alice ironiquement empruntée à Lewis Carroll, le texte cousant toutes ces pièces en une rhapsodie envoûtante.

Le récit est porté par un style puissant, charriant souvenirs, sensations, commentaires, dans ses longues phrases relancées par des marques d'oralité. Le lecteur, d'abord perdu, se fraye peu à peu un chemin dans un univers de violence (la scène de l'assassinat du courtier revient de manière obsédante), mais aussi de sensualité, car s'il est une force agissante dans ce roman, c'est bien le désir, celui qui attire irrésistiblement les deux amants l'un vers l'autre lors de la fenaison initiale : « […] cela a dû se passer ainsi : l'homme sur elle — nous n'aurions vu que ses épaules et sa nuque, sur sa peau des brins de paille de la fenaison collés par la sueur —, son torse écrasant sa poitrine, et ses reins allant et venant entre deux jambes écartées, […] et puis le halètement de l'assaut trop rapide pour elle, trop court, quelques minutes et pas plus, tout cela à cause de la grande délivrance du désir mêlé au souffle de la pause méritée de la terre provenant de la nuit sournoise. »

L'Enfuie, on le voit, est aussi un roman de la terre, d'une Haute-Provence tragique qui n'est pas sans évoquer le « Sud imaginaire » de Giono et ses « assassinats magnifiques », avec ce plateau semblable à un « monde étendu vers le ciel, paumes ouvertes, mer étale, [qui] assure sa puissance sur les êtres, les herbes et les bêtes sauvages », ou encore, dans une autre géographie, le haut plateau corrézien dont Richard Millet a fait son territoire personnel. Tout autre chose donc, on l'a compris, qu'un « roman de terroir », mais l'inscription des vies dans des lieux fortement caractérisés, et surtout dans la grande roue du Temps, et l'on retrouve Faulkner, comme dans cette méditation de Marthe à l'approche de la mort, pour qui il ne s'agit pas de « ressusciter le passé », mais « tout simplement de penser qu'il n'y a pas de fin et de commencement, que toute cette histoire, la mienne et celle des autres, celle des moissons et du labourage, de la lune et du soleil, du jour et de la nuit, tout s'est mis en mouvement tel un cercle où j'ai pris ma part, et pas plus. »

Jean-Yves LAURICHESSE

Nicolas ROZIER : *D'asphalte et de nuée* (Éditions Incursion, 20 €).

Le premier roman de Nicolas Rozier m'a emporté, *D'asphalte et de nuée*, noir et sanguinaire comme une roche coupante. Six adolescents perdus, enlevés et séquestrés vivent le bagne et en réchappent après avoir fomenté leur évasion : une bande hétéroclite de vagabonds héroïques qui se détachent à peine du paysage, aussi rêches et dénudés. Mais ces corps tuméfiés et leur esprit portent leurs blessures comme des tatouages : « Le visage qu'on leur connaissait semblait remonté à l'envers. » Brisés, ils vont en ressortir mus d'une force nouvelle, comme une grosse bête lancée sur les routes, aguichée par l'odeur du sang. Mais pour commencer, c'est une usine à souffrance là-bas à Narvik. On ne sait pour quelle raison. C'est un goulag et un no man's land ; c'est un camp où se concentrent malchance et sadisme. Le maître par son absence règne sur chaque parcelle de vie ; plus qu'au rythme des gardiens et des exécutions, c'est l'imagination du désastre qui culmine : privés de futur, nos sacrifiés s'y dissèquent jusqu'aux confins d'eux-mêmes, suicidés par cette société secrète. On pense au sacrifice aztèque, si ce n'est que le Dieu-Soleil est un démon. On pense aux asiles et aux prisons, aux vies infâmes jetées en pâture aux vices de quelques-uns : eaux stagnantes où la mémoire se trouble et l'ancienne existence devient fiction, une traîtrise de soi à soi. Les sbires du maître sont des machines à broyer. Il n'en ressort que des cadavres et des ombres éprises de vengeance. Ou bien de liberté ? Extraits du monde, qu'ils fuyaient, par cette colonie de malheur, ces égarés deviendront des combattants à force de tortures. Ils s'arracheront le visage pour ne faire qu'un avec la nature sauvage et renvoyer les pouvoirs à leur lit mortuaire. Ils s'engageront en une épopée collective pour tuer les dieux. Les voilà qui reviennent à la vie. Ils se gonflent comme des colosses. Gratuits et libres, ils sont prêts à déchirer le ciel. Mais avant d'être emportés par un nouvel élan, ils doivent être lentement consommés, remâchés, éprouvés, sélectionnés ou éliminés ; c'est une loi de despote. Peut-être est-ce la nôtre ? De l'usine aux charniers syriens, les échos ne cessent d'éclater comme des grenades ; dans ces landes anonymes, il faudra en découdre et se sauver en filant sur des routes abandonnées — au fil de la lame ou de la plume. Ici, c'est une prose poétique délicatement ciselée, dure et violente comme on fait les gros bras, éreintante et grivoise par éclaircies. Comme le seront les rares femmes qui auraient mérité plus de liberté au sein de l'intrigue, n'étaient leurs allures de muses vénéneuses, l'amusement général et la force centrale qu'elles distribuent à chaque membre — les femmes sont comme chez Kafka celles qui délivrent ; enivrantes, elles redonnent le goût de vivre, mènent au plus haut Désir : elles sont un idéal vrai. Comme les œuvres d'art, elles sont l'image incarnée de la liberté, elles mettent fin aux raisons et aux ordres aboyés par ceux qui les détiennent. Aussi les phrases sont-elles fulgurantes. Mais elles s'accumulent comme contre un barrage : bientôt les descriptions compactes éclateront elles aussi, feront le mouvement, atteindront leur acmé. Elles seront action et ébranlement, passion et fureur. Si le roman semble parfois s'essouffler lorsqu'il n'y a plus que le torrent des phrases et l'apprêt du style — difficile de rester poète en roman —, l'auteur sait réenclencher la machine à point nommé ; il soulève le capot et souffle à nouveau sur ce magma ; quant aux contemplations, elles sont résistance à l'oppression. Les mots sont une matière en mouvement, ils sont la révolte de l'esprit et de la chair. Comme la peinture de Nicolas Rozier, ils seront bruts, ébouriffants, généreux. Excessifs. Mais toujours parés de cette clarté de combat tracée au scalpel qui nous rappelle Artaud. Ils ont aussi leur étrangeté, leur éclat fantastique : celle de la conscience en recherche, pur néant épris d'avenir, à la tombée d'une nuit qui voudrait engloutir tout. Cette écriture minérale convoque le fablier totalitaire et sa faune de bourreaux et vampires. Si rien ne fait sens que la force, c'est que le langage est à reconquérir. Dans cette apocalypse suburbaine, c'est à tordre la langue qu'on pourra inscrire son propre nom au mur des rares, dans le béton, le faire et ne pas l'oublier, en rayant cet enfer de métal et d'os. À moins qu'il ne faille effacer ? Si tant est que c'est en se délivrant du poids de sa conscience qu'on peut accéder à ce qui, du présent, sauve à même le bruit des arbres : leur respiration. C'est que le paysage est lui-même un personnage, il est cette atmosphère de laquelle sortent des démons ou des hommes. Le monde a été perdu. Mais c'est une grande opacité que les mots comme des poings vont cabosser et allumer de rage. C'est une cruelle écriture de silex ; une fois les feux rallumés, les beautés défigurées sont sauvées de l'horreur. Quant à l'humour, il surnage en îlots dans ces scènes de séries télé et films de cavale. Le détournement des codes du genre (course-poursuite, film d'horreur) empêche le roman de s'enfermer en lui-même, de jouer au vieux classique. Les captifs feraient des poètes maudits s'ils n'étaient morts si jeunes ; ils ressemblent aux sacrifiés de Bolaño qui ont conservé leur jeunesse malgré le malheur. Mais virils et indomptables, regagnent le dehors : que vont-ils devenir ? Une chose est sûre : le geôlier qui a tenu le stylo et consigné leurs affres est un orfèvre et un botaniste ; il suffit de lire à voix haute pour sentir l'élégance du verbe, le plaisir des sonorités ; traversé de secousses, Nicolas Rozier sut naviguer à terme ; d'un couteau de boucher, d'un geste étudié mais nerveux, il nous offre des fleurs ardentes pour un séjour amer : on est entraîné malgré soi, d'une langue touffue et hypnotique, à moins qu'elle ne claque comme un fouet, froide à réveiller d'un grand seau de glace ; un grand cri ou est-ce Genet qui s'espace entre les pierres tombales ; une langue impétueuse, certes exigeante et sombre mais cette forêt de métal est toujours mue d'une belle vitalité, confiante en son lecteur, jusqu'à jouir de son propre tourment car les mots, en grinçant, s'échappent et finissent par caracoler de la tête au cœur : comme ils y percent. « La tête suait d'horreur dans son givre noir. » On eût dit Baudelaire à l'épreuve des camps, telle fut ma toute première pensée en refermant le livre.

Fabien AVIET

Nathalie SAINT-CRICQ : *« Je vous aiderai à vivre, vous m'aiderez à mourir »* (Éditions de l'Observatoire, 19 €).

Les éditions de l'Observatoire ont bien fait les choses en ajoutant sur une large bande les photos sépias des deux héros, le beau port de tête de Marguerite et le crâne chenu du vieux

Tigre moustachu, avec, en surimpression, ce titre *bis* du livre : *Clemenceau. Son dernier amour, ses derniers combats*.

Les téléspectateurs connaissent l'éditorialiste politique de France Télévisions. Ce premier livre prouve qu'elle a la plume aussi ferme que la parole. Son secret ? Elle la trempe dans l'encrier de Clemenceau, qui fut d'abord une plume redoutée, avant de devenir — toujours redouté —, homme politique, chef du gouvernement et chef de guerre. Elle le cite souvent, toujours entre guillemets, à commencer par le premier titre donné ci-dessus.

Car c'est lui qui a rédigé ce beau pacte qui le liait à une femme mariée, de quarante ans sa cadette, mère de quatre enfants, cruellement éprouvée par la disparition de son aînée à l'âge de dix-sept ans, enlevée ? suicidée ? retrouvée enfin, après plusieurs jours d'angoisse, noyée. D'où une profonde dépression.

C'est lui aussi qui a fixé son statut de femme partagée en disant au mari : « Veillez bien sur *notre* Marguerite ».

Ce mari est un éminent universitaire, l'un des fondateurs de la littérature comparée, discipline née en France et qui va conquérir le monde. Fernand Baldensperger a été le premier directeur de la première *Revue de Littérature comparée* du monde, laquelle a fêté en 2021 son centenaire. Par sa double culture d'Alsacien qui a choisi la France, il s'est imposé à la Sorbonne comme en Amérique. Clemenceau et lui trouvent plaisir à faire assaut d'érudition sous les yeux de Marguerite. Elle l'a présenté à toute sa famille. Ses enfants l'appellent « Oncle Georges ».

Marguerite et Georges se voient chaque jour à Paris, ou cohabitent dans sa tanière de Vendée, et, sinon, chaque jour ils s'écrivent. Les lettres de Georges, au nombre de 668, parfois plusieurs du même jour, ont été publiées : *Lettres à une amie, 1923-1929* (Gallimard, 1970), elles ont été l'une des principales sources d'inspiration de Nathalie Saint-Cricq, après avoir servi de point de départ à Françoise Giroud pour un très général « portrait » intitulé *Cœur de Tigre* (1995).

Le livre de Nathalie Saint-Cricq se concentre sur le versant féminin de cette relation qui ne fut pas qu'épistolaire. Jusqu'où est-elle allée ? Marguerite avait exigé que ses lettres, une fois lues, fussent brûlées. Des réponses de Clemenceau, Nathalie Saint-Cricq aurait pu tirer une pseudo-reconstitution de ses lettres à elle. Elle a préféré laisser planer l'ambiguïté sur cette « amitié amoureuse » et inventer un « Journal de Marguerite » non daté, dont les chapitres alternent avec une narration anonyme, où le Tigre est toujours présent. Sa santé, ses exploits passés, ses travaux en cours, ses mots, l'époque mais surtout « ses derniers combats », contre Foch notamment, constituent un arrière-plan historique très subtilement tissé dans le fil du roman sentimental de deux êtres d'exception qui ont noué une relation d'exception. Toujours écrit dans une belle langue, ce « récit » mêle la grande histoire aux grands émois des individus : l'amour, la mort, la survie. Patriotique et pathétique.

Jacques BODY

Gérard TITUS-CARMEL : ***Ajours. Un rêve autobiographique*** (L'Atelier contemporain, 25 €).

Non pas une autobiographie — pas seulement en raison du « sot projet que celui de se peindre » mais par une impossibilité de principe. « Évaporation du moi » disait Baudelaire : Augustin, Montaigne, Rousseau, Leiris… surent mettre en phrases, sans illusions, leurs vies. Ils pensaient ce qu'exister peut signifier. Nous phrasons nos vécus, soulignons nos instants privilégiés, événements marquants, rêvons à ce que nous aurions pu être. N'aurons pas été.

Nous nous racontons, *figurons*, faisons récit de ce qui aura été. Futur antérieur ! Trame et drame de l'existence. On recolle les morceaux que la mémoire aura éparpillés afin de donner cohérence à la fiction rassurante de notre identité.

Peintre, graveur, poète, auteur d'une œuvre considérable de critique d'art, de lecteur [1], Gérard Titus-Carmel se livre, sans complaisance, avec bonheurs d'écriture toutefois, à une sorte de confession. Qui avons-nous été, nous dont les souvenirs les plus anciens sont vivaces — c'était hier comme si c'était aujourd'hui ? Tout part d'un vieil album de photos retrouvé. Les photographies renvoient au passé, à ce qui aura été, ne sera plus. Quelque chose de disparu, imprimé sur la pellicule qui vient faire rappel de ce qui ne sera plus jamais. Aura été ? Non pas relation du passé mais expérience de ce qui n'a plus de présence autre que dans une mémoire ajourée en proie à l'oubli et à des traces (de simples clichés négligés). Je me souviens, c'était moi : mais qui est ce moi dont je me souviens ? Celui qui n'est plus. Qui aura-t-il été, aurait-il pu être ? Et, plus inquiétant encore, qui est ce moi actuel qui est le même et tellement différent de celui qu'il va reconnaître. Comme étant lui-même ? Les repères extérieurs (dates, lieux, personnes…) témoignent, les rencontres multiples sont là pour confirmer la réalité du monde. Jeu entre mémoire, anamnèse et oubli, vérité et véracité, réalité et fiction, recomposition, images, peinture et… écriture. Ce fort volume aura demandé deux ans de travail acharné et passionné à son auteur : la vie « rêvée », refaite (défaite), s'arrête « brutalement » en 1970. « Partout […] il s'agit de retrouver un passé perdu, en instaurant le règne de l'identité où l'autre est un même qui s'ignore » écrit un exégète de Raymond Roussel. Ce qui est narré cache ce qui est tu ou enseveli dans les strates les plus refoulées des souvenirs. Plus que d'un travail de mémorialiste ou d'historien de soi, il est bien plus vraisemblablement question d'archéologie, d'auscultation des couches enfuies et enfouies du passé au stéthoscope de l'écriture.

Multiples sont les intérêts de ce livre. Gérard Titus-Carmel excelle à restituer des temps passés avec force précisions, redonner vie à de nombreuses rencontres avec poètes, peintres, écrivains, restituer les lieux où il a vécu ou transité. « Écho, aguets, affût. Voisinage, méfiance, amitié. Accueil, proximité, attente. Exercices de contiguïté… »

Francis WYBRANDS

Christine BONDUELLE : *Armide. Drame baroque du XXIe siècle* (Wallada, 14 €).

Christine Bonduelle nous offre avec ce livre une œuvre pour la scène qui actualise l'épopée d'*Armide*, thème littéraire empruntant d'une part à l'œuvre du Tasse, *La Jérusalem délivrée*, et d'autre part au livret de Quinault, *Armide*, pour l'opéra de Lully. D'autres écrivains et cinéastes, et non des moindres, ont été antérieurement inspirés, au XXe siècle, par ce thème littéraire.

Il faut préciser que cette dramaturge et poète avait précédemment donné pour la scène deux autres œuvres et que, par ailleurs, elle a très tôt affirmé son goût pour la création de *tableaux vivants* qu'elle a pu mettre en œuvre, au fil des années, notamment à Chicago, Sydney, Paris, Marseille.

Comme l'écrit le préfacier, Claude Tuduri, le texte d'*Armide*, pièce en trois actes, « décrit le mouvement paradoxal des affects et des corps, leur inadaptation fatale à toutes les cotes de maille mal taillées qui voudraient leur imposer silence. […] L'histoire de la magicienne musulmane Armide et du croisé Renaud tient de la tragédie grecque, le conflit

1. On lira, chez le même éditeur, *Au vif de la peinture, à l'ombre des mots* (2016) et *Écrits de chambre et d'écho* (2019).

entre le devoir d'État et l'amour, et du mythe d'Orphée... » Entre ces deux personnages, qui n'étaient pas appelés à se rencontrer, comme le précise encore le préfacier, les jeux de l'honneur, de l'amour et du désir nous convient à une réflexion obsédante sur la nature du langage et de ses conventions.

La pièce de Christine Bonduelle nous offre ainsi un allègre drame baroque où l'action se concentre sur l'intempestive volonté de cette magicienne qu'est la belle Armide : elle va devoir déployer un art consommé pour séduire Renaud, ce combattant éprouvé, défenseur des Chrétiens. Comme l'écrit la dramaturge à ce sujet : « La passion hors sol (hors temps, hors espace, hors saisons) est une thématique sur laquelle je voulais travailler (la passion poussée à l'extrême de l'abstraction) ».

Ainsi, d'un acte à l'autre, se déploient des mouvements de paroles avec une verve, une éloquence non dépourvues de fantaisie et d'emphase, un humour parfois déconcertant, décalé, assortis de gestuelles, de manipulations d'objets… La pièce est « une manière de revisiter le moment critique du crime manqué d'Armide en trois actes contrastés où la mise en abyme est chaque fois différente », précise la dramaturge. « Cette pièce peut être jouée, chantée, dansée, elle ouvre à tous les possibles », ajoute-t-elle.

On ne saurait mieux signifier la haute énergie qui rayonne de cette œuvre théâtrale qu'en indiquant avec l'éditrice que Christine Bonduelle « révèle ici la haute flamme d'une femme exigeante envers elle-même autant qu'envers l'amour (la passion ? le désir ?) porté dans l'art à l'incandescence ».

Joël-Claude MEFFRE

Geneviève PEIGNÉ : *Ma mère n'a pas eu d'enfant* (Éditions des Lisières, 18 €).

Dans cet ouvrage, Geneviève Peigné, fille unique et sans descendant, nous parle de ses ascendants (parents, grands-parents…) ; elle transmettra d'ailleurs certains documents (lettres, photos) à des archives. Au bout de quelques pages, je me suis demandé pourquoi ce livre était écrit de cette façon-là, fragmentée, et non pas en une prose continue. Plus loin, j'ai commencé à comprendre : « l'avancée romanesque haletante de la phrase, je n'en veux pas. Cahin-caha. Maille à l'envers, maille à l'endroit ; plus celles qui filent. Et l'ouvrage avancera. » Ce sera de nouveau répété à propos de la grand-mère maternelle : « Pour ça que je ne romance pas. Je me laisserais entraîner à transformer des femmes ordinaires et vivantes en créatures de Walt Disney. » Ce livre est habité de bout en bout par un scrupule : comment parler d'autrui sans le trahir ? « Ce qu'ils ont vécu, je ne le sais pas. Ce que je suppose est faux. » Décidément, parler de ses ascendants sans les trahir n'est pas chose aisée ! « En fait de délivrance espérée à se délester d'eux, un goût de trahison qui rôde. » Mais c'est à propos du père, qui aura vécu l'exode puis le STO, que Geneviève Peigné échappe un peu à son scrupule : « Tant pis si de façon délibérée, cette fois, je façonne Henri selon mes goûts. »

Ce qu'elle aura senti, et tenté d'éviter, c'est la partialité de son unique regard porté. Il aurait fallu des tiers pour aussi parler d'eux et en dresser ainsi un portrait plus kaléidoscopique. Et il y en aura un, qui dira du grand-père paternel qu'il avait été collabo : « Et ainsi se produit ce que j'ai tant cherché. Je ne suis plus l'Unique à me souvenir de René. Il y a une vision autre. […] C'est bien ça que j'appelais de mes vœux ? De la complexité ? Pour rendre à une silhouette des nuances de vivant ? Confronter… Enrichir... » À la Libération, le grand-père n'a pas été inquiété : « Rien de trop sur la conscience, alors ? » L'interrogation laisse planer le doute et le soulagement n'efface pas un certain malaise. Du coup (une déception quant à ce grand-père), le tiers est décrit d'une façon plutôt négative. Mais, serait-ce là l'essentiel, ce livre ne se limite pas à l'évocation de ces vies somme toute banales. Être fille unique et sans descendant, c'est par métonymie penser à une possible extinction de l'espèce : « Extinction ? Le temps que ce livre progresse, le mot extinction a fait le tour de la Terre. S'est étendu à l'ensemble du vivant. La sixième extinction planétaire est officiellement en cours. » Et c'est une question qui dès lors se fait taraudante, après le legs de documents à des archives : « D'une façon implacable, *déposer en lieu sûr* m'apparaît de nouveau ruiné. Le souci quant à une place possible pour une ordinaire histoire familiale broyé dans une menace autrement colossale. Et en rafales, les questions gigantesques — à quoi serviront les musées, les livres ? À quoi bon la mémoire collective — à quoi sert-elle déjà ? Si le vivant se retire ? »

De façon sous-jacente, cet ouvrage pose avec force une question cruciale qui concerne la littérature au plus haut point : c'est celle de l'objectivité et de la subjectivité lorsqu'il s'agit de parler d'autrui. Faut-il rester le plus objectif possible pour approcher une vérité de l'être et de son existence, sans le trahir ? Mais la subjectivité, n'est-elle pas elle aussi, en soi, une vérité ? Y a-t-il autre chose que le roman pour donner libre cours à cette subjectivité ? C'est ce qu'a refusé Geneviève Peigné en écrivant cet ouvrage. Des femmes de sa famille, il reste peu de traces, moins que pour les hommes, en particulier des grands-mères : « "Tu devrais écrire leur vie" me dit-on parfois. Non. À chaque instant je buterais sur le fait qu'elles m'aient tu leur passé. Je sais si peu. Je serais malhabile au moment d'inventer. Prise en tenaille entre une tendance enfantine à les idéaliser ; une tendance défensive en retour à les banaliser. » Les ascendants auront traversé au moins une, si ce n'est deux guerres mondiales et la guerre d'Algérie apparaîtra dans les dernières pages. Des vies banales ? En apparence seulement. Ce qu'aura fait Geneviève Peigné dans cet ouvrage, c'est de sauvegarder leur mémoire tout en préservant une grande part de leur mystère : « Sauvegarder préserver conserver. »

Jacques LÈBRE

ESSAIS, DIVERS

Pierre A. RIFFARD, Élisabeth ANDRÈS, Gilbert PONS : *La Vie après la mort* (Bouquins, 32 €).

La théologie et l'érudition : deux formes du fantastique, selon Jorge Luis Borges. Que dire de l'énorme quantité de textes et de témoignages ayant trait à la vie après la mort ? L'expérience du trépas, dont nul n'est revenu, est la plus universelle ; le refus de l'évidence — la dissolution du corps, l'anéantissement de l'être vivant doué de conscience — a été et demeure, en dépit de l'avancée des sciences, une constante dans les représentations que les humains se font de leur devenir *post mortem*. Si naïve qu'elle paraisse aux esprits rationnels, elle n'en persiste pas moins, resurgit comme le grain mis en terre que l'on voir revivre, transfiguré, dans les jeunes pousses aux premiers jours du printemps. L'alternance des saisons, la course du soleil, la métamorphose des chenilles en papillons, phénomènes perçus spontanément avec une force dont ne disposeront jamais les arguments objectivement fondés, mais contre-intuitifs, issus de l'analyse scientifique de ces phénomènes, ne cessent d'alimenter, comme autant de métaphores prises à la lettre, l'espoir compréhensible en termes de psychologie d'une survie de ceux que nous avons aimés et de nous-mêmes après l'issue fatale tant redoutée. Les constructions mentales patiemment édifiées depuis la préhistoire et peut-être même, sous la forme de rituels funéraires, chez certains animaux comme les éléphants, offrent le tableau aussi riche que varié de toutes les possibilités d'évasion mises en œuvre par la Fiction en quête d'un secours, d'une perspective consolatrice face au tragique de la condition mortelle.

C'est cet espace virtuellement infini, insondable, qu'arpentent en plus de mille pages les trois auteurs de *La Vie après la mort*, manière d'encyclopédie aux multiples entrées du Bizarre le plus anciennement ancré dans nos cultures, puisant ses forces dans le psychisme individuel et collectif. Le maître d'œuvre, Pierre Riffard, a précédemment dirigé dans la même collection deux volumes consacrés aux ésotérismes d'Occident et d'ailleurs. Il a été secondé dans l'élaboration de cette nouvelle somme par Élisabeth Andrès, spécialiste des religions indiennes et du taoïsme, et par Gilbert Pons, critique d'art érudit dans la lignée de Baltrušaitis et de Wittkower, qui s'est pour sa part chargé de la partie littéraire de l'ouvrage, livrant une anthologie originale de textes d'auteurs anciens et modernes sur les fantômes, vampires et autres zombis (liste non limitative). Un sujet aussi vaste que la thanatologie ne pouvait être abordé dans toute sa complexité que par l'entrecroisement d'une série d'approches complémentaires : regards tour à tour religieux, scientifique, parapsychologique, philosophique, ésotérique et littéraire, complétés par une revue des scénarios eschatologiques, un lexique et quelques appendices aussi érudits que distrayants. Le lecteur vagabondant dans ce cabinet de curiosités, ce labyrinthe riche en mirages et inventions de toutes sortes, n'ignorera rien, à la fin de son parcours (à supposer qu'il en ressorte vivant) des différentes sortes de zombis et de revenants qu'il lui sera loisible de fréquenter au hasard des rencontres, ni des sept escouades successives d'insectes qui un jour se régaleront de ses restes ; mais il pourra aussi se consoler en songeant aux péripéties du voyage spatial des âmes élues selon Valentin le gnostique, ou au charme de la vie quotidienne des citoyens de Saturne décrits par Swedenborg, joyeux mélange de vivants et de morts ressuscités, délivrés une bonne fois pour toutes de l'angoisse des lendemains.

Marc PETIT

André SUARÈS : *Vues sur Baudelaire*. Préface de Stéphane Barsacq (Éditions des Instants, 15 €).

Condisciple de Romain Rolland à Ulm, André Suarès, essayiste et poète, fut aussi un polémiste acerbe, parfois arrogant et péremptoire. Dans ses *Vues sur Baudelaire* où sont réunies essais et préfaces, l'essayiste fait montre des pouvoirs stupéfiants de la langue qu'il manie avec une virtuosité magicienne. S'il sonde Baudelaire en miroir, c'est pour en pénétrer l'intimité profonde, célébrer l'exigence de l'artiste assailli de ses tourments, saluer l'idéal de l'esthète avide de beauté souveraine, en ressusciter « les hauteurs, les tempêtes et les déserts torrides du génie ». Dans sa riche et passionnante préface, Stéphane Barsacq souligne l'originalité de Suarès, sa profondeur d'analyse, son intense capacité à montrer « qu'une existence peut se fonder en poésie, pour autant qu'elle devienne le lieu de la vérité de parole, cette expérience de l'être le plus intime, vivifiée même à travers les contradictions qui la nourrissent ».

Suarès dans son premier essai sur Baudelaire, publié en 1911, brosse un portrait du poète, « plein de mépris pour la foule et pour les dieux de la foule », défendant farouchement sa « liberté spirituelle » qu'il lui fallut payer par « un combat plein de blessures et de déchirements ». De la soif de volupté à la malédiction du désir inassouvi, le poète est « enchaîné à la diablerie », religieux jusque dans l'impiété, « seul comme un moine, seul comme un damné, seul comme un prince ». Quant au génial poète, c'est en « Dante espagnol », « sans paradis », ayant « la couleur de Goya » qu'il le représente. Et en égal de Racine ou de Goethe, pour la perfection de ses vers élevés à la dignité suprême : « Tout portait Baudelaire à être classique. En art, c'est le destin des aristocrates. Il semble qu'une même époque à deux âges de la pensée et du goût, est romantique d'abord, classique ensuite. »

Suarès fait aussi la part belle au magistral critique d'art, au chantre de la création vivante, de la modernité et du renouveau esthétique dans tous les domaines. En musique, Baudelaire, scandalisé par les réactions du public et de la critique à Paris, écrit à Wagner une lettre enthousiaste : « je veux être distingué de tous ces imbéciles ». Suarès relève l'infaillibilité du jugement de l'esthète, y compris dans un domaine pour lequel il n'avait pas été formé : « Il a compris Wagner et l'a passionnément aimé, avant personne. » En peinture, « il a distingué l'étincelle de Delacroix et la vertu d'Ingres ; et faisant raison de gloire à tous les deux, il ne s'est pas servi de l'un contre l'autre ». Baudelaire a aussi reconnu le génie de Keats et la singularité de Poe.

À propos de *Mon cœur mis à nu*, Suarès observe que « le sarcasme et l'ironie lui sont des masques ; la diablerie est un faux-nez où il a tort de se laisser prendre. Il se farde cruellement de dégoût et de mépris [...]. Les êtres déçus, tous les abandonnés, tous ceux que la vie réelle a trahis et qui n'ont de refuge que dans le songe, il les prend par la main et il les fait entrer dans le cercle enchanté de la poésie. » Du mépris et du dégoût à la fraternité !

Mais c'est dans les préfaces que l'essayiste donne la mesure de sa subtilité et de sa pénétration. Des *Fleurs du Mal* (en 1935), il confie, en empathie, par mimétisme symbolique : « Baudelaire me rend Job à Paris. Son fumier est la vie. Le siècle est sa lèpre. » Il affine le portrait moral du poète, en soulignant l'aspect paradoxal : « L'orgueil de Baudelaire, s'il en a, est d'une atroce humilité. Il ne se croit pas meilleur que les pires ; il s'anéantit plutôt, et le premier dans le dégoût de lui-même, miroir de la connaissance. » Poète de l'évasion permanente, Baudelaire « dépayse son âme ; il égare sa passion ; il l'invite à des émotions inconnues, où toute volupté doit être une forme d'oubli : bref, il s'invite à l'absence. » Vacillant vers le silence, « trop humain pour rester homme, c'est l'ange foudroyé et il en a du poète, la figure ». Mais avant tout, Baudelaire — avec Nerval, Rimbaud et surtout Verlaine — est « le plus musical des poètes français » de son siècle. La caractéristique majeure des *Fleurs du mal* — passons sur la misogynie du poète ! — c'est leur retournement en salut moral : « le péché y insinue sa vertu singulière qui inspire tant de remords au pécheur et qui le dirige ensuite vers la rédemption ».

Dans sa préface au *Spleen de Paris* (1940), Suarès dénie à Aloysius Bertrand d'être l'inventeur du poème en prose : « Il est sans musique. » Chez Baudelaire, au contraire, la mélodie est partout. « Le spleen est l'âme de Baudelaire à Paris, son ciel et son climat », dit-il. Et il ajoute, péremptoire : « Pour la première fois depuis Villon, Paris est le lieu de la poésie. »

L'admiration pousse Suarès à déprécier à l'excès nombre de contemporains de Baudelaire. Musset serait « à peine poète » et Hugo, « génie du rythme », n'aurait que trop fait résonner « orgue et trompettes » ! Et sans détour, il éreinte Mallarmé, « illisible » et « partout chargé d'artifice ».

Suarès, né un an après la mort du poète, est de ceux qui, avec fougue, ont contribué à le sortir du purgatoire, à le laver de l'infâme procès. En marge des grandes figures du tourment de la fin du XIXe siècle — Wagner, Nietzsche, Dostoïevski —, Baudelaire a cultivé la sensibilité la plus vive sans rien céder aux exigences de la pensée. Stéphane Barsacq note avec justesse : « L'apport d'André Suarès consiste en une lecture critique qui ne se sépare pas d'une pratique, qui lui permet de marquer son adhésion et ses distances par rapport à Baudelaire, même si tous deux appartiennent à la même communauté d'esprit. » Suarès dans ces « vues » successives, publiées au cours de trois décennies, ressuscite Baudelaire, de la célébrité sulfureuse à la déchéance pathétique, loin « des coquins de la morale » et des « chenilles de la Sorbonne » !

Michel MÉNACHÉ

Jérôme THÉLOT : **Géricault. Généalogie de la peinture** (L'Atelier contemporain, collection « Studiolo », 9,50 €).

Rendu célèbre par *Le Radeau de la Méduse* (1819), le peintre Théodore Géricault n'occupe pourtant pas la place centrale qu'il pourrait occuper dans l'histoire de la peinture occidentale. C'est pour combattre cette marginalisation contemporaine que Jérôme Thélot a entrepris de publier cette *Défense et illustration*. Il l'a fait après avoir beaucoup, et de longue date, fréquenté ses peintures et ses dessins [1], après s'être nourri des recherches des historiens de l'art [2], et recourant essentiellement à une critique philosophique et poétique, héritière, notamment, de Baudelaire et de Bonnefoy, ce qui singularise fortement son entreprise [3]. Éminent spécialiste du romantisme européen, le critique situe ainsi Géricault comme proche d'esprits de la génération suivante [4].

Dans un essai au style très entraînant, démonstratif autant qu'emporté, il renouvelle les interprétations concernant de nombreuses œuvres de l'artiste, en un parcours chronologique, appuyé sur les explicitations très détaillées, y compris concernant les aspects matériels de certains tableaux [5], s'interrogeant sur la cohérence de l'œuvre entière.

L'hypothèse interprétative générale, qui s'affiche dans le titre même de l'essai, est que l'œuvre de Géricault incarne pleinement une « généalogie de la peinture », mouvement de pensée qui consiste à remonter en amont des phénomènes jusqu'aux conditions qui les rendent possibles, à leurs principes et à leurs causes, en l'occurrence celles concernant la « représentation » qui trouve sa cause dans l'exercice d'une « violence constitutive » en tension avec le vouloir-vivre de tout humain. Jérôme Thélot veut démontrer que les œuvres de cet artiste sont en quelque sorte allégoriques de l'acte même de civilisation, que Géricault avait compris que « la violence est la force créatrice dont l'homme se sert pour maîtriser sa vie et parvenir à son humanité », qu'elle est à « l'origine de la représentation », donc de l'art depuis ses lointaines origines. « L'art selon Géricault est l'institution de l'humanité de l'homme comme existence responsable de la vie, séparée mélancoliquement de celle-ci par la représentation avec laquelle elle parvient à soi », d'où l'emploi du terme de « généalogie »

---

1. Comme il est écrit dans la présentation de l'auteur, « c'est à partir de l'exposition saisissante, en 2006, au musée des Beaux-Arts de Lyon, que l'œuvre entière de Géricault lui est devenue une amie intime, on ne peut plus exigeante, et un inépuisable réconfort » (p. 2). Le catalogue est cité dans la bibliographie : *Géricault, la folie d'un monde*, Bruno Chenique, Sylvie Ramond, Paris, Hazan, 2006. Son titre renvoie à l'époque bouleversée et aux fascinations qui furent celles du tout jeune artiste prenant le parti de bien des exclus.

2. De récentes études et expositions ont fait redécouvrir l'œuvre, ainsi les travaux de Bruno Chenique. Ajoutons à la copieuse bibliographie de cet ouvrage, la mention du volume VII du catalogue raisonné de Germain Bazin : *Regard social et politique : le séjour anglais et les heures de souffrance*, et *Annexes aux sept volumes de catalogue*, 1997, ainsi que celle du riche catalogue d'exposition *Géricault, Images of Life and Death*, Gregor Wedekind, Max Hollein, Munich, Hirmer / Schirn Kunsthalle Frankfurt, 2013.

3. Certains passages sont nettement inspirés d'essais d'Yves Bonnefoy, ainsi quand il est question de « La transcendance de cette présence par rapport à toute image » (p. 18).

4. L'auteur écrivait quelques années plus tôt : « Géricault se coltinant à Londres les tristesses quotidiennes de la misère moderne, a désécrit son *Radeau de la Méduse*, dans ses gravures anglaises qui renoncent au sublime, où son art s'abaissant, s'humiliant et presque s'effaçant ne témoigne plus que pour autrui. Sa dernière grandeur lui vient de ce *défaire*, tout de solidarité avec les autres hommes, comme à Baudelaire dont il est l'esprit frère. » (*Un caillou dans un creux. Notes sur le poétique*, Paris, Manucius, 2016, p. 49).

5. *Les Croupes* ; *Enseigne du maréchal-ferrant* ; *Cuirassier blessé, fuyant le feu* ; *Sacrifice antique* ; *La Course de chevaux libres* ; *Retour de Russie* ; *Portrait de Noir*…

pour désigner le fait que les fondements de l'art sont visibles, de manière immanente, dans chacune des œuvres concrètement réalisées par ce penseur d'une « anthropologie de la subjectivité clivée », en cela le héraut romantique par excellence.

Dans un premier temps (1808-1814), le peintre prend conscience que le fondement de l'homme réside dans l'acte représentationnel, ce qui le distingue de l'animalité. Le critique examine en effet la première et intense relation aux chevaux qu'eut l'artiste [6], tout se passe comme s'il avait eu besoin de se confronter à une proximité différentielle afin de se comprendre dans l'acte de peindre : « la représentation de la vie par la peinture fonde l'humanité du peintre en tant qu'existence qui se distingue de cette vie » [7].

Dans un second temps, principalement lors de son séjour romain (1816), il découvre que la représentation provient d'une violence sacrificielle qu'il représente en maints dessins de scènes de massacres mais sans aucune complaisance esthétique ou psychologique. Géricault comprend, dès lors, qu'il lui faut réfléchir à la violence dans la constitution des images.

Dans un troisième temps (1817-1819), il remonte encore généalogiquement dans sa pensée en se demandant quelle est la source de cette violence, pour découvrir qu'elle provient d'un vouloir vivre qui a besoin de tuer pour exister. *Le Radeau de la Méduse* (1819), en tant que défi vitaliste opposé aux puissances de mort [8], exemplifie cela en révélant les conditions violentes de sa propre manifestation qu'il rend cependant quasi invisible [9].

Le critique analyse pourquoi et comment l'artiste n'a cessé de déconstruire les académismes de son époque, de subvertir les héritages de l'Antiquité comme ceux de la Renaissance. Il consacre un chapitre entier à une interprétation nouvelle du *Radeau de la Méduse*. Il ne dénie pas les qualités de « manifeste » politique, de « pamphlet » du tableau, de défi à « l'esclavagisme par l'héroïsation du Métis » qu'il a pu représenter, mais il soutient que sa vérité est « ailleurs que dans le temps objectif, et non pas primordialement dans la circonstance ni dans le monde politique, mais dans la subjectivité qui s'accroît et qu'il intensifie ». Il s'agit de la condition humaine avec ses débats universels concernant le courage, l'égalité entre les hommes, les violences subies, ce qui donne à ce tableau une « intériorité anhistorique », centré qu'il est sur « l'instant intérieur, hétérogène à l'histoire, où la vie se défait de la mort ». Jérôme Thélot voit ce tableau comme l'épreuve du désespoir, une peinture de « l'instant métaphysique de la vie hésitant avec la mort, le fondement tragique et métahistorique de toute histoire, et l'utopie d'un regard *peut-être* salvateur parmi d'innombrables désastres », centré sur une dignité des corps malgré les menaces de destruction. Et cela au moment même où il « enfreint l'immémorial interdit d'exhiber des dépouilles humaines » dans ses *Fragments anatomiques*, où il transgresse définitivement « l'ordre idéaliste de la peinture traditionnelle ».

Enfin, dans les dernières années (1819-1824) de sa brève vie — il meurt à 33 ans —, il « abaisse » son grand art en de modestes lithographies de témoignage représentant la vie des

6. Elle s'exprima également de manière très forte dans ses dernières années. Les recherches contemporaines concernant les relations entre les chevaux et les humains reprennent d'anciennes intuitions sur l'intelligence partagée, ce qui pourrait complexifier l'étude des nombreux chevaux représentés dans l'art de Géricault.

7. Selon les phénoménologues, l'homme édifie sa conscience par son *existence*, c'est-à-dire littéralement sa sortie d'un état d'immédiateté (la vie immanente dans laquelle sont les chevaux tant admirés par Géricault), d'où une inévitable mélancolie, cette subjectivité clivée si typique des romantiques et qui est au cœur de la pensée de Jean-Jacques Rousseau.

8. « Dédire la représentation, *désécrire la violence*, c'est descendre au commencement jusqu'à l'individu réel, qui est passion non représentable, non historique, non mondaine ». (*Un caillou dans un creux. Notes sur le poétique*, op. cit., p. 13).

9. Les naufragés ont survécu en tuant une partie d'entre eux et en mangeant d'autres, le terrible sacrifice humain, paroxysme de la violence, menant à la vie, ce qui fit scandale dans toute l'Europe.

prolétaires et des exclus en un *geste* de compassion absolue. Il insiste, par là-même, à juste titre, sur le procès radical des valeurs soi-disant humanistes propagées par les régimes politiques, les systèmes religieux et capitalistiques dans une cité moderne déjà hyper-violente.

Jérôme Thélot remarque à cet égard que Géricault a éprouvé de la compassion pour les gens de couleur dont la plupart n'étaient pas libérés de leur condition d'esclave et que ses œuvres les représentant sont extrêmement sensibles comme le *Portrait de Noir* qu'il commente [10]. Et il n'est pas surprenant que déclarant « la compassion : clef de son herméneutique », le critique consacre le dernier chapitre de son ouvrage aux portraits peints ou lithographiés par Géricault, cet « *art profond qui ressuscite de la représentation la présence infinie* » [11].

La présentation des dernières années du créateur renforce l'idée d'une « peinture-compassion », avec ces revenants des campagnes impériales, ces laissés-pour-compte de toutes origines et de toutes conditions (esclaves, fous, suppliciés, mendiants, orphelins…). Jérôme Thélot insiste sur cet « abaissement du regard artiste jusqu'à la misère humiliée », entreprise créatrice comparée, à plusieurs reprises, à celle de certains poèmes en prose de Baudelaire, d'où la profondeur éthique d'un art cherchant à rejoindre l'altérité de l'autre en dépit des représentations : « Le peintre de la grandeur et de la misère s'est abaissé pour eux, pour qu'ils restent en prochains parmi nous » écrit Jérôme Thélot en conclusion de son essai.

Il voit en Géricault un artiste et un homme en quête, en deçà des terribles révélations sur la généalogie tragique de l'homme et de l'art, d'un état de « bonté » [12] rousseauiste dont il aurait gardé la nostalgie, l'exercice de son art attestant de cette quête, ontogenèse en même temps que phylogenèse, menée dans une époque hautement troublée et qui ne cesse de nous parler [13].

Daniel LANÇON

---

10. « On a aussi entendu dans la politique de Géricault toujours magnifiquement déclarée sa revendication en faveur des exclus, Noirs et Métis, et sa compassion pour les affamés », p. 221. L'exposition organisée en 2020 d'un *Portrait de Noir* au musée Denon de Chalon-sur-Saône, accompagnée de l'ouvrage de Bruno Chenique, *Citoyens du Monde. Noirs et Orientaux de Géricault* (Éditions Lienart / Musée Denon) a montré que ces thématiques n'étaient pas secondaires chez l'artiste. Voir également les pages consacrées aux portraits empathiques de personnes de couleur par Albert Alhadeff, *Theodore Géricault, Painting Black Bodies: Confrontations and Contradictions*, New York, Routledge, 2020. Le critique américain analyse plus d'une dizaine d'œuvres (huiles, pastels, dessins au crayon). Il montre, par ailleurs, toute la complexité des positions de Géricault dans les contextes de l'époque. Il conclut sur le parallèle entre un des chefs-d'œuvre et un projet inachevé : « Ensemble, les deux, *Le Radeau* et *La Traite des nègres* auraient été inoubliables. Il est difficile de les imaginer dans la même pièce, partageant le même espace, dans un dialogue existentiel. Le leur aurait brillé d'un éclat inimaginable — un éclat qui aurait pu élever le statut des Noirs, un exploit formidable s'il s'était produit... s'il s'était produit ! » (p. 196, nous traduisons).
11. « C'est bien l'ontologie de la présence qu'il faut mobiliser maintenant, cette ontologie dont Bonnefoy a par ailleurs répandu la justice essentielle et la puissance herméneutique » (p. 230).
12. « J'ai montré que tous les vices qu'on impute au cœur humain ne lui sont point naturels ; j'ai dit la manière dont ils naissent ; j'en ai, pour ainsi dire, suivi la généalogie, & j'ai fait voir comment, par l'altération successive de leur bonté originelle, les hommes deviennent enfin ce qu'ils sont. » Jean-Jacques Rousseau, *Lettre à Christophe de Beaumont*, 1763.
13. Jérôme Thélot précise ces éléments lors de la présentation de son livre, conférence du cycle « Violence et représentation », 13 mars 2021, Association Recherches Mimétiques : https://www.youtube.com/watch?v=XXNF8t67lhY. Le critique déclara, à cette occasion, que l'ordre des questions que l'artiste s'était posées dans les quatre moments qu'il a dégagés, et des réponses qu'il avait pu donner, ont correspondu chez l'artiste comme chez l'homme, peu ou prou, à l'ordre successif des expérimentations, ce qui lui parut extraordinaire, et, il est vrai, peut-être un peu trop cohérent pour ne pas souffrir des exceptions que des spécialistes pourraient peut-être retrouver.

Didier TALLAGRAND, Jean-Paul THIBAUD, Nicolas TIXIER (dir.) : ***L'Usage des ambiances. Une épreuve sensible des situations*** (Hermann, 28 €).

« Dis-moi (puisque tu es sensible aux effets de l'architecture), n'as-tu pas observé, en te promenant dans cette ville, que d'entre les édifices dont elle est peuplée, les uns sont *muets* ; les autres *parlent* ; et d'autres enfin, qui sont les plus rares, *chantent* ? » C'est à la question posée par l'*Eupalinos* de Valéry que les participants de cet ouvrage s'emploient à répondre, en avançant la notion d'*ambiance*, nouvelle venue dans le champ des sciences humaines, mais déjà pourvue d'une grand diversité d'usages, dans l'art, l'urbanisme, l'architecture, la sociologie. Issu d'un colloque de Cerisy, le volume fait alterner réflexions et expérimentations concrètes, celles-ci n'étant pas simples illustrations : plusieurs interventions théoriques ouvrent explicitement sur des collages ou performances variés, destinés à « nous désorienter, nous émouvoir ou renouveler le sens de nos perceptions » (Pascal Amphoux). Dans ce dialogue, le propos des auteurs est d'affirmer que l'art « développe l'hospitalité de la langue à dire le sensible » et que l'on peut « étudier l'intégralité de l'histoire architecturale du point de vue des différentes humeurs des espaces intérieurs qui y sont construits » (Otto Friedrich Bollnow cité par Izabela Wieczorek).

Mais qu'est-ce qu'une ambiance ? « Une ambiance n'est pas un objet de la perception. C'est ce à partir de quoi on perçoit, ce qui donne à percevoir. Ce fond de l'expérience sensible — le son, l'air, l'odeur, la chaleur, la lumière — est en train de devenir un des enjeux fondamentaux de nos manières d'habiter » (D. Tallagrand, J.-P. Thibaud, N. Tixier.) « À la fois une expérience située et une mutation, voire une dissolution des coordonnées même de la situation » (David Zerbib). Autant d'auteurs, autant de définitions ou presque : « notion nomade » qui passe d'une science à l'autre, d'où la difficulté à la cerner. Pour y parvenir, l'ouvrage propose notamment un parcours historique de la notion, avec l'« essai de sémantique historique de l'*atmosphère* » (Friedlind Riedel), « Il y a de l'ambiance dans l'atmosphère » (Ola Söderström), « Une courte histoire du développement de la notion d'ambiance en France » (Rainer Kazig et Gretchen Schiller), mais aussi et surtout une multiplicité de mises en jeu, dont on va tenter de montrer quelques propositions heuristiques et leur impact. La meilleure preuve de la fécondité de la notion étant sans doute l'intervention de Bruno Queysanne qui, sceptique au départ vis-à-vis du terme, le met à l'épreuve en examinant l'œuvre d'Adolf Loos, à la fois dans ses textes théoriques et ses réalisations concrètes, et en constate l'intérêt.

En premier lieu, dans la mesure où la notion apparaît d'abord « floue », elle impose de sortir des cadres kantiens de perception et de connaissance, à l'aide d'autres références : Georg Simmel (Céline Bonicco-Donato), Siegfried Kracauer (Nia Perivolaropoulou), Walter Benjamin (Philippe Simay, Alexandre Costanzo), tous trois analystes de la métropolisation. Pour eux, la grande ville née au XIXe siècle transforme notre approche du monde en procurant des stimuli sensibles inédits. L'appareil sensitif s'adapte et maîtrise un environnement de plus en plus complexe, et écrivains et artistes s'en emparent pour développer une esthétique du choc (W. Benjamin, P. Simay…). À noter aussitôt que cette idée de « choc », née dans un contexte historique précis, mérite peut-être d'être mise en question aujourd'hui : « le travail d'observation et de description critique de la condition métropolitaine du XXIe siècle peine à se synthétiser d'une formule comme celle du "choc" pour les métropoles au XIXe siècle, tant elle est marquée par des ambivalences fortes » (Anne Bossé). Cette ambivalence se lit dans l'urbanisme actuel, qui jongle entre le sécuritaire (le mobilier anti-urbain, l'aseptisation des lieux), la joliesse (odorants artificiels, miroirs d'eau…) et le désir contradictoire d'un « ré-ensauvagement des lieux ». Et Philippe Simay de proposer « une thérapeutique des ambiances », où il évoque, sans y adhérer, la stratégie de l'écart pratiquée par Rousseau (fuir la ville) — position critique absente de l'éloge, bien idéologique, d'un Thoreau (Pauline Nadrigny), comme de certains de ses disciples aujourd'hui.

La solution en effet n'est pas de fuir la ville, mais de la rendre vivable : faute de quoi, nous nous trouvons dans la situation du pauvre renard de *The Nightwatch* de Francis Alÿs, enfermé la nuit dans un musée et qui ne sait que faire des œuvres qui l'entourent (cité par François J. Bonnet). Les différentes contributions s'orientent entre la critique de l'actuel et des propositions pour le futur, dont le point commun est sans doute moins de définir du positif que d'ouvrir des possibilités différentes.

Faire participer les usagers, comme cela se fait de ci de là, est-ce la solution ? Les aménageurs l'ont compris : l'urbanisme d'aujourd'hui pratique un accompagnement de la décision publique en l'outillant de manière sensible (collecte de paroles, mises en scène…) (Laurent Devisme). « Des identités populaires ouvrières sont en quelque sorte préemptées par des urbanistes qui les transforment en de véritables lignes éditoriales. » Il n'est pas certain que cette mythologie convienne aux intéressés, comme le suggère la perplexité de l'ancien ouvrier des chantiers navals devant une œuvre en acier Corten : la rouille est l'ennemi du constructeur… (*Entre deux eaux*, film de Pierre-François Lebrun, cité par Devisme.) À l'opposé (apparent), les friches industrielles, les paysages de ruines, avec leur « ambiance » sinistre, peuvent être détournés en argument de *dark tourism* : « Visitez la rue la plus déprimante de Belgique » ou « La France moche » ! Entre l'apparente prise en compte des vœux des futurs usagers ou habitants, et l'esthétisation de paysages dégradés, comment composer un espace où l'ambiance sera respirable ?

Or, la fluidité urbaine désirée était déjà en germe au XIXe siècle, avec l'essor des constructions en verre. Évoquant le Crystal Palace, « le seul bâtiment au monde où l'*atmosphère* était perceptible », que Sigfried Giedion comparait à un tableau de Turner, Izabela Wieczorek montre que le rêve moderne, incarné par le verre, « remplaçait les conceptions statiques de l'univers matériel avec les processus dynamiques, menant à la dissolution de l'*objet* architectural et sa fixité, et proposant une nouvelle compréhension de l'espace en tant que terrain de relations dynamiques ». Autre observateur de l'architecture de verre, Walter Benjamin admire la « porosité » de la ville de Naples, ce qui inspire à Alexandre Costanzo la suggestion de « détruire ces "points d'appui" de nos habitudes, composer avec le manque et s'installer dans un ouvert » : « le seul mobile architectural qui vaille est celui qui aménage des blancs ou suffisamment d'espace pour affirmer des compossibilités ». Dans le même sens, Pascal Amphoux suggère de « se défaire de la pensée discursive pour se mettre en situation de projeter », ou encore Noëlle Batt fait l'éloge « des vertus du flou, du vague, du mal délimité ou de l'indéterminé », qui président à la création d'une pensée complexe et inventive. On comprend dès lors qu'il ne s'agit pas de programmer des modèles : ce qu'emblématise la seule définition offerte du paysage, empruntée à Michel Courajoud, et aussi peu contraignante que possible, « le paysage c'est l'endroit où le ciel et la terre se touchent ». C'est dans la même logique qu'intervient la notion d'affect (Niels Albertsen, Paul Simpson, Tonino Griffero), et l'engagement corporel (*passim* chez les théoriciens, et tous les intervenants des « virgules matinales », « moments sensibles » et « petites formes performatives »).

Parler d'affect conduit notamment à envisager l'articulation de la santé mentale avec la vie en ville, ou plus précisément à se demander si la notion d'ambiance permet d'approcher les relations entre espaces urbains et psychoses (Marc Winz). Le rôle de l'environnement physique et architectural, avec l'hypervigilance et la surcharge sensorielle qu'il comporte, est une évidence, mais le chercheur signale que la plupart des travaux se sont focalisés sur le *sonore* là où il faudrait une approche plus polyvalente, ce que l'« ambiance » permet justement de désigner. Et de souligner l'importance des transitions perceptives : le problème n'est pas tant les ambiances en tant que telles (aversives ou non) que leur succession en nombre. Il faut donc « s'intéresser à ces moments liminaires, ces moments de basculement » qui ne concernent évidemment pas seulement les personnes affectées de troubles psychiques, mais tout habitant de l'urbain.

Cette montée en puissance de la notion d'ambiance se fait peut-être sur fond d'un échec, celui de la notion d'espace (Emmanuel Doutriaux). Celui-ci ne propose rien de moins que de « penser le faisceau ayant encagé l'architecture dans l'espace », les composants de ce faisceau s'appelant Brunelleschi, Newton, Hegel, et pour finir Foucault avec sa description des sociétés de discipline.

L'espace était nécessaire à la modernité « pour conjuguer visibilité et distance, raison et clarté, abstraction et pouvoir » ; l'ambiance, qui tendrait à le remplacer, se caractérise au contraire par sa labilité, son « indéfinition », son impureté, son « indiscipline », et comme incidemment prend à contrepied « la position terrienne, tellurique, tectonique de Heidegger ». La distinction opérée par Doutriaux entre architectures de l'ambiance, où l'ambiance est pré-prescrite, et architectures *par l'ambiance*, où les facteurs sont placés à disposition du public, charge à eux de s'en emparer, de les activer, où intervient la notion d'*affordance*, paraît particulièrement porteuse.

Se pose alors une question restée jusqu'ici implicite, celle du rôle de l'art — sans revenir sur l'énervante question de savoir si l'architecture appartient ou non aux « Beaux-Arts », appartenance qui flamba en 1968. On pourrait répondre que la réponse se trouve disséminée dans toutes les réalisations concrètes qui scandent les exposés théoriques, réalisations certainement élaborées en concertation avec les directeurs de recherche. Leur point commun est sans doute que l'art n'y est pas comme « supplément d'âme », le petit bouquet agrafé au faîte du bâtiment terminé, mais qu'il est à la fois fonction et forme. Une piste est donnée par Pierre-Damien Huyghe, pour qui un art particulier, le cinéma, peut précisément, par sa perception « appareillée », donner forme à un vécu urbain élémentaire, et par là faire plus que « répondre à la demande culturelle en histoires » — ce qui pose incidemment la question de la *narration* dans le *projet*. Mais de façon générale, l'art circule entre les textes, invisible, comme les *Villes* de Calvino.

Impossible dans les limites d'un compte rendu de faire un sort à la trentaine de « virgules matinales », « moments sensibles » et « petites formes performatives », alliant témoignages de terrain, textes, collages, photographies, photogrammes, performances, installations, créations sonores… Ils contribuent pourtant à part entière à la richesse du volume, et en font une mine pour tous ceux qui s'intéressent, non seulement à l'architecture au sens strict, mais à nos manières d'habiter.

Anne ROCHE

Anne SIMON : *Une bête entre les lignes. Essai de zoopoétique* (Wildproject, 25 €).

Anne Simon part d'une constatation : « les bêtes *ravissent* les humains » par leurs présences fugitives, leurs signes souvent indéchiffrables, leurs chants, leurs cris, leurs murmures et leur énergie — « les fantastiques acrobaties de la vie, qui s'incarne dans des corps à la fois parents et à nul autre pareils ». Son « essai de zoopoétique » éclaire de manière nouvelle les « grands récits » de notre culture, notamment la Genèse, et met en lumière des textes contemporains. La zoopoétique explore « les relations plurielles entre les humains et les bêtes » dans la littérature : Jardin d'Eden, animaux complexes du Fabuliste, bestiaire de Kafka… « La ménagerie de Proust » fait le lien entre des caricatures animales et des expériences-limites de la chair qui nous rapprochent d'une « animalité originaire. [...] en proie à des évolutions et à des mutations permanentes » [1]. Entrent aussi en scène les centaures de Giono, les insectes de Michelet et ceux de Lacarrière, les cerfs de Genevoix, jusqu'aux récits contemporains, au temps de la terrible disparition de tant d'espèces animales (Andrzej Zaniewski, Marie Darrieussecq, Jean Rolin...)

Poèmes et textes de fiction ou récits naturalistes « évoquent », à la manière chamanique, « la communauté polyphonique des vivants ». Le pouvoir d'agir de la littérature est ainsi valorisé : « reconsidération d'une puissance critique de la littérature qui passe autant par la dénonciation que par l'invention et la capacité au réenchantement ». La littérature rend les êtres présents par la parole. À distance des sujets dominants au XXe siècle — portant sur l'Histoire et la psychologie — et des études formalistes, la zoopoétique présuppose « le lien indéfectible entre le langage et les vies » — des plus éclatantes au plus furtives. Elle montre quels types de langage peuvent faire entendre ces relations. La littérature est alors à considérer dans ses « significations multivoques », ses « pluriels », disait Barthes, à travers « une pensée sensible » qui engage le corps au contact des autres vivants dans des situations spécifiques, « incarnées » — à la différence des discours argumentatifs, trop abstraits pour aborder la diversité des manières d'être des bêtes. À fréquenter ainsi les animaux, leurs multiples parcours, leurs mouvements impromptus et leurs métamorphoses, la pensée zoopoétique ne choisit « jamais un totem définitif ». La littérature chante la confiance des poètes « dans la capacité des lettres, des mots et des récits à rendre compte de la plasticité des créatures ». La zoopoétique est sensible à l'interaction entre activité animale et engendrement du texte : « Le langage littéraire, si spécifique aux humains, est pourtant celui qui, par la variété de ses respirations — du souffle prophétique à la ténuité du haïku —, restitue le battement des fuites, des envolées et des stases animales. »

Certes les textes vont au plus près de la perception animale, mais la conscience de la parenté est inséparable de celle de la distance : « ressaisir l'animalité sans la trahir ». « Le zoomorphisme ne consiste pas à se transformer en animal ; il consiste à *faire l'autre tout en ne se perdant pas de vue*, à être limitrophe en gardant en mémoire que *jeu* et *je* s'alimentent l'un l'autre. » C'est pourquoi l'essai est particulièrement attentif aux mots, à leurs étymologies gréco-latines ou hébraïques, à leurs emplois : « "noms d'oiseaux" mortifères ou subversifs » par exemple. Qui a observé des animaux en liberté est sensible à leurs jeux ; l'écriture « zoopoétique » joue elle-même de cette vivacité — souvent avec humour, pour le plaisir du lecteur.

La zoopoétique, en tant qu'étude des interactions entre vivants dans leurs différences, implique des dimensions sociales et politiques : « c'est un déplacement de l'attention, une approche de l'altérité à partir de failles historiques et de fissures intimes mais aussi d'éblouissements devant l'inventivité du vivant qui se décline en démarche politique et en chemin de vie autant qu'en recherche scientifique. » Elle tient compte de la science, notamment de l'éthologie, et des conditions d'existence des vivants — leur partage de l'espace, des ressources, dans le milieu où ils se trouvent. Ces approches de bêtes, à la fois au plus près de leur existence concrète, et au plus fort de nos représentations imaginaires a une portée éthique et politique : quelle société faire advenir pour l'ensemble des vivants ? Ce qui inclut tout l'espace habité dont nous savons aujourd'hui la fragilité : « Il n'est pas d'animalité, humaine comprise, sans vent, sans argile, sans sable, sans forêt, sans algues, sans nuages, sans cimes, sans petits

1. Voir Anne Simon, *Proust ou le réel retrouvé*, PUF 2000, Champion 2011.

cailloux, sans abysses… » Notre imaginaire dépend de la survie des autres vivants, particulièrement des animaux, c'est pourquoi une arche est nécessaire pour protéger ces vies aussi intenses que fragiles.

L'arche, motif central de l'*Essai de zoopoétique*, renvoie à celle de Noé où étaient sauvegardées les bêtes qui sortiraient dans un monde nouveau, délivré du mal, alors que dans « l'arche en péril » contemporaine « se rassemblent, noués par une même menace, les vivants, le langage créatif et la planète ». *Une bête entre les lignes* emmène le lecteur à bord de son arche dans un voyage initiatique à la rencontre de créatures familières ou étranges, à travers des récits d'expériences concrètes ou imaginaires.

Comme l'initié des cultures chamaniques, le lecteur se dépouille des lourdeurs de son ego. De cette arche littéraire, « on sort différent pour y vivre différemment ». On découvre « d'autres types de connexions avec cet immense organisme qu'est la planète » en un temps où de nombreuses espèces animales et végétales disparaissent — et des langues. Ainsi avance-t-on vers une perception nouvelle des vivants et une « éthique de la relation » plus responsable à leur égard : « La zoopoétique rappelle que cultiver la vie, c'est la soigner, selon la belle étymologie latine du mot culture, dans le respect de ses puissances — y compris et avant tout celles qui nous dépassent. » C'est une forme de résistance contre les destructions de la société thermo-industrielle. Respecter le vivant en nous, c'est cultiver nos relations avec les autres vivants, nos langues et notre propre créativité : « Pour ne pas nous trouver fort dépourvus à cette heure où souffle la bise, laissons les bêtes courir sur les lignes de nos vies, et inventons avec elles la suite des fables. »

Colette CAMELIN

Pierre SCHOENTJES : ***Écrire la nature, imaginer l'écologie. Pour Pierre Gascar*** (Librairie Droz, Genève, 20 €).

« Tout au long de l'histoire et, plus encore peut-être, de nos jours, ceux qui croient à l'avenir de l'homme ont, en secret, un arbre dans le cœur », car « il y a tant de raison, d'intelligence, de bonté même, dans la forme et l'économie interne de la première plante venue » écrivait Pierre Gascar (*Les Sources*, 1975). En 1972, dans *Le Présage*, consacré aux lichens, il avait constaté que « la détérioration biologique de la planète » remet en question les rapports de l'homme avec le monde.

Pierre Schoentjes montre que, par son travail d'écriture, Pierre Gascar (1916-1997) parvient à rendre présents les liens qui unissent les hommes aux autres vivants et à la matière. Quelles ouvertures ces œuvres peuvent-elles apporter à des lecteurs de romans écologiques contemporains, familiers de scientifiques qui ont étudié par exemple « l'intelligence » des plantes ? Se tourner vers les premières années de l'écologie (la Conférence de Stockholm *Nous n'avons qu'une terre* s'est tenue en 1972) peut nous aider à préciser des enjeux actuels. Certes de nombreux « présages » funestes se sont hélas avérés fondés, mais la venue à l'écologie de Pierre Gascar, à une époque dominée par le structuralisme, le marxisme et la psychanalyse, apporte une approche authentique des vivants dans leur complexité. Pierre Schoentjes dessine avec rigueur et clarté le parcours de cet écrivain : redécouvrir l'œuvre de Gascar « aujourd'hui que la page du formalisme a été tournée et que les enjeux environnementaux occupent une place centrale dans le débat public, c'est prendre la mesure du fait que le sort des hommes est inséparable de celui de l'ensemble des vivants ».

Dans une première période, marqué par les expériences de la guerre et de la captivité en Allemagne puis en Ukraine, Gascar a publié des romans d'une écriture souvent baroque qu'il caractérise lui-même de « réalisme onirique » (*Les Bêtes* et *Le Temps des morts*, Prix Goncourt 1953). Ces œuvres ont été bien accueillies par les critiques. Schoentjes cite notamment Henriot, Duvignaud, Pierre-Henri Simon, Robbe-Grillet. Ce dernier a publié des recensions élogieuses de plusieurs textes de Gascar, qui partage avec les auteurs du Nouveau Roman la critique du roman traditionnel et du « ron-ron » (*sic*) humaniste — incapable d'empêcher les désastres des guerres —, mais il ne souscrit pas à l'esthétique formaliste. Il tient à prendre acte d'une réalité qui a changé : « La mort des lichens, par ce qu'elle annonçait, rendait mon rêve humanitariste plus dérisoire encore que ne l'avaient fait jusqu'alors le renforcement des dictatures et la faillite des révolutions » écrit-il (*Le Présage*).

Il oppose à l'humanisme, qui réduit la vie « à un arbitraire face à face : d'une part la réalité, d'autre part, l'homme », ce qu'il appelle « l'unanimisme », c'est-à-dire le fait que nous sommes « intégrés » dans l'unité générale : nous sommes « "dans" l'objet », non face à lui. Gascar critique ici ce que Philippe Descola appellera le « naturalisme », c'est-à-dire une dichotomie entre la nature et les humains. En somme *La fin de l'exception humaine* (Jean-Marie Schaeffer). Il s'agit pour Gascar de « rétablir l'accord originel entre l'humanité et la nature » (*Les Sources*). Il cherche à retrouver la communion avec les vivants qu'il avait éprouvée avec joie dans son enfance à la campagne — ce qui a touché le grand écrivain japonais Kenzaburo Oé.

Plutôt que des fictions, il écrit dorénavant des récits nourris d'observations et d'expériences personnelles : « Observer, témoigner, décrire » dit-il. Le narrateur est présent par ses sensations, ses souvenirs, ses émotions, ses connaissances développées au contact des plantes. Sa « généreuse présence au monde » (Caillois), la qualité de son attention et la précision de ses descriptions nous invitent à réinventer des liens avec les vivants. Gascar s'arrête pour observer « l'étrange enroulement » de la coquille d'une ammonite dont les spires relâchées lui font signe à travers cent millions d'années — comme un commencement de décadence à rapprocher de celle de l'humanité… D'abord décrire, « mesurer le poids des faits » : « En nommant le monde, on ne court guère le risque de mal écrire » affirme-t-il dans *Europe* (*Le roman par les romanciers*, n° 474, 1968). Nous référer aux descriptions des lichens, des grottes, du circaète Jean-le-Blanc, au récit du captage de sources, aux plantations du *Jardin du curé* nous permet de comprendre les problèmes tout en éveillant notre sensibilité. « D'abord décrire. Comment pourrions-nous agir politiquement sans avoir inventorié, arpenté, mesuré, centimètre par centimètre, tête de pipe après tête de pipe, de quoi se compose le Terrestre pour nous ? » (Bruno Latour, *Où atterrir ? Comment s'orienter en politique*, 2017). Gascar, note Hubert Nyssen, tient à ce que « l'écriture, en soi, devienne un instrument de connaissance, un instrument de prospection ». Il veut « dénoncer, pour commencer, les grandes nuisances de la civilisation moderne » et défendre « des biens naturels altérés, menacés dans leur existence même ».

Gascar, rappelle Schoentjes, pense l'écologie non seulement comme une éthique mais comme une politique. Confronté très jeune à l'injustice sociale, il revendique l'expérience de la pauvreté de son enfance dans un « logement » ouvrier à Paris puis chez ses oncles agriculteurs, celle de sa grand-mère, de ses ancêtres paysans, journaliers, domestiques, et celle du « monde moderne » (1, 2 million de Français sont en état de très grande pauvreté en 2021). Expérience sociale, expérience de jardinier, de botaniste, expérience d'écrivain attentif aux traces et aux symboles : « esprit libre » de toute autorité, de tout dogmatisme, souvent ironique, affranchi de toute « mode » intellectuelle, Gaspar nous préserve d'une écologie parfois dogmatique et invite à une écologie inventive, ouverte aux rencontres et aux surprises.

Sans doute a-t-il eu raison trop tôt, sans doute aussi les écologistes de son temps étaient-ils plus proches d'auteurs militants, mais sa présence nous éclaire et nous stimule aujourd'hui. Le livre de Pierre Schoentjes nous engage à lire et relire *Le Présage*, *L'Arche*, *Les Sources*,

Pour le dire avec des fleurs, *La Friche* — généreuse défense des vivants au plus près des sensations, au plus juste des descriptions et au plus lucide des engagements.

Colette CAMELIN

Frédéric METZ : *Quelques considérations sur l'enseignement des sciences naturelles, dans les écoles, au début du XXIe siècle ou Le Plongeur de Pélasge* (Pontcerq, 10 €).

On ne peut que souscrire à la thèse de cet essai qui dit avec force et talent la confiscation de l'expérience, de la perception — et donc la transformation de notre rapport à la nature — par la science. Cette critique précise et puissante débouche sur un compromis présenté (trop) rapidement en deux phrases : « il faut deux cours différents, deux leçons différentes ; il faut un cours de biologie […] ; et il faut un cours de “sciences naturelles” » ; le cours de biologie doit renoncer à l'hégémonie qu'il exerce dans l'enseignement et accepter d'y cohabiter avec un cours de « sciences naturelles » réactivant l'esprit du naturalisme. Que ce compromis soit « très conséquent », c'est sûr ; il ne semblera « scandaleux », en revanche, qu'aux esprits étroitement scientistes qui ont privilégié la théorie sur l'expérience et rendu ainsi l'enseignement boiteux.

En soi, à court ou moyen terme, cette réforme n'est pas une mauvaise idée. Bien au contraire (l'auteur de cette note de lecture ne s'est pas encore remis d'avoir vu surgir les expériences sur les grenouilles de Spallanzani au milieu des cours de SVT de sa collégienne de fille début 2021…). Prolonger dans l'enseignement cette critique des sciences du vivant (biologie et éthologie), qui consonne avec la sensibilité de *Manières d'être vivant* ou *Raviver les braises du vivant* de Baptiste Morizot (Actes Sud, Arles, 2020), ne peut être que bénéfique. Depuis une bonne vingtaine d'années, l'intérêt théorique pour l'animal croît : des auteurs comme Elisabeth de Fontenay, Rosalind Hursthouse, Dominique Lestel, Philippe Descola, Jacques Derrida, Étienne Bimbenet et d'autres ont fait bouger des lignes. Que l'institution scolaire — quoi que l'on pense d'elle — relaie tout ce travail théorique, ce serait bien pour le vivant, pour les enfants, pour l'avenir. Cela contribuerait à changer et le rapport des générations futures à la nature et leur rapport à la science.

Après, on peut aussi se dire que le « plongeur de Pélasge » aurait pu remonter non pas avec un projet de réforme de l'enseignement des sciences mais avec le projet d'une critique radicale de la science.

On a commencé à critiquer la technique dès que l'on a compris qu'elle s'était développée de telle sorte qu'elle pouvait désormais constituer un danger. Pas la science. Il est rare que cette dernière soit ouvertement remise en question sauf par quelques *desperados* (Rousseau, Adorno…), des conservateurs (Heidegger, Jünger — les *Chasses subtiles* de ce dernier sont très sollicitées dans le présent essai) et, indirectement, par des phénoménologues (Husserl, Heidegger et Merleau-Ponty). Tous ont de bonnes raisons de s'en prendre à la science qui n'ont absolument rien à voir avec l'irrationalisme ou l'obscurantisme. L'essai de Fréderic Metz, lui, ne s'engage pas dans la voie d'une critique de la science et pose même comme un principe que « ce qu'elle découvre est toujours, sans réserve d'aucune sorte, admirable » (p. 57). Si bien partie pour montrer que la confiscation de l'expérience débouche sur un appauvrissement, sa critique aurait aussi pu servir de prolégomènes à une critique de ce tabou qu'est devenue la science aujourd'hui. Tout comme on a critiqué le mythe, on peut critiquer la science qui n'est pas un « mode d'objectivation » plus neutre et charrie, elle aussi, avec ces « formes symboliques » que sont ses concepts et ses lois, toutes sortes de valeurs discutables. On voit bien comment on pourrait s'appuyer sur les auteurs sollicités par cet essai pour se lancer dans une critique radicale de la raison scientifique qui pourrait venir compléter les critiques de la raison technicienne dont les scientifiques n'ont de cesse de rappeler qu'elles sont le fait de non-scientifiques auxquel(le)s ils dénient toute compétence.

Christophe DAVID

Revue *Nu(e)* n° 72 : Serge Ritman (Poezibao).

Ce numéro de *Nu(e)* [1] surprend par sa densité d'abord : plus de 400 pages et une bonne trentaine d'intervenants ayant à cœur de confronter l'œuvre du poète Serge Ritman à la réflexion théorique de l'universitaire Serge Martin, sachant que le dénominateur commun reste le / la poétique, quel que soit l'angle adopté. Les contributeurs proviennent d'horizons différents : ce sont des critiques, des poètes, des peintres, des anciens étudiants, des amis… et paradoxalement l'ensemble construit un collectif cohérent et harmonieux animé par Yann Miralles. Les différentes communications sont organisées en six grandes parties ayant chacune pour titre un verbe, insistant sur le procès, commençant par *r* : recommencer, réénoncer, résonner, rythmer, relier, rêver — dont certains jouent du préfixe itératif, ce que remarque Pascal Lefranc à propos de *Ta résonance, ma retenue* (p. 261). Marlena Braester souligne d'ailleurs comment l'œuvre se construit « sur un rythme en R majeur » (p. 125). Nous proposons ici une lecture à partir de quelques mots-clés qui reviennent dans les différents articles et qui construisent les lignes de force du volume. « Ces lectures-écritures » sont elles-mêmes présentées comme des « résonances » soit comme des « relations de voix » et nous commencerons par ces termes forts de la poétique de Serge Martin Ritman, bien que les termes choisis reviennent de manière cyclique, construisant un continu d'un article à l'autre.

VOIX : Ce terme relève peut-être davantage de la critique, si l'on s'appuie sur Jean-Yves Debreuille pour qui Serge Martin « revendique une poétique de la voix comme une réponse à ce qu'on appelle une crise de la littérature » ; mais Charlotte Guennoc place la voix dans la pratique : « Sa pratique, ce sont des voix dans les voix, inserts pour que commence le poème de la pensée ». Par exemple, chaque texte de *Gestes et bouches* fait voir des voix : ni exploration, ni explication, ni application d'une œuvre, d'un poème, d'un spectacle, mais une pensée de la voix par la voix, du poème, par le poème. En effet, Serge Martin Ritman l'explique lui-même dans un long entretien liminaire avec Yann Miralles : « les poèmes comme essais de voix et les essais comme écoute de la voix jusque dans sa pluralité constitutive pour faire relation » ; et chacun d'insister sur la relation que crée cette voix, « écoute de soi à travers la lecture », selon Laurent Mourey. Pour Philippe Bertaud, chaque poème n'est que la trace d'une tentative d'écrire avec la voix, en elle ; si bien que pour Olivier Mouginot, ces essais de voix pourraient être affiliés à une recherche-action, qui semblerait répondre aux questions de Guy Perrocheau : « Quelle voix sait-elle jamais sur qui, sur quoi elle se fonde ou s'appuie ? mais n'est-ce pas cela être vivant, quand ce qui n'a pas de nom commande à l'oreille qu'elle soit plus près ? »

Les voix créent une RÉSONANCE : celle-ci se justifie dès la création du patronyme pseudonyme Ritman, qui est « une solidarité d'appels et de répons : une résonance ». Cette résonance se nourrit également de reprises, pour lesquelles la lecture devient critique, « et rend caduc le

1. Le numéro est accessible en ligne : https://poezibao.typepad.com/poezibao/2020/09/revue-nue-n-72-serge-ritman.html

formalisme », commente Philippe Païni. La résonance crée la perspective, ce qui faisait écrire à Antoine Emaz qu'« entrer en résonance c'est aller vers un peu plus loin qu'on ne voit pas mais qui n'est pas la mort ». La résonance c'est aussi ce qui donne sa valeur au poème, « plutôt qu'un sens », établit Gérard Dessons.

La relation s'engage par l'AMOUR. Ce qui cherche à s'y faire entendre c'est le passage d'un sujet qui est entièrement passage et intensément subjectif, un sujet de « faire l'amour dans et par le langage ». En effet, pour Yann Miralles, « la grande affaire de Serge Ritman, c'est l'amour ». Laurent Mourey démontre alors que l'amour que fait le poème est une écoute de tous les ailleurs dans le « je / tu-ici-maintenant ». C'est ce qui fait le continu de l'essai-poème : « La situation de l'amour est celle de l'essai-poème dans l'énergie d'une voix, avec laquelle rien n'est objet mais tout est sujet ». James Sacré rappelle comment Serge Martin est « généreusement attentif » et combien ses écrits théoriques invitent à retourner lire les poèmes. Alain Helissen manifeste « comme une envie de marquer aussi, à [sa] manière, cette "relation amoureuse" qui fonde l'écriture poétique, rythmée par un "je-tu" décliné à l'infini » et propose un poème composé de titres de Serge Ritman. Alexis Pelletier s'amuse à montrer à propos de notes sur Babar et Plume que « souvent il n'y a rien à dire » (*Rossignols & rouges-gorges*) et « que ce constat est aussi bien un art d'aimer qu'un art poétique ». La pratique critique se situe tout contre le grand corps poétique qu'elle convoque, dans une relation incontestablement amoureuse, qui peut déclencher une volubilité.

VOLUBILITÉ : le terme vient de la théorie d'Humboldt ; la volubilité constitue une force que la théorie du langage peut considérer comme décisive tant pour ce qui concerne la relation éthique et politique que pour ce qui engage tout art de dire et au-delà de vivre. Il y a ainsi une érotique de la volubilité : une ivresse relationnelle d'un langage qui « est moitié à celui qui parle, moitié à celui qui écoute ». C'est peut-être Olivier Mouginot qui met précisément en lumière cette caractéristique de la poétique de Serge Martin Ritman : il évoque une « volubilité en apnée » dans les textes de Ritman, où l'essoufflement est une donnée physique s'imposant à son corps-langage, qui construit un continu retenue-volubilité. De plus, « le souffle appartient entièrement à la phrase ou plutôt se confond avec elle […] le souffle est alors ce qui va commander la phrase autant que la résonance ». La volubilité est définie comme un « éclaboussement », qui « atteint l'autre, et est rejoint par lui ». Arnaud Le Vac va dans le même sens : « il y a une rapidité, une exubérance, une volubilité de l'écrire-Ritman. […] Le poème fait l'épreuve du récitatif amoureux ».

Cette volubilité apporte une JUBILATION : pour Henri Meschonnic, Serge Martin Ritman « invente sa manière de dire avec une sorte de jubilation communicative », qui fonde sa volubilité. L'aspect jubilatoire naît d'une écriture qui pratique le calembour, tisse des relations spécifiques fonctionnant par résonance prosodique, comme le relève Gérard Dessons. Mais il sourd aussi de la ponctuation et Françoise Delorme analyse avec finesse l'utilisation de la virgule dès le titre de *Tu pars, je vacille*. « Virgule volubile : claire, obscure, clair-obscur, tout en restant insaisissable. Le recueil étonne, jubile et rend jubilatoire le désir d'une lecture ». Cette jubilation apporte une forme d'ivresse commentée pas Shungo Morita : « le sens de l'ivresse des mots chez Serge Ritman est pour moi, une invitation à s'éloigner de la lucidité pour me placer dans l'obscurité — dans l'inconnu. […] L'ivresse vibre et crée une paronomase entre "ivre", "vivre" et "livre" ».

Cette jubilation donne à s'exprimer dans un PHRASÉ propre : « On glisse imperceptiblement dans cet espace de langage suivant une syntaxe inattendue, une syntaxe de vie », commente Marlena Braester. De nombreux intervenants reviennent sur la ponctuation et la syntaxe paratactique (Dessons, Debreuille, Mouginot) et Shungo Morita de conclure : « le vin qu'est le poème brille d'un rouge éclatant par la décantation de la phrase ». Marina Krylyschin interroge l'expression « des éclairs d'œil au chocolat » et y recherche le figurable véhiculé par la préposition *d'*, qui ouvre la porte à la dimension virtuelle du langage. « Le travail de la phrase est drôle et pertinent. La cohabitation avec la phrase qui ressemble à une relation amoureuse. Femme et phrase se confondent presque », affirme Liliana Orlowska, parce que la phrase n'est pas forme mais qu'elle doit tenir le sens, la valeur, la résonance.

Ceci se travaille par RÉÉNONCIATION : définie par Pascal Lefranc comme « une exposition maximale de ce que l'activité d'écrire implique la relation, et que celle-ci est toujours relation de relation [...]. En un sens peut-être, toute la poétique de Serge Martin continue la rime énonciation-accentuation-relation ». Il propose alors de parcourir de ce point de vue *Ta résonance, ma retenue*. Laurent Mourey explicite l'enjeu de l'énonciation pour Serge Martin Ritman parce qu'elle a d'emblée partie liée au vivant et à ce qui en invente et en forme à chaque poème, à chaque œuvre la spécificité : « Le problème vise à une suggestion généralisée au cœur de l'acte d'énonciation, à un inconnu au cœur même du *dire*. Le problème est situé par une écoute. » Pascal Lefranc émet l'hypothèse séduisante que *Ta résonance, ma retenue*, poème-réénonciation, c'est *Pastiches et mélanges* : « La relation réénonciative emmène donc l'écriture » vers le « pastiche qui fait connaître », « au sens où même si son objet est un texte célèbre, voire canonique, il faut le redécouvrir ». Olivier Mouginot établit enfin que « c'est en fait toute une dynamique réénonciative qui préside au poème-relation de Ritman, dynamique mise en lumière dans les poèmes-ateliers ». La réénonciation est là pour s'assurer du présent de l'œuvre.

La réénonciation insuffle le PARCOURS car « tout bouge toujours », annonce Yann Miralles dans l'introduction : le poème bondit comme le ballon d'un enfant. Antoine Emaz insistait sur le nombre de verbes inchoatifs dans la poétique de Serge Martin Ritman. Alexis Pelletier avertit que « l'énergie du poème, c'est le mouvement qu'il offre au sens ».

Enfin, je voudrais terminer par la notion d'ENGAGEMENT dans ce tour circulaire de mots-clés : « la force politique du poème c'est donc sa force poétique et éthique (parole-geste) que j'ai souvent appelée voix-relation, rien d'autre ! » rappelle Serge Martin, pour qui « s'assoir sans chaise » constitue un fil qu'il emprunte à son « cher » Ghérasim Luca. Il s'agit alors de construire du continu : entre la poétique et l'enseignement, comme en témoignent Dybeck Blampain et Frédérique Cosnier-Laffage, différemment : « La révélation première de l'enseignement de Serge est celle d'une plongée en voix. [...] Serge Martin ouvre l'écoute d'intenses et heureuses cacophonies » ; l'exigence de relation cherchant toujours le *continuum* dans le cheminement conceptuel, qu'il soit celui d'un corps-langage, de l'écouter-dire, de la voix-relation. La continuité se fait aussi entre le texte et l'image : le poème comme la peinture aident à se découvrir, comme le revendique le travail avec Ben-Ami Koller ; les « mains » de Jean-Luc Parant servent aussi l'expérience didactique de la poétique.

Vivre et écrire ne sont pas séparés : de l'écoute de Serge Martin Ritman, naît ce volume protéiforme, où quelques mots semblent jaillir, se répondre, construire un fil rouge (couleur qui revient dans différents articles). On y sent une grande générosité, un souci d'amitié qui transparaît dans les lettres d'un collègue (Emmanuel Fraisse), les échanges avec les poètes (Jacques Ancet, Sylvie Durbec, Bernard Vargaftig), dans la présence discrète et sûre de Marie-Claire Martin. C'est un recueil où se côtoient les poèmes et la critique, non pas comme des antagonismes mais comme des nécessités des uns par l'autre.

Sandrine BÉDOURET-LARRABURU

Déclaration de l'École Normale Supérieure (ENS) d'Haïti

Le 14 août 2021, le séisme qui a frappé Haïti s'est soldé par un bilan humain dramatique : 2 200 morts. Par l'intermédiaire du poète Jean-Paul Michel, nous avons reçu ce texte courageux cosigné par Bérard Cénatus et Dieuseul Prédelus, professeurs à l'École Normale Supérieure d'Haïti et membres de son Conseil de direction. Cette déclaration a été rédigée à Port-au-Prince le 23 août 2021. Les délais de préparation des numéros de la revue ne nous permettent de la relayer que tardivement, mais nous tenons à garder trace ici de ce témoignage de deux professeurs affrontés à l'incurie et au chaos, considérant qu'il mérite de trouver un écho dans les milieux intellectuels français.

L'École Normale Supérieure tient à exprimer sa solidarité à la population des Nippes, du Sud et de la Grand'Anse après le terrible tremblement de terre du 14 août 2021 suivi de la tempête tropicale Grâce. Des familles ont perdu des proches, leurs maisons et tant d'autres biens qui leur restaient encore. On se souvient des dégâts considérables causés par le cyclone Matthew en 2016 dans la péninsule du Sud ; la population de ces trois départements est complètement désemparée et se demande s'il y a un État en Haïti, la même question que l'on se pose face à l'insécurité à Port-au-Prince et partout ailleurs dans le pays !

Beaucoup de familles de professeurs et d'étudiants sont affectées par ce séisme. La communauté de l'ENS a une pensée spéciale pour ces familles et souhaite que l'Université d'État d'Haïti se mobilise et apporte sa solidarité et son soutien effectif et concret à tous nos compatriotes frappés par ce désastre.

Les catastrophes naturelles sont de plus en plus fréquentes et intenses ces dernières années en Haïti. Le pays va donc de catastrophe en catastrophe, de malheur en malheur, de massacre en massacre et pourtant on constate la lenteur, l'inefficience et l'inefficacité des autorités constituées. Même si les catastrophes naturelles peuvent se produire n'importe où, certains de leurs effets et la capacité à y faire face varient en fonction des structures, des organisations et du sens de l'intérêt général qui, ici en Haïti, est au plus bas. Ce qui encore, ne date pas d'aujourd'hui.

On se demande à quoi peut donc bien servir ce Ministère de l'Environnement quand on constate cette dégradation toujours plus accélérée de l'environnement ? Existe-t-il une politique réelle de reforestation, de protection de nos ressources en eau et de notre atmosphère ? Existe-il « comme c'est à la mode » une stratégie de « développement durable », face au réchauffement climatique qui est à la base de la gravité des intempéries qui ne cessent de frapper le pays ? L'État haïtien a-t-il jamais pensé à la formation de gens capables de suggérer des propositions plus ou moins éclairées qui seraient soumises à la discussion en vue de commencer à prendre ces réalités au sérieux ? Ces questions font débat partout à travers le monde et des dispositifs sont parfois mis en place pour y faire face, sous l'effet des luttes. Ici, pratiquement rien, si jamais on en parle c'est pour solliciter, capter et détourner l'aide internationale. L'État haïtien est devenu un État mendiant professionnel.

À quoi sert le ministère des Travaux Publics, Transports et Communications quant au respect des normes de construction ? Et l'inénarrable ministère qu'on appelle, sans rire, du Tourisme ?

Il y a lieu d'interroger et de dénoncer l'irresponsabilité persistante de cet État. Malgré la catastrophe du 12 janvier 2010, aucune leçon n'a été tirée. Il existe une carence criante de politiques de prévention dans certains domaines vitaux. Jadis, l'État attendait le jour du désastre pour essayer d'apporter un semblant de soutien à la population. Aujourd'hui une intervention conséquente se fait attendre encore dans le Grand Sud. C'est un État pompier, sans stratégie, sans vision. Rien n'a changé, c'est-à-dire que tout continue à se dégrader. Le pire « empire ». Quand donc nous Haïtiens, nous déciderons-nous à mettre un terme à ce système ?

Les dirigeants de ce pays et beaucoup de ceux qui aspirent à le devenir ont-ils jamais été, une seconde, troublés par cette cruelle réalité d'une population livrée à elle-même qui vit au jour le jour dans l'angoisse et l'incertitude permanente du lendemain ?

Les dirigeants ne pensent qu'à eux-mêmes, qu'à leurs proches et leurs clients. Ils pillent les caisses de l'État sans scrupule. Ils pratiquent un système d'enrichissement personnel et familial et mettent la population de côté pour maintenir cette situation d'apartheid social. Le clientélisme pourrit toutes les sphères étatiques. On constate un délitement des institutions et la corruption est généralisée.

Les grandes priorités nationales ne sont jamais abordées avec sérieux. La formation de la jeunesse n'a jamais été un souci pour l'État. Le budget alloué à l'Université est dérisoire. L'Université d'État d'Haïti (UEH) peut accueillir à peine 2 % de nos bacheliers, rien n'est fait pour augmenter la capacité d'accueil de l'UEH et développer d'autres filières de formation. Il n'y a pratiquement pas de bibliothèques modernes dans le pays. Les professeurs sont mal payés. Aucune politique ambitieuse en matière de recherche scientifique et d'innovation technologique.

Il y a un système d'apartheid scolaire persistant qui est mis en place sous les yeux complices de l'État. Les écoles publiques sont désormais réservées à la population dite défavorisée et on sait dans quelles conditions elles fonctionnent. Les cadres du ministère de l'Éducation Nationale et de la Formation Professionnelle et même des syndicalistes envoient leurs enfants dans des écoles privées. Les recrutements des enseignants du MENFP sont influencés par certains sénateurs et députés qui souvent choisissent les ministres de l'Éducation et les font chanter en permanence. L'immense majorité de la jeunesse de ce pays souhaite le quitter un jour. Elle rêve du Canada, des États-Unis, de France, du Chili et du Brésil.

Chaque catastrophe devient une opportunité pour solliciter, capter et dilapider l'aide comme feu Petro-Caribe. Dans l'urgence, il faut que l'aide aille à ceux qui la méritent.

La population sait que son salut est au bout de sa colère et de sa révolte. Le peuple de ce pays est condamné, comme partout, à prendre son destin en charge pour mettre à bas ce système et sauvegarder sa dignité et sa fierté. Il faut qu'il redevienne Peuple-souverain. Nulle aide ne sortira le pays de la misère, de la dépendance et de l'insécurité. Il n'y a jamais eu et il n'y aura jamais de « Sauveur suprême ».

Bérard CÉNATUS et Dieuseul PRÉDELUS

POUR SALUER HENRI MITTERAND

*Henri Mitterand nous a quittés le 8 octobre dernier. Il repose au cimetière de Saint-Père, non loin de Vault-de-Lugny, près d'Avallon, où il était né en 1928 d'un père cheminot et d'une mère couturière. Henri Mitterand avait rejoint le Comité d'*Europe *en 1979. C'est en octobre 1964 qu'il avait été accueilli pour la première fois dans notre revue avec une chronique consacrée à la* Présentation des « Rougon-Macquart » *d'Henri Guillemin. Spécialiste mondialement reconnu d'Émile Zola, son attention de lecteur et sa grande finesse critique furent loin de se limiter à cet écrivain auquel il consacra tant de travaux remarquables. Qu'il s'agisse du style de Balzac, de la langue populaire dans* Le Feu *de Barbusse, d'Aragon romancier, de Flaubert, de Péguy ou d'écrivains d'aujourd'hui, on pourra relire avec bonheur les textes qu'il confia à* Europe *au fil des années. Par sa présence à la fois rayonnante et discrète, ses réflexions affûtées et fécondes, ses suggestions toujours judicieuses, Henri Mitterand aura beaucoup apporté à notre revue, à ses projets et à ses travaux bien sûr, mais aussi à l'esprit d'amitié qui se donnait libre cours lors de nos réunions. Ces dernières années, c'est grâce à lui que nous avons accueilli au sein du Comité les romancières Anne-Marie Garat et Dominique Barbéris. Et c'est grâce à lui encore que nous avons entrepris de consacrer un numéro à deux grandes figures de la critique contemporaine, Jean Starobinski et Jean-Pierre Richard. Deux de ses amis d'*Europe*, Béatrice Didier et Olivier Barbarant lui rendent ici hommage.*

UN AMI INDÉFECTIBLE

J'ai connu Henri Mitterand à Paris VIII-Vincennes. Il venait de l'Université de Champagne-Ardenne, moi, de celle de Grenoble ; nous avions été séduits par ce projet d'une université nouvelle. Nouvelle par les méthodes, nouvelle aussi par le libre accès des non-bacheliers, des étrangers. C'était au lendemain de mai 1968, dans des bâtiments tout neufs, construits un peu vite sous l'instigation d'Edgar Faure, en pleine nature. Pendant dix ans Henri a connu les heurs et les malheurs de cette institution, les moments d'enthousiasme, les moments aussi d'agacement quand on voyait ce beau navire risquer de sombrer dans des querelles partisanes et de la pagaille. Il nous arriva plus tard d'évoquer avec un mélange d'humour et de nostalgie les années Vincennes — sans vouloir jouer les anciens combattants !

Les universités de l'Amérique du Nord offraient alors des conditions de travail bien meilleures. J'y retrouvais plusieurs fois Henri, en particulier à Toronto où de 1970 à 1993, outre ses fonctions d'enseignant, il avait constitué de solides équipes de recherche. Il m'impressionnait, quand il m'ouvrait la porte de son bureau, vaste, confortable, moderne, si différent de notre pauvre « salle des enseignants » de Paris VIII ! Quand ce n'était pas Henri lui-même que je retrouvais, c'étaient ses disciples. Aujourd'hui encore, avoir été élève de Mitterand est un « label », si l'on peut dire, de qualité.

Son influence a été immense, et elle n'a pas fini de rayonner dans le monde entier, grâce à tous ses disciples, grâce surtout à ses écrits. Henri avait une puissance de travail impressionnante. J'ai eu le bonheur de le publier dans les collections que je dirigeais aux PUF, « Écriture » et « Écrivains ». *Zola — L'histoire et la fiction* (PUF, 1990) compte parmi ses grands livres. Outre plusieurs études de l'œuvre de Zola et sa biographie, Henri a collaboré à de nombreuses revues, d'*Europe* à *Genesis*, où je le retrouvais avec un plaisir constant.

J'admire la façon dont il a su mener de front travail d'éditeur et recherche. La série d'histoire de la littérature française qu'il a créée chez Nathan renouvelle l'approche en ce domaine, en étant largement ouverte sur le développement des arts, sur les littératures étrangères et il est bien dommage qu'elle n'ait pas été définitivement adoptée dans les collèges et les lycées, où l'on a préféré des regroupements thématiques, stimulants certes, mais vains si les élèves n'ont pas de connaissances historiques : il faut connaître l'histoire pour comprendre la fiction.

Mitterand, c'est Zola ; Zola, c'est Mitterand. Même s'il a écrit des pages remarquables sur bien d'autres écrivains, les deux noms demeureront soudés : à cause de grandes éditions — les *Œuvres complètes* au Cercle du Livre précieux, *Les Rougon-Macquart* à la Pléiade et dans la collection « folio », les *Carnets d'enquête* dans la collection « Terre humaine » —, à cause aussi de plusieurs essais fondamentaux. Comment un critique en vient-il à cette osmose avec un écrivain ? Je ne crois pas au hasard des rencontres, même s'il peut jouer quelquefois. Des analogies de tempéraments peuvent s'avérer fécondes, par la lumière nouvelle qu'une complète connaissance permet de projeter sur un écrivain. Zola et Mitterand ? Deux immenses travailleurs, au cœur généreux. Le Zola de Mitterand a une dimension épique qui ne l'empêche pas, bien au contraire, d'être un écrivain minutieux. « Il faut défendre Émile Zola contre lui-même aussi bien que contre ses critiques, a écrit Henri. Contre lui-même parce qu'il a donné de ses méthodes de travail une description inexacte à force de raideur logique. Contre beaucoup de ses biographes et de ses critiques, parce qu'ou bien ils l'ont cru sur parole, ou bien au contraire ils lui ont fait des reproches immérités. »

Zola est un écrivain qui, comme Henri Mitterand, a voulu un langage clair et ce n'est pas un mince éloge, aussi bien par rapport à la littérature de la fin du XIXe siècle, que par rapport à certains débordements critiques du XXe. Le Zola de Mitterand, c'est aussi un écrivain passionné de peinture. Henri a publié la correspondance croisée de Zola et de Cézanne [1]. Il avait lui-même une culture exceptionnelle dans le domaine des arts plastiques et de la musique.

---

1. J'en ai rendu compte dans *Europe*, n° 1055, mars 2017.

Je me rappelle les soirées à Saint-Maurice, dans la chaude atmosphère que savaient créer Henri et Hélène. On y retrouvait tel ami parisien ou canadien ; on mêlait dégustation de vins et de plats exquis à des confidences sur la musique et l'amour qu'elle suscite. Henri et Hélène étaient au courant de toutes les dernières créations. Ils étaient de fidèles et exigeants spectateurs et auditeurs d'opéra aussi bien à New York qu'à la Bastille. Alors la charmante villa qu'ils habitaient depuis tant d'années et avaient rendue si confortable, si accueillante aussi, tandis que la nuit envahissait tout l'espace alentour, se peuplait des ombres lumineuses de l'opéra.

On aimerait pouvoir trouver des mots pour parvenir à notre tour à ressusciter cette grande ombre d'Henri. Des mots ? Mais lesquels ? aucun qui puisse résumer une personnalité si riche, une telle étendue du savoir et une profondeur de l'expérience humaine, une générosité et une solidité indéfectible dans l'amitié.

Béatrice DIDIER

Henri Mitterand.

UNE GÉNÉREUSE RIGUEUR

Je me souviens d'une lumière estivale, de beaucoup de blancheur sur les murs et dans les rues de Paris déserté comme il pouvait l'être alors. Des recoupements venant à la rescousse d'une mémoire qui n'enregistre jamais les dates me font préciser qu'il s'agissait sans doute de l'été 1987, peut-être de l'été 1988. C'est sous cette lumière presque aveuglante (et le mur de la prison de la Santé, que je découvris m'y rendant, ajoutait à l'impression d'irréalité qui me saisit lors du premier rendez-vous), dans cette parenthèse entre deux saisons universitaires que j'ai rencontré Henri Mitterand pour la première fois, dans son bureau des éditions Nathan, rue Méchain. Il avait par courrier accepté de me proposer un travail de stagiaire (rémunéré, précisons-le !) qui me conduisit à relire, durant l'été, les manuscrits des deux derniers volumes de l'admirable *Littérature — textes et documents* de la collection qui portait son nom. Je devais avoir 21 ans, 22 ans au plus, et pour toute référence mon statut de normalien, pas encore agrégé, ainsi qu'une maîtrise bien reçue portant sur l'œuvre poétique de Pierre Oster (qu'Henri Mitterand, tout spécialiste du roman naturaliste qu'il fût, connaissait fort bien, tant l'homme que l'œuvre). L'accueil fut chaleureux, la confiance totale, aussi démesurée m'apparût-elle alors. Quand je n'ai pas manqué de confier le sentiment de totale illégitimité que me donnait la responsabilité de relire des écrits de Dominique Rincé, de Bernard Lecherbonnier, ou une préface de Pierre Nora, Henri me rassura : j'en savais assez ; si jamais je ne saisissais pas quelque chose, cela serait pour les auteurs comme pour lui une indication intéressante ; enfin, il était certain que je ne manquerais pas de travailler sérieusement. Il me laissa l'accès libre à son bureau, m'indiqua que je pouvais aussi bien emporter chez moi les dossiers, que je n'avais pas d'autres obligations que d'avoir relu et annoté la totalité des manuscrits (chaque chapitre de cette merveilleuse histoire littéraire, trop riche et trop touffue pour avoir jamais joué le rôle de véritables manuels scolaires, figurait dans une chemise à élastiques). Autant dire que je n'ai pas corrigé grand-chose sinon quelques coquilles, et beaucoup appris, durant le mois de travail dont je lui rendis compte fin août.

Pour le volume consacré au XXe siècle s'ajouta dans les mois qui suivirent la proposition d'étoffer la part dévolue à la poésie contemporaine. Figuraient déjà, dans le chapitre « Expériences poétiques », Perros, Follain, Bonnefoy, Du Bouchet, Frénaud, Dupin, Jabès, Gaspar, Guillevic, Renard, Bosquet, Oster, Roubaud, Jaccottet, Deguy, Jouffroy, Pleynet et Roche... Mais cela paraissait encore un peu étroit ! Nous nous accordâmes pour un « alphabet de la poésie contemporaine » qui me permit de faire notamment figurer Chédid, Goffette, Hocquard, Khoury-Ghata, Lemaire, Meschonnic, Noël, Réda, Prigent, Sacré, Venaille… Henri Mitterand a quelquefois corrigé un adjectif, proposé dans les présentations un tour plus économe et plus précis, mais n'a remis en cause aucun des choix. Quand le volume parut, je découvris avec fierté que je figurais sur la page de garde du volume parmi les contributeurs. Après l'intérêt d'un savant pour l'enseignement secondaire, le respect pour le travail fourni me paraît suffisamment rare pour mériter d'être relevé. Le professeur des universités, qui n'allait pas tarder à rejoindre Columbia et qui finissait sa carrière à Paris III, n'envisageait pas de faire œuvrer anonymement de petites mains.

Mes aventures éditoriales avec Henri ne s'arrêtèrent pas là. Quand la maison lança « Mémoires vives » pour doter l'entreprise d'une connaissance de ce qu'elle fut, Henri proposa de me confier, sous la direction de Nicolas Nathan, la conception du premier numéro. J'ai eu accès aux archives, et pu constater combien l'entreprise éditoriale — qui fut antibelliciste, antiraciste, qui a publié en 1935 *Hitler éducateur* pour dénoncer l'asservissement mental de la jeunesse par le nazisme — était porteuse, dès l'entre-deux guerres, de l'exigence morale et politique qui fut celle d'Henri Mitterand sa vie durant.

Dans l'intervalle de nos collaborations ponctuelles, je lisais Henri Mitterand, sans oser vraiment lui en parler. Je n'étais pas peu fier de recevoir de temps à autre une proposition de travail de la part d'un savant qui avait notamment dirigé les cinq volumes de la Pléiade Zola et à qui nous devons la plus remarquable des biographies de son auteur. La parution de *L'Illusion réaliste*, aux PUF en 1994, me fut une merveilleuse confirmation : l'opposition sommaire entre réalisme et élaboration esthétique, la vision naïve de la « mimesis » qui sous-tendait encore nombre de débats se trouvaient dépassées dans des réflexions d'une redoutable limpidité. Ce qui se pressentait mais peinait à se formuler se trouvait cette fois parfaitement inscrit. Le recul, et cette simplicité seconde qui s'éprouve à l'extrême pointe de l'érudition, permettaient seuls une telle synthèse. C'est qu'Henri Mitterand écrivait bien, et que le grammairien qu'il fut aussi n'oublia jamais d'exposer dans une langue toute classique les idées les plus complexes, sans abuser du vocabulaire technique dont la science littéraire devait se doter, et dans lequel il lui est régulièrement arrivé de s'égarer. L'homme de ce point de vue était en harmonie avec sa plume comme avec sa parole : l'un des fondateurs de Paris VIII, qui maîtrisait parfaitement toutes les nouveautés en matière de philosophie, de psychanalyse, de sociocritique, pouvait se nourrir de toutes les richesses épistémologiques, mais n'a jamais à ma connaissance sombré dans le jargon d'époque. Précision, rigueur me paraissent être les qualités premières de son regard et de sa langue, de même que le refus de se laisser emporter dans un modèle théorique. C'est la raison pour laquelle aussi bien la sociocritique que la critique génétique, dont il fut parmi les premiers en France à envisager l'intérêt, n'ont jamais dissous chez lui d'autres modalités d'approches du texte. Nulle exclusive dans son regard critique : tous les outils sont bons, alors que l'amour des textes ne l'a pas non plus conduit à renoncer à regarder ce qu'ils disent, à négliger la manière dont la littérature peut tout à la fois rendre compte du monde et le mettre en forme.

1994 fut une année riche dans mes relations avec Henri. J'eus la chance de l'apercevoir au fond de la salle, à la soutenance de ma thèse portant sur la poésie d'Aragon. Je le revois un verre de champagne à la main, après l'épreuve, me disant combien il avait jugé intéressante la seule passe d'armes vraiment vigoureuse de cette cérémonie. Georges Benrekassa m'ayant trouvé trop dur avec la poésie militante des *Yeux et la mémoire*, comme avec la politique du PCF dans les années cinquante, il avait tenté de défendre des vers que je continue de penser, avec Aragon lui-même, écrits au tambour, au nom du bien-fondé des manifestations contre la Communauté européenne de défense « où même Jankélévitch, qui n'était certes pas un stalinien, participa ». Je m'étais défendu de tout anticommunisme (ce qui était tout de même un comble…) en ajoutant perfidement que je n'avais cependant pas, pour ma part, de *nostalgie*… Henri avait aussitôt saisi ce qui relevait de l'horizon de réception de part et d'autre, d'une lecture générationnelle d'Aragon, et senti sous la polémique l'intérêt du débat qu'il eût assurément fallu poursuivre à tête reposée.

L'année suivante, un ministre de l'éducation parvint à mettre fin à la polémique tournant autour de la présence d'Aimé Césaire au programme des Terminales L, montée en puissance après que le grand public fut invité à considérer avec l'effarement de rigueur la présence d'une « hostie conchiée » parmi les salves polémiques du *Discours sur le colonialisme*. François Bayrou fit inscrire au baccalauréat *Les Yeux d'Elsa* : c'était rouge aussi, mais au moins cela chantait la France. C'est ainsi comme remplaçant qu'Aragon accéda aux programmes nationaux... Henri me confia, dans la collection parascolaire « Balises » Nathan, le volume à destination des élèves, et j'eus encore une fois le plaisir de le compter comme premier lecteur. Il ne fit qu'une remarque : dans l'explication de « La Nuit de Dunkerque », j'avais, en piètre géographe, décidé qu'Aragon avait quitté les bombardements par bateau à destination de « Saint-Malo » pour rendre compte de la rime « eau / Malo ». Dans son mot de retour, Henri m'expliqua... Une telle anecdote, qui vaut surtout pour ma très grande honte, a cependant valeur emblématique : aussi raffinée soit l'analyse stylistique, elle ne peut jamais faire fi des *realia*, ni du sens...

Mesuré, d'une courtoisie faisant de la discrétion une valeur cardinale, peu poussé par sa nature à se mettre en avant, mais d'une fidélité et d'une loyauté admirables dans le rapport aux textes littéraires qu'il s'agit de servir, c'est ainsi que j'eus l'immense plaisir de retrouver Henri, au comité de rédaction de la revue *Europe*. Dans nos conversations annuelles et prévisionnelles autour d'un café ou d'une bière, il parlait rarement le premier. Mais il n'a jamais parlé inutilement. Le grand lecteur du XIXe siècle était, de manière plus clandestine, un fin connaisseur de la littérature, y compris la plus récente. Je me suis réjoui de le retrouver pleinement dans le livre d'entretiens que viennent de publier les éditions Atlande, *On croit comprendre le monde avec ça !* Plus mordant qu'à l'ordinaire, le ton y a cependant l'acidité feutrée, et l'élégance d'une modestie excessive, mais qui ne fut jamais surjouée. Quand on évoquait l'apport critique à une lecture moins naïve de Zola, à la connaissance du combat pour Dreyfus qui fut souvent l'objet de récupérations dans l'imaginaire républicain, la variété des recherches et des instruments qu'Henri Mitterand contribua sans nulle fanfaronnade intellectuelle à mettre à notre disposition (réflexion sur les manuscrits, les travaux préparatoires, les carnets d'enquête, recherches sur la greffe de la fiction sur le socle de la documentation, etc.), Henri souvent mentionnait la qualité de ses collègues : « J'étais né au bon moment, j'ai fréquenté de grands esprits, j'ai eu de la chance, voilà tout... » À notre tour de dire : « J'ai connu et lu Henri Mitterand... J'ai eu cette chance, voilà tout. »

Olivier BARBARANT

BULLETIN D'ABONNEMENT

Nom et Prénom : ....

Adresse : ....

....

Code postal : |_|_|_|_|_| Ville : ....

s'abonne à EUROPE *à partir du numéro du mois de*................ *inclus et vous adresse le montant par chèque ou virement à l'ordre d'Europe.*

À .... le ....

Signature :

France 1 an : 78 €

Abonnement de soutien (France) : 90 €

Union européenne et Suisse 1 an : 110 €

Autres pays 1 an : 115 €

Vous pouvez également nous adresser votre commande d'abonnement sur papier libre ou vous abonner sur le site de la revue

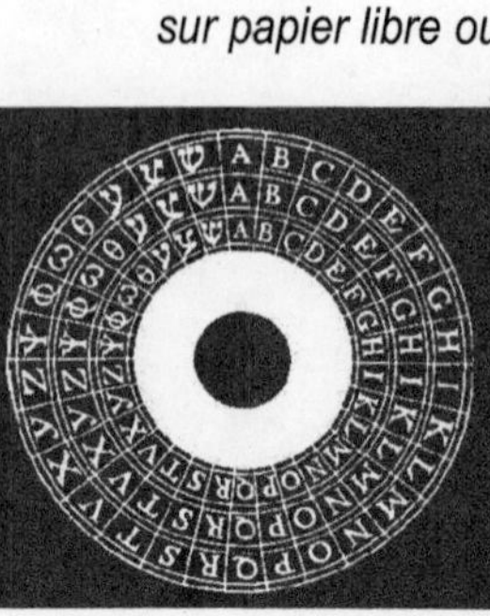

Catalogue, sommaires, tables annuelles, actualités, manifestations et une boutique en ligne sur notre site https://www.europe-revue.net/

CATALOGUE

On trouvera le catalogue complet des titres disponibles sur le site https://www.europe-revue.net/

N°	Titres	Dates		Prix
Hors série	Algérie : Littérature & Arts			18,30 €
705-706	René Char	Janv.-Fév.	1988	14,00 €
708	Littératures d'Afrique du Sud	Avril	1988	14,00 €
709	Saint-Pol-Roux / André Suarès	Mai	1988	14,00 €
715-716	La Révolution française	Nov.-Déc.	1988	14,00 €
717-718	Aragon romancier	Janv.-Fév.	1989	14,00 €
727-728	André Malraux	Nov.-Déc.	1989	14,00 €
732	Rétif de La Bretonne	Avril	1990	14,00 €
733	Écrivains des États-Unis	Mai	1990	14,00 €
734-735	André Frénaud / Guillevic	Juin-Juillet	1990	14,00 €
736-737	Lewis Carroll	Août-Sept.	1990	14,00 €
744	Herman Melville	Avril	1991	14,00 €
748-749	Jacques Prévert	Août-Sept.	1991	14,00 €
751-752	Littérature d'une fin de siècle	Nov.-Déc.	1991	14,00 €
753-754	William Faulkner	Janv.-Fév.	1992	14,00 €
755	Francis Ponge	Mars	1992	14,00 €
756	L'invention de l'Amérique	Avril	1992	14,00 €
757	Rabelais	Mai	1992	14,00 €
760-761	Baudelaire	Août-Sept.	1992	14,00 €
768	Littérature de Grande-Bretagne	Avril	1993	14,00 €
769	Philippe Soupault	Mai	1993	14,00 €
772-773	Guy de Maupassant	Août-Sept.	1993	14,00 €
774	Yannis Ritsos	Octobre	1993	14,00 €
775-776	Chateaubriand	Nov.-Déc.	1993	14,00 €
777-778	Pierre Reverdy	Janv.-Fév.	1994	14,00 €
779	R.-L. Stevenson	Mars	1994	14,00 €
780	Littérature suédoise	Avril	1994	14,00 €
782-783	Le Grand Jeu	Juin-Juillet	1994	14,00 €
784-785	Paul Nizan	Août-Sept.	1994	14,00 €
786	Le vaudeville	Octobre	1994	14,00 €
787-788	Les Frères Grimm	Nov.-Déc.	1994	14,00 €
789-790	Georges Bernanos	Janv.-Fév.	1995	14,00 €
791	Vladimir Nabokov	Mars	1995	14,00 €
792	J. Supervielle / O.V. de L. Milosz	Avril	1995	14,00 €
793	Littérature suisse	Mai	1995	14,00 €
796-797	1945-1995 Les Écrivains et la Guerre	Août-Sept.	1995	18,30 €
798	Valery Larbaud	Octobre	1995	14,00 €
799-800	Saint-John Perse	Nov.-Déc.	1995	14,00 €
803	F. S. Fitzgerald / J. Dos Passos	Mars	1996	15,00 €
804	Walter Benjamin	Avril	1996	15,00 €
806-807	Sport et littérature	Juin-Juillet	1996	15,00 €
810	Littérature du Danemark	Octobre	1996	15,00 €
813-814	Faust	Janv.-Fév.	1997	15,00 €
815	Italo Calvino	Mars	1997	15,00 €
816	USA : Nouvelles voix du Sud	Avril	1997	15,00 €
817	Rudyard Kipling	Mai	1997	15,00 €
818-819	Fernand Léger	Juin-Juillet	1997	18,30 €
820-821	Jazz & Littérature	Août-Sept.	1997	15,00 €
822	Byzance	Octobre	1997	15,00 €
827	Benjamin Fondane	Mars	1998	18,30 €
828	Kateb Yacine	Avril	1998	18,30 €

N°	Titres	Dates		Prix
829	Jules Michelet	Mai	1998	18,30 €
830-831	Giacomo Leopardi	Juin-Juillet	1998	18,30 €
834	Écrivains d'Israël	Octobre	1998	18,30 €
835-836	Sade / Le Grand-Guignol	Nov.-Déc.	1998	18,30 €
839	Octave Mirbeau / Louis Guilloux	Mars	1999	18,30 €
840	Ibsen	Avril	1999	18,30 €
841	Jean Giraudoux	Mai	1999	18,30 €
842-843	Pouchkine	Juin-Juillet	1999	20,00 €
844-845	Jack London	Août-Sept.	1999	18,30 €
846	Albert Camus	Octobre	1999	18,30 €
847-848	Michel Leiris	Nov.-Déc.	1999	18,30 €
849-850	Littérature & philosophie	Janv.-Fév.	2000	18,30 €
851	Hölderlin / Robert Desnos	Mars	2000	18,30 €
852	Voix d'Espagne	Avril	2000	18,30 €
853	Charles Ferdinand Ramuz	Mai	2000	18,30 €
854-855	Antoine Vitez / Anna Seghers	Juin-Juillet	2000	18,30 €
856-857	Bertolt Brecht	Août-Sept.	2000	18,30 €
858	August Strindberg	Octobre	2000	18,30 €
859-860	Roger Caillois	Nov.-Déc.	2000	18,30 €
861-862	Paul Celan	Janv.-Fév.	2001	18,30 €
863	Jean Potocki	Mars	2001	18,30 €
864	Littératures de l'Inde	Avril	2001	18,30 €
865	Homère	Mai	2001	18,30 €
866-867	Littérature d'Autriche	Juin-Juillet	2001	18,30 €
868-869	Edgar Allan Poe	Août-Sept.	2001	18,30 €
870	La science-fiction	Octobre	2001	18,30 €
871-872	Junichirô Tanizaki	Nov.-Déc.	2001	18,30 €
873-874	Antonin Artaud	Janv.-Fév.	2002	20,00 €
875	L'ardeur du poème	Mars	2002	épuisé
876	Droit & Littérature	Avril	2002	18,30 €
877	Armand Gatti	Mai	2002	18,30 €
878-879	Nâzim Hikmet / Jacques Decour	Juin-Juillet	2002	18,30 €
880-881	Valère Novarina	Août-Sept.	2002	18,30 €
882	Gustave Roud	Octobre	2002	18,30 €
885-886	Choderlos de Laclos / Thaïlande & Laos	Janv.-Fév.	2003	18,30 €
887	Karen Blixen	Mars	2003	18,30 €
888	Raymond Queneau	Avril	2003	18,30 €
889	Robert Walser / Birmanie & Cambodge	Mai	2003	18,30 €
895-896	Emmanuel Bove	Nov.-Déc.	2003	18,30 €
897-898	Robert Pinget / Jean Grenier	Janv.-Fév.	2004	18,30 €
899	Yvan Goll	Mars	2004	18,30 €
900	Le romantisme révolutionnaire	Avril	2004	18,30 €
901	Jacques Derrida	Mai	2004	18,30 €
902-903	Pétrarque / Czeslaw Milosz	Juin-Juillet	2004	18,30 €
904-905	Mythe et mythologie dans l'Antiquité	Août-Sept.	2004	18,30 €
907-908	Pierre Jean Jouve	Nov.-Déc.	2004	18,30 €
909-910	Jules Verne	Janv.-Fév.	2005	18,50 €
911	Les Formalistes russes	Mars	2005	18,50 €
912	Les Surréalistes belges	Avril	2005	18,50 €
913	Littérature de Bretagne	Mai	2005	épuisé
914-915	La comtesse de Ségur	Juin-Juillet	2005	18,50 €
916-917	J.-K. Huysmans / Villiers de L'Isle-Adam	Août-Sept.	2005	18,50 €
918	Lorand Gaspar	Octobre	2005	18,50 €
921-922	Marguerite Duras	Janv.-Fév.	2006	18,50 €
923	Franz Kafka	Mars	2006	18,50 €
924	Michel Vinaver	Avril	2006	18,50 €
925	Marcel Schwob	Mai	2006	18,50 €
926-927	Écrire l'extrême	Juin-Juillet	2006	18,50 €
928-929	Mythe et mythologie du Nord ancien	Août-Sept.	2006	18,50 €
930	Jean-Jacques Rousseau	Octobre	2006	18,50 €

N°	Titres	Dates		Prix
931-932	Écrivains de Nlle-Zélande / FrançoisAugiéras	Nov.-Déc.	2006	18,50 €
933-934	Littérature et peinture / Elfriede Jelinek	Janv.-Fév.	2007	20,00 €
935	Gérard de Nerval / P-A. Jourdan / Aïgui	Mars	2007	18,50 €
936	Paul Verlaine	Avril	2007	18,50 €
937	Giordano Bruno / Galilée	Mai	2007	18,50 €
938-939	Franck Venaille / André de Richaud	Juin-Juillet	2007	18,50 €
940-941	Maurice Blanchot	Août-Sept.	2007	18,50 €
942	Romain Rolland / Guillevic	Octobre	2007	18,50 €
943-944	Michel Butor	Nov.-Déc.	2007	18,50 €
947	Pier Paolo Pasolini	Mars	2008	18,50 €
948	Écrivains au stalag / Elio Vittorini	Avril	2008	18,50 €
949	T. W. Adorno / Ernst Bloch	Mai	2008	18,50 €
950-951	Les Troubadours / Max Rouquette / T. Landolfi	Juin-Juillet	2008	18,50 €
952-953	Georg Büchner / Roland Barthes	Août-Sept.	2008	18,50 €
954	Freud et la culture / Edmond Jabès	Octobre	2008	18,50 €
955-956	Philippe Jaccottet / Giuseppe Ungaretti	Nov.-Déc.	2008	18,50 €
957-958	J.-M.G. Le Clézio	Janv.-Fév.	2009	18,50 €
959	Thomas Bernhard	Mars	2009	18,50 €
960	Léon Chestov / Jean-Luc Nancy	Avril	2009	18,50 €
961	Pierre Guyotat / Marcel Cohen	Mai	2009	20,00 €
962-963	Ossip Mandelstam	Juin-Juillet	2009	épuisé
964-965	Jean-Pierre Vernant	Août-Sept.	2009	18,50 €
966	Rimbaud	Octobre	2009	18,50 €
967-968	Boris Vian	Nov.-Déc.	2009	18,50 €
971	Claude Esteban / Bernard Manciet	Mars	2010	18,50 €
972	Kierkegaard / Penseurs existentiels / P. Gadenne	Avril	2010	18,50 €
973	Philippe Lacoue-Labarthe	Mai	2010	18,50 €
974-975	Nicolas Bouvier / Kenneth White	Juin-Juillet	2010	18,50 €
976-977	Pascal Quignard	Août-Sept.	2010	18,50 €
978	Vélimir Khlebnikov	Octobre	2010	épuisé
979-980	Miguel de Cervantès / José Lezama Lima	Nov.-Déc.	2010	18,50 €
981-982	Bernard Noël	Janv.-Fév.	2011	18,50 €
983	Georges Perros / Joseph Joubert	Mars	2011	18,50 €
984	Georg Trakl / Christa Wolf	Avril	2011	18,50 €
985	Regards sur l'utopie	Mai	2011	18,50 €
986-987	André du Bouchet	Juin-Juillet	2011	18,50 €
988-989	Marx et la culture / André Benedetto	Août-Sept.	2011	18,50 €
990	Walt Whitman / Paul de Roux / J.C. Grumberg	Octobre	2011	18,50 €
991-992	Emmanuel Levinas	Nov.-Déc.	2011	20,00 €
993-994	Georges Perec	Janvier-Février	2012	épuisé
995	Henri Meschonnic	Mars	2012	18,50 €
996	Gilles Deleuze	Avril	2012	18,50 €
997	Littérature d'Iran	Mai	2012	18,50 €
998-999	Jacques Dupin	Juin-Juillet	2012	18,50 €
1000-1001	Abécédaire	Août-Sept.	2012	20,00 €
1002	Le théâtre espagnol du Siècle d'or / F. Delay	Octobre	2012	20,00 €
1003-1004	Katherine Mansfield / Clarice Lispector	Nov.-Déc.	2012	20,00 €
1005-1006	Claude Lévi-Strauss	Janvier-Février	2013	20,00 €
1007	Julien Gracq / Écrivains de Catalogne	Mars	2013	20,00 €
1008	Walter Benjamin	Avril	2013	20,00 €
1009	W.G. Sebald / Tomas Tranströmer	Mai	2013	20,00 €
1010-1011	Constantin Cavafy	Juin-Juillet	2013	20,00 €
1012-1013	Marcel Proust	Août-Sept.	2013	20,00 €
1014	Diderot / Sartre / Chris Marker	Octobre	2013	20,00 €
1015-1016	Littérature du Maroc / Henri Thomas	Nov.-Déc.	2013	20,00 €
1017-1018	Vladimir Pozner / Danièle Sallenave	Janvier-Février	2014	20,00 €
1019	Max Jacob / François Cheng	Mars	2014	20,00 €
1020	Julio Cortázar / Antonio Gamoneda	Avril	2014	20,00 €
1021	Karl Kraus / Alfred Kubin	Mai	2014	20,00 €
1022-1023	Romain Gary	Juin-Juillet	2014	20,00 €

N°	Titres	Dates		Prix
1024-1025	Charles Péguy	Août-Sept.	2014	20,00 €
1026	Éric Chevillard / J.-L. Giovannoni / E. Tellermann	Octobre	2014	20,00 €
1027-1028	María Zambrano	Nov.-Déc.	2014	20,00 €
1029-1030	Max Frisch / Ludwig Hohl	Janvier-Février	2015	20,00 €
1031	Antoine Emaz / Gaston Miron	Mars	2015	20,00 €
1032	Federico García Lorca	Avril	2015	20,00 €
1033	Claude Simon	Mai	2015	20,00 €
1034-1035	Pierre Klossowski	Juin-Juillet	2015	20,00 €
1036-1037	Henri Heine / Nelly Sachs	Août-Sept.	2015	20,00 €
1038	Patrick Modiano	Octobre	2015	20,00 €
1039-1040	Les Frères Goncourt / Jules Renard	Nov.-Déc.	2015	20,00 €
1041-1042	Témoigner en littérature	Janvier-Février	2016	20,00 €
1043	Apollinaire	Mars	2016	20,00 €
1044	H.P. Lovecraft / J.R.R. Tolkien	Avril	2016	20,00 €
1045	Ghérasim Luca	Mai	2016	20,00 €
1046-1047-1048	Jean-Christophe Bailly	Juin-Juillet-Août	2016	20,00 €
1049-1050	Paul Celan	Sept.-Octobre	2016	20,00 €
1051-1052	L'opéra aujourd'hui / Maurice Roche / Gérard Macé	Nov.-Déc.	2016	20,00 €
1053-1054	Mahmoud Darwich	Janvier-Février	2017	20,00 €
1055	Écrire l'architecture	Mars	2017	20,00 €
1056	Pierre Albert-Birot / Claude Cahun	Avril	2017	20,00 €
1057	Pierre Bergounioux / Jean-Paul Michel	Mai	2017	20,00 €
1058-1059-1060	Olivier Rolin / Günther Anders	Juin-Juillet-Août	2017	20,00 €
1061-1062	Tristan Tzara / Kurt Schwitters	Sept.-Octobre	2017	20,00 €
1063-1064	César Vallejo / Jean Cassou / Pierre Lartigue	Nov.-Déc.	2017	20,00 €
1065-1066	Roland Dubillard / Arthur Adamov	Janvier-Février	2018	20,00 €
1067	Yves Bonnefoy	Mars	2018	20,00 €
1068	Heiner Müller	Avril	2018	20,00 €
1069	Georges Didi-Huberman / James Sacré	Mai	2018	20,00 €
1070-1071-1072	Roberto Bolaño	Juin-Juillet-Août	2018	20,00 €
1073-1074	Gustave Flaubert	Sept.-Octobre	2018	20,00 €
1075-1076	Joseph Delteil / Alain Jouffroy	Nov.-Déc.	2018	20,00 €
1077-1078	Giuseppe Tomasi di Lampedusa	Janvier-Février	2019	20,00 €
1079	Christian Dotremont	Mars	2019	20,00 €
1080	Jean Starobinski / Jean-Pierre Richard	Avril	2019	20,00 €
1081	Malcolm de Chazal / Léon-Gontran Damas	Mai	2019	20,00 €
1082-1083-1084	Jacques Rivière / Jean Prévost	Juin-Juillet-Août	2019	20,00 €
1085-1086	Tintin sous le regard des écrivains	Sept.-Octobre	2019	20,00 €
1087-1088	Joseph Roth / Adalbert Stifter	Nov.-Déc.	2019	20,00 €
1089-1090	Les *Mille et Une Nuits*	Janvier-Février	2020	20,00 €
1091	Poésie & Chanson / Salah Stétié	Mars	2020	20,00 €
1092	Jean Racine	Avril	2020	20,00 €
1093	Elias Canetti	Mai	2020	20,00 €
1094-1095-1096	Mohammed Dib / Jean Sénac	Juin-Juillet-Août	2020	20,00 €
1097-1098	Jacques Rancière / Andreï Platonov	Sept.-Octobre	2020	20,00 €
1099-1100	Eugène Savitzkaya / Pierre Peuchmaurd	Nov.-Déc.	2020	20,00 €
1101-1102	Virginia Woolf / Jean-Paul Goux	Janvier-Février	2021	20,00 €
1103	Jean Genet / Cédric Demangeot	Mars	2021	20,00 €
1104	Raymond Roussel	Avril	2021	20,00 €
1105	Regards sur le roman contemporain en Europe / Claude Ollier	Mai	2021	20,00 €
1106-1107-1108	La Marionnette aujourd'hui / Daniel Lemahieu	Juin-Juillet-Août	2021	20,00 €
1109-1110	Alexandre Vialatte / Tanguy Viel	Sept.-Octobre	2021	20,00 €
1111-1112	James Joyce / John Banville	Nov.-Déc.	2021	20,00 €
1113-1114	James Joyce / *Ulysse* / 1922	Janvier-Février	2022	20,00 €

Dépôt légal : Janvier 2022
Commission paritaire n° 0526 K 88048
Gérant de la SEP Europe : *Marcel Saint Pol*

PAO : *JSSP*
Imprimé par La Manufacture
Numéro d'imprimeur : 211240